数智时代大学生创新创业教育系列教材

创新创业基础

主编 庄开明 丁明鲜

中国教育出版传媒集团
高等教育出版社·北京

内容简介

本书从多个维度系统地介绍大学生创新创业理论与实践，分为创新理论、创业理论和创新创业实务三篇，共十章，内容涵盖创新创业的内涵与外延、创新思维与方法、创业机会识别与评估、商业模式设计、创业计划制定、企业创建与运营管理等各个方面，紧跟时代步伐，融入最新的政策解读、理论研究成果和实践案例分析。本书通过丰富的案例、实用的工具和方法，以及互动式的内容设计，帮助学生更好地理解和掌握创新创业的精髓。

本书可作为高等学校创新创业基础通识课教材，也可供相关社会学习者参考。

图书在版编目（CIP）数据

创新创业基础 / 庄开明，丁明鲜主编. -- 北京：高等教育出版社，2025.9. -- ISBN 978-7-04-065572-8

I. G647.38

中国国家版本馆CIP数据核字第2025LL6515号

Chuangxin Chuangye Jichu

策划编辑	赵湘慧	责任编辑	赵湘慧	封面设计	张 楠	版式设计	明 艳
责任绘图	李沛蓉	责任校对	张 薇	责任印制	耿 轩		

出版发行	高等教育出版社	网　　址	http://www.hep.edu.cn
社　　址	北京市西城区德外大街4号		http://www.hep.com.cn
邮政编码	100120	网上订购	http://www.hepmall.com.cn
印　　刷	北京市联华印刷厂		http://www.hepmall.com
开　　本	787 mm×1092 mm 1/16		http://www.hepmall.cn
印　　张	22		
字　　数	420 千字	版　　次	2025 年 9 月第 1 版
购书热线	010-58581118	印　　次	2025 年 9 月第 1 次印刷
咨询电话	400-810-0598	定　　价	49.80 元

本书如有缺页、倒页、脱页等质量问题，请到所购图书销售部门联系调换
版权所有　侵权必究
物　料　号　65572-00

新形态教材网使用说明

创新创业基础

主编 庄开明 丁明鲜

1 计算机访问 https://abooks.hep.com.cn/65572 或手机微信扫描下方二维码进入新形态教材网。

2 注册并登录后,计算机端进入"个人中心",点击"绑定防伪码",输入图书封底防伪码(20位密码,刮开涂层可见),完成课程绑定;或手机端点击"扫码"按钮,使用"扫码绑图书"功能,完成课程绑定。

3 在"个人中心"→"我的学习"或"我的图书"中选择本书,开始学习。

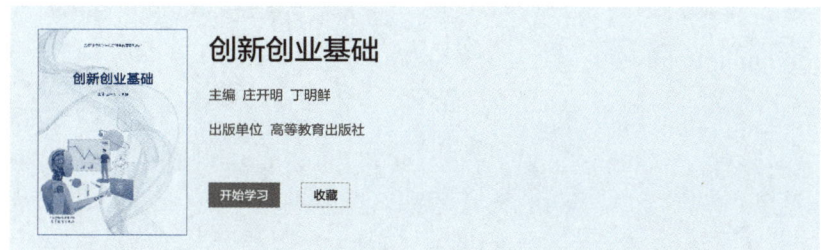

绑定成功后,课程使用有效期为一年。受硬件限制,部分内容可能无法在手机端显示,请按照提示通过计算机访问学习。

如有使用问题,请直接在页面点击答疑图标进行咨询。

https://abooks.hep.com.cn/65572

前言

自党的十八大以来，以习近平同志为核心的党中央将教育视为党和国家的重大战略，作出加速教育现代化、建设教育强国的重大决策，引领新时代教育事业实现了历史性的成就和根本性的变革。站在新的历史起点，党的二十大报告明确强调："教育、科技、人才是全面建设社会主义现代化国家的基础性、战略性支撑。必须坚持科技是第一生产力、人才是第一资源、创新是第一动力，深入实施科教兴国战略、人才强国战略、创新驱动发展战略，开辟发展新领域新赛道，不断塑造发展新动能新优势。"高等院校作为教育、科技、人才的汇聚之地，肩负着培养社会主义建设者和接班人的重任。在这百年未有之大变局中，如何积极探寻并推进教育、科技、人才的一体化协同发展，书写教育报国的隽永篇章，是每一位高校教育工作者必须面对的时代课题。答案显而易见，提升本科生的创新创业能力，无疑是解决这一问题的关键所在。

高等学校实施创新创业教育，旨在拓宽学生的思维，激发他们的创新潜力，以期在更广泛的领域、更深入的层次、更新颖的范畴内提升学生的综合素养。同时，这种教育模式有助于转变以教师为中心的教学理念，推动高校内涵式发展，从而增强高校的科技创新能力和为社会服务的协同效应。这些举措对于支持创新型国家建设具有深远的战略意义。

理解创新创业教育本质，有效地实施创新创业教育，不能仅仅局限于单向的理论知识灌输或机械地照本宣科，更为关键的是，将所学知识应用于真实场景中的实践，而这些真实场景可能包括一次头脑风暴中的思维碰撞、一次调查研究的实证分析、一次学科竞赛的备赛过程，以及一项大学生创新创业训练计划项目的路演答辩，只有理论与实践紧密结合，实施产教融合、科教融汇的协同发展，推动专业教育与创新创业教育深度融合，才能更好推进学校创新创业教育发展，培养出时代需要的创新人才。

本教材的编写团队长期从事高校大学生创新创业教育改革与探索、课堂教育教学、创新项目指导与参赛训练工作，以及大学生创业指导与实践训练，积累了丰富的、具有实际应用价值和推广潜力的工作经验，并创造了众多具有启发性、时效性的创新创业教育案例，成果显著。本教材分为创新理论、创业理论和创新创业实务三篇，共十章，深入贯彻党的教育方针，融入了最新的政策解读、理论研究成果和实践案例分析，内容涵盖创新创业的内涵与外延、创新思维与方法、创业机会识别与评估、商业模式设计、创业计划制定、企业创建与运营管理等各个方面，通过丰富的案例、实用的工具和方法，以及互动式的内容设计，帮助学生更好地理解和掌握创新创业的精髓。

本教材的特色在于三个维度：首先，它切实落实了立德树人的根本任务，将课程思政的元素巧妙地融入各个章节；其次，它创新了教材的形式，编写逻辑上注重问题导向和目标导向，每章以引导案例开篇，直接切入主题，教材通过二维码引入了大量创新创业教育案例和实践视频等资源，每章的结尾还绘制了思维导图，强调了知识框架的可视化呈现，使得内容结构更加清晰简洁；最后，教材与课程教学目标相对应，围绕"知识目标、能力目标和价值目标"进行内容设计和撰写，并为每章提供了丰富的延伸阅读资源，将创新创业教育理论融入实践实训，注重学生的创新创业意识、创新思维和创新创业实践能力的培养。整体内容结构布局系统而完整，科学而合理，可有效地帮助学生系统地了解和掌握创新创业知识，培养创新意识和批判思维，同时激发他们的学习热情和探索精神。

我们期望，通过本教材的学习，同学们能够深刻理解创新创业的本质，掌握创新创业的基本方法和技能，勇于探索未知领域，在继承中创新发展，成为具有创新精神和实践能力的高素质人才，在创新创业的道路上，不断追求卓越，为实现个人价值和社会发展贡献智慧和力量。同时，我们也希望通过本教材进一步解决高校创新创业教育教师实务教学能力整体较为缺乏的问题。

在本教材编写的过程中，我们参考了创新创业领域众多专家、学者的经典著作及案例，吸取了国内外最新的管理技术与研究成果，在此谨向诸位专家、学者深表谢忱。更感念编写团队全体同仁以琢玉之功精研数月，从框架推敲到文本淬炼，数易其稿，彰显治学精神。诚然，本教材在编撰过程中囿于编者个人学识和经验局限，难免存在不足之处，敬请读者海涵指正，374516349@qq.com。

编　者

2025 年 3 月

目录

第一篇　创新理论篇

第1章　创新与创新精神　003
　　1.1　创新概述 …………………………………… 004
　　1.2　创新精神概述 ……………………………… 014
　　1.3　创新精神的培养 …………………………… 019

第2章　创新思维与创新能力　029
　　2.1　创新思维概述 ……………………………… 030
　　2.2　创新能力的内涵 …………………………… 039
　　2.3　创新思维与创新能力案例 ………………… 045

第3章　创新方法与技巧　055
　　3.1　创新方法概述 ……………………………… 056
　　3.2　典型创新方法 ……………………………… 066
　　3.3　常见创新技巧 ……………………………… 078

第4章　大学生创新项目与项目计划书　089
　　4.1　大学生创新项目 …………………………… 090
　　4.2　大学生创新项目书撰写 …………………… 099
　　4.3　研究论文（文章、报告）撰写 …………… 109
　　4.4　专利申报材料撰写 ………………………… 116
　　4.5　AI技术赋能项目材料撰写 ………………… 122

第二篇　创业理论篇

第5章　创业与创业精神　133
　　5.1　创业内涵 …………………………………… 134
　　5.2　创业改变世界的五个方面 ………………… 140
　　5.3　创业过程 …………………………………… 145
　　5.4　创业精神 …………………………………… 148

第 6 章 创业者与创业团队　　157

- 6.1 创业者概述　　158
- 6.2 创业成功者的七大典型特征　　160
- 6.3 创业者应具备的其他领导能力　　168
- 6.4 创业团队　　169
- 6.5 创业团队的管理　　181

第 7 章 创业机会与创业风险　　185

- 7.1 创业机会及其类型　　186
- 7.2 创业机会的识别　　194
- 7.3 创业机会的评价　　200
- 7.4 创业风险管理　　212

第 8 章 商业模式与商业计划书　　223

- 8.1 商业模式　　224
- 8.2 商业计划书　　242

第三篇　创新创业实践篇

第 9 章 大学生创新创业实践中的相关问题　　259

- 9.1 创新创业训练课题来源　　260
- 9.2 创新训练课题选择　　264
- 9.3 创新训练课题实施　　268
- 9.4 路演PPT制作与汇报注意事项　　270
- 9.5 创业实施　　277

第 10 章 大学生学科竞赛实践训练　　283

- 10.1 中国国际大学生创新大赛项目（A类）　　284
- 10.2 "挑战杯"全国大学生系列科技学术竞赛项目实践训练　　295
- 10.3 部分专业类竞赛项目的实践训练　　305

附录　大学生创新创业政策　　337

后记　致创新者、创业者与同行者　　341

第一篇

创新理论篇

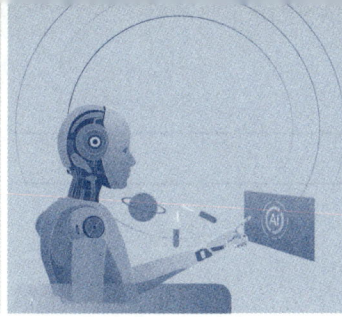

第1章 创新与创新精神

❶ 学习目标

知识目标：了解创新的意义、创新的类型与层次、创新型人才的特征。

能力目标：掌握提升创新精神的途径与方法。

价值目标：激发自主创新思维和精神，促进个人成长。

❷ 课程思政融入点

结合我国古代四大发明等伟大创新成果，阐述中华民族自古以来就有勇于创新的传统，培养学生的民族自豪感与文化自信；结合《中华人民共和国国民经济和社会发展第十四个五年规划和2035年远景目标纲要》中的创新驱动发展战略，鼓励学生积极参与社会实践、创新创业活动，为社会服务，增强学生的社会责任感；引导学生将个人成长与国家发展紧密相连。

❸ 引导案例

（1）案例简介

本章引导案例为H公司的创新之路。

（2）问题讨论

① 从一家小型的通信设备代理商，发展为全球领先的通信技术解决方案供应商，H公司实现跨越发展的首次重大创新举措是什么？

② 20世纪90年代初，H公司第一次拥有自己的技术积累后，不断加大自主研发投入，推动技术创新。这种坚持创新的决策，体现了该公司怎样的创新精神？

③ 从该公司的创新实践中，可以汲取哪些关于培育创新精神的宝贵经验？

1-1引导案例：H公司的创新之路

1.1 创新概述

创新（innovation），起源于拉丁语，意指引入新事物或新方法，以创造新的价值或提升现有价值。作为推动社会发展进步的重要力量，它激发了无数的发明与创造，从蒸汽机的轰鸣到互联网的普及，每一次技术的飞跃，都深刻地改变了人们的生活方式和工作模式。

创新不仅仅局限于科技领域，还体现在艺术、教育、经济乃至日常生活的方方面面。正是这种不断追求新意和改进的精神，让人们的世界变得更加丰富多彩。因此，创新是推动社会发展进步的重要力量，它不断地挑战现状，引领人们走向未来。

1.1.1 创新的定义

创新是一个多层次、多方面的概念，涵盖了新思想、新方法、新技术，以及新产品的创造与应用，不同学科对于创新的解释也不尽相同，这也反映了创新在各个领域的独特性与复杂性，我们选取了经济、管理和社会学领域的代表性观点，来共同探讨、学习。

（1）经济学视角

美籍奥地利经济学家约瑟夫·阿罗斯·熊彼特（Joseph Alois Schumpeter）在1912年出版的德文版《经济发展理论》中提出了"创新理论"（innovation theory），成为创新理论研究的鼻祖。熊彼特将创新定义为生产要素的新组合，即通过生产要素和生产条件的"新组合"引入生产体系，建立"新的生产函数"。

熊彼特认为创新是经济增长的核心动力，并强调企业家是创新活动的主体，企业家管理职权推动创新活动的开展，并创造出新的价值。他指出创新有以下五种情况。

① 产品创新：采用一种新的产品或者赋予老产品新的特性。
② 技术创新：采用一种新的生产方法或采用一种新的工艺。
③ 市场创新：开辟一个新的市场，这个市场可以是新的地理区域，也可以是新客户群体。
④ 资源配置创新：控制原材料或半成品的一种新的供应来源，不论这类资源是第一次被创造出来，还是已经存在。
⑤ 组织创新：实现一种企业组织新形式。

熊彼特的创新理论，以企业为主要研究对象，对"技术—经济"间的基本互动机制进行了考量。其创新理论不仅在经济学领域产生了深远影响，也为理解现代经济中的创新活动提供了重要的理论框架。

（2）管理学视角

现代管理学之父彼得·德鲁克（Peter Drucker），在其著作《创新与企业家精神》一书中系统地探讨了创新与创业活动的重要性，并详细阐述了在企业内部培育创新与创业精神的策略，他强调创新是企业发展的核心驱动力，创新不仅仅是创造新事物，而是通过改变现有资源的配置来实现财富创造的潜力。

德鲁克指出，创新需要认知力，这是企业家不可或缺的工具，它具有明确的目的性，并且是企业家们值得深入研究的学问。他将创新界定为一个过程、一项富有理性与系统性的工作，赋予资源一种新的能力使之成为创造财富的手段。他认为创新的来源涵盖了意外事件、行业与市场结构的变动、人口的变化等，为探索创新机遇提供了多角度的视野。德鲁克的创新理论强调创新的重要性及其在推动社会变革中的核心作用，不仅适用于企业，也适用于非营利组织和政府机构，为现代管理学的发展奠定了重要基础。

（3）社会学视角

斯坦福教授埃弗雷特·罗杰斯（Everett M. Rogers）是创新扩散理论的提出者，在《创新的扩散》一书中详细解释了新技术、新产品或新思想在社会系统中的传播和采纳过程，主要涉及四个要素：创新本身、传播渠道、时间和社会系统。他通过研究多个案例，总结出创新在社会系统中扩散的基本规律，并提出了著名的创新扩散理论。该理论指出，创新的采纳和普及通常遵循一条S形曲线，即初期增长缓慢，在采用者达到一定数量后加速扩散，最后在接近饱和点时速度减缓。

他从社会学的视角将创新定义为"一种被个体或者其他采纳单位视为新颖的观点、实物或者实践"[①]。他认为创新应当具备便捷性、兼容性、复杂性、可靠性和可感知性。罗杰斯的理论被广泛应用于社会科学、传播、市场营销、组织变革等领域。它帮助企业了解新产品如何在市场中传播，如何制定有针对性的营销策略，同时也指导政府和非营利组织推广新政策。

创新是一个多维度且综合性的概念，它随着社会的不断进步和时代的变迁，其内

---

① E M 罗杰斯. 创新的扩散[M]. 北京：电子工业出版社，2016.

涵也在不断演变和丰富。从广义上讲，创新涉及人类为了满足自身日益增长的需求，不断扩展和深化对客观世界及人类自身的认知和理解，进而通过各种方式和手段，对现有的知识、技术、产品、服务、管理、制度等进行革新或改进的过程。它是一个动态的、持续的活动，推动着社会向前发展。具体而言，创新可以理解为：人们为了实现特定的目标，有意识地遵循事物发展的内在规律，对事物的结构、功能、流程、方法等进行有目的的改造和优化，从而使得事物能够得到更新、升级，实现其价值的提升和功能的增强。

1.1.2 创新的类型和层次

（1）创新的类型

创新是一个多维度的概念，它不仅仅局限于某一个特定的领域或者行业，而且可以根据不同的标准和角度进行分类和理解。创新涉及技术、管理、商业模式等多个方面，能够带来新的产品、服务、流程或者解决方案，从而推动社会和经济发展。根据不同标准，可以分为不同类型，以下是一些常见的创新类型，有助于我们更全面地认识和理解创新的多样性和复杂性。

① 根据表现形式来划分，创新可以分为知识创新、技术创新、产品创新、服务创新和商业模式创新。

知识创新。通过建立无关联知识要素之间的新联结，形成新事物、新概念、新论断或新理论，其本质在于知识要素之间的"重组融合"[①]。知识创新通常要经历"获取—创造—应用"的过程，知识创新作为人类认识世界、改造世界的重要手段，为人类文明进步和社会发展提供了不竭动力。

技术创新。引入一种新技术或对现有技术进行重大改进，以达到提高生产效率、降低成本、改善产品质量、增强竞争力的目的。不断地技术创新，能帮助企业更好地适应市场变化，满足消费者需求，并且在激烈的市场竞争中脱颖而出。

产品创新。引入新产品或对现有产品进行改进，从而更好地满足用户需求，提升产品的竞争力。与传统手机相比，智能手机在打电话、发短信的基础上，增加了上网、拍照、摄像等功能，通过更新换代，在处理器性能、摄像头像素、屏幕显示效果等方面进行改进，这也是产品创新的体现。

服务创新。引入新的思想、方法、技术或流程，以改善服务质量、增加服务价值、提高客户满意度、增强竞争力或开拓新的市场机会。这种创新可以是渐进式的，

---

① 吴新凤，吴义强. 迎接"新工科"，传统工科专业如何转型升级[J]. 高教动态，2023，75（6）：21.

也可以是革命性的,它涉及对现有服务的重新设计,或是创造全新的服务项目。

商业模式创新。企业重新设计、调整或重组现有的商业模式要素,以实现价值主张的创新,从而捕捉市场机会并获取竞争优势的过程。商业模式创新不仅仅是单一的创新,更是一个多维度、系统性的过程,它要求企业在价值创造和价值获取两个维度上进行创新和演进,以使企业更好地适应市场变化,满足客户日益增长和多样化的需求,最终实现企业利润最大化。

1-3拓展阅读:某线上超市"前置仓+末端配送"的模式与服务创新

② 根据领域的差异,创新可被细分为教育创新、金融创新、工业创新、农业创新、国防创新、社会创新、文化创新等。

教育创新。在教育领域引入新的理念、方法和技术,以提高教育质量和效果,培养具有创新精神和能力的人才,并推动社会进步。例如,"翻转课堂"这一创新教学模式,巧妙地结合了传统课堂的优势与在线学习的灵活性,通过前置理论知识的学习,把课堂时间更多地用于讨论、实践与互动,从而提高学生的参与度和个性化学习。项目式学习则通过实际问题导向,在解决真实世界问题的过程中,培养学生创新思维、批判性思考和团队协作能力,通过这种方式,学生不仅能够将理论知识与实践相结合,还能在团队合作中培养沟通与协调能力,为将来步入社会打下坚实的基础。

金融创新。在金融领域引入新的金融工具、服务和流程的过程。金融领域的持续创新,显著改变了人们进行金融交易、管理风险和分配资本的方式。互联网金融,通过提供便捷、高效的服务,降低了金融服务的门槛,为个人日常支付提供便利,它不仅使得金融交易更有效率,还为用户带来了更灵活的选择,使得金融服务更加普及。

工业创新。在工业领域中,通过技术、产品、工艺或管理等方面的改进和革新,提高生产效率、产品质量和市场竞争力,推动产业升级和经济增长的过程。这种创新不仅限于单一的技术突破,还涵盖了整个生产流程和管理方式的优化。例如,我国自主研发的"奋斗者"号载人潜水器成功实现了直达地球海洋深处的作业能力,这一重大技术成就,不仅使我国在深海探索领域取得了突破,还使我国成为世界上万米深潜次数最多的国家,这无疑极大地提升了我国在国际上的科技地位和影响力。

农业创新。运用一系列先进的技术、方法和理念,提升农业生产过程的效率,降低对环境的负面影响,同时增加农业活动的经济价值。举例来说,通过引入全球定位系统、各种传感器及数据分析技术,农业生产者能够实现对农作物生长环境的精确监控和调控,这种精准农业的做法不仅有助于提高农作物的产量,而且能显著提升其品质,从而为农业经济带来更多的价值。

国防创新。在军事领域中引入新技术、新方法和新策略,以提升军队的作战能力和适应性。这种创新包括武器装备的研发，战术、战略及组织结构的变革。通过持续探索人工智能、网络战、无人作战系统等前沿科技，实现前所未有的战略优势。同时，创新亦代表着对传统军事理念的挑战与更新，例如通过跨军种的联合行动提升协同作战的效率，或者通过构建灵活的指挥体系适应战场环境的快速变化。

社会创新。通过创新性的方法和策略，解决社会问题，创造共享价值，增进社会福祉。它涉及多方合作，包括政府机构、非营利组织、企业和社会等，旨在改善社会体系和推动社会进步。中国建设银行推出的"助保贷"产品，通过联合多方力量，有效解决了小微企业面临的"融资难"这一社会性问题，实现了小微企业、银行和社会的多方共赢，有力推动了社会经济的可持续发展。

文化创新。在保持传统文化精髓的基础上，通过创新手段和方法，赋予文化新的生命力和表现形式。例如，故宫博物院作为中华传统文化的重要象征，近年来推出了一系列与馆内珍贵展品紧密相关的文化创意产品，这些文创产品不仅涵盖了各种生活中常见的物品，如文具、服饰、家居装饰等，而且在设计上巧妙地融入了传统元素和现代审美，实现了文化的日常化与具象化。通过这些创意产品，故宫博物院成功地将传统文化融入了人们的日常生活，让更多的人能够以更加轻松和直观的方式接触和了解中华传统文化的博大精深。这种将传统与现代相结合的创新方式，不仅为文化创新领域提供了成功案例，也极大地促进了更广泛群体对中华传统文化的认知与接触，从而推动了文化的传承与发展。

③ 根据活动行为主体的不同，创新可分为个人创新、团体创新、政府创新及国家创新。

个人创新。个人在某一领域或活动中，通过独立思考与实践，提出新的想法、方法或产品。此类创新往往源于个人兴趣、爱好或对某一问题的深刻理解。不仅仅是对现有事物的改进，更是一种全新的创造和突破。它要求个体具备敏锐的观察力、丰富的想象力及坚持不懈的探索精神。

团体创新。涉及由个体组成的团队或组织，在追求共同目标和协作的过程中，通过集体智慧和不懈努力，共同产出创新的成果。这种创新形式强调团队成员之间的有效沟通、紧密协作以及广泛知识共享，从而促进团队整体的创造力和效率。

政府创新。政府机构在政策制定、公共服务、行政管理等方面引入新的理念、方法或技术，以提高政府效能。它涉及采用先进的信息技术来优化工作流程，或者通过引入新的管理策略来提升决策质量。政府创新还包括跨部门合作的新模式，以解决复杂的社会问题。

国家创新。一个国家整体层面的创新活动，它不仅包括科技领域的突破，还包括经济、文化、社会等多方面的创新。国家创新体系的构建需要政府、企业、学术机构和社会的共同努力,形成一个有利于创新的环境和机制。

④ 根据创新的市场定位划分,可以把创新分为维持创新和蓝海创新。

维持创新。在现有产品或服务的基础上进行改进,满足市场和客户不断变化的需求,以确保企业在现有市场中的稳定发展。这种创新通常由市场中现有企业提出,目的是增强技术、产品或服务的性能,以应对市场中的革命性变化,维持创新无须长期规划。

蓝海创新。一种通过价值创新来开拓新市场空间的商业策略,旨在帮助企业摆脱激烈的市场竞争,实现可持续的高利润增长。蓝海创新的核心在于创造无竞争的市场环境,即所谓的"蓝海",而不是在已有的"红海"市场中与竞争对手争斗。它要求企业打破传统思维模式,重新定义市场边界,超越现有需求,并采用全新的商业模式和技术来开创新的市场机会。

⑤ 根据创新程度划分,可以把创新分为渐进式创新和颠覆性创新。

渐进式创新。对现有产品、服务、流程、技术等进行持续的、小幅度的改进和优化。这种创新方式强调在现有基础上进行微调,其核心在于通过小规模改进,最终实现量变到质变的飞跃。

渐进式创新的价值在多个层面得以体现。其一,它能够增强企业的竞争力,通过持续优化产品性能,提高市场竞争力。其二,渐进式创新有助于企业应对市场需求的变动,通过逐步改进产品或服务来适应市场的新兴需求。其三,这种创新模式还促进了可持续发展,能够在现有商业模式的基础上,兼顾环境效益和社会效益。

颠覆性创新。旨在描述一种通过创新彻底改变现有行业或市场格局的过程,通常由新进入者引入,通过价格更低、更容易使用或体积更小等特点吸引低端市场或新市场,随着时间的推移,这些创新产品或服务的品质逐渐提升,最终能够满足主流消费者的需求,进而取代现有的主流产品。

颠覆性创新具有超越性和突变性,能够打破传统的思维模式和技术发展路线,从而对现有市场产生革命性影响,但其往往需要在初期面对市场的质疑和主流企业的忽视,因此其成功具有一定的不确定性和高风险性。一旦成功,它将为产品和服务开拓全新市场,并推动产业结构的变化。

(2) 创新的层次

在进行创新层次的探讨时,我们通常会从基础性、支撑性、应用性三个不同维度来进行详尽分析。这三个维度各自对应着不同的创新类型和目标,它们共同构成了创新活动的完整框架。

① 基础性创新

基础性创新主要涵盖科学与技术领域中根本性、原创性的研究与开发活动，构成创新体系的基石，为后续技术进步与产品创新提供理论基础与核心技术支撑。基础性创新通常源于对自然规律的深入探索与发现，需要经历长期的研究与积累，其成果虽然可能不会迅速转化为市场上的产品或服务，但对整个行业的发展具有深远影响。该创新过程涉及对现有知识体系的深入挖掘及对未知领域的勇敢探索，要求科学家与研究者必须具备极高的专业素养与创新精神。

基础性创新不仅关乎科技进步，还深刻影响着教育、经济和社会发展。在教育领域，基础性创新能激发学生对科学的兴趣和好奇心，培养他们的创新思维和实践能力，为未来的科技人才储备奠定基础；在经济领域，基础性创新带来的新技术和新方法，能够催生新的产业和就业机会，推动经济结构的优化和升级；而在社会发展领域，基础性创新能够解决人类面临的许多重大挑战，如环境保护、能源危机、医疗健康等，为社会的可持续发展贡献力量。因此，基础性创新不仅是科技进步的源泉，更是推动人类社会进步的原动力，它能够引领科技发展的方向，为人们带来新的生活方式和思维模式。

② 支撑性创新

支撑性创新主要涉及将基础性创新的成果转化为实际应用的技术和产品。这通常需要跨学科的知识和技术整合，以及对现有技术的改进和优化。支撑性创新是连接基础研究和市场应用的桥梁，它能够确保创新成果有效地服务于社会和经济发展。这一过程往往需要团队合作和多方协调，包括技术开发、市场调研、产品设计等多个环节的紧密配合。支撑性创新的目标是增强产业链、供应链的韧性和安全水平，并推动产业基础性技术的发展。

支撑性创新不仅关注技术的可行性，还强调技术的市场适应性和用户友好性。通过细致的市场调研，支撑性创新能够精准捕捉用户需求，从而开发出更符合市场需求的产品和服务。同时，支撑性创新还注重产品的设计和用户体验，致力于提供功能强大且易于使用的创新产品。此外，支撑性创新在推动产业基础性技术发展方面发挥着重要作用，它通过对现有技术的改进和优化，提升了产业链的整体水平，增强了供应链的稳定性。这不仅有助于企业降低成本、提高效率，还能促进产业的升级和转型，为经济的可持续发展提供有力支撑。

③ 应用性创新

应用性创新，则是将支撑性创新的成果应用于具体的市场和产品中，满足消费者的需求，创造商业价值。应用性创新更注重市场导向，需要对市场趋势有敏锐的洞察力，并且能够快速响应市场变化，通过产品和服务创新来获得竞争优势。应用性创新往往与消费者的生活紧密相关，它通过不断满足消费者的新需求，推动产品和服务的升级换代，从而为企业带来持续的利润增长。在这一过程中，企业需要灵活运用市场策略，不断调整和优化产品线，以适应市场的不断变化。

应用性创新不仅要求企业具备强大的技术研发能力，还要求企业拥有敏锐的市场触觉和灵活的营销策略。在产品开发阶段，企业需要深入了解消费者的需求和偏好，通过不断试错和改进，将支撑性创新的成果转化为符合市场需求的产品。同时，企业还需要密切关注市场趋势和竞争对手的动态，及时调整产品策略，以保持竞争优势。在市场推广阶段，企业需要制定有效的营销策略，通过品牌宣传、渠道拓展等方式，提高产品的知名度和美誉度，吸引更多消费者的关注和购买。此外，应用性创新还需要企业具备快速响应市场变化的能力，能够在市场出现新需求或新趋势时，迅速调整产品和市场策略，以满足消费者的新需求，保持企业的市场领先地位。

基础性创新、支撑性创新、应用性创新相互关联，相互促进，共同构成了一个完整的创新体系。基础性创新为支撑性创新提供了源泉，支撑性创新为应用性创新提供了技术保障，而应用性创新又反向刺激基础性创新和支撑性创新的发展。理解并掌握这三个层次的创新，对于企业来说，是提升自身竞争力、实现可持续发展的关键。企业需要在基础研究、技术开发和市场应用之间找到平衡点，通过有效的创新管理，确保创新活动能够持续地为企业带来价值，同时也为社会的进步作出贡献。

1.1.3 创新的挑战与障碍

创新是推动企业发展和社会进步的关键力量，然而，在充满活力的创新过程中，人们往往会面临诸多的挑战与障碍。这些阻碍都将成为创新路上的"拦路虎"，在研究如何有效规避这些挑战之前，首先应该深入了解它们。

（1）认知层面

在探讨创新过程中所遇到的种种挑战与障碍时，不难发现，这些困难和限制主要源自创新主体，也就是那些致力于创新活动的个人或团队，他们固有的思维定式、心理倾向及意识状态。这些内在因素相互交织，相互影响，共同构成了对创新进程的制约力量，从而在很大程度上限制了创新思想的产生、发展及最终的应用和推广。

① 思维定式

思维定式是指个体在长期认知活动中形成的一种稳定的思维模式。该模式通常在人的早期阶段开始构建，并随着个体的成长，对个体的思维产生深远影响，甚至可能在很大程度上影响个体的一生。面对各种问题时，思维定式会使个体优先考虑过往解决问题的策略，而非尝试从新的视角出发，探索不同的解决路径。思维定式在很大程度上主导了个体的思维过程、心理过程及实践行为，展现出极强的稳定性。

② 心理倾向

在创新的进程中，心理倾向起着至关重要的作用。特别是在面对创新所带来的不确定性和潜在风险时，积极向上、乐观的心理倾向显得尤为重要。这种积极的心理状态能够显著地增强个体对于创新的意愿，激发他们采取更多的创新行为，从而有效地推动创新活动。反之，如果一个人具有消极的心理倾向，面对挑战和困难时，他们可能会选择退缩，不愿意去尝试和探索新的可能性，这种态度无疑会抑制他们对创新的尝试和实践。

③ 意识状态

意识状态对于创新的影响同样不可忽视，它涉及个体对创新活动的态度。封闭的意识状态可能使个体局限于自己的经验和知识范围，对新事物和新观念持怀疑或排斥态度，对创新过程持悲观、消极态度，限制了创新的拓展。相反，开放的意识状态则能够鼓励个体拥抱变化，接受新观念，对创新持积极乐观的态度，从而促进创新思维的产生和创新活动的开展。

（2）资源方面

创新的实现，离不开资金、人才和技术等方面的支持，缺乏这些资源将严重制约创新活动的开展。

① 资金

资金作为创新活动顺利进行的物质基础，在创新活动中扮演着重要角色。充足的资金投入对于购置先进设备、引进高层次人才、开展市场调研及产品开发等关键环节至关重要。此外，资金的注入亦能为创新活动提供必要的风险保障，降低因资金短缺而导致的创新项目中途夭折的风险。

② 人才

人才是创新活动中的核心要素，他们不仅具备丰富的知识储备和专业技能，还拥有无限的创造力和想象力。正是这些人才，通过他们的智慧和努力，能够为社会的创新进程注入持续而强大的动力，推动技术进步和产业升级，从而引领整个社会向着更加繁荣和先进的方向发展。

③ 技术

技术障碍是创新过程中难以避免的难题。新技术的研发往往伴随着高风险和高投入，企业必须在有限的资源下做出明智的决策。同时，技术的快速迭代，要求企业持续投入研发，以维持技术领先地位，否则易被竞争对手超越，丧失市场优势。

(3) 组织层面

组织障碍构成了创新过程中不可忽视的内部挑战。在企业内部，利益冲突、决策缓慢、沟通不畅等问题，都可能成为创新的绊脚石。一个决策流程冗长的企业，可能会错失市场先机，因为创新往往需要快速决策与行动。这些障碍不仅影响了企业的效率，还可能抑制员工的创造力和积极性。当员工面对复杂的组织结构和烦琐的审批程序时，其创新思维可能会受到限制，从而影响整个组织的创新能力和竞争力。

企业文化作为企业内部的一种无形力量，深刻地影响着员工的行为习惯和思维模式。如果一个企业的文化过于保守，缺少鼓励创新的氛围，那么员工在这样的环境中就很难激发出创新的想法，更难以付诸行动。为了促进创新，企业必须努力营造一种积极的、鼓励创新的文化环境，并且在这样的环境中容忍失败。企业领导层需要明确地传达出一个信息，那就是创新是企业持续发展和进步的必由之路。即使在创新过程中遭遇失败，这些失败经历也是极其宝贵的学习资源，是通向最终成功的必经之路。

(4) 外部环境方面

外部环境是指企业所处的外部条件和影响因素，这些因素包括市场障碍、政策法规、激烈的竞争环境等方面。

市场障碍对创新构成重大挑战。市场需求的多变性要求企业具备敏锐的市场洞察力与快速的响应机制。消费者的需求和偏好不断变化，这就要求企业通过市场调研和数据分析来预测这些变化，并据此进行创新策略的调整。竞争者的策略和市场动态也会影响创新产品的市场接受度。企业需要密切关注竞争对手的动向，制定有效的市场进入策略，确保创新产品能够顺利地被市场所接受。

政策法规的不断变化或者存在的不完善之处，也可能对创新活动带来一定的阻碍。例如，知识产权保护的不足、监管审查的严格性，这些因素都可能增加创新过程中的风险和不确定性。

激烈的竞争环境可能使企业过于关注短期的市场份额和利润，这将导致它们在一定程度上忽视创新的重要性。以智能手机市场为例，为了在激烈的市场竞争中占据一席之地，一些企业不惜通过不断的价格战来吸引消费者，试图通过降价来增加销量和市场份额。然而，这种策略往往消耗了企业大量的精力和资源，使得它们没有足够的余力和资金投入新技术的研发和创新活动中。长此以往，企业可能会陷入一种恶性循环，即过分关注短期利益而牺牲了市场竞争力。

综上所述，创新过程中面临的挑战与障碍是多方面的，它们可能源自个体的认知局限、资源获取的难易程度，以及内外部环境的复杂性等多个层面。企业需要从这些方面入手，积极加大技术研发力度、深入进行市场调研、适时进行组织变革及精心塑造企业文化等工作，以克服这些挑战和障碍，推动创新的持续发展。唯有如此，企业才能在日益激烈的市场竞争中保持其竞争力，确保自身的可持续发展，最终在市场上稳固地立足。

1.2 创新精神概述

在当今社会，创新精神对于大学生来说尤为重要。作为未来社会的建设者和创新的主力军，大学生应通过参与科研项目、社会实践等活动，培养自己的创新意识和解决问题的能力，培育自己敢于挑战、勇于探索的精神，增强自身的竞争力。

1.2.1 创新精神的定义

创新精神是一个多维度的概念，可以从不同的文献和研究视角进行解读和阐释。通常情况下，创新精神被定义为一种内在的驱动力，一种积极主动、勇于探索未知领域的欲望。它不仅包括对传统观念的挑战与超越，还涵盖了持续追求突破性创新的态势。这种精神体现了个体对于新知识、新方法的渴望，以及对于现状的不满足和对未来的无限憧憬。

首先，在更深层次上，创新精神鼓励个体抛弃旧的思想和事物，勇于开拓新的领域。它要求个体不满足于已有成果，而是要持续追求进步，坚持与时俱进，永不停滞。这种精神是推动学科发展和进步的重要动力，它激励着人们不断超越自我，实现更高的目标。其次，创新精神驱策个体在面对挑战与困难时，不畏失败，不断探索新思路、新方法，尝试新的理念和技术。它要求个体具备坚韧不拔的意志和持续学习的能力，以适应不断变化的环境和需求。再次，创新精神提倡独立思考，不迷信权威，它鼓励个体不盲目跟从他人，敢于质疑现有的理论和观点。通过独立思考，个体可以提出自己的见解和看法，推动思想的解放和进步。最后，创新精神也强调团队合作的重要性。在团队环境中，成员们借助共同交流、探讨和解决问题，通过集体智慧的汇聚来促进推动创新的实现，团队协作能够整合多元化的智慧与力量，共同创造新的价值。

创新精神是一种综合性的精神品质，它包括勇于冒险、持续学习、开放思维、团队协作、善于解决问题及强烈的求知欲和好奇心等多个方面。这些要素和特点共同构成了创新精神的内涵和外延，使得人们能够在面对问题和挑战时，勇于尝试新的方法、思路和解决方案，推动科技进步、社会进步和经济发展。

1.2.2 创新精神的核心要素

创新精神的核心要素旨在深入分析那些对创新过程产生关键影响的精神因素。每一个要素都在创新过程中发挥着不可替代的作用，它们相互交织、相互影响，共同构成了创新活动的复杂网络。因此，理解创新精神的核心要素对于推动各个领域的发展至关重要。

（1）质疑精神

作为创新的起点，质疑精神要求个体对现状持有批判性思维，不满足于传统观念和常规做法。它促使人们不断提出问题，探索未知，挑战权威，从而推动知识的边界不断扩展。在团队协作中，质疑可以激发更深层次的讨论，促进成员之间的思想碰撞，从而产生新的观点和创意。然而，质疑并非无端否定，而是建立在深入分析和理性思考的基础上，通过质疑来寻找问题的根源，探索更有效的解决方案。

（2）创新意识

创新意识体现了个体对新事物的敏感度和追求。具备创新意识的个体总是对现状持有疑惑，不满足于现状，总是寻求改进和突破，这种态度源于他们追求进步的决心。创新意识还与好奇心紧密相关，好奇心驱使人们去探索未知，去发现新问题，去提出新假设。它是一种内在的驱动力，能够激发个体的创造力和想象力。在团队中，具有强烈创新意识的成员往往能够激发整个团队的创新活力，推动团队不断前进。因此，培养和强化创新意识是提升创新精神的关键步骤，对于个人和组织而言，都是实现持续创新和发展的基础。

（3）持续学习

作为创新精神的重要组成部分，持续学习强调个体应不断追求知识的迭代和技能的提升。在快速变化的现代社会，持续学习是适应新环境、掌握新技能、理解新知识的必要条件。通过持续学习，个体能够不断更新自己的知识体系，为创新提供源源不断的动力。同时，持续学习也意味着对失败的反思和总结，通过总结失败的教训，避免重复错误，提高成功的概率。

（4）开放思维

开放思维是创新精神的又一核心要素，它鼓励个体超越传统思维模式，接受新的观点和思维方式。这种思维方式能够帮助人们打破常规，从多角度审视问题，从而发现更多解决问题的可能性。开放思维还意味着对不同意见的包容，通过吸纳不同的观点，团队能够掌控全局，从而在创新过程中取得突破。在创新过程中，失败是不可避免的，开放思维能够帮助人们从失败中学习，将其视为成长和进步的机会。这种积极的态度有助于创造一个鼓励尝试和实验的环境，从而促进创新的持续发展。

1.2.3 创新精神面临的挑战与应对策略

在当今这个日新月异的时代，创新精神已成为推动社会进步的核心动力。然而，围绕创新精神的挑战也日益凸显，成为人们关注的焦点。面对激烈的全球竞争和不断变化的市场需求，如何激发和培养创新精神，突破传统束缚，成为摆在人们面前的一大难题。

（1）创新精神面临的挑战

① 传统观念与惯性思维束缚质疑精神

在许多文化体系中，稳定性和遵循传统模式的价值观占据主导地位。某些社会群体表现出强烈的从众倾向，对创新持保守态度。这种现象的产生往往与深厚的人文背景密切相关，而缺乏自信和冒险精神亦是阻碍创新发展的关键因素。例如，在传统手工艺领域，学徒们通常需投入大量时间学习师父所传授的技艺，而敢于在早期阶段对这些传统技术进行创新的人寥寥无几。

在特定行业或领域内，根深蒂固的规范和传统观念长期存在。以古典音乐领域为例，在很长一段时间内，其演奏风格和作曲方式均遵循着历史大师们所设定的标准，新的音乐理念（如早期电子音乐与古典音乐创作的结合）曾面临极大的挑战和阻力。传统观念和固定思维是创新精神的重要障碍，它们顽强地维护着自己的社会地位，使人们因循守旧，墨守成规。

② 传统教育体制对创新意识的制约

当我们深入分析教育体制的现状时，不难发现传统的教育模式往往更强调对知识的灌输及应试能力的培养，而忽视对学生创新精神和实践操作能力的培育和锻炼。在学校教育中，教师和教育机构常依赖于标准化考试来评价和衡量学生的学习成果和能力，导致学生不得不投入大量时间和精力去学习固定的知识点和解题技巧。从课程设置角度来看，目前的教育体系对于跨学科知识的整合和融合似乎不够重视，缺乏有效的机制来促进不同学科之间的交流和融合。然而，历史和现实都告诉我们，创新往往是在不同学科知识交汇的边缘地带孕育而生的，因此，教育体制的现状在一定程度上限制了创新意识的培养。

③ 资源配置不均影响持续学习

从区域角度来看，资源配置不均会导致区域内的企业无法充分利用可用资源，从而影响其持续学习能力。例如，由于资源配置不均，一些企业可能无法获得足够的资金、技术或人才支持，这限制了它们在技术创新和知识获取上的投入[1]。此外，区域内的资源分配不均衡还会导致企业间竞争的不公平性，使得部分企业难以通过持续学习来提升自身的竞争优势。这种现象在经济较发达的区域尤为明显，因为这些区域的企业更依赖于本地资源的吸收、转化和创新能力[2]。

从企业内部角度来看，资源配置不均会直接影响到员工的发展潜力。假如企业内部的培训资源分配不均，某些部门的员工可能会获得更多的学习机会，而其他部门的员工则可能被忽视。这种不均衡可能导致员工技能发展不均衡，进而影响企业的整体竞争力。此外，企业内部资源分配不均还可能引发员工之间的矛盾，阻碍团队合作和知识共享。

资源配置不均从区域和企业内部两个角度对持续学习产生了显著影响。在区域层面，教育资源的不均衡导致教育公平和社会公平问题，影响了区域间的创新能力和发展水平。在企业内部，资源分配的不均衡影响了员工的发展机会和团队合作，削弱了企业的整体创新能力。

④ 社会环境和市场对开放思维的限制

在社会环境中，文化保守与传统观念、教育与媒体的影响共同限制了开放思维的发展。文化保守和传统观念在一些社会中占据主导地位，对新思想和新行为模式持怀疑甚至排斥态度。例如，传统社区强调稳定和遵循既定规范，对创新和变革持保守态度，这不仅体现在对新技术、新产品的接受上，还体现在对新社会观念和新生活方式的排斥上。同时，传统观念往往强调集体利益和稳定，对个体的创新行为和独立思考持保守态度，使个体更倾向于遵循既定路径，而不是尝试新可能性。部分媒体则可能过度强调传统价值观，忽视对新思想和行为模式的报道，从而限制了社会对新事物的接受度，影响个体开放思维。

---

[1] 陈锐. 长三角发展资源优化配置的思考[J]. 产业创新研究，2020（21）：49-50, 53.

[2] 周国红，陆立军. 基于区域学习的企业竞争优势——基于1 639家中小企业问卷调查与分析[J]. 经济地理，2005, 25（4）：453-457, 452.

此外，市场竞争与风险、市场垄断等也抑制了开放思维。激烈的市场竞争使企业采取保守策略以确保生存，更注重成本控制和市场份额保持，而非投入资源进行新技术研发和产品创新。市场风险性也使企业对新项目、新想法持谨慎态度，担心创新项目失败带来的经济损失和声誉风险，从而限制创新投入和开放思维。市场垄断或寡头垄断结构抑制创新，大型企业通过控制市场资源和价格，通过专利保护、技术壁垒等手段，限制其他企业进入。市场垄断企业可能更倾向于维持现状，通过收购潜在竞争对手或创新企业，消除创新威胁，限制市场开放性和创新活力，影响社会开放思维和创新能力。

（2）应对策略

创新精神在现代社会中扮演着至关重要的角色，然而，它常常受到传统观念与惯性思维、教育体制、资源限制及社会环境和市场因素的多重影响。为了有效应对这些挑战，需要采取一系列有效的策略。

① 打破传统观念与惯性思维的束缚

培养质疑精神是打破传统观念与惯性思维的关键。在家庭层面，父母应积极鼓励孩子提出问题，勇于质疑现有观点，以激发孩子的创新意识；在社会层面，媒体和公共讲座应发挥重要作用，成为宣传创新理念重要性的平台，通过创新论坛等活动，邀请创新者分享经验，从而激发公众的创新热情。此外，企业和政府也应携手合作，共同设立创新奖励机制和创业支持体系，如创新基金和创业孵化园，鼓励冒险和创新，打破行业规范和传统观念的束缚。

1-4 拓展阅读：
打破惯性思维的方法

② 改革教育体制以促进创新意识的培养

教育体制对创新意识的培养具有深远影响，因此改革教育体制是创新精神培养的必由之路。推广项目式学习和多元化评价体系，在参与实际项目和接受多元化评价的过程中，逐步培养起学生的创新能力和实践能力。实施跨学科教育，进行课程整合和开展合作教学，不仅能促进不同学科间的交流与融合，还能有效培养学生的综合思维能力。同时，学校与企业合作建立实验室和实践基地，为学生提供参与竞赛和实践活动的机会，搭建起实践操作能力培养的平台，进一步激发学生的创新意识。

③ 改善资源配置不均的问题

资源配置的不均衡对创新精神的培养构成了严峻挑战，解决这一问题需要从区域资源优化和企业内部资源均衡两方面入手。政府可通过制定相关政策和推动区域合作，优化资源配置，加大对经济欠发达地区的教育和企业发展的支持力度。在企业内部，建立公平的培训机制和知识共享平台，确保每位员工都能获得平等的学习机会，鼓励员工制定个人发展计划，建立终身学习的企业文化，为员工提供持续学习和提升的机会。

④ 营造开放的社会环境和市场机制

社会环境和市场对开放思维的限制亟待通过多方面的优化来打破。社会环境方面，应大力倡导包容和开放的文化，媒体应发挥积极作用，广泛宣传创新成果，树立创新榜样，营造良好的社会创新氛围。在市场环境优化层面，鼓励企业间的公平竞争和合作，通过政府的创新引领、政策支持，完善市场风险管理体系，帮助企业有效应对创新过程中可能遇到的风险。此外，在企业和社会中积极培育创新文化，鼓励人们提出新想法，并通过国际交流，吸收借鉴先进的经验和创新理念，为创新精神的培养注入新的活力。

综上所述，面对创新精神培养所遭遇的诸多挑战，需从教育引导、社会支持、政策引导、教育改革、资源配置优化、文化包容及市场环境优化等多个维度入手，采取综合性的措施。这些措施不仅可提升个体和企业的创新力和开放思维，还可促进社会的全面发展。通过持续的努力和创新，构建起一个更加开放、包容和创新的社会环境，为未来的发展和进步奠定坚实基础。

1.3 创新精神的培养

1.3.1 创新精神培育的理论基础

（1）马克思主义理论及其中国化成果

在马克思主义的创立过程中，马克思、恩格斯强调了理论的开放性和动态性，指出理论并非一成不变，而是处于不断的发展之中。这种理论的特质为创新精神的培养提供了坚实的基础，并赋予了理论本身以创新的品质和精神。在马克思主义哲学中，唯物辩证法和历史唯物主义的方法论，激励着人们勇于面对新问题、新现象，进行深入的探索和积极的改革。

马克思主义理论构成了创新精神培育的关键理论基础。该理论体系强调实践是检验真理的唯一标准，并激励人们在实践中持续地进行探索与创新。此外，马克思主义中国化的理论成果，包括毛泽东思想、邓小平理论、"三个代表"重要思想、科学发展观、习近平新时代中国特色社会主义思想等，亦凸显了创新的核心价值，为培育创新精神提供了坚实的理论基础。

在新时代中国特色社会主义建设中,马克思主义理论的创新尤为重要。习近平新时代中国特色社会主义思想就是在坚持马克思主义基本原理的基础上,结合中国具体实际和中华优秀传统文化,实现了马克思主义中国化时代化新的飞跃。这种理论创新不仅推动了中国的发展,也为全球马克思主义的发展提供了新的范例。

（2）教育学理论

在教育学领域,普遍认同的观点是教育的核心目的在于培养和塑造人的全面发展,创新精神被视为人才不可或缺的重要素质。教育学不仅为创新精神的培育提供了坚实的理论基础,而且在实际教学过程中,也强调了创新精神的重要性。例如,著名教育家陶行知先生所倡导的生活化教学理论,就特别强调了将教育与学生的日常生活紧密结合,鼓励学生在日常生活的点点滴滴中寻找和捕捉研究的灵感。通过这种方式,学生能够在实际生活中学习和应用知识,从而有效地培养他们的创新精神和实践能力。这种理论和实践的结合,不仅丰富了教育内容,也极大地促进了学生综合素质的提升。

（3）心理学理论

依据心理学研究,人类心理发展过程呈现出显著的阶段性特征,并且这些阶段之间存在连续性。在心理发展的不同阶段,个体将展现出特定的心理特征,这些特征对于创新精神的培养具有重要作用。例如,在青少年时期,个体通常会表现出对外界强烈的好奇心,这种特质被视为创新精神的关键源泉。因此,心理学理论不仅揭示了心理发展的内在规律,而且为培育和激发创新精神提供了坚实的理论基础和实践指导。

（4）创新实践理论

创新实践理论着重强调实践在培育创新精神方面所扮演的关键角色。美国著名教育家约翰·杜威（John Dewey）提出的"从做中学"理论指出,"所有的学习都是行动的活动",教师应通过"做"来促使学生思考,从而获得知识。该理论深刻地指出了实践在教育过程中的重要性,认为通过亲身参与和实际操作,学生能够有效地培养出创新思维和实践技能。杜威的这一理论不仅在教育领域产生了深远影响,而且为创新精神的培育提供了宝贵的实践层面的指导和启示。

（5）其他相关理论

其他相关理论也为创新精神培育提供了理论基础。例如,系统论认为,创新是一个复杂的系统过程,需要各个要素的协同作用;信息论认为,信息是创新的基础和前提,只有获取和处理大量的信息才能产生新的创意和想法;控制论则认为,创新过程需要有效的控制和调节,以确保创新目标的实现。

综上所述,创新精神培育的理论基础是多方面的、综合性的。这些理论基础为创新精神培育提供了坚实的理论支撑和行动指南。在实践中,我们应该根据具体情况灵活运用这些理论基础,以推动创新精神培育工作的深入开展。

1.3.2 创新精神培育的实践策略

创新精神培育的实践策略可以从多个方面入手,以下是一些有效的实践策略。

(1)教育层面的实践策略

① 转变教育观念

在进行课堂教学时,教师应深刻理解教与学之间的关系,并积极发挥主导作用,与此同时,需要充分认识到学生作为学习主体的重要性,从而有效地激发和调动学生在学习过程中的主动性和积极性。在这个过程中,教师的角色需要从传统的知识传授者转变为更加多元化的角色,包括学生学习过程的组织者、指导者、帮助者及评价者。这样的转变能够更好地促进学生独立思考能力的培养,鼓励他们进行探索和创新,最终达到提升学生综合素质和能力的目的。

② 营造创新氛围

教师在教学过程中,应当致力于为学生构建一个充满民主精神、平等原则、和谐氛围、融合特性、合作精神及相互尊重的环境,这样的环境能够让学生在一种轻松和愉快的氛围中学习。教师还应当鼓励学生们勇于提出问题,不惧怕挑战传统观点,积极探讨并寻找解决问题的多种方法。通过这种方式,教师可以有效地激发学生们内在的创新意识,培养他们的创新精神,从而促进学生全面发展。

③ 改革教学方法

为培养创新精神,需要革新传统的教学方法,引入并广泛采用启发式、讨论式及探究式等多种教学方法。这些方法鼓励学生通过独立思考和有效处理信息,自主构建新的知识体系。教师不仅注重知识的传授,更重视引导学生自主学习,鼓励他们通过合作学习的方式,相互交流、共同进步。通过这样的教学模式,旨在培养学生的协作精神,激发其创新精神,使他们在未来的学习和工作中,能够展现出卓越的团队合作能力。

④ 开设创新课程

为了全面提高学生的创新能力和思维水平,学校可以开设创新思维训练、创新技法等课程或讲座，以系统培养学生的创新思维和创新能力。教师应结合课程内容，精心设计一些具有挑战性的创新任务。通过这些任务，学生可以在实际操作和解决问题的过程中，锻炼和提升自己的创新思维和实践能力。

⑤ 加强实践教学

通过实验、实训、实习等多样化的实践教学环节，让学生将所学到的理论知识，有效地应用到解决实际问题的过程中去。教师们应当积极地鼓励学生参与各种科研项目、创新创业大赛及其他形式的实践活动，以赛促教，以赛促学，以此来培养学生的实践能力，并激发他们的创新精神和创造力。

⑥ 设立科学的评价体系

在对学生进行评价时，应从以分数为唯一标准转向多元化的评价方式，包括自我评价、同伴评价、教师评价等多种评价主体和实践性评价等多种评价方式，以确保评估的全面性和客观性。此外，过程性评价也很重要，在关注学生学习最终成果的同时，更应注重学生在学习过程中的表现与成长，通过此种方式，教育工作者能够更好地理解学生的学习路径，识别其在学习过程中的进步与挑战，进而为学生创新精神的培养提供具体的支持和指导。

（2）社会层面的实践策略

① 提供政策支持

政府应当出台相关政策措施，以促进和激励企业与高等教育机构及科研机构之间的紧密合作，共同培养创新人才。政府可以通过提供资金支持、税收减免等激励手段，来鼓励更多的企业和研究机构参与。此外，政府还应该增加对创新项目的财政投入，为这些项目提供必要的资金支持，以降低创新过程中可能遇到的经济风险。同时，通过税收优惠政策，可以进一步激发企业和科研人员的创新热情，从而推动整个社会的创新活力和科技进步。

② 搭建创新平台

政府与企业携手共同搭建创新平台，如设立创新中心、创业孵化园区等，为那些致力于创新的个人或团队提供必要的支持。此外，应定期组织和举办各种活动，让创新者有机会向公众和行业专家展示自己的创新项目。这些活动不仅能够促进不同领域和背景的创新者之间的交流与合作，还能够激发更多的创新与合作机会，创新成果能够得到更广泛的传播和应用，从而加速创新成果的转化过程，为社会和经济发展带来积极的影响，推动社会进步和产业升级。

③ 为创新人才培养提供实践场所

高等教育机构应当致力于完善创新教育体系，通过加大创新人才的培养力度，培育出更多具备创新精神及实践能力的高素质人才。这不仅涉及课程内容的更新和教学方法的改进，还包括为学生提供更多的实验、实习和创业机会。与此同时，企业界也应当积极参与到这一过程中，通过与高校建立更紧密的合作关系，共同开展人才培养计划和科研项目。通过产学研深度融合，推动社会经济的发展。

④ 推广创新文化

通过各种媒体平台和网络渠道，积极广泛地宣传和推广创新文化，以增强公众对创新理念的理解与认识，从而提升社会对创新活动的重视程度和关注度。组织和举办各类创新成果展览、创新人物评选及相关的表彰活动，通过树立创新榜样和典范，激励和鼓舞全社会成员，进一步激发公众的创新热情和参与度，共同推动社会进步和科技发展。

（3）个人层面的实践策略

① 培养好奇心和求知欲

个人应当培养对未知事物的好奇心和强烈的求知欲，勇敢地去探索新的领域和学习新的知识。通过不断地阅读书籍、学习资料、参与讨论和交流，个人可以有效地拓宽知识层面和视野，从而更好地理解世界，提升自我。对知识的渴望和探索，不仅能够帮助人们发现生活中的乐趣和意义，还能够让他们在面对挑战和困难时，拥有更多解决问题的方法和策略。持续地学习和成长，是个人发展和进步的重要动力，也是人们适应不断变化的世界、实现自我价值的关键。

② 勇于尝试和冒险

个人应当具备勇于尝试新事物和新方法的精神，敢于冒险和突破自我设限。在不断尝试和探索的过程中，保持一种积极向上的心态和乐观的精神状态是非常重要的。面对可能出现的失败和挫折，人们应勇敢地去面对它们，而不是选择逃避或者放弃。这种精神不仅能够帮助我们开拓视野，还能促进个人成长和能力的提升。

③ 加强团队合作与交流

集体的智慧，往往能够有效地弥补个人能力上的不足之处。通过与他人的协作与交流，人们能够集思广益，汇聚不同的想法和观点，从而产生更具创新性和前瞻性的解决方案。因此，积极参与团队合作，并且勇于分享自己的独特想法和见解，是培养和锻炼创新精神的重要方式之一。

④ 持续学习和提升自我

创新是一个不断变化和发展的领域，这就要求个体必须持续维持积极主动的学习态势，致力于提升自己的专业技能与创新能力。通过积极地参与各种培训课程、进修活动、自学计划等方式，不断地更新和提升自身的知识结构与技能水平，以适应不断变化的工作环境和社会需求。

创新精神的培育是一个系统工程，需要教育、社会和个人三个层面的共同努力。只有通过多方协作，才能有效提升学生的创新能力，为社会的发展作出更大的贡献。

1.3.3 创新精神与个人成长

创新精神对个人成长具有深远影响，它不仅能够促进个人在多方面的发展，还能够激发个体对未知领域的探索欲望，增强解决问题的能力。在当今这个快速变化的时代，创新已经成为推动社会进步的重要力量。因此，在日常学习生活中，人们可以有意识地培养创新精神，通过不断学习新知识、尝试新方法、挑战传统思维，让创新成为其生活的一部分。

（1）激发创造力与潜能

创新精神作为一种宝贵的品质，能够显著提升个体的创造力，促使他们提出具有创新性的观点和解决方案。具备创新精神的个体通常不满足于现状，他们持续寻求改进和突破，不断探索未知领域，并勇于尝试新的方法和思路。这种积极主动的态度，使得他们在解决问题时能够超越传统框架，以全新的视角审视问题，从而发现更为高效的解决方案。在当前快速变化的社会环境中，那些持续创新的个体和企业往往能够引领行业潮流，成为行业的领头羊。他们不仅能够适应市场的变化，还能够预测和塑造未来的趋势，为社会带来新的价值和进步。

（2）提升解决问题的能力

在当今这个快速变化的大环境中，创新精神显得尤为重要。它鼓励个人跳出传统思维的框架，从全新的角度审视问题，这有助于人们发现那些被忽视的细节和可能性。通过这种方式，人们可以提出更加有效和创造性的解决方案，从而更好地应对各种挑战和问题。

（3）增强自信心与适应能力

持续不断地尝试新事物和探索未知领域，是培养和提升个体创新精神的重要途径。这种创新精神不仅能够显著增强个人的自信心，还能极大地提高他们的适应能力。个体若拥有强大的自信心和适应力，就能够在充满竞争和挑战的环境中保持竞争力，从而不断地向前发展和进步。这种持续的探索和尝试，可以激发个体的潜能，开阔其视野，使其能够更好地理解世界，更好地应对生活中的各种问题。同时，这种创新精神还能激发个体的创造力，使他们能够创造出新的思想、新的方法和新的产品，从而为社会的发展作出贡献。

（4）培养积极心态与乐观态度

创新精神在塑造积极的心态和乐观的态度方面发挥着至关重要的作用，它能够帮助个人在遭遇挫折和失败时，依然坚持不懈，不轻易放弃。这种积极向上的精神状态使得人们能够从每一次的失败中吸取宝贵的经验教训，并将这些教训转化为前进的动力。因此，培养和维持这样的心态对于个人在长期的职业生涯中保持持续的动力和热情是极其有益的。

（5）实现自我价值与促进职业发展

创新精神不仅有助于个人实现自我价值，还为其职业发展提供了广阔的空间。通过不断地追求新思想、新方法和新方案，可以突破现有的职业瓶颈，获得更多的机会和更好的回报。这种精神鼓励人们不满足于现状，勇于挑战传统思维，从而在各自的工作领域中脱颖而出。创新不仅限于科技或艺术领域，它适用于所有行业，从商业策略到日常工作的每一个细节。拥有创新精神的个人往往能够引领潮流，成为行业变革的先驱，最终实现个人职业生涯的飞跃。

如今，创新成为推动社会进步和经济发展的关键力量。它不仅能够帮助个体在竞争激烈的市场中保持优势，还能够激发团队的活力和创造力，促进组织的持续成长。创新精神的培养和实践，需要个体具备开放的心态、持续学习的能力及对未知领域的探索勇气。通过不断学习新知识、掌握新技能，个体可以更好地适应环境变化，把握职业发展的主动权。同时，创新精神也能够激发团队成员之间的协作与交流，共同解决复杂问题，创造出前所未有的价值。

本章围绕"创新概述、创新精神概述及创新精神的培养"展开，在创新概述中，创新被定义为一种新的思维和行为方式，涵盖基础理论到实际应用的多层次领域。创新精神作为创新的内在动力，包含创新意识、持续学习和开放思维等核心要素，是突破传统、开拓新境的关键。

当前，创新精神面临多重困境，传统观念与惯性思维禁锢了质疑精神，使新思想难以萌芽；传统教育体制往往重灌输轻培育，抑制创新意识的产生；资源分配不均阻碍部分群体持续学习，影响创新能力提升；社会环境与市场机制的局限，限制了开放思维的拓展。因此，培育创新精神，需多管齐下。理论上，需深入探究创新精神的本质与规律，奠定坚实基础。实践中，教育层面应革新教学模式，挖掘学生创新潜力；社会层面要营造鼓励创新、宽容失败的氛围，提供丰富资源与平台；个人层面则需主动培养创新意识，勇于突破自我局限。

在竞争激烈的时代，提升创新精神不仅关乎个人命运，更是国家和民族持续发展、屹立世界的必由之路。只有持续培育和弘扬创新精神，才能开创更加美好的未来。

▶ 思考题

1. 根据表现形式来划分，创新可以分为知识创新、技术创新、产品创新、服务创新和商业模式创新。请思考知识创新是如何为其他几类创新提供基础支撑的。

2. 在创新精神培育的实践策略中，你认为哪一种策略对于个人创新精神的培养最为关键？为什么？结合自身经历或观察到的现象，谈谈如何运用该策略来提升自己的创新精神。

3. 请从个人、团队、资源及环境等多个角度，分析大学生在创新过程中可能面临哪些问题。

▶ 延伸阅读

[1] 王允昌. 论大学生民族精神和创新精神培育的途径[J]. 软科学, 2005, 19 (6): 68-70.

[2] 孙丽娟, 李腾. 大学生创新精神、创业意志和创造能力的培养路径研究[J]. 领导科学论坛, 2024 (7): 149-152.

[3] 彭逸丰. 论高校科技类社团在大学生创新精神培育中的作用[J]. 中国多媒体与网络教学学报（上旬刊）, 2024 (1): 156-159.

[4] 刘胡海. 基于胜任特征的大学生创新精神实践能力培养研究[J]. 佳木斯大学社会科学学报, 2023, 41 (6): 135-138.

[5] 陈欧寻, 邵奇. ChatGPT对大学生创新精神培养是助力还是破坏力[J]. 中国传媒科技, 2023 (11): 51-54.

[6] 周已, 张富晓. 校企科研合作中的大学生创新精神与能力培养[J]. 高教学刊, 2023, 9 (12): 20-24, 29.

[7] 孙丽娟, 李腾. 大学生创新精神、创业意志和创造能力的培养路径研究[J]. 领导科学论坛, 2024 (7): 149-152.

本章思维导图

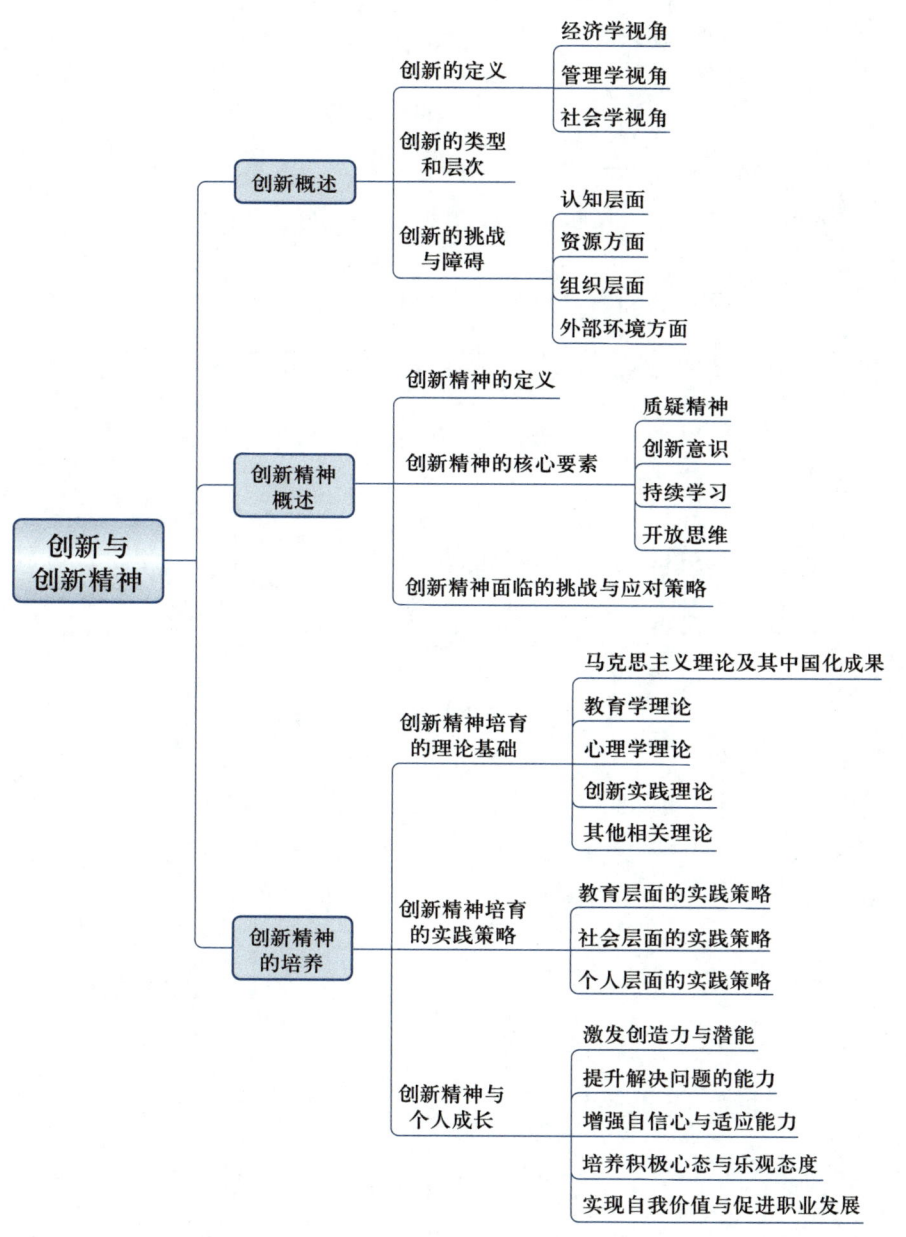

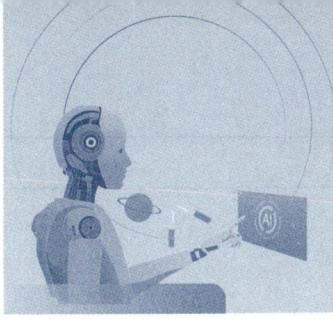

第 2 章
创新思维与创新能力

1 学习目标

知识目标：了解创新思维的定义及其特征、创新思维的构成要素、创新能力的提升途径。

能力目标：掌握提升创新能力的方法。

价值目标：激发个体自主创新思维和能力。

2 课程思政融入点

在创新思维培养的学习中，鼓励学生树立终身学习理念，不断吸收新知识、新技能，以适应快速变化的社会需求；在创新能力提升途径的学习中，引导学生将个人能力的提升与社会责任相结合。

3 引导案例

（1）案例简介

本章引导案例为北斗卫星导航系统——创新驱动的大国重器。

（2）问题讨论

① 请从创新思维角度分析，陈芳允院士提出的"双星定位"方案是如何打破传统卫星定位原理，创造出全新的卫星导航路径，其体现的创新思维核心特征是什么？

② 北斗团队在研发过程中不断面对新问题并持续创新。从创新思维培养角度，团队内部的交流协作机制对成员创新思维的激发和培养起到了怎样的作用，个人在团队合作中如何借助这种机制提升创新思维？

2-1 引导案例：北斗卫星导航系统——创新驱动的大国重器

2.1 创新思维概述

2.1.1 创新思维的定义与特征

(1) 创新思维的定义

创新思维是一种具有开创性意义的认知活动,在人类遭遇新问题、新挑战或探寻新机遇时,它能够突破传统思维模式的束缚,以全新的视角、独特的方法和新颖的思路去认识、分析并解决问题,从而产生前所未有的、具有创造性价值的成果。此类思维方式不仅在科学研究领域发挥着重要作用,也在社会实践和个人发展方面展现出巨大潜能。

从心理学角度看[①],创新思维是一种超越传统思维模式的高级思维方式,它强调通过新视角、新方法、新维度来解决问题,提出新颖独到且具有社会价值的解决方案。在详细探讨创新思维活动的过程中,可以将其划分为四个阶段:准备、酝酿、顿悟和验证。每个阶段均承担着不同的任务,并在时间序列上呈现出逻辑上的先后顺序(图2-1)。

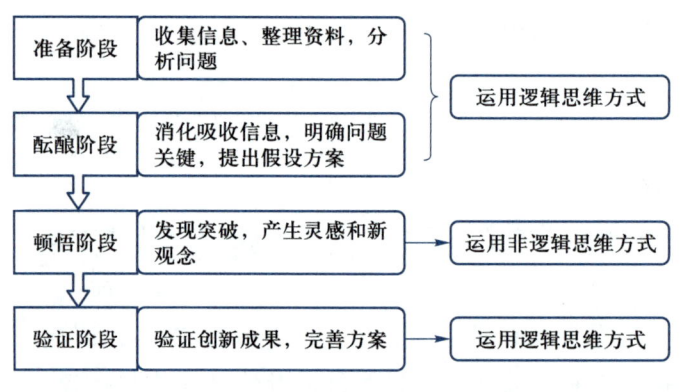

图2-1 创新思维的过程

在准备阶段,主要工作集中于资料的收集、整理,问题的分析,为后续创新活动奠定基础。进入酝酿阶段后,工作重心转向对已收集信息的深入处理,明确核心问题,为新创意的产生奠定基础。顿悟阶段作为创新思维活动的关键环节,其任务在于发现突破点,激发灵感,促成新观念的产生。最终,在验证阶段,检验创新成果,实现方案的进一步完善。这一思维活动过程融合了逻辑思维与非逻辑思维,每个阶段均

---

① 李鸽. 创新思维的脑生理、心理协同发生机制探析[D]. 长春:吉林大学,2020.

具有其独特的任务和思维方式，共同促进创新活动的顺利推进。

就哲学层面而言[①]，创新思维是对事物本质与规律的深度探索和超越性思考。它强调通过批判性反思、辩证思维和创造性实践来突破现有框架，挖掘事物潜在的、尚未被发现的联系与可能，以产生新颖的、有价值的解决方案，这种思维方式不仅关注问题的解决，更注重对已有知识和信息的重新组合，从而推动社会和个人的进步。例如，马克思主义哲学的诞生就是对传统哲学思想的重大创新。它以全新的历史唯物主义和辩证唯物主义视角审视人类社会与历史发展，突破了以往哲学思想在解释社会现象时的局限性，为人类认识社会提供了崭新的思维框架。

在教育学领域，创新思维被视为一项关键能力，是构成素质教育核心内容的关键部分。它不仅是个人在学习和工作中取得成功的核心素质，也是推动社会进步的重要动力。在教育场景中，创新思维的培养依赖于教育过程中的引导与启发，教育工作者通过创设富有挑战性和启发性的问题情境，激发学生的好奇心与求知欲，促使他们运用多元化的思维方式，积极主动地进行探索、发现与思考。

在社会实践领域，创新思维体现为对现有社会模式、行为方式、组织架构及技术手段的深刻反思与超越。它不仅表现为思维中的灵光乍现，更是一种能够具体实施并转化为实际行动和成果的思维能力。此类思维是理论与实践之间的桥梁，是推动社会发展进步的关键纽带。它以解决实际问题、创造社会价值为导向，通过突破常规、整合资源、跨界融合等方式，在经济发展、社会治理、文艺创作等各个领域发挥着不可替代的作用，是推动社会不断向前发展的重要驱动力。

综上所述，创新思维是一种跨学科、跨实践领域的综合性思维活动，是一个多元且复杂的概念，它涵盖了多个要素，其核心在于"出新"和"革新"，即产生前所未有的认识成果，这一核心在不同层面有着具体的体现。

① 从认知层面看，创新思维的内涵在于突破传统思维定式的限制。个体往往倾向于遵循既定的思维模式和认知框架来观察和理解世界。尽管这些模式和框架在处理常规问题时有助于个体迅速作出反应，但在面对新的挑战和新问题时，它们可能成为一种阻碍。这些传统的思维模式可能会限制个体对事物的深入理解和探索，阻碍个体发现新的解决方案。创新思维则鼓励个体以一种更加开放和质疑的态度去重新审视那些习以为常的知识和信息，激励个体敢于挑战权威观点。

不满足于表面现象，从多个不同的角度去深入解读和分析问题。通过这种方式，创新思维能够帮助个体挖掘那些被常规思维所忽视的潜在联系和本质特征，从而开启新的思路，引领人们走向创新和突破。

---

① 陈湘纯，傅晓华. 论创新思维的哲学内涵[J]. 科研管理，2003，24（1）：10-14.

② 从方法论层面看，创新思维的展现形式主要体现在对新颖方法和先进技术的不懈探索与实际应用上。在当今社会，随着问题的复杂性和多变性日益增加，传统解决问题的手段在应对这些挑战时，往往显得有些力不从心。因此，创新思维激励人们不断地寻找和尝试新的策略和路径，以更高效、更精确地实现目标。这种探索可能包括跨领域的思维融合，即将不同学科和领域的方法论进行交叉整合，或者对现有的技术工具和手段进行富有创造力的革新和改进，从而开辟出全新的解决问题的途径。

③ 从实践层面看，创新思维的体现不仅在于孕育出新颖的理念，更关键的是将这些理念转化为具体行动，并在此过程中创造出具有社会价值或经济效益的成果。若仅满足于新颖想法的提出，而不进行实践，创新则沦为无本之木、无源之水。创新思维的实践要求个体展现出勇于探索、敢于承担风险的精神，能够将创新构思在现实环境中进行验证与优化。

创新思维的各层面间存在紧密的相互作用与影响。认知层面的突破，即对现有知识体系的重新审视与理解，为方法层面的创新筑牢理论根基，而新方法的产生，为实践层面的创新提供有力支撑。具体而言，认知突破后形成的新理论，促使新方法诞生，这些新方法应用于实践，既能推动具体问题的解决，又能验证自身有效性，同时为认知深化提供反馈。如此，从认知到方法，再由方法到实践，循环往复，形成动态且持续进化的创新过程。正是通过这种多层次的互动，创新思维不断深化、完善，进而推动社会进步与技术革新。

在人类认知与改造世界的过程中，创新思维扮演着不可或缺的关键角色。它不仅能够帮助个人突破思维定式，还能推动社会整体的进步与发展。因此，在知识经济和人工智能时代，深入研究和培养创新思维显得尤为重要。只有通过不断探索和实践，才能真正发挥创新思维在认识世界和改造世界中的巨大潜力。

（2）创新思维的特征

在当前快速变化的社会背景下，创新已经成为推动社会进步、经济增长和科技革新的关键驱动力。创新思维作为创新活动的原动力，其重要性显而易见。深入研究创新思维的特性，不仅能够加深我们对创新机制理论层面的认识，而且能够为在实际操作中培育和应用创新思维提供重要指导。

① 独创性

独创性是创新思维的核心特征之一，它要求个体在思考问题和解决问题的过程中，能够提出新颖、独特的观点和方法，创造出与众不同的成果。此类思维强调打破传统观念的框架，提出新颖的观点和方法。独创性不受传统习惯和先例的限制，敢于质疑习以为常的事物，并通过独特的视角和方法解决问题。

独创性还体现在个体对知识经验的高度概括与系统迁移中，从而形成新颖的组合分析，找出新异的层次和交结点。创新思维的独特性让它不拘泥于现有的概念和逻辑推理，而是依靠灵感、直觉或顿悟等非逻辑思维形式，灵活地从一个思路转向另一个思路，从而产生具有社会意义的思维成果。

② 灵活性

灵活性是创新思维的另一个重要特征。创新思维要求创新主体能够洞察并积极响应多样化的环境与条件变化，在思维过程中，能依据情况的动态发展，适时且合理地调整思维策略与方法，以从容应对复杂多变的挑战。它倡导突破常规，摆脱传统观念与既定做法的禁锢，激励人们大胆探索全新的思路与方法。

同时，灵活性不仅直观体现在思维方式上，在问题处理方法层面也有着极为显著的呈现。当遇复杂问题时，具备创新思维的个体能够迅速转换思维路径，从多个维度、多个视角展开全面考量，进而在众多可能性中探寻出适宜的解决方案。此外，灵活性还体现为创新思维者对不同知识、信息的开放接纳与有机融合，他们能够广泛涉猎各类知识，捕捉多元信息，并巧妙地将这些知识和信息转化为具有创新性的灵感与创意，推动思维的不断拓展与突破。

③ 开放性

开放性思维意味着个体能够接纳和包容各种新的信息、观点和方法，不拘泥于已有的知识和经验。具有开放性思维的个体往往能够跳出传统框架，从多维度、多层次去审视和思考问题。开放性思维还体现在对失败的包容上。在创新过程中，失败是不可避免的。具有开放性思维的个体不会因失败而气馁，而是会从失败中汲取经验教训，持续调整和优化自身的思维路径和方法。这种对失败的包容和反思能力，是创新思维得以持续发展的重要保障。

④ 敏锐性

创新思维的敏锐性，要求个体关注周围环境变化、潜在问题和新兴机会。具备敏锐性的创新思维个体能够迅速捕捉市场趋势的微妙变化，从而在竞争中占据先机。他们对新技术、新理念的出现保持警觉，能够及时调整策略，以适应不断变化的外部环境。此外，敏锐性还意味着在日常生活中，创新思维者能够从看似平常的事件中发现创新的火花，将这些火花转化为解决问题的新方法或创造新的产品。这种对细节的关注和对变化的敏感，是创新思维者在复杂多变的世界中保持竞争力的关键。

⑤ 发散性

发散性思维是创新思维的标志性特征之一，它似一颗种子，能够在广阔的思维空间中生根发芽，绽放出无数绚丽多彩的创意之花。发散性思维鼓励人们突破思维定式，从一个核心问题或概念出发，沿着不同的方向、不同的角度进行广泛的联想和想象，尽可能多地提出各种可能的解决方案或创意设想。发散性思维强调思维的自由度，它鼓励人们在思考过程中不受传统观念的束缚，勇于尝试新的方法和途径，从而在创新的道路上走得更远。

⑥ 实践性

创新思维需要在实践中得到检验和应用，才能真正转化为推动社会进步和解决问题的强大力量。实践性的核心在于，将理论知识和创新思维深度融入实际问题的解决过程，借助实践来验证思维的正确性与可行性。在实践进程中，创新思维个体不仅能够检验自己的想法，还能够通过不断的尝试和调整，逐步优化解决方案，最终促使创新成果成功落地，转化为实际效益。此外，实践性还意味着创新思维的培养和提升需要在实际操作中不断磨炼，通过解决真实世界的问题来增强个体的创新能力和适应性。

⑦ 综合性

综合性思维是创新思维的高级形式，它强调将不同领域、不同学科、不同层面的知识、信息、技术和方法有机地整合在一起，形成一个全新的、更具价值的整体。在现代科技创新中，综合性思维的作用日益凸显，它使得创新者能够跨越单一学科的界限，将看似不相关的领域联系起来，从而产生突破性的创新成果。综合性思维不仅要求创新者具备广泛的知识储备，还需要他们具备跨学科整合的能力，以及在复杂系统中识别和利用各种资源的智慧。

创新思维的特征并非孤立存在，而是相互交织、相互促进，共同构成了创新思维这一复杂而强大的思维体系。在个人成长、职业发展、社会进步和国家创新驱动发展战略实施等各个层面，培养和运用创新思维都具有极其重要的意义。

2.1.2 创新思维的构成要素

创新思维作为一种能够产生新颖价值成果的思维形式，它强调创造性、灵活性和前瞻性，以及对现有知识和信息的重新组合和重新解释。创新思维由多个关键要素构成，各要素相辅相成，共同推动创新思维的形成与发展。接着，我们将从以下几个维度来探讨创新思维的构成要素。

（1）问题意识

具备创新思维的个体往往能在平凡的环境中敏锐地察觉到潜在的问题与挑战。这种能力的展现，并非单纯源自不满或抱怨情绪，而是基于对周围环境的深入了解和反思。他们通过对现实状况的精细观察与分析，能够对不合理或待完善之处进行精确的辨识与诊断，进而明晰地界定问题，为后续的创新活动提供明确的方向。

（2）知识储备

广泛的知识储备为创新思维提供丰富素材，当个体面对各种复杂问题时，这些储备知识能够帮助他们通过联想，将那些看似毫无关联的信息片段巧妙地拼接在一起，从而激发出创新灵感。因此，知识的广度是支撑进行有效联想的坚实后盾。

在特定学科领域中，具备深厚知识储备和深入理解的个体能够更精准地掌握事物的本质及其内在规律。面对该领域内的复杂难题，他们能够依托其扎实的专业基础和丰富的实践经验，进行深入透彻的分析。此类分析能力对于技术革新或理论重大突破的实现具有决定性影响。

（3）思维方法

在创新过程中，思维方法的应用至关重要。逆向思维，作为一种创新策略，倡导从对立的视角审视问题，此方法常能突破传统思维的束缚，揭示出创新的解决路径。侧向思维则强调在不同学科领域间寻求灵感，通过跨学科的整合，促成前所未有的创新成果。发散思维要求人们超越既定的思维框架，从多维度、多层次对问题进行深入分析，以产生多样化的解答或方案。收敛思维则在发散思维产生众多想法后，对这些想法进行筛选、分析、整合，依据一定标准，选择最优方案或思路。

（4）探索精神

面对创新道路上的未知领域和潜在风险，探索精神成为推动个体或团队持续前进的核心动力。该精神激励人们勇于踏入未知领域，勇于面对各种挑战，不断试错，直至找到通往成功的正确路径。这种精神是创新者内心的一盏明灯，照亮了前进的道路，它是一种内在驱动力，促使人们不断超越自我，突破已有限制，实现那些看似遥不可及的梦想。正是这种探索精神，促进了人类社会的进步，推动了科技的发展，丰富了文明的内涵。因此，在科学研究、技术开发、艺术创作等各个领域，探索精神都是不可或缺的，它是实现创新和突破的重要源泉。

（5）开放的心态

保持开放的心态是指个体愿意接纳新思想、新观点和新经验，并愿意调整传统观点和固有思维模式，对于创新具有至关重要的作用。它能够促进个体或组织在面对变化和不确定性时保持灵活性和适应性，激发创造力。然而，开放的心态并不意味着完全放弃自己的信念或者价值观，它强调在尊重他人意见的同时，保持自我反思和独立思考能力。这种平衡是关键，它允许人们在吸收外界信息的同时，依然能够坚守自己的核心原则和信念，确保在创新的道路上既不迷失方向，也不失去前进动力。

创新思维的构成要素是多方面的，它们相互作用，共同促进个体或组织的创新能力。通过培养和运用这些要素，可以有效地推动创新思维的发展，从而在个人、组织和社会层面产生积极影响。

2.1.3 创新思维的培养

培养创新思维是一个多维度的过程，涉及社会、用人单位、家庭和个人等多个层面。

（1）社会层面

① 教学的调整

为促进创新思维的培育，课程内容需融入学科前沿知识及跨学科整合元素，拓展知识的广度与深度。在学生掌握知识的过程中，应积极引导学生将理论知识应用于解决实际困难，经历"提出问题—探索问题—解决问题"的全过程，以提升学生的学习主动性和创新思维能力。采用更为灵活和开放的评价标准来衡量学生的学习成绩，加强对过程性学习的评价，以此激发学生勇于尝试和创新的热情，培养他们在面对挑战时的自信心和韧性。通过这些综合措施，能够为学生构建一个更加有利于创新思维发展的学习环境。

2-2拓展阅读：如何在日常教学中培养学生的创新思维

同时，教师作为教学活动的主导者，需不断提升自身的创新教学能力。教师可通过参与专业培训、教育研讨会、国际学术交流等途径，学习并掌握更多激发和引导学生创新思维的教学策略和技巧。

② 文化氛围的营造

应倡导尊重创新、鼓励尝试的社会风气，通过广泛的媒体宣传和创新文化品牌活动的举办，激发社会各界对创新活动的兴趣与热情，构建崇尚创新、追求卓越的社会氛围。同时，鉴于创新过程中难免遭遇失败，为持续激发创新者勇于尝试、不断探索的冒险精神，应构建包容失败的文化氛围，对创新过程中的失败给予理解和包容。这种氛围能够鼓励人们勇于挑战未知，不畏失败，从而推动创新活动的持续进行。

③ 资源的汇聚与整合

政府与企业携手共建创新孵化平台，旨在降低创业者的创新门槛，集中创新资源，构建创新生态系统，以促进创新项目间的合作与交流。同时，政府需加强对创新孵化平台的政策扶持和资金投入，激励创新资源向平台汇聚，从而提升平台的孵化效能和服务品质。

此外，作为行业内部的权威机构，行业协会掌握着丰富的行业资源和专业优势，应主动参与创新资源的整合与共享。行业协会的引导和协调作用能够促进创新资源在不同行业和领域间的优化配置，推动创新活动的跨领域融合，为创新者开拓更广阔的发展空间和提供更多合作机遇。

（2）用人单位层面

① 提供培训与学习机会

丰富的知识储备能够为创新思维提供更多的素材，用人单位应为拓展员工知识面而努力，通过组织定期的专业培训、邀请行业专家举办讲座及提供在线学习资源等多种方式，帮助员工不断更新知识结构，掌握前沿技术和行业动态，鼓励员工参加与工作相关的专业知识更新培训，与同行交流心得，拓宽视野，从而激发创新思维，提升创新能力。

② 设置激励机制

用人单位可从物质与精神两个维度给予创新员工激励。物质激励包括奖金、股权激励、晋升机会等，以实际利益激发员工的创新动力；精神激励则借助表彰大会、荣誉证书、创新能手称号等形式，增强员工的荣誉感和归属感，确保员工在创新过程中感受到被认可和尊重。此外，用人单位还可建立创新成果奖励体系，对取得显著创新成果的员工给予特别奖励，以此激发员工的创新热情和积极性。

③ 鼓励跨部门合作

通过跨部门合作，员工得以突破传统部门界限，掌握其他部门的工作流程、专业知识及技能，此类跨部门的交流有助于培养多元化的思维模式。同时，在合作过程中，员工需要应对和解决不同部门间潜在的沟通障碍与协调难题，锻炼他们的沟通协调能力与团队合作能力，进一步促进创新思维的形成。用人单位应积极倡导跨部门合作项目的实施，为员工提供更多的交流与合作机会，使他们在实践中持续学习与成长，从而推动组织的整体创新与进步。

④ 打破常规管理模式

用人单位可采用灵活管理方式，让员工在工作中发挥创意，尝试新方法。扁平化管理模式能减少烦琐的层级审批流程，提高工作效率，同时激发员工的责任感与使命感。鼓励员工提出改进建议，并对有价值的建议给予采纳和实施，让员工感受到自己的意见被重视，进一步增强其创新动力。通过打破常规管理模式，组织能够营造出更加开放、包容的创新氛围，为员工的创新思维提供肥沃的土壤。

（3）家庭层面

父母是孩子的第一任老师，家庭在创新思维的培养中扮演着至关重要的角色。如何在家庭环境中激发孩子的创新思维呢？我们一起来探讨。

① 营造鼓励创新的家庭氛围

在家庭环境中，父母应营造一个开放和包容的氛围，以促进孩子自由表达其思想和情感。当孩子提出创新性观点或问题时，父母应给予积极反馈，并引导孩子自主探索问题的答案。这种教育策略不仅能够激发儿童的好奇心和探索欲，而且有助于培养其独立思考能力，进而促进其认知发展和问题解决能力的提升。

此外，需要让孩子明白，创新过程中遭遇失败是很常见的事，但失败并非终点，而是通往成功的必经之路。父母应教会孩子如何从失败中汲取教训，培养坚韧不拔的精神。当孩子遇到挫折时，应鼓励他们不轻言放弃，积极寻找新的方法和策略，继续前行。这种对待失败的态度，不仅能够增强孩子的心理韧性，还能激发他们不断探索和创新的勇气。

② 开展创新思维训练活动

在家庭生活中，创新思维训练活动可以从多个维度进行设计和实施。父母可以借助日常生活中的小事，鼓励孩子提出问题、质疑现有事物的合理性，并引导他们思考改进的方法。通过实施一些基础的科学实验活动，激发孩子的创新思维潜能，在实验过程中，引导孩子思考，并培养他们的动手能力和实际操作技能。父母还可以组织一些创意游戏和挑战，如拼图游戏等，这些活动能够激发孩子的想象力和创造力。在参与游戏的过程中，孩子需要运用逻辑思维和问题解决能力，以寻找最优解决方案或创造出独特的作品。通过这些游戏，孩子能够在轻松愉快的氛围中锻炼自己的创新思维。

③ 以身作则，树立创新榜样

面对家庭问题时，父母宜尝试运用创新方法进行解决，而非一味依赖传统手段。他们可分享创新过程，使孩子观察到创新在实际生活中产生的积极效应。此外，父母亦可叙述历史或当代创新人物的事迹，以增进孩子对创新于个人及社会发展重要性的理解。通过这些具体行动与故事，父母能够树立创新典范，激发孩子对创新的渴望与追求。

（4）个人层面

在当下快速发展的时代，创新思维能够帮助人们冲破传统思维定式的枷锁，挖掘全新的解决方案，创造出独特的价值。从个人角度而言，培养创新思维不仅有助于在学业、职业中脱颖而出，更能极大地丰富人们的生活体验，全方位提升个人的综合素质，那么，究竟可以从哪些方面来培育自身的创新思维呢？

① 树立创新观念，激发内在动力

创新并非遥不可及或高不可攀，创新体现在生活的方方面面，无论是工作方法的改进、生活小技巧的发明，还是对现有知识的重新组合和解读。因此，树立"人人皆可创新"的观念至关重要。

创新需要源源不断的内在动力。这种动力可能源于对未知的好奇、对挑战的渴望，或者是对自我价值实现的追求，它驱使人们不断提出问题、探索未知，促使人们对周围的事物产生疑问，渴望深入探究背后的原理，推动人们在面对困难和挫折时保持坚定的信念和不懈的努力。

② 活用风险管理，勇于尝试新事物

在面对新事物和挑战时，管理风险的能力显得尤为重要。这不仅要求人们具备识别和评估潜在风险的能力，还需要人们制定有效的应对策略。通过模拟和预测可能出现的问题，提前做好准备，减少不确定性带来的负面影响。同时，勇于尝试新事物是创新不可或缺的一部分。它要求人们敢于走出舒适区，接受失败的可能性，并从中学习和成长。通过不断尝试和实践，人们可以积累宝贵的经验，提高解决问题的能力，最终实现创新思维和能力的提升。

③ 合理安排时间，为创新活动留出空间

时间管理能力是创新能力的基础，通过合理规划时间，可以更高效地进行学习和工作，从而为创新活动提供充足的时间资源。在日常生活中，我们可以通过制定详细的日程计划，优先处理那些对创新有直接贡献的任务。此外，合理分配工作与休息时间，可以保持良好的精神状态，这对于长期保持创新活力至关重要。通过有效的时间管理，人们能够确保在有限的时间内，不仅完成常规任务，还能为探索新思路、学习新知识和实践新技能留出空间，从而不断推动个人和团队的创新能力向前发展。

这些多维度的努力，可以有效地培养和激发创新精神。这些措施不仅能够鼓励个人和团队的创造性思维，还能为创新提供必要的资源和支持，进而推动社会的整体创新能力，促进科技进步和经济发展。

2.2 创新能力的内涵

2.2.1 创新能力的定义

创新能力是指个体、团队或组织在既有的知识体系和经验积累之上，通过创新思维和方法论，实现新事物的创造、新方法的提出、新问题的解决及对现有事物的改进等多维度的综合能力。该能力不仅涵盖了对现有知识的深入理解和灵活运用，还包括对未知领域的探索及创新思维的培养。它要求个体或团队能够突破传统思维的局限，以开放的心态接纳新观念，并通过持续地实践和学习，提升解决问题的能力，从而在激烈的竞争环境中脱颖而出。

创新能力包括学习能力、分析能力、批判能力、综合能力、解决问题的能力、创造能力、实践能力和组织协调能力，这些能力相互交织、相互促进，共同构成了创新能力的多维体系（图2-2）。

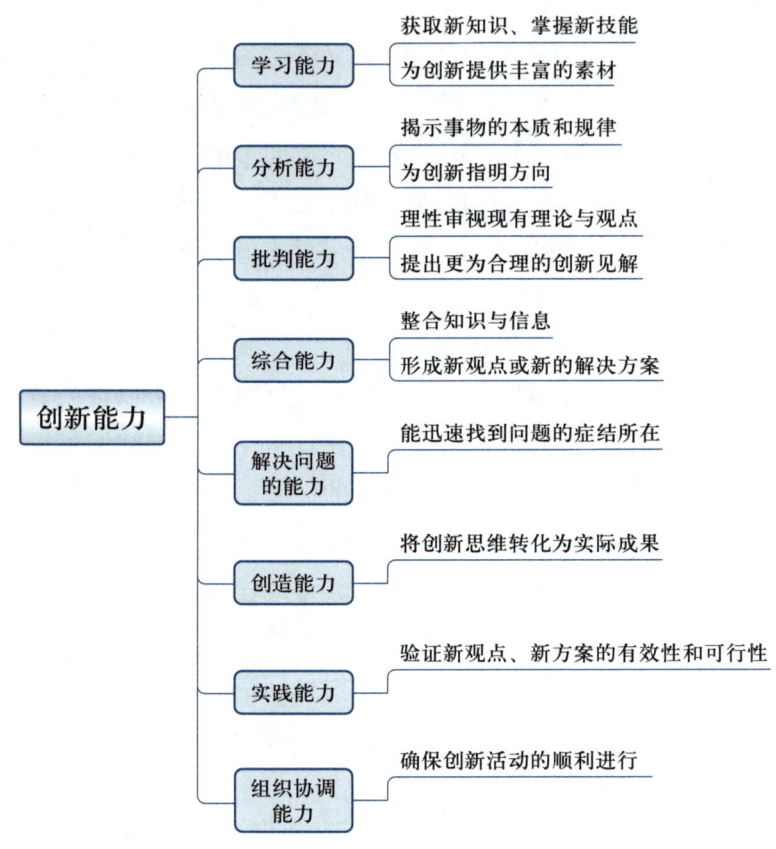

图2-2　创新能力体系中各能力的功能与作用

此外，创新能力的培养和提升是一个持续的过程，它需要个体或团队不断地学习新知识、掌握新技能，并且勇于尝试和实践。在这个过程中，团队合作和跨学科交流显得尤为重要，因为它们能够促进不同领域专业知识的融合，激发新的创意和解决方案。同时，组织内部的创新文化也对创新能力的提升起到关键作用，一个鼓励创新、容忍失败的环境能够激发成员的创造潜力，推动组织不断向前发展。

2.2.2　创新能力在不同领域的应用

创新能力在不同领域的应用广泛而深入，它不仅是推动各领域发展的关键动力，也是提升竞争力、优化资源配置和实现可持续发展的核心要素。

（1）医疗健康领域

随着创新能力的不断提升，医疗健康领域也迎来了前所未有的发展，这些进步不仅体现在新技术的开发上，还包括疾病诊断、治疗方法的创新及对医疗服务管理的增强。

① 疾病诊断方面

在创新能力的驱动下，跨学科融合不断深入，影像技术、生物技术等前沿科技被引入医疗诊断领域，为疾病的诊断过程提供了更为精确和高效的工具。这些技术的应用显著提升了医疗诊断的准确性和可靠性，使得医生能够更快速、更准确地识别和治疗疾病。与此同时，随着第五代移动通信技术（5G）网络技术的快速发展及智能穿戴设备的不断创新，远程医疗诊断模式得以实现。这种模式的推广打破了地域限制，使得居住在偏远地区的人们也能够享受到高质量的医疗服务。通过远程医疗，医生可以实时监控患者的健康状况，及时提供专业的医疗建议和治疗方案，极大地提高了医疗服务的质量。

2-3拓展阅读：
创新能力在疾病
诊断方面的应用

② 疾病治疗方面

在疾病治疗方面，创新能力主要体现在治疗技术与药物的革新上。治疗技术的创新，例如基因疗法、细胞疗法等前沿治疗手段的开发，为传统疗法难以攻克的疾病提供了新的治疗选择。这些药物和治疗技术的研发，通常需要生物学、化学、医学等多学科专家的共同努力，以实现技术上的突破。此外，个性化医疗的兴起，基于患者的具体病情、病理特征、基因组信息等个体化信息，制定定制化的治疗方案，已成为疾病治疗的新趋势。这种精准医疗模式不仅提升了治疗的成功率，还有效减少了药物的不必要使用和潜在的副作用，从而为患者带来了更佳的治疗效果和生活质量。

③ 医疗服务管理方面

信息化技术的持续创新显著提升了医院管理的效率，也显著提高了医疗服务的质量和响应速度。医院通过引入先进的电子病历系统、医疗影像管理系统及智能调度平台，实现了对患者信息、医疗资源及工作流程的高效管理。这些技术的应用有效降低了事故的发生率，促进了医疗资源的合理化分配，确保了患者能够及时获得所需的医疗服务。此外，信息化系统的应用亦促进了医患之间的沟通与互动，提升了患者的满意度和信任度，从而为医院建立了更加良好的公众形象。

（2）教育领域

在教育领域，创新能力的提升已成为推动教育进步的核心动力，其在教学模式创新、教育技术革新、教学内容优化及教学资源的全面改进中得到体现。

教学模式方面，传统的灌输式教学逐渐被互动式、项目导向式等现代教学模式所取代，这些模式更加重视学生的主体地位和实践能力，致力于培育学生的创新意识和问题解决能力。

教育技术方面，人工智能、大数据、云计算等前沿技术的融入，为教育领域带来了前所未有的智能化和个性化变革。智能化教学平台的应用使得教师能够更准确地了解学生的学习状况，并据此为学生提供定制化的学习方案和资源。大数据技术的运用使得教育评估更加科学和客观。

教学内容方面，创新能力的发挥体现在持续更新和完善课程体系，引入最前沿的学科知识和实践案例，以帮助学生更好地适应未来社会的发展需求。

教学资源方面，创新能力的体现则在于构建高质量的数字化教学资源库，为学生提供丰富且多样化的学习材料和工具，从而扩展学生的知识视野和学习途径。这些创新举措不仅突破了传统教育的界限，还为学习者提供了更加多元化和个性化的学习体验，提升了学习者的学习效率和兴趣，为他们未来的职业生涯奠定了坚实基础。

（3）交通领域

在交通领域，创新能力体现在新能源汽车的快速发展、自动驾驶技术的持续突破、共享出行模式的大规模兴起以及智能交通管理系统的深入研发和广泛应用。

新能源汽车的推广和普及，显著减少了对化石燃料资源的依赖，同时在很大程度上降低了交通运输对环境造成的负面影响，这与全球范围内倡导的绿色、可持续发展的大趋势是完全一致的。随着自动驾驶技术的突破和创新，极大地提升了交通效率和安全性，特别是由人为错误引起的事故将得到有效控制。共享出行模式的兴起，为公众提供了更加便捷、经济的出行选择，这不仅改善了人们的出行体验，还有效地缓解了城市交通拥堵的状况，减少了交通拥堵带来的经济损失和社会成本。智能交通管理系统的应用，通过实时监控和大数据分析，优化了交通流量的管理，提高了道路的使用效率，减少了交通拥堵和延误。这些创新技术的实施和应用，不仅改变了人们的出行方式，提高了出行的效率和安全性，而且推动了整个交通行业的可持续发展，为构建智慧城市和绿色出行做出了不可磨灭的贡献。

（4）金融领域

在金融领域，创新能力体现在数字货币与移动支付应用、金融产品的创新、金融服务的优化及金融监管的改进上。这些创新不仅满足了投资者日益多样化的需求，还提高了金融市场的效率和稳定性。数字货币与移动支付技术的广泛应用，使得交易更加便捷、安全，减少了现金的使用，促进了金融行业的数字化转型。金融产品的创新，如智能投顾、个性化理财产品等，满足了不同投资者的风险偏好和收益需求，增强了金融市场的活力。金融服务的优化，如在线开户、快速贷款审批等，提升了客户体验，降低了服务成本。同时，金融监管的改进，通过引入科技手段加强监管效能，保障了金融市场的公平、公正和透明，有效防范金融风险。这些创新措施共同推动了金融行业的健康、稳定发展。

（5）制造业领域

在制造业领域，特别是在工业4.0时代背景下，创新能力发挥着至关重要的作用。借助物联网、大数据分析、人工智能等先进技术，制造业得以迈向智能化生产的新纪元，不仅实现了生产过程的自动化，还能通过智能化、数字化管理，提高生产效率和产品质量。这种转型不仅改变了工厂的运作方式，还为整个制造业带来了前所未有的灵活性和可持续性。物联网技术使得机器设备可以实时相互沟通，自动调整生产参数，以适应不同的生产需求；大数据分析则帮助决策者洞察市场趋势，优化库存管理，减少浪费；人工智能的应用更是让机器能够学习和模仿人类的决策过程，从而在质量控制和产品设计方面达到新的高度。这些技术的融合，不仅让生产过程更加高效，还使产品更加符合消费者的需求，推动了整个制造业的创新和进步。

综上所述，创新能力在各个领域的应用广泛且深入，不仅促进了各领域技术进步与产业发展，还满足了人民日益增长的美好生活需要。因此，我们应持续关注并推动创新能力的发展与应用。

2.2.3 创新能力的提升途径

在前文中，我们探讨了创新能力的构成要素，它涵盖学习能力、分析能力、批判能力、综合能力、解决问题的能力、创造能力、实践能力及组织协调能力等。依据其内在属性差异，这些能力可大致划分为三大类别：认知能力、实践操作能力和社会协作能力。

（1）提升认知能力

认知能力主要聚焦于思维层面的活动，涵盖学习能力、分析能力、批判能力、综合能力及解决问题的能力。学习能力助力个体获取新知识，为后续认知活动筑牢根基；分析能力助力个体能够拆解复杂事物，洞悉其内在结构与关联；批判能力助力个体对知识和观点进行理性审视，辨别真伪优劣；综合能力则将零散的信息整合为系统认知；解决问题的能力更是基于上述认知能力，运用知识与经验找到问题的有效解决方案。

首先，为了提升认知能力并助力创新能力的发展，大学生应致力于多元化学习以拓展认知边界。这包括两个层面的努力：一是广泛涉猎不同领域的知识，主动跨越学科界限进行跨领域学习；二是注重深度学习，针对自身专业领域，精选经典教材与前沿文献进行精读，构建坚实而系统的知识体系。

其次，强化思维能力以提升分析能力。逻辑训练是这一步骤的核心，通过日常练习逻辑推理题、参与策略性游戏等方式，锻炼演绎、归纳、类比等思维能力。当面对创新难题时，能够条理清晰地梳理思路，迅速找到有效的解决方案。同时，培养批判性思考习惯也很重要，对既有观点、理论保持审慎态度，不盲目接受，在分析他人的创新成果时，深入剖析其优缺点，从中汲取经验教训，以改进自身的创新实践。

最后，通过实践锻炼深化认知。积极参与创新项目，跟进从设计到测试的每个环节，促使知识在实践中融会贯通。这样的实践经历不仅能够提升创新主体解决复杂问题的能力，还能进一步激发创新思维，推动认知能力的持续提升。

（2）强化实践操作能力

实践操作能力着重于将思维转化为实际行动，创造能力推动个体产出新颖独特的成果，实践能力则确保能够将理论知识切实应用于实际操作，实现从理念到现实的跨越。

在当前培养创新能力的关键背景下，提升强化实践操作能力显得尤为重要。大学生可以通过多种途径来提升实践能力和创新能力。其一，利用实验平台进行实操练习，参与创新竞赛以磨炼创新思维与实践技能，开展创意制作活动以激发创造力。其二，通过参与校外实习项目，深入接触真实工作环境，可以提高实际操作技能；组织社会实践活动，直接面对并解决社会问题，不仅能够培养解决问题的能力，还能增强社会责任感。此外，学校可以利用资源开设实验课程，系统地培养实践能力，并邀请行业专家开展专题讲座和互动工作坊，进一步提升个体的创新能力。

（3）锻炼社会协作能力

社会协作能力是指个体或组织在社会环境中，与他人或组织共同完成任务、实现目标的过程中所展现出的协调、配合与合作的能力。这种能力涵盖了多个方面，包括但不限于沟通能力、团队协作能力、冲突解决能力、领导力及适应变化的能力等。社会协作能力主要应用于社会交往与团队协作场景，负责统筹资源、协调人员关系，以达成共同目标。

提升社会协作能力是创新能力培养的重要组成部分，尤其是在大学生群体中。

高校应积极鼓励学生参加各类创新创业活动。例如，中国国际大学生创新大赛、"挑战杯"全国大学生系列科技学术竞赛等，这些活动不仅能锻炼学生的创新创业能力，还能培养他们的团队协作能力和创新思维。同时，通过参与社团和志愿者活动，学生能够拓宽社交圈，结交志同道合的朋友，并在实践中锻炼领导能力和组织能力。

社会实践也是提升大学生协作能力的重要途径。通过参与社会实践，学生可以深入了解社会需求，增强团队协作能力，并提升自身的创新思维和实践能力。校企合作实习基地的建设也为学生提供了宝贵的实践机会，使他们能够在真实的工作环境中积累经验，培养职业精神。

通过以上多种途径的综合实践，大学生可以在提升个人综合素质的同时，为未来的职业发展打下坚实的基础。这不仅有助于他们在激烈的竞争中脱颖而出，还能为社会的发展贡献自己的力量。

2.3 创新思维与创新能力案例

2.3.1 创新思维在科技领域的应用

在当今科技迅猛发展的时代，创新思维不仅是一种解决问题的方法论，更是一种能够突破传统思维定式、引领变革的能力。创新思维宛如一泓永不干涸的源泉，源源不断地为科技发展注入活力与生机。它以一种打破常规、超越传统认知的姿态，在科技的广袤天地中发挥着无可替代的关键作用。

（1）推动技术进步

创新思维作为技术进步的核心驱动力，在科技发展的长河中扮演着举足轻重的角色。它以其独特的视角和前瞻性的思考，不断打破旧有技术的藩篱，开拓出全新的技术发展路径。在人工智能领域，通过不断探索机器学习和深度学习的新算法，人工智能技术得以快速发展。此外，量子计算、基因编辑等前沿科技领域的突破也离不开创新思维的支持。

（2）推进产品创新

在科技迅猛发展、竞争白热化的当下，产品若想在市场中脱颖而出，产品创新是关键。创新思维能有效打破常规思维，挖掘全新机遇。例如，传统相机专注像素提升，GoPro 却另辟蹊径，聚焦运动场景记录，打造出小巧便携、防抖性能强的运动相机，精准满足户外运动爱好者需求，成功开拓新市场。

随着大数据和人工智能技术的普及，企业拥有了深度洞察用户的技术，借助这些技术，企业能精准分析用户行为与偏好，实现产品和服务的个性化定制。如智能家居设备，通过学习用户生活习惯，自动调整环境参数，大幅提升了用户的舒适度和便利性。

（3）促进科技成果转化

科研成果通常以较为抽象的理论、模型或技术雏形呈现。而创新思维则像一位独具慧眼的工匠，能够精准挖掘这些成果中的实用价值，并巧妙地将其转化为实际可行的产品或服务。例如，青岛农业大学小麦抗旱耐盐遗传育种团队成功培育出"青麦 11 号"。该品种抗旱性强，在干旱地块亩产约 650 kg。团队积极打通"产学研"链条，与多方合作，让这一成果从实验室走向农田。如今，"青麦 11 号"广泛种植，助力农民增产增收。这一过程不仅赋予科研成果以实际形态，更让其得以走进大众生活，实现了显著的社会价值，真正做到了让科技成果造福人类。

（4）提升研发效率和成果

创新思维如同一把锐利的钥匙，能够开启团队创造力的宝库，打破传统观念的重重束缚，为研发工作注入源源不断的活力，从而显著提高研发效率和成果质量。在软件开发中，创新思维促使开发者不再满足于传统的编程语言和算法，而是积极探索新兴的技术，如人工智能、区块链等，将其融入软件开发，创造出更具智能化、安全性和高效性的软件产品。在硬件研发领域，创新思维推动工程师们突破传统的材料和工艺限制，研发出更轻薄、更强大的芯片和设备，提升产品的性能。

（5）激发跨学科融合与创新

在科技领域，创新思维的光芒不仅闪耀在单一学科的深度挖掘中，更在不同学科和技术的融合交汇处绽放异彩。这种跨学科的创新思维，打破了传统学科之间的壁垒，将看似毫不相干的领域紧密相连，创造出全新的技术体系和解决方案，为科技的发展注入了强大的动力。

以航空航天领域为例，创新思维将材料科学、机械工程、电子工程、物理学等多个学科紧密交织。科研人员通过创新思维，研发出新型的轻质高强度材料，打造出更轻、更快、更节能的飞行器。同时，融合先进的电子控制系统和导航技术，达成飞行器的自动驾驶和精准定位。物理学前沿的量子通信技术，也为航空航天领域的通信和数据传输提供了更加安全、高效的解决方案。这种跨学科技术融合，不仅推动了航空航天科技快速发展，更为解决人类面临的各种挑战提供了新的思路和方法。

在科技领域，创新思维不仅仅是一种思维方式，更是推动科技持续发展的核心动力。它以提出新的技术方案和方法为手段，不断解决现实问题，满足人类日益增长的需求，深刻地改变着人类社会的发展进程。

2.3.2 创新能力在商业模式中的体现

商业模式对于企业的重要性不言而喻，它不仅是企业生存和发展的基础，还是企业实现战略目标、提升竞争力和创造价值的关键，创新能力作为核心，驱动着商业模式的发展与变革，它全方位渗透于商业模式的各个要素与环节，推动企业创造独特价值，实现可持续竞争优势。

（1）价值主张创新

创新能力使企业能够敏锐洞察市场未被满足的需求，或重新定义现有需求的解决方案，从而提出独特的价值主张。这意味着企业不仅要满足客户的实际需求，更要挖掘潜在需求，提供超越传统的产品或服务价值。通过这种方式，企业可以开发出新产品、新流程和新服务，以更好地适应市场变化和客户期望。

（2）客户细分与定位创新

创新能力是企业在市场竞争中脱颖而出的关键因素，它不仅帮助企业突破传统的客户细分方式，还能发现新的客户群体或对现有客户群体进行更精准的定位。通过创新，企业能够开发出满足不同客户群体特殊需求的产品和服务，从而提升客户满意度和忠诚度。

2-4拓展阅读：某电商品牌创新定位客户群体的成功案例

（3）收入来源创新

创新能力促使企业探索多元化的收入来源渠道，摆脱对单一收入模式的依赖，创造新的盈利增长点。这可能涉及产品或服务的定价策略创新、附加价值收费、数据货币化等多种形式。通过多元化收入策略，企业可以降低风险、提高财务稳定性，并在竞争激烈的市场环境中维持自身的优势地位。这种多元化收入模式不仅有助于分散经营风险，还能为企业提供稳定的现金流，增强其盈利能力。

2-5拓展阅读：某在线教育平台成功探索多元收入来源

（4）渠道通路创新

2-6拓展阅读：
某科技企业渠道
通路创新案例

创新能力是推动企业探索新的渠道通路、优化产品或服务的重要驱动力。通过创新能力，企业能够更有效地提高市场覆盖范围和客户接触效率。通过引入先进的技术和服务模式，企业可以提升服务质量，从而增强客户满意度和忠诚度。此外，创新能力还可以帮助企业优化其渠道通路，如通过缩短通路、减少中间环节，提升与消费者的沟通效率，从而扩大市场份额。同时，还可以通过改善客户关系管理来提升企业的竞争力，如通过客户旅程地图分析客户的期望和痛点，从而优化产品和服务。总之，创新能力是企业在激烈市场竞争中保持领先地位的关键因素。

（5）资源配置与关键业务创新

2-7拓展阅读：
某科技公司通过
技术创新与资源
配置提升运营效
率和竞争力的
案例

创新能力使企业能够重新审视和优化资源配置，识别并强化关键业务，以提升运营效率和竞争力。企业可通过技术创新、流程再造等方式，改变资源利用和业务运作模式。在资源配置方面，企业的创新能力不仅体现在新构造和新要素的创造上，还在于如何将这些新想法与现有资源相结合，以发现并创造新的业务模式。

（6）合作伙伴网络创新

创新能力有助于企业构建独特的合作伙伴网络，整合各方资源，实现优势互补，共同创造和传递价值。通过与合作伙伴建立和维护关系，企业可以获取关键知识和信息，推动创新目标的实现。这种社会网络的形成不仅提升了企业的创新意识，还通过资源共享和优势互补显著提高了企业的创新能力。然而，网络伙伴多样化也会带来资源整合的难度和冲突风险，因此企业需要提升网络伙伴选择能力和协调能力，以化解这些挑战并最大化创新绩效。

创新能力在商业模式中发挥着至关重要的作用，它贯穿于价值主张、客户细分与定位、收入来源、渠道通路、资源配置与关键业务及合作伙伴网络等各个环节。凭借创新能力，企业得以挖掘市场潜在需求，提出独特价值主张，进而精准定位客户群体，拓展多元收入来源。同时，通过优化渠道通路，实现资源的合理配置，以达成关键业务的强化与优势互补的合作伙伴网络的构建。这些创新举措全方位提升企业竞争力，增强客户满意度与忠诚度，降低经营风险，实现可持续发展。因此，充分培养和发挥创新能力，是企业保持领先、实现长远发展的关键所在。

2.3.3 创新思维与能力培养的挑战与机遇

在当今时代,创新已成为推动社会进步和经济发展的关键力量。对于大学生而言,创新思维与能力的培养至关重要,它们共同作用于创新活动的实现,为大学生的未来发展奠定了坚实基础。然而,在培养过程中,既面临着诸多挑战,也存在不少机遇。

(1) 创新思维与能力培养的挑战

① 心理障碍

在创新过程中,遇到挫折和失败是常态,但部分学生可能因害怕失败、缺乏自信等心理因素,而不敢尝试创新或在创新过程中轻易放弃,这严重阻碍了创新思维和创新能力的发挥。部分大学生自身存在认知偏差,认为创新是少数天才的专利,自己不具备创新能力,从而缺乏主动探索和尝试的意识。此外,一些大学生在面对创新任务时,会因为害怕失败、担心被他人嘲笑等心理因素而产生抵触情绪,不敢大胆提出自己的想法和见解。这不仅影响了个人的创新能力,也限制了团队整体的创新氛围和成效。

从心理学角度来看,这些心理障碍主要表现为自我意识障碍和情感障碍。自我意识障碍包括不能客观、公正地估计自己的创造力,以及认为自己没受过某种专业培训或没经过某种训练就不可能成功。情感障碍则体现在害怕冒险、害怕失败。这些心理障碍使得学生在创新过程中容易产生从众心理和行为,从而阻碍了创新精神的形成。

② 创新能力培养不足

在当前的高等教育环境下,大学生创新能力培养方面存在着诸多不足。相当一部分大学生缺乏创新意识。他们长期处在既定的教育模式之中,已然习惯了传统思维的束缚,无论是面对学术问题,还是面对实际生活中的挑战,都难以突破常规思维的限制,进而提出新颖且切实可行的解决方案。这种思维定式不仅局限了学生个人的发展潜力,也在一定程度上阻碍了整个社会的创新步伐。

此外,大学生在创业知识储备上极度匮乏。创业对于知识体系的要求极为多元,涵盖商业运营、市场营销、财务规划等多个领域。然而,现有的大学课程内容往往更新比较缓慢,未能及时跟上市场的动态变化和新兴行业的发展趋势。同时,课程形式也较为单一,多以理论讲授为主,缺少丰富多样的实践环节,如真实的创业项目模拟、企业实地调研等。

③ 资源获取存在困难

在大学生创新能力培养的进程中,资源获取与有效利用成为横亘在他们面前的一道难题。创新活动并非无本之木,其往往高度依赖于大量的信息资源及完备的实验条件。

从信息资源层面来看，专业文献、前沿研究成果等资料，大多都存储于专业数据库中，而这些数据库大多需要付费才能访问，对于经济尚未完全独立的大学生而言，这无疑是一道难以跨越的门槛。即便学校图书馆提供了部分数据库的访问权限，但由于资源更新不及时，或者涵盖的领域有限，也难以满足大学生的多元需求。

在实验条件方面，创新所需的实验设备常常价格高昂，学校实验室的设备数量有限，学生预约使用不仅要排队等待，而且使用时间受到严格限制，这大大降低了实验的连贯性与效率。例如，理工科学生进行一些复杂的实验，可能需要多次反复操作才能得到理想的数据。

尤为关键的是，高质量的科研资源及专业指导的获取更是难上加难。普通大学生很难参与到高质量的科研项目中，即便有机会参与，也可能因为团队分工等原因，无法深入接触核心内容。由于高校教师科研任务繁重，能分配给学生一对一指导的时间极为有限，学生在遇到问题时常常得不到及时、有效的解答。这一系列因素都使得大学生在面对创新需求时，在资源获取与利用上举步维艰，严重制约了他们创新能力的提升与发挥。

（2）创新思维与能力培养的机遇

① 政策支持与引导

为激励大学生投身创新创业的热潮，政府相继推出一系列全面且极具针对性的政策。资金扶持方面，国家设立专项基金，如"大学生创新创业训练计划"，每年拨出大量资金，为大学生创新项目提供有力支撑；税收优惠政策也为大学生创办企业减轻了负担，如对大学生创办企业给予一定期限的企业所得税、增值税减免，降低了运营成本，让大学生创业者能够将更多资金投入到核心业务中；同时，各地政府联合高校与专业机构，开设涵盖项目策划、市场营销、财务管理等多领域的培训课程。这些政策相辅相成，为大学生创新创业营造了优良的外部环境，提供了坚实的政策保障。

② 信息时代的机遇

信息技术的飞速发展为大学生创新思维和能力的培养提供了强大的工具和平台。互联网打破了时间和空间限制，使大学生能够快速获取全球范围内的知识资源和信息。大数据、人工智能、虚拟现实等新兴技术的广泛应用，为创新实践提供了新的手段和方法，降低了创新的成本和门槛。例如，借助大数据分析，大学生可以深入了解市场需求和消费者行为，为创业项目提供精准的依据；虚拟现实技术则为创意设计、教育培训等领域带来了全新的体验和创新思路。

③ 创新创业教育的推进

市场需求和竞争压力促使高校更加重视大学生创新思维和能力的培养，将创新创业课程纳入日常教学体系，精心构建起一套全面且系统的教育模式。在课程设置方面，高校不仅开设了涵盖创新理论、创业基础、商业管理等多领域的专业课程，还邀请行业资深专家进行深度讲解，为学生提供丰富且前沿的理论知识。同时，为增强学生的实践能力，高校积极举办各类创新创业比赛，如"中国国际大学生创新大赛"等。学生在比赛中组建团队，从项目创意构思、市场调研分析，到商业计划书撰写、产品原型制作，在实战中积累经验，提升创新与创业能力。

例如，美育与创新创业教育的融合，让大学生在沉浸体验、创作中进行发散性思维的培养，鼓励大学生在面对限制时积极探寻创新解决方案，并通过艺术创作过程中的探索和实践，提升他们的批判性思维和适应性思维能力，激发他们的创新意识，培养形象思维、直觉思维等非逻辑思维能力。

这种理论与实践紧密结合的教育模式成效显著，有效激发了学生的创新意识，培养了他们的创新能力。通过系统学习与实践锻炼，学生在未来的职业生涯中，能够凭借扎实的知识储备和丰富的实践经验，迅速适应市场需求，在激烈的竞争中脱颖而出，为个人职业发展和社会经济发展奠定坚实基础。

④ 社会文化观念的转变

随着社会的发展和进步，人们对创新的认知和接受度逐渐提高，社会文化氛围中对创新的包容度和鼓励度也在不断提升。越来越多的人开始认识到创新对于个人成长、企业发展和社会进步的重要意义，愿意为创新尝试提供支持和帮助。同时，媒体的广泛宣传和社会创新文化的培育，营造了良好的创新生态环境，各类创新创业大赛、科技展览等活动的举办，吸引了众多大学生参与，展示了他们的创新成果，同时也吸引了社会各界的关注和支持，推动了创新文化的传播和发展。

创新思维与能力的培养是应对未来挑战的关键。虽然当前面临诸多挑战，但通过转变教育观念、利用新兴技术、强化政策支持等措施，可以有效提升大学生的创新能力。这不仅有助于个人的成长和发展，也为社会的进步和经济的繁荣提供了重要支撑。

本章聚焦于"创新思维概述、创新能力的内涵及创新思维与创新能力案例"这三大板块，深入探讨创新思维与创新能力作为推动个人成长及社会进步的关键要素所蕴含的丰富内涵与深远影响。

创新思维概述部分，明确了其定义与特征，详细剖析了其构成要素，并强调创新思维受到社会、用人单位、家庭乃至个人等多层面因素的综合影响。创新能力内涵方面，不仅阐述了其定义，还具体列举了其在医疗健康、教育、交通、金融、制造等众多不同领域的广泛应用。进一步指出提升创新能力需从提升认知能力、强化实践操作能力、锻炼社会协作能力等关键维度着手，为提升创新能力指明了方向与路径。在创新思维与创新能力案例中，展现了其在科技创新应用中的重要作用，如推动技术进步、促进科技成果转化、提升研发效率等。然而，不可忽视的是，在创新思维与创新能力的培养与运用过程中，也面临着诸多挑战与机遇，诸如心理层面的障碍、创新能力的不足、资源获取的困难，以及社会文化的变迁等复杂情况。

为了更好地发挥创新思维与创新能力的价值，我们应当高度重视知识积累与思维训练，全力营造鼓励创新的环境，大力加强跨领域合作与交流，勇于突破传统观念束缚，积极应对各种挑战，精准抓住时代机遇。唯有如此，方能充分释放创新的力量，助力个人实现自我价值，推动社会经济持续发展，在不断变化的世界中保持竞争力与活力。

思考题

1. 在提升创新能力过程中，如何克服遇到的挑战？
2. 通过对创新与创新精神、创新思维与创新能力这两个章节的学习，谈谈创新思维与创新精神的区别。
3. 结合个人的兴趣和背景，制定一个创新思维和能力的提升计划。

延伸阅读

[1]刘富东．大学生创新思维培养存在的问题及策略[J]．辽宁科技学院学报，2023，25（1）：49-52.

[2]曾盈．大学生创新思维与创业能力培养——评《大学生创新创业教育的发展模式与改革创新研究》[J]．中国教育学刊，2023（1）：I0023.

[3]魏旭，赵敏．OBE理念视域下大学生创新思维培育的探究[J]．齐鲁师范学院学报，2024，39（4）：30-36.

[4]吴长昊，韩方凯，李娜等．互联网时代大学生创新思维及创业能力培养路径研究[J]．吉林广播电视大学学报，2023（4）：121-123.

[5]余利川，钱玉琴．"双一流"建设高校大学生创新能力评估[J]．中国高校科技，2023（9）：35-40.

[6]娄国栋．大学生创新能力相关因素的研究[J]．江苏高教，2002（6）：105-106.

[7]李军红．大学生创新能力评价与培养研究[J]．经济研究参考，2017（34）：128-137.

本章思维导图

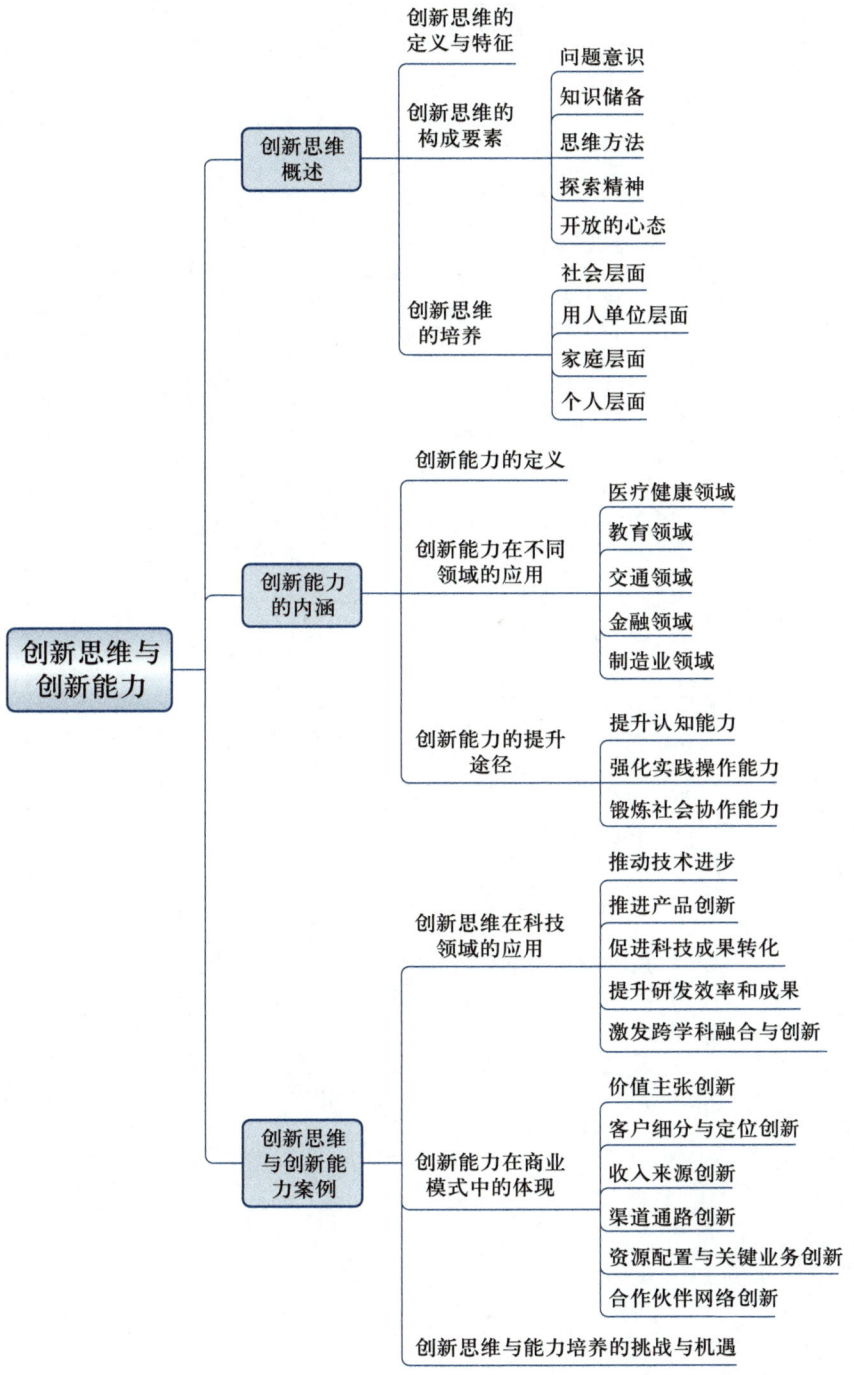

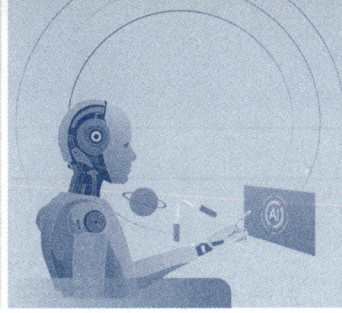

第 3 章 创新方法与技巧

❶ 学习目标

知识目标：了解创新方法及其分类和作用，掌握奥斯本检核表法、和田检核表法、组合创新工具箱等创新方法。

能力目标：提升检核表法等各种创新方法的应用能力、思维突破能力和协同创新能力。

价值目标：培养学生的创新精神、批判性思维和社会责任意识。

❷ 课程思政融入点

将创新方法运用、创新技巧掌握同学生独立思考、勇于探索的精神相结合，引导学生思考"科技创新与伦理道德的平衡""个人创新与社会责任"等深层次社会问题，帮助学生深刻理解国家创新驱动发展战略的重要意义。

❸ 引导案例

（1）案例简介

本章引导案例为梁文锋与深度求索（DeepSeek）。

（2）问题讨论

① 梁文锋和深度求索（DeepSeek）为什么能获得成功？

② 好奇心和探索欲对创新有什么价值？

③ 梁文锋的创新创业经历给了你什么启发？

④ 深度求索（DeepSeek）的创立运用了哪些创新方法与技巧？

3-1 引导案例：梁文锋与深度求索（DeepSeek）

3.1 创新方法概述

在瞬息万变的现代社会，创新能力已经成为个人、组织乃至国家核心竞争力的关键要素。创新不但关系到技术的突破，而且关乎思维方式的改变和实践能力的提升。本节将深入探讨创新方法的概念、分类及其应用，为后续的创新技巧学习奠定理论基础。

3.1.1 创新方法的概念

对于创新方法的定义，目前学术界没有统一定论，一般认为，创新方法是人们在创造发明、科学研究及创造性解决问题等实践活动中形成的一种以创造性思维和行动为基础的方法或技术，其目的是寻找新的解决方案、理念或产品，并推动市场发展和解决问题。其核心在于创造性思维的运用。

创新方法涵盖多个维度，如技术、管理、设计、市场等。在技术层面，涉及快速原型制作、模拟仿真及专利分析等；在管理层面，包括设计思维、敏捷管理及蓝海创新等；在设计领域，关注服务创新设计和用户体验设计等；在市场营销领域，善于利用大数据分析、社交媒体推广等新策略。

3.1.2 创新方法的分类

创新方法根据其应用领域、目标导向和理论基础的不同，可以划分为多种类型，以下是几种主要的分类方式。

（1）按领域划分：技术创新方法、管理创新方法和设计创新方法

① 技术创新方法

所谓技术创新方法是指在新技术的创造过程中，创新主体针对技术挑战进行深度剖析，构思新颖设想，孕育创新方案，并系统性地解决问题的途径和策略。这些方法的目的是帮助创新者打破传统思维壁垒，提升创新效率和成功率。典型的技术方法如TRIZ理论、六西格玛设计等。

TRIZ理论，也叫发明问题解决理论（theory of inventive problem solving），因此，在欧美国家也常被称为TIPS理论。该理论由被誉为发明之父的苏联科学家根里奇·阿奇舒勒（G.S.Altshuller）及其团队于1946年首次提出，俄语为"teoriya resheniya izobretatelskikh zadatch",根据首字母便简称TRIZ理论。

该理论自问世以来,经过持续迭代与优化,目前已成为一种强大的创新工具,在多个领域得到广泛应用。其核心思想是通过资源分析、理想化水平提升、矛盾分析与解决、进化规律和模式的应用,以及知识库和工具集的支持,来系统地解决发明问题,推动技术创新和进步。TRIZ理论的应用领域非常广泛,如工程技术、产品开发与设计、企业管理与策略规划、社会科学与医学等。

六西格玛设计(design for six sigma,DFSS)源于20世纪90年代中期开始的全面质量管理方法,经过演变目前发展成为一种新产品开发工具,适用于设计、生产和服务多个领域。该方法融合了质量管理和工程设计的精髓,目的在于通过系列科学的方法和流程,确保新产品或新流程在设计阶段就达到极高的质量标准,同时实现了成本效益的最大化。在六西格玛设计中,"西格玛"是衡量标准误差的一个统计指标,而"六西格玛"则代表了一个极高的质量标准,意味着每百万次机会中缺陷数不超过3.4个。这种方法不仅关注最终产品的质量,更注重在设计过程中消除潜在的问题和变异,从而实现稳健和高效的产品开发。六西格玛设计通常遵循一系列结构化的流程,这些流程可能因具体的应用场景和团队偏好而有所不同,但核心思想是一致的。以下是几种常见的六西格玛设计流程。

DMADV流程。这是六西格玛设计中最常用的流程之一,包括定义(define)、测量(measure)、分析(analyze)、设计(design)和验证(verify)五个阶段。每个阶段都有明确的目标,以确保整个设计过程的系统性和有效性。

其他流程。除了DMADV流程,还有DMADOV(在DMADV基础上增加优化阶段)、DCCDI(定义、顾客、概念、设计、实现)、DMEDI(定义、测量、研究、概念、实现)等流程。这些流程在细节上可能有所不同,但都遵循了六西格玛设计的核心原则和方法。

六西格玛设计的实际应用和效益。六西格玛设计在多个行业和领域得到了广泛应用,包括制造业、服务业、医疗行业、金融行业等。通过实施六西格玛设计,企业可以显著提升产品质量、降低成本、缩短研发周期,并增强客户满意度和忠诚度。

② 管理创新方法

所谓管理创新方法是指组织在管理过程中,通过引入新的管理理念、模式、工具或技术,对现有管理体系进行改进、优化或重构,以提升管理效能、增强组织竞争力的一系列方法和策略,比较典型的是精益创业和敏捷管理。

精益创业最初由创业家埃里克·里斯(Eric Ries)提出,他认为,创业公司应该像科学家一样进行实验,通过不断试错来测试和改进自己的想法。在精益创业的方法论中,创业公司应该尽早推出最小可行产品(minimum viable product,MVP),并通过快速迭代来不断完善产品。该方法的主要特点是以用户为中心、快速迭代、验证性学习、数据驱动决策。

敏捷管理方法是一种灵活且响应迅速的项目管理方法，它强调团队协作、迭代开发和快速适应变化。其核心理念是以人为本、迭代开发、快速反馈、持续改进。

③ 设计创新方法

所谓设计创新方法是指通过创造性思维和手段，对现有产品或服务进行改进、优化或重新设计，以创造出具有新颖性、实用性和竞争力的设计方案。它关注用户体验和人类中心等设计理念，强调用户参与和持续的迭代优化。较有代表性的是设计思维和用户体验地图。

设计思维起源于20世纪80年代，随着人性化设计的兴起而引起世人关注。它是一种以用户为中心、通过同理心理解用户需求、采用迭代过程和跨学科合作来探索创新解决方案的方法论。它强调在解决问题之前深入理解问题本身，通过多种可能性探索和评估，最终选定最优方案，并通过不断测试、验证和改进来完善它。设计思维具有开放性、创新性、综合性、系统性等主要特点。

设计思维广泛应用于产品设计、服务设计、用户体验设计、商业战略和社会创新等领域。通过共情、定义、构思、原型和测试等核心步骤，设计思维可以帮助团队或个人识别问题并提出创新性解决方案。然而，在实施过程中也需要注意资源限制和文化障碍等挑战。

用户体验地图（user experience map），又称为用户旅程地图（user journey mapping），是一种通过叙述故事来描绘用户在使用产品或服务过程中体验变化的方法。该方法的目的是从用户角度出发，以图形化方式直观地记录和整理用户在使用产品或服务过程中每个阶段的体验，包括行为、感受（痛点和满意度）、想法等。进而帮助产品的设计者、决策者对用户的体验有更为直观的了解，从而激发产品创新和服务创新，建立更好的用户体验。

（2）按过程划分：问题定义与识别方法、创意生成方法、方案评估与选择方法、实施与迭代方法

① 问题定义与识别方法

问题定义与识别方法包括两个环节，即问题定义、问题识别。所谓问题定义是指明确问题的本质和范围，包括问题的现状、期望目标、产生原因及解决过程中可能遇到的约束条件等。问题定义是解决问题的起点，也是至关重要的一环。一个清晰、准确的问题定义有助于指导后续的分析和解决方案的制定，避免在解决问题时偏离方向或浪费资源。问题识别则是指通过观察和分析，发现并确认问题的存在。它涉及收集信息、分析数据、与相关人员沟通等过程，以揭示问题的主要症状、影响范围及其产生的背景和原因等。比较典型的问题定义与识别方法有5W2H分析和KJ法。

第一，5W2H分析法，又被称为七问分析法、七何分析法，是一种重要的决策分析和问题解决工具。是第二次世界大战中美国陆军兵器修理部首创的一种思维方法，它通过提出七个关键问题来全面、系统地分析和界定问题或任务。

What（是什么）：明确任务或问题的具体内容、目标、条件、要求、重点功能、规范、结果及工作对象等。

Why（为什么）：探究任务或问题背后的原因、目的及可能的替代方案，理解其本质和必要性。

Who（谁）：确定任务的执行者、相关人员及负责人，明确各个人员的角色和责任。

When（何时）：明确任务的开始时间、生产时间、完成时间、持续时间等时间节点，确保任务按计划进行。

Where（何处）：指定任务的地点，涉及资源、客户、供应商等位置因素，确保任务在合适的地点进行。

How（怎么做）：描述执行任务的具体方法、步骤，考虑如何省力、提高效率及如何改进和发展。

How much（多少）：量化任务的功能指标、销售量、成本、利润、生产数量等，评估任务的执行效果。

5W2H分析法的应用场景非常广泛，包括但不限于以下几个方面。

项目设立与复盘。在项目设立初期，通过5W2H分析法明确项目的目标、原因、参与者、时间表、地点、执行方法及预算和资源需求，确保项目的全面规划和顺利启动。在项目复盘阶段，同样可以应用5W2H分析法来评估项目的执行效果，找出成功或失败的原因，为未来项目的改进提供参考。

产品创新。在产品研发过程中，研发团队可利用5W2H分析法分析产品的功能、市场需求、目标用户、上市时间、销售渠道、生产方法及成本预算，以确保产品能够满足用户需求并具备竞争力。

人际关系与人员管理。在人力资源管理中，人力资源部门及其工作人员可利用5W2H分析法开展员工招聘、培训、绩效评估等工作。例如，在招聘时明确招聘的职位、需求原因、招聘对象、招聘时间、招聘地点或渠道、招聘流程及预算，以提高招聘效率。

工作任务安排。在日常工作中，员工可利用5W2H分析法分析任务的目标、原因、责任人、完成时间、工作地点或方式、执行方法及所需资源，确保高效完成工作任务。

事务和问题汇报、沟通与分析。在遇到问题时，团队或个人可利用5W2H分析法全面分析问题的背景、原因、影响等，进而找到解决问题的最佳方案。在汇报工作时，使用5W2H分析法可以确保汇报内容的全面性、准确性和条理性。

营销策略制定。在制定营销策略时，营销人员可利用5W2H分析法深入分析目标客户的需求、购买动机、目标客户群体、推广时间、推广渠道、营销方法及预算和资源需求，进而制定出有效的营销方案和推广策略。

第二，KJ法，由日本东京工业大学教授、人文学家川喜田二郎于1946年提出，KJ是其英文名Jiro Kawakita的缩写。该方法的核心思想是将处于混乱状态中的语言文字资料，利用其内在相互关系（亲和性）加以归纳整理，找出解决问题新途径的方法。其主体方法是A型图解（也称亲和图）。因此，KJ法又称为A型图解法或亲和图法（affinity diagram）。所谓A型图解，是就未知或未经检验过的（包括未来）领域中的混乱问题，搜集其事实、意见及设想等方面的语言文字资料，再利用资料间的相互亲和性做成归类合并图，进而从中找到所要解决的问题和解决问题的办法。

KJ法的应用步骤通常包括以下几个环节。

组织团队。将问题可能涉及的相关部门人员组织起来，形成一个团队。团队成员的多少可以根据问题的复杂性和规模来确定，一般不少于3人，多则可达数十人。意见特别强烈的人不能被排除在外，只要工作相关便需邀请加入。

形成共识。通过一些技巧，让团队成员的情绪和精神处于比较放松的状态，以便更好地开展后续工作。会议地点的选择也比较讲究，尽量不安排在组织内部的会议室，座位的安排也不要依照组织位阶，围成圆圈或马蹄形更佳。

定义挑战。清晰界定需要解决的问题或挑战，并指出预期结果。这有助于团队成员明确目标，集中精力解决问题。

头脑风暴。团队成员共同思考和讨论问题，详细列出所有可能的问题现象，写在便笺纸上，要求每张便笺纸只能写一个问题。

汇集问题。汇集各小组成员的脑力激荡结果，将所有便笺纸贴在一张大海报纸上。如果有相同或相似的问题，便归结起来贴在一起。

分类整理。由主持人或团队成员引导大家将问题分成几个大类，分好后再复查一遍，进而从复杂的问题中找出主要的模式和主题。

编排卡片与确定方案。将分门别类整理出来的所有卡片，按适当的空间位置贴到事先准备好的大纸上，并用线条将彼此有关联的问题联结起来。假设编排后未发现关联，可考虑重新分组和排列，直至找到关联。卡片分类后，一般可整理出解决问题的方案，经会上讨论或会后专家评判确定方案。

KJ法适用于多种场景，如全面质量管理、市场调研分析、策略制定、问题解决等。

② 创意生成方法

所谓创意生成方法是指用于激发、产生和提炼新想法、新概念或新解决方案的一系列技术和策略。其目的是帮助团队或个人打破常规思维，发现事物之间的内在关联，从而创造出有价值且独特的创意。创意生成方法很多，其中最典型的是头脑风暴法和SCAMPER技巧。

第一，头脑风暴法（brainstorming），又称为自由思考法、BS法、智力激励法，是一种集体研讨行为，目的是通过集体讨论，激发创新思维和创意的方法，其特点是鼓励参与者自由思考、畅所欲言，以产生大量新观点和创造性的解决方案。该方法由美国BBDO广告公司的亚历克斯·奥斯本（Alex F. Osborn）于1939年首次提出，并于1953年正式发表。头脑风暴法最初是精神病理学上的用语，指的是精神病患者的精神错乱状态。然而，奥斯本将其拓展为无限制的自由联想和讨论，目的是通过找到新的甚至异想天开的想法来解决问题。

头脑风暴法在许多领域得到广泛应用，运用较多的几个领域如下。

工业生产。在工业生产领域，头脑风暴法可用于解决生产过程中的问题，如降低生产成本、提高生产效率等。例如，某炼钢厂连铸车间质量控制小组利用头脑风暴法，成功找出了减少钢水二次氧化的原因和对策。

市场营销。在市场营销领域，头脑风暴法可用于制定营销策略、推广新产品等。通过头脑风暴，可产生更多有创意的营销方案，提高市场竞争力和占有率。

产品开发。在产品开发过程中，头脑风暴法有利于团队激发新的想法和创意，从而研发出更具创新性和竞争力的新产品。

团队决策。在团队决策过程中，头脑风暴法可激发团队成员之间的思维火花，促进团队成员之间的沟通和协作，提高决策效率和质量。

头脑风暴法的实施一般包括以下五个环节。

第一个环节是准备。在准备环节，需要确定参与人员、选择合适的主题和工具，营造轻松愉快的氛围。确保参与者既多样又具有代表性，以便产生更多创意。

第二个环节是热身。通过一些轻松的话题和活动，让所有参与者逐渐进入状态，为后续的讨论做好准备。

第三个环节是明确规则。让所有参与者知晓头脑风暴法的规则和要求，如禁止批评和评判、鼓励大胆发表独特的观点等。这有助于营造一个开放、自由的讨论环境。

第四个环节是自由讨论。在自由讨论阶段，鼓励参与者积极发表自己的想法和创意。主持人需要引导讨论的方向，确保讨论不偏离主题。

第五个环节是整理评价。在讨论结束后，对记录的想法进行认真整理和评估。筛选出有价值的创意，并进一步完善和发展这些创意。

第二，SCAMPER技巧，是美国创新专家罗伯特·艾伯尔（Bob Eberle）提出。源于单词"scamper"的意象，意为"奔驰、奔跑"，因此也被称为"奔驰创新法"，是一种创新的思考方法，它由七个英文单词（substitute、combine、adapt、modify、put to another use、eliminate、reverse）缩写而成，每个字母代表一种改进或改变的方向。

Substitute（替代）：用其他的东西替代原来的东西。在产品或服务中，考虑是否可以用其他材料、技术、人员或流程来替代现有的部分。

Combine（组合）：把两个或多个元素合并成一个。思考如何将不同的功能、产品、服务或技术组合在一起，以创造新的价值或体验。

Adapt（调整/改变）：改变元素以适应新的环境或需求。对产品或服务进行微调，如改变大小、形状、配置或功能，以更好地满足用户需求。

Modify（修改/放大/缩小）：改变元素的某些特征，如颜色、大小、性能等。在产品或服务中，考虑如何修改某些部分以提高效率、性能或用户体验；也可以考虑放大或缩小某些元素，以适应不同的应用场景。

Put to other uses（其他用途/应用于其他领域）：将元素用于不同的目的或场景。探索产品或服务在其他领域或场景中的应用可能性，以拓展其适用范围和市场空间。

Eliminate（消除/最小化）：去掉不必要的元素或步骤。在产品或服务中，识别并消除冗余、低效或不必要的部分，以简化设计、提高效率或降低成本。

Reverse（反转/重新排列）：反转元素或重新排列其顺序。考虑如何反转产品或服务的某些功能、流程或元素，以创造新的可能性或解决方案；也可以重新排列产品或服务的元素，以形成新的结构或功能。

SCAMPER技巧是一种强大的创新工具，可帮助人们从不同视角审视问题，并通过替代、组合、调整、修改、用途扩展、消除和颠倒/排列等方式寻找创新的解决方案。它在产品开发、服务改进、商业模式创新等多个领域得到广泛应用，有助于激发创造力、拓宽思维视野并推动创新实践。

③ 方案评估与选择

方案评估与选择方法包括两个部分，即方案评估与方案选择。其中的方案评估是指运用质性研究、系统性研究和定量研究等方法来分析资料、搜集证据，以客观判断方案的成效与影响。方案选择则是指在多个备选方案中进行比对和择优的过程。比较常用的有多准则决策分析和德尔菲法。

多准则决策分析（multi-criteria decision analysis，MCDA）是一种用来处理涉及

多个相互冲突的准则或标准的决策问题的方法和技术集合。其核心在于综合考虑多个准则，通过定量和定性的分析帮助决策者识别、评估和选择最佳的决策方案。在现实生活中，许多决策情境都不是仅基于单一因素就能做出的，往往需要综合考虑多个因素而艰难做出决策。多准则决策分析正是为了应对这种复杂的决策情况而发展起来的。该方法具有系统性、综合性和灵活性等特点。主要包括多属性决策分析（multi-attribute decision making，MADM）和多目标决策分析（multi-objective decision making，MODM）。其中多属性决策分析（MADM），适用于有限数量的备选方案和多个评价准则的情况，常用的方法包括层次分析法（AHP）、技术决策的理想排序法（TOPSIS）、综合评价法等。多目标决策分析（MODM），适用于决策变量是无限的，需要在多个目标间寻找最优解的情况，常用的方法包括线性规划、非线性规划、多目标遗传算法等。多准则决策分析广泛应用于工程、技术、经济、管理、军事等多个领域。

德尔菲法（Delphi method），也叫专家意见法或专家调查法，是一种结构化的专家咨询方法，通过多轮匿名调查，收集并汇总专家的意见，以达成共识。该方法起源于20世纪40年代，由美国的兰德公司创始实行。经过多年发展和完善，德尔菲法已成为一种成熟且得到广泛应用的决策支持工具。

德尔菲法的核心原理是通过匿名方式征询专家意见，并通过多轮反馈和归纳，使专家意见逐步趋向一致。因此，该方法具有匿名性、反馈性、趋同性等主要特点。德尔菲法广泛应用于预测、决策制定和问题解决等领域，如在商业领域，企业可以利用德尔菲法对市场趋势、产品需求等进行预测和评估，为制定市场战略和产品规划提供依据。

④ 实施与迭代方法

实施与迭代方法是项目管理中的重要概念，特别是在产品开发、软件开发等领域中得到了广泛应用。实施方法通常是指将项目计划、设计方案或产品构想转化为实际行动的过程。这一过程包括多个环节，如资源调配、团队组建、进度安排、质量控制等。迭代方法则是一种通过反复测试、评估和修改来逐步完善产品或服务的过程。这种方法强调持续学习和改进，目的是通过不断的优化和调整，提升产品质量和用户体验。常用的有PDCA循环、敏捷开发。

PDCA循环，又被称作质量环或戴明循环，是一种广泛用于质量管理和持续改进的方法论。该方法最早于20世纪20年代由美国统计学家沃尔特·休哈特（Walter A. Shewhart）提出，并由威廉·爱德华兹·戴明（W. Edwards Deming）于20世纪50年代在日本推广和普及。因此，它也被广泛称为"戴明环"。其核心理念是通过不断循环的四个阶段，实现持续的改进和优化。这四个阶段分别是plan（计划）、do（执行）、

check（检查）、act（修正）。这四个阶段不是孤立的，而是相互关联的，它们周而复始地进行，形成一个闭环，使得任何过程都可以在这个循环中不断优化和完善。

PDCA循环尽管起源于质量管理，但在其他许多领域得到广泛应用，如生产、服务、教育培训、医疗卫生等众多领域。在企业管理中，PDCA循环可用于流程优化、目标管理等；在制造业中，它可用于优化生产流程、减少缺陷、提高生产效率；在酒店、餐饮、零售等服务行业，PDCA循环可用于提升服务水平、优化客户体验。

敏捷开发是一种灵活、迭代和客户驱动的软件开发方法，其主要特点是灵活性、迭代性、客户参与、持续交付、小团队协作、测试驱动开发。

（3）按思维方式划分：线性思维方法、迭代思维方法、发散与收敛思维方法

① 线性思维方法

所谓线性思维方法是指按照一定顺序和逻辑逐步推进的思维方式，它强调因果关系和逻辑推理。

线性思维具有直线性、单向性、单维度等主要特点。直线性是指线性思维遵循直线型的思考路径，从一点到另一点，逐步推进。单向性是指它强调单向的因果关系，即一个因素导致一个结果，而不是多个因素相互作用或相互影响。单维度是指线性思维通常只关注一个维度或方面，而忽视了其他可能的维度或因素。

线性思维在工程设计、数据分析、项目管理、教育等多个领域得到广泛应用。如在项目管理中，线性思维有助于项目经理制定项目计划、识别项目风险并制定应对策略，确保项目按照计划和预期的目标进行。

② 迭代思维方法

所谓迭代思维方法是指在重复反馈过程中不断推陈出新，逼近目标或结果的方法。"迭代"一词源自计算机软件领域，原本是指在软件开发过程中，通过一系列重复的步骤来逐步完善和优化产品。随着实践的发展，迭代思想已经由一种算法逐步升级发展为一种方法、理念和思维模式，广泛应用于各个领域。

迭代思维具体包括以下方法。

改变认知。迭代思维要求抛弃一步到位的完美主义心态。在实践中，很难完全准备好再开始行动，因此应该拒绝"先准备好再上场"的思维模式。

注重过程反馈。在迭代的初期阶段，通常都是在试错。这时需要用最小的成本去验证方案是否可行，并注重过程中的反馈。分析失败的原因并吸取教训，可以更有效地指导后续的迭代过程。

持续更新迭代。迭代是一个周期性的行为，每一次迭代都是基于上一次迭代的结果进行的。这意味着需要不断地修正选择、优化过程，并做出根本性的改变，并最终达成目标。

③ 发散与收敛思维方法

发散与收敛思维方法虽然是两种截然不同的思考方式，但在创新过程中往往相辅相成。

发散思维也被称为辐射思维或求异思维，是从一个中心或起点出发，向多个方向、多个角度进行思考和探索的思维方式。它的特点在于思维的开放性和灵活性，能够产生大量的新想法和解决方案。具体方法有正向线性发散法、假设推测法、集体发散思维、魔球发散法等。

收敛思维也被称为辐集思维或求同思维，是在大量创造性设想的基础上，通过分析、综合、比较、判断，选择最有价值的设想的集中型思维方式。其特点是思维的聚焦性和精确性，能够找到最佳解决方案。具体方法有目标导向法、求同归纳法、求异排除法等。

在实际创新过程中，发散思维与收敛思维往往不是孤立存在的，而是相互依存、相互促进的。发散思维为收敛思维提供了丰富的素材和可能性，而收敛思维则对发散思维的结果进行筛选和优化。如在产品开发中，首先通过发散思维产生多种设计方案，然后通过收敛思维选择最佳方案进行实施；在企业管理中，通过发散思维探索新的商业模式和市场机会，然后通过收敛思维制定具体的实施策略。

3.1.3 创新方法的作用

创新方法在指导创新过程、提高创新效率、拓宽创新思维、提升创新能力等方面具有重要作用。

（1）指导创新过程

创新方法是人们在创新活动中总结、概括出来的，它能为创新过程提供明确的指导。通过遵循科学的方法论，创新者可以更加系统地分析问题、寻找解决方案，并有效地组织资源和团队来实施创新。创新方法就像一座灯塔，为创新航船指明方向，确保创新活动在正确的轨道上前进。

（2）提高创新效率

创新方法的应用可以显著提高解决问题的效率。它帮助创新者快速识别问题的关键所在，避免不必要的试错和浪费。通过运用创新方法，创新者能够更快地产生新的想法和解决方案，从而加速创新进程。此外，创新方法还能使创新者在面对复杂问题时更加从容不迫，因为他们已经掌握了有效的解决策略。

（3）拓宽创新思维

创新方法鼓励人们从新的角度来看待问题，从而拓宽了创新思维的空间。它促使创新者抛开常理和固有思维模式的束缚，勇于尝试新的思考方式和解决方案。通过不断练习和运用创新方法，人们的思维将变得更加灵活和开放，能够产生更多具有创新性的想法和创意。

（4）提升创新能力

创新方法是提升创新能力的重要手段。通过学习和实践创新方法，人们可以逐渐掌握创新的技巧和策略，从而增强创新能力。创新能力不仅是个体竞争力的重要组成部分，也是企业和国家竞争力的关键因素。因此，掌握创新方法对于个人、企业和国家的发展都具有重要意义。

（5）促进创新成果转化

创新方法的应用有助于促进创新成果的转化。它帮助创新者将新的想法和解决方案转化为实际的产品、服务或流程，从而实现创新的价值。通过创新方法的指导，创新者可以更加有效地组织资源和团队来实施创新项目，确保创新成果能够顺利转化为实际应用。

（6）推动社会进步

从宏观角度看，创新方法是推动社会进步的重要力量。它促进了科学技术的进步和产业的发展，提高了社会生产力和生活质量。通过不断运用创新方法，人们能够不断创造出新的产品和服务，满足社会的多样化需求，推动社会经济的持续发展。

3.2 典型创新方法

3.2.1 设问法

创新方法中的设问法指的是一种通过系统地提出问题，对拟改进或创新的事物进行全面、多角度的分析与检查，从而激发新的想法和解决方案的创新技法。主要包括以下三种方法。

（1）奥斯本检核表法

奥斯本检核表法（the Osborn checklist method），也叫分项检查法，是一种产生创意的方法，由美国广告大师亚历克斯·奥斯本（Alex Osborn）在1953年首创。该方法引导人们根据检核项目的一条条思路来求解问题，以比较周密的思考来启迪思路和开拓思维的想象空间，促进人们产生新方案、新设想。

① 核心原理

奥斯本检核表法的核心是改进，即通过变化以寻求创新。它要求面对一个需要改进的方案、产品或者问题，从多个角度提出系列问题，并由此产生大量的思路。然后，根据这些思路进行筛选和进一步思考、完善，以期找到最佳解决方案。

② 检核项目

奥斯本检核表法主要包含以下9个检核项目（也有说法为12个，但以下9个更为常见和通用）。

能否替代。是否有其他物品、方法或技术可以替代现有的？如用液压传动来替代金属齿轮。

能否借用。能否将别处的经验、发明或技术借用过来？如电灯最开始的功能只是照明，后来借鉴发明了紫外线灯、红外线加热灯、灭菌灯等。

能否改变。能否改变一下形状、颜色、声音、味道、形式或其他特性？如面包裹上一层芳香包装，以提高嗅觉吸引力。

能否扩大。能否扩大适用范围、增加功能或提高性能？如牙膏中加入某种配料，成为具有附加功能（如美白、防蛀）的牙膏。

能否缩小。能否缩小体积、减轻重量或降低高度？如袖珍式收音机、微型计算机等更易携带。

能否代用。是否有其他材料、能源或技术可以代用现有的？

能否重新调整。能否更换一下先后顺序、重新安排布局或调整流程？如商店柜台的重新安排、电视节目的顺序变化等。

能否颠倒。上下、左右、前后、里外、正反等是否可以颠倒？如飞机螺旋桨一开始在头部，后来装到顶部，成为直升机。

能否组合。是否可以混合、融合或整合不同的物品、方法或技术？如把铅笔和橡皮组合在一起，成为带橡皮的铅笔。

③ 应用步骤

明确问题。清晰地陈述需要解决的问题或满足的需求。

列出问题。根据奥斯本检核表法的检核项目，逐一列出相关问题。

产生思路。对每个问题进行深入思考，产生大量的解决方案或思路。

筛选完善。对产生的思路进行筛选和进一步思考、完善，找出最佳方案。

④ 优点

系统化思考。检核表法可以引导人们进行系统化、全面化的思考，避免遗漏重要的创新点。

激发创意。通过提出一系列问题，人们的创意和想象力被激发，从而产生更多的新想法和新方案。

易于操作。奥斯本检核表法简单易行，不需要复杂的设备或技术，适用于各种场合和领域。

⑤ 局限

依赖经验。该方法的效果在很大程度上依赖于创新者的经验和知识积累。如果缺乏相关经验，可能难以产生有效的创新方案。

受限于现有框架。奥斯本检核表法主要是在现有框架内进行改进和创新，对于突破性的原创性创新可能存在一定的局限性。

⑥ 应用领域

奥斯本检核表法广泛应用于各个领域，如产品开发、服务优化、流程改进、管理创新等。它可以帮助创新者快速定位问题、产生解决方案，并推动创新项目的成功实施。

综上所述，奥斯本检核表法是一种有效的创新方法，通过提出一系列问题来激发人们的创意和想象力，并引导人们进行系统化、全面化的思考。虽然它存在一定的局限性，但在许多领域仍然具有广泛的应用价值和前景。

（2）和田检核表法

和田检核表法，亦称和田十二法、儿童发明法或动词提示检核表法，是一种创新技法，主要用于激发新的想法和解决问题。该方法是我国创新学者在对奥斯本检核表法进行深入研究的基础上，结合我国具体情况提炼出来的。该方法在20世纪80年代提出，并在上海市和田路小学试点成功，后由上海创造学会于1991年命名为"和田十二法"。

① 核心内容

和田检核表法包含十二个思考方向，每个方向都旨在引导人们从不同角度审视问题，从而激发新的创意和解决方案。

加一加。增加某些元素或功能，使物品在尺寸、形态、结构或功能上有所变化，更有利于使用。

减一减。减少物品的某些部分或功能，以优化其形态、结构或成本，同时保持基本功能不变或出现意想不到的效果。

扩一扩。放宽物品的功能、用途或使用领域，使其产生明显变化。

缩一缩。对物品进行折叠、压缩或浓缩，使其体积更小、更便携或浓度更大、功效更高。

改一改。改进物品或方法在使用过程中发现的缺点和不足，使其在形态、结构、功能、用途等方面更简单、轻便、省力、多功能、高效率或更有特色。

变一变。改变物品的尺寸、颜色、形状、气味、密度、浓度、顺序、场合、时间、对象、方式或声音等，使其产生新的特性。

联一联。将几件事物或几件东西关联在一起，或由一件事物联想到另一些事物，从而获得发明成果。

学一学。通过模仿、学习别的产品或物体的形状结构、性能、功能、色彩、动作等来实现新的创作。

代一代。用一种事物去替代另一种事物，包括材料、方法、工具或商品的代用等。

搬一搬。移动物品的某个部件或整体，从而产生一种新的物品或新的功能。

反一反。把某事物的结构、形态、性质、功能反一反，或者把矛盾的两个方面颠倒一下，从而产生出新的产品、新的功能或新的用途。

定一定。在解决某一问题或改进某一物品时，先设定一个约定的标准或规定，以提高工作效率、方便性或准确性。

② 应用方法

在应用和田检核表法时，可以针对创新的对象或需要解决的问题，逐一检查这十二个思考方向。通过反复提问和解答，激发新的想法和解决方案。这种方法适用于各种不同类型的创新问题，如产品开发、服务优化、流程改进等。

③ 优点

全面性和系统性。和田检核表法提供了12个思考方向，能够引导人们从多个角度审视问题，确保思考的全面性和系统性。

灵活性和易用性。每个思考方向都可以根据实际情况进行灵活调整和应用，适用于各种场合和领域。同时，该方法简单易行，不需要复杂的设备或技术。

④ 局限

依赖经验。该方法的效果在很大程度上依赖于创新者的经验和知识积累。如果缺乏相关经验，可能难以产生有效的创新方案。

思维定式。虽然和田检核表法提供了多个思考方向,但也可能限制人们的思维,使人们陷入某种思维定式。

⑤ 应用领域

和田检核表法广泛应用于各个领域,如产品开发、服务优化、流程改进、管理创新等。它可以帮助创新者快速定位问题、产生解决方案,并推动创新项目的成功实施。特别是在需要激发团队创意和协作精神的项目中,和田检核表法更是一种非常有效的工具。

综上所述,和田检核表法是一种有效的创新方法,通过提供12个思考方向来激发人们的创意和想象力,并引导人们进行系统化、全面化的思考。

(3) 6W2H法

6W2H法,也被称为八何分析法,是在5W2H分析法基础上发展而来的,在5W2H的基础上增加了一项which(即选择某件事或某个项目),是一种在决策制定、问题解决、项目管理等多个领域中常用的思考和分析工具。该方法通过对八个关键问题的系统思考,帮助人们更加全面、深入地理解和处理复杂情况。

① 核心内容

6W2H法包含八个方面的问题,每个问题都以"W"或"H"开头,用于引导人们进行全面、系统的思考。这八个问题如下所述。

Which(何项):确定目标、选择对象。明确要解决的问题或要达到的目标究竟是什么,以及要分析的项目或任务是哪个。

Why(何故):选择原因、发生原因。探究问题产生的根源或目标背后的动机和理由。

What(何事):内容、本质和功能。明确要做什么,即问题的具体内容、本质特征或所需实现的功能。

Who(何人):参加这项工作的具体人员及负责人。确定谁将参与解决问题或实现目标,以及各自的职责和角色。

When(何时):在什么时间进行工作,什么时间完成。设定问题解决或目标实现的时间框架,包括开始时间、结束时间和关键时间节点。

Where(何地):工作发生的地点、着手点。确定问题发生或目标实现的地点和环境,以及从哪里开始着手解决问题。

How(何法):用什么方法解决问题,如何提高效率。思考解决问题的具体策略、方法或步骤,以及如何优化流程和提高效率。

How much(何量):需要的成本是多少、性价比如何?评估解决问题的成本、资源投入以及预期收益，确保方案的经济性和可行性。

②应用方法

在应用6W2H法时，可以遵循以下步骤。

明确目标。首先明确需要分析或解决的具体问题或任务。

逐一提问。按照6W2H法的八个问题顺序进行提问，并记录每个问题的答案。

综合分析。将各个问题的答案进行综合分析，形成对问题或任务的全面理解。

制定方案。基于分析结果，制定完成任务或解决问题的方案，并明确实施步骤和资源需求。

评估与调整。对方案进行评估，确保其有效性和可行性。在必要时，根据评估结果对方案做出调整和优化。

③优点

全面性。6W2H法涵盖了解决问题的各个方面，确保全面性和系统性。

条理性。通过逐一回答八个问题，可以使思路更加清晰、有条理，避免盲目性和随意性。

可操作性。该方法提供的框架和步骤易于理解和操作，适用于各种类型和规模的问题解决过程。

④局限性

依赖经验。虽然6W2H法提供了全面的思考框架，但具体问题的解决仍需要依赖个人的经验和知识积累。

灵活性。在某些情况下，可能需要根据问题的特性和需求对6W2H法进行适当的调整和补充。

⑤应用领域

6W2H法在企业管理、项目管理、市场营销、流程改进等领域得到广泛应用。它可以帮助管理者和团队成员全面了解问题的背景和原因，确定解决问题的方案和措施，并制定实施计划和监控指标。同时，该方法对于个人的行为决策、职业生涯规划也适用，甚至还可用于对过去发生的决策行为进行价值评估。

总之，6W2H法是一种全面、系统、条理性的问题解决和决策制定方法，具有广泛的应用价值和前景。

3.2.2 组合法

在创新方法中，组合法是指按照一定的技术原理或功能目的，将现有的事物的原理、方法或物品作适当重新组合，进而产生新技术、新方法、新产品的创新技法，主要包括以下五种方法。

（1）主体附加法

主体附加法，顾名思义，就是在已存在的事物（主体）基础上，通过添加新的部件或功能（附加物），创造出具有新功能或改进功能的新产品。这种方法强调在不改变主体基本结构的前提下，通过附加物的添加，使主体产生新的价值和功能。

① 基本步骤

确定主体。首先需要明确要创新的主体是什么，这可以是已存在的任何产品、设备或系统。然后，分析这个主体存在的缺陷、不足或者人们对它的新需求，进而确定需要添加或置入的附加物。

选择附加物。根据附加目的，选择合适的附加物进行添加。附加物可以是新的技术、功能、部件或材料，它们能够与主体相结合，形成新的产品或系统，从而满足人们的新需求或解决存在的问题。附加物的选择至关重要，它决定了新产品是否能够满足市场需求，并产生新的功能和价值。

协调运作。有时需要对主体的内部结构进行适当改变，以使主体与附加物能够协调运作，实现整体功能的最大化。

② 应用领域

主体附加法几乎在所有行业和领域都得到了应用。如在电子产品中，手机从最初的只能进行语音通话，到后来逐渐增加了短信、摄像、录音、收音、音乐播放、上网、制作短视频等多种功能，这些都是通过主体附加法实现的。如在日常生活用品中，安装了载物架、车筐、打气筒的自行车，带哨子的开水壶，加过滤网的杯子等，也都是主体附加法的应用实例。

③ 优点

主体附加法的优点在于它能够以较低的成本和较短的时间实现产品的创新和改进。通过添加或置入新的技术、功能或部件，产品的性能、功能或用户体验可以得到迅速提升。同时，这种方法也具有较高的灵活性和可扩展性，可以根据市场需求和技术发展进行不断的调整和更新。

④ 局限性

主体附加法也存在一些局限性。在选择附加物时需要考虑其与主体的兼容性和协调性，否则可能会影响产品的整体性能和用户体验。此外，过度添加附加物也可能导致产品变得复杂和笨重，增加生产成本和维护难度。

总的来说，主体附加法是一种简单而有效的创新技法，它能够帮助人们快速实现产品的创新和改进。在应用这种方法时，需要综合考虑市场需求、技术可行性、成本效益等因素，以确保创新产品的成功推出和市场接受度。

（2）异类组合法

异类组合法，也叫异物组合法，是一种创新技法，它将两种或两种以上不同种类的事物进行组合，从而产生新事物或新的解决方案。这种方法的核心在于突破传统思维局限，将看似不相关或不同领域的事物进行有机结合，以创造出具有独特价值的新技术、新产品或新服务。

① 主要特点

异类组合法的特点在于其综合性和创造性。它要求将研究对象的各个方面、各个部分和各种要素关联起来加以考虑，从而在整体上把握事物的本质和规律。这种技法体现了一个重要原理：综合即创造，通过不同要素的有机综合，可产生出新功能或新事物。

② 应用领域

异类组合法可以应用于技术创新、产品创新和服务创新等多个领域。在产品设计中，设计师可以将不同形状、不同材质、不同功能的元素进行组合，以创造出具有独特外观和实用功能的新产品。在服务创新中，企业可以将不同的服务流程、服务内容或服务方式进行组合，以提供更加个性化、便捷的服务体验。在技术创新中，科研人员可以将不同领域的技术进行交叉融合，以开发出具有颠覆性影响的新技术。

③ 注意事项

异类组合法的应用需要注意以下几点。

组合的对象要具有相关性和互补性。在选择组合对象时，需要确保它们之间存在一定的联系或互补性，以便在组合后能够产生新的价值或功能。

组合的方式要合理和创新。在进行组合时，需要充分考虑不同对象之间的特点和差异，选择合理的组合方式和创新点，以确保组合后的新事物具有独特性和竞争力。

组合的结果要进行可行性分析和评估。在组合完成后，需要对组合后的新事物进行可行性分析和评估，以确保其在实际应用中具有可行性和实用性。

总之，异类组合法是一种极具创新性和实用性的方法，它可以帮助人们突破传统思维的限制，将不同领域的事物进行有机结合，从而创造出具有独特价值的新事物或新的解决方案。

（3）同物自组法

同物自组法，就是将相同或者类似的事物进行组合。这种组合不是简单的数量叠加，而是通过数量的变化或组合方式的创新，引发事物发生质变，从而创造出具有新功能或增值效应的新事物。

① 主要特点

从组合对象看。组合对象必须是两个或两个以上的同类事物，这是同物自组法的基本特征。

从参与组合事物的功能看。参与组合的对象在组合前后，其基本性质和结构没有发生根本变化。同物自组法并不是通过改变事物的基本性质和结构来实现创新，而是通过数量的增加和组合方式的改变来产生新的功能和价值。

从组合的目的看。同物自组法的核心目的是通过数量的增加来弥补单一事物功能或性能的不足，或者获得新的功能。

从组合方式看。同物组合往往具有组合的对称性和一致性。这是同物自组法在组合方式上的一种表现，即组合后的新事物在形态、功能等方面往往具有对称性和一致性。

② 操作步骤

选择对象。首先需要确定哪些事物适合进行同物自组。这些事物可以是产品、技术、服务或任何具有相似性或可组合性的元素。

分析功能。在确定了组合对象后，需要深入分析这些对象的功能、特点和潜在价值，以便在组合过程中充分利用和发挥它们的优势。

确定组合方式。根据分析的结果，确定最佳的组合方式。这可能涉及数量、结构、布局等方面的调整和创新。

评估效果。组合完成后，需要对新产生的事物进行评估，包括其功能、性能、成本、市场接受度等方面的考量。

③ 应用实例

多人自行车。将多辆单人自行车组合在一起，形成多人自行车，既增添了骑行的乐趣和互动性，又满足了多人共同骑行的需求。

组合式书架。将多个独立的书架单元组合在一起，形成一个大型的书架系统。这种组合方式不仅方便了书籍的整理和存放，还提高了空间利用率。

多喷头淋浴器。在淋浴器上安装多个喷头，通过增加喷头的数量来提高淋浴的舒适度和速度。

④ 注意事项

避免简单叠加。同物自组法并非简单的数量叠加，而是需要在组合过程中注重创新和质量的提升。

考虑实际需求。在组合过程中，需要充分考虑实际需求和市场接受度，确保新产生的事物具有实用性和竞争力。

注重细节设计。组合后的新事物在细节设计上往往更为复杂，因此需要注重细节处理，确保产品的质量和用户体验。

（4）重组组合法

所谓重组组合法是指在保持原有事物不变的前提下，通过有目的地改变事物内部各个要素的次序和结构排列顺序，并按照新的原则或意图进行重新组合，促使事物的功能、性能或存在方式发生变化的创新技法。其核心在于通过重新排列和组合现有事物的要素（包括事物的结构、部件、功能单元等），创造出具有新颖性、实用性和价值的新事物或新方案。

① 主要特点

内重组。必须在同一事物上进行操作，不涉及不同事物要素的混合。

序变新。不增加新的要素，仅通过改变要素之间的次序和结构来产生新的效果。

效随变。重组后的新事物在功能和作用上会发生相应的变化。

② 操作步骤

分析现有事物。首先需要对现有事物进行深入分析，了解其结构、功能、要素及其相互关系。

确定重组目标。根据分析的结果，明确重组的目标和需求，如提高性能、降低成本、优化结构等。

选择重组要素。根据重组目标，选择需要重组的要素，这些要素可以是结构部件、功能单元、技术方法等。

进行重组设计。按照新的组合方式进行设计，包括要素的调整、替换、增加或减少等，以形成新的组合方案。

实施与评估。将重组方案付诸实施，并对实施结果进行评估，包括性能测试、成本效益分析、用户反馈等，以确保重组后的新事物或新方案符合预期目标。

③ 类型与应用

变位重组。通过改变事物内部要素的位置或排列顺序来产生新的效果。如在飞机设计中，将螺旋桨从机头移至机尾，稳定翼放在机头处，设计出世界上第一架头尾倒换的飞机，提高了飞机的性能和安全性。

变形重组。在改变事物内部要素位置的基础上，还对其形状进行适当改变后再进行重组。如平面直角立式电视机的发明就是通过对显像管和扬声器的形状进行改变后重组的结果。

模块重组。将事物的各个部分或功能模块进行拆分和重新组合，以形成新的产品或系统。这种组合方式有利于产品的标准化、通用化和系列化，如家庭生活中的构件家具、机械行业的组合机床等。

④ 注意事项

保持核心要素。在重组过程中，需要确保核心要素的稳定性和完整性，以避免对事物的整体性能产生负面影响。

注重创新点。重组组合法的核心在于创新，因此需要注重挖掘和突出新的组合方式和性能表现。

考虑市场需求。在重组过程中，需要充分考虑市场需求和用户偏好，以确保新组合的事物具有实用性和竞争力。

综上所述，重组组合法是一种有效的创新技法，通过重新组合事物的内部要素，可以创造出具有新性能、新功能或新价值的新事物。在实际应用中，需要遵循一定的操作程序，注重创新点和市场需求的考虑，以确保重组后的新事物具有适用性和竞争力。

（5）信息交合法

信息交合法，也叫信息反应场法或要素标的发明法，是一种在信息交合中进行创新的思维技巧，即把物体的总体信息分解成若干个要素，然后把这种物体与人类各种实践活动相关的用途进行要素分解，再用坐标法把这些要素连成信息标，构成"信息反应场"，每个信息标上的要素可以依次与另一个信息标上的要素交合，从而产生新的信息。

① 公理

信息交合法基于以下两个公理：一是不同信息的交合可以产生新信息。当两种或多种不同的信息被组合在一起时，它们可以产生出全新的、之前未曾存在过的信息。二是不同联系的交合可以产生新联系。通过连接原本不相关或看似不相关的联系，可以发现新的关系、模式或解决方案。

② 操作方法与步骤

信息交合法的实施通常遵循以下四个步骤。

确定研究对象。即确定需要创新的主体或零坐标，这是信息交合法的起点。

整体分解。将研究对象及其相关条件整体加以分解，按序列得出要素。这一步骤是将复杂的信息分解成更易于处理和理解的部分。

信息交合。在信息分解的基础上，将分解出的信息要素进行交合。这一步骤是信息交合法的核心，通过不同信息要素的交合，可以产生出新的信息或联系。交合的方式可以是相似、接近、因果、对比等联想手段。

筛选结晶。对交合产生的新信息进行筛选和优化，找出更具实用性、科学性、创造性等价值的方案。这一步骤是对交合结果的评估和选择过程。

③ 优势

信息交合法具有以下优势。

思维具有发散性。信息交合法能够激发人们的发散性思维，使人们能够从多个角度和层面思考问题，从而发现新的机会和解决方案。

应用范围广泛。这种方法不仅适用于技术创新和产品开发领域，还可以应用于管理决策、市场营销、艺术创作等多个领域。

逻辑思维能力强。在运用信息交合法的过程中，人们需要不断地分析和综合信息，这有助于强化逻辑思维能力。

④ 局限性

思维局限性。虽然信息交合法鼓励创新思维，但在实际应用中，人们的思维往往受到自身知识、经验和认知水平的限制，导致在交合过程中可能无法产生足够的新颖性和创造性。这种思维局限性可能限制了信息交合法在某些复杂问题上的应用范围。

信息获取难度较大。在信息交合法中，需要获取大量相关的信息并进行分解和交合。然而，在实际操作中，信息的获取可能存在一定的难度。一方面，某些信息可能难以获取或成本高昂；另一方面，即使获取了信息，也可能存在信息不准确、不完整或过时的问题。这些因素都可能影响信息交合法的效果。

信息交合比较复杂。信息交合法涉及多个信息标的的交合，这可能导致交合过程的复杂性增加。在交合过程中，需要考虑不同信息之间的关联性和相互影响，以及它们对最终结果的影响。这种复杂性可能使得信息交合法在实际应用中变得更加困难，并增加了出错的风险。

筛选与评价有难度。在信息交合法中，经过交合会产生大量新的信息或联系，需要对这些新的信息或联系进行筛选和评价。然而，筛选和评价的标准往往难以确定，且受到主观因素的影响。这可能导致在筛选和评价过程中存在偏差或遗漏，从而影响最终的创新成果。

实施成本比较高。信息交合法需要投入大量的时间和精力进行信息的收集、分解、交合和筛选等工作。这些工作可能需要专业的知识和技能，以及相应的设备和资源支持。因此，实施信息交合法的成本可能较高，对于一些资源有限的组织或个人来说可能难以承受。

⑤ 应用实例

信息交合法在许多领域都有成功的应用实例。如在产品开发领域，设计师可以通过信息交合法将不同的功能、材料或设计风格进行组合，从而创造出具有独特卖点和市场竞争力的新产品。在管理决策领域，决策者可以运用信息交合法对不同的方案、策略或资源进行优化配置，以实现最佳的管理效果。此外，信息交合法还可以应用于解决复杂问题、提出创新方案等方面。

总之，信息交合法是一种有效的创新思维方法，它能够帮助人们在复杂的信息环境中发现新的机会和解决方案，提升创造力和问题解决能力。

3.3 常见创新技巧

3.3.1 颠覆常识

在创新领域，颠覆常识是一种突破性思维技巧，指通过质疑、挑战或打破行业内长期被视为"理所当然"的默认规则、传统认知或既有模式，从而开辟全新的解决方案或市场机会。其核心是打破惯性思维，重新定义问题边界。这里的"常识"包括行业规则、用户习惯、技术路径、商业模式等。

（1）重要作用

推动创新。颠覆常识能够打破传统的思维模式和框架，激发人们的创造力和想象力，从而推动各个领域的创新和发展。

促进科学进步。在科学研究中，颠覆常识往往意味着对旧有理论的挑战和新理论的诞生，这是科学进步的重要动力。

引发社会变革。颠覆常识能够引发人们对社会现象和问题的重新思考，从而推动社会观念、制度和文化的变革。

（2）主要特点

挑战权威。颠覆常识往往意味着对权威观念的挑战和质疑，这需要勇气和智慧。如伽利略的重力实验，伽利略通过实验挑战了亚里士多德关于自由落体的理论，证明了所有物体在自由落体时的速率都是一样的，这一发现颠覆了当时的物理学理论。

打破常规。颠覆常识要求人们跳出传统的思维模式，以全新的视角和方式来看待问题。如某理发店推出"充300元送价值300元的礼物"的活动，表面上看似亏本，但实际上通过巧妙的营销策略和成本控制，实现了盈利。这种颠覆传统的营销方式让人们意识到，商业活动并不总是遵循常规的逻辑和规则。

引发争议。由于颠覆常识挑战了普遍接受的观念，因此往往会引发人们的争议和讨论。如Uber跳过出租车牌照管制，直接连接司机与乘客，颠覆传统交通运营模式。

（3）培养颠覆常识的思维方式

保持好奇心。对周围的事物保持好奇心，不断提问和探索，有助于发现新的可能性和挑战常规观念。

广泛学习。涉猎不同领域的知识和技术，拓宽视野和思维方式，有助于打破传统框架和提出新的见解。

勇于质疑。敢于质疑现有的理论和观念，不畏权威和常规，勇于提出自己的见解和观点。

实践探索。通过实践探索来验证自己的想法和观点，不断修正和完善自己的思维方式。

总之，颠覆常识是一种重要的思维方式，颠覆的对象包括它要求人们挑战传统观念、打破常规框架、以全新的视角来看待问题。

3.3.2 消除偏见

（1）偏见的含义

在创新领域，偏见指的是一种根深蒂固的、未经检验的预设观念或思维模式，它可能导致对问题、用户或解决方案的片面理解，从而限制创新的可能性。偏见可能源于文化、教育、社会环境等多方面的因素，表现为以不正确或不充分的信息为依据，形成的对其他人或事物片面甚至错误的看法。

偏见的常见类型有以下几种。

认知偏差。指过度依赖已有经验，忽视矛盾证据，包括确认偏误、锚定效应。如诺基亚曾认为"手机只需耐用"，忽略智能手机趋势。

文化偏见。地域、用户群体或技术路线的刻板印象，如"老年人不用社交媒体"。

行业惯性。被传统模式束缚，如"银行必须有线下的网点"。

利益相关偏见。为维护现有业务，压制颠覆性创新，如柯达拒绝数码技术。

偏见对个人和社会都有负面影响，因此消除偏见至关重要。

（2）消除偏见的含义

"消除偏见"是指通过系统性地识别和突破认知局限、行业惯性或固有观念，以更开放、客观的思维探索新可能性。它并非简单否定现有认知，而是"建立更全面的认知框架，避免思维盲区对创新方向的误导"。

（3）消除偏见的主要方法

① 培养批判性思维

质疑假设。对现有的假设、观念或解决方案进行质疑，不盲目接受传统或主流的观点。

多角度分析。从多个角度审视问题，包括不同的利益相关者、文化背景、技术趋势等，以获取更全面的视角。

② 促进团队多样性

组建多元化团队。邀请来自不同背景、专业和思维方式的人加入团队，以促进多样化的观点和想法的交流。

鼓励开放交流。在团队内部建立开放、包容的交流氛围，让每个人都有机会发表自己的见解，而不受地位、经验或资历的限制。

③ 采用设计思维方法

同理心。通过同理心练习，深入了解用户需求、痛点和期望，从而打破以自我为中心的偏见。

快速原型制作与测试。通过快速制作原型并进行用户测试，收集反馈并迭代改进，以验证和修正初始假设中的偏见。

④ 实施反馈与迭代

建立反馈机制。建立有效的反馈机制，鼓励团队成员、用户和其他利益相关者提供意见和建议。

持续迭代改进。根据反馈进行持续迭代和改进，以消除偏见并优化解决方案。

⑤ 培养自我认知与反思

定期自我反思。定期进行自我反思，识别并承认自己在创新过程中可能存在的偏见。

寻求外部反馈。向自己信任的同事、导师或专家寻求反馈，以帮助自我识别并消除偏见。

⑥ 利用数据驱动决策

收集并分析数据。收集相关领域的数据，并进行深入分析，以了解市场趋势、用户需求和行为模式等。

基于数据做出决策。在决策过程中，尽量基于数据而非个人偏见或直觉。

⑦ 培养创新思维文化

鼓励创新尝试。在团队内部培养一种鼓励创新尝试的文化，即使失败也能从中学习和成长。

分享成功案例。定期分享成功案例,以激发团队成员的创新热情,并减少因失败而产生的偏见和恐惧。

综上所述,消除偏见在创新技巧中起着至关重要的作用。通过培养批判性思维、促进团队多样性、采用设计思维方法、实施反馈与迭代、培养自我认知与反思、利用数据驱动决策及培养创新思维文化等方法,我们可以逐步消除偏见,以更开放和多元的视角看待问题,从而推动创新进程。

3.3.3 挑战权威

(1)挑战权威的含义

在创新领域,"挑战权威"是一种突破性思维策略,指通过质疑、反思或突破行业内被广泛接受的权威观点、传统规则或主流模式,以开辟新路径或创造颠覆性解决方案。其核心在于"打破对权威的迷信,用批判性思维和证据重新定义问题边界"。这种行为通常基于新的证据、观点或创新思考,旨在推动知识、科学、社会或技术的进步。

(2)挑战权威的核心逻辑

质疑"不可能"的边界。假设权威定义的限制(如电动车续航短)可通过技术创新突破。

重构问题框架。将"如何优化现有模式"转为"是否需要彻底重构",如 Netflix 从 DVD 租赁转向流媒体。

证据优先原则。用数据或实验验证权威观点的缺陷,如 SpaceX 证明了可回收火箭的可行性。

(3)挑战权威的应用领域

挑战权威可能发生在各个领域,包括科学、哲学、艺术、政治、经济等。

在科学领域,挑战权威可能意味着对现有的科学理论提出新的假设或实验证据,以揭示其局限性或推动其进一步发展。如伽利略挑战了当时普遍接受的地心说,提出了日心说,并通过观测和实验支持了自己的观点。爱因斯坦挑战牛顿经典力学,也是挑战权威在科学领域应用的生动事例。

在哲学和社会科学领域,挑战权威可能涉及对主流思想、价值观或社会结构的质疑，以推动社会变革或思想解放。如启蒙时代的思想家们挑战了封建权威和宗教教条，倡导理性、自由和平等。

在政治和经济领域，挑战权威可能表现为对权力结构的质疑、对不公平政策的反对或对新经济模式的探索。这种挑战旨在推动政治体制的改革、经济制度的创新或社会正义的实现。

（4）挑战权威的本质

"用批判性思维重构问题空间"，而非简单否定权威。其成功关键在于：精准识别权威中的认知盲区、结合技术与用户需求提出替代方案、通过证据和案例逐步说服利益相关者。最终目标是推动相关领域的进步和行业发展，而非个人英雄主义。创新者需在尊重专业性与突破惯性之间找到平衡，将"挑战"转化为"建设性颠覆"。

（5）注意事项

挑战权威需要勇气、批判性思维和创新能力。它要求个体或群体能够独立思考，不受传统观念或权威意见的束缚，勇于提出新的想法和解决方案。同时，挑战权威也需要尊重事实、遵循科学方法，以确保质疑的合理性和有效性。需要注意的是，挑战权威并不等同于反对一切权威或无视规则。在某些情况下，权威可能代表着专业知识和经验，对于维护社会稳定和推动科学技术发展具有重要作用。因此，在挑战权威时，需要权衡利弊，考虑其对社会、科学或技术领域的潜在影响。

3.3.4 打破规则

（1）打破规则的含义

在创新领域，"打破规则"是一种突破性思维策略，指通过系统性地质疑、重构或颠覆行业内被广泛接受的惯例、模式或限制，创造新价值或解决方案。其核心逻辑在于"识别阻碍进步的过时规则，以更高效的逻辑重新定义问题边界"。

（2）打破规则的核心逻辑

规则不等于真理。行业规则往往是历史妥协的结果，如出租车牌照管制源于运力控制，而非最优解。

技术赋能突破。互联网、AI等新技术常使旧规则失效，如流媒体颠覆内容分发。

用户价值优先。当规则与用户真实需求冲突时（如"酒店必须提供早餐"），即为突破点。

（3）打破规则的意义

打破规则并不总是负面的，它也可以带来积极的变化和进步。

激发创新思维。打破规则能够激发人们的创造力和想象力，鼓励跳出传统框架进行思考，从而推动创新。

适应环境变化。在快速变化的市场和环境中，打破规则是适应新需求、抓住新机遇的关键。

推动行业进步。通过打破行业规则，可以推动整个行业的变革和进步，带来更高效、更便捷或更具价值的产品和服务。

（4）打破规则的路径

深入了解规则。在打破规则之前，首先要深入了解现有规则的内容、背景和目的。这有助于识别规则的局限性、不合理之处或潜在的创新空间。

质疑现有规则。勇于对现有规则提出质疑，分析其是否仍然适用、是否合理或是否存在改进的空间。质疑是打破规则的第一步，也是创新思维的起点。

探索新可能性。在质疑现有规则的基础上，积极探索新的可能性。这包括寻找替代方案、创造新的商业模式或开发新的技术方法等。

勇于尝试与实践。将探索到的新可能性付诸实践，通过不断的尝试和调整来验证其可行性和有效性。勇于尝试是打破规则的关键，也是创新过程中不可或缺的一环。

（5）打破规则的应用领域

科技领域的创新。在科技领域，打破规则的例子比比皆是。如智能手机的发展打破了传统手机的界限，将通信、娱乐、办公等多种功能融为一体；云计算技术的出现打破了传统计算模式的限制，实现了计算资源的共享和高效利用。

商业模式的创新。在商业领域，打破规则同样重要。如共享经济模式的出现打破了传统商业模式的界限，通过共享闲置资源来实现资源的优化配置和高效利用；订阅式电商模式的兴起则打破了传统电商的购物方式，为消费者提供了更加便捷、个性化的购物体验。

社会变革中的创新。在社会变革中，打破规则也是推动社会进步的关键。如马丁·路德·金（Martin Luther King）通过非暴力抗议和和平示威来打破种族歧视的规则，为美国社会带来了巨大的变革。

（6）注意事项

合法合规。在打破规则的过程中，要确保行为符合法律法规的要求，避免触犯法律红线。

尊重他人权益。打破规则并不意味着可以无视他人的权益和利益。在创新过程中，要尊重他人的知识产权、商业秘密等合法权益。

风险评估与管理。在打破规则之前，要对可能面临的风险进行全面评估，并制定相应的风险管理措施。这有助于降低创新过程中的不确定性和风险。

3.3.5 否定自我

（1）否定自我的含义

在创新技巧中，"否定自我"是一种反直觉但至关重要的思维策略，指创新者主动质疑、推翻自己已有的假设、成果或模式，以突破认知惯性，创造更具颠覆性的解决方案。其核心逻辑是"过去的成功可能是未来的障碍"，需通过自我批判实现持续进化。

（2）否定自我的意义

打破常规思维。否定自我能够打破常规思维，使个体或团队不再局限于既定的框架和思维模式，从而更容易发现新的创新点。

激发创新动力。通过否定自我，个体或团队能够认识到自己的不足和局限性，进而激发创新的动力和热情，推动自身不断进步。

促进自我成长。否定自我是一个不断反思和改进的过程，它有助于个体或团队发现自身的不足，并采取有效的措施进行改进，从而实现自我成长。

（3）否定自我的方法

质疑既有观念。勇于质疑自己的既有观念，包括过去的成功经验、传统的思维方式等，以开放的心态接受新的想法和可能性。

反思失败经历。认真反思自己的失败经历，分析失败的原因和教训，从中汲取经验和启示，为未来的创新提供借鉴。

接受外部反馈。积极接受来自外部的反馈和建议，包括同事、客户、竞争对手等，以客观的眼光审视自己的不足，并采取相应的改进措施。

持续学习和探索。保持持续学习和探索的态度，不断吸收新的知识和技能，拓宽自己的视野和思维方式，为创新提供源源不断的动力。

（4）组织与文化支持

心理安全。建立"犯错是发现机会"的文化，如谷歌"20% 自由时间"政策。

跨职能团队。混合背景成员，如"人类学家＋工程师"，提供多元视角挑战单一思维。

外部顾问。引入行业外专家，如消费品公司聘请生物学家，提供外部视角下的质疑。

（5）注意事项

保持开放心态。在否定自我的过程中，要保持开放的心态，勇于接受新的想法和可能性，不要过于固执己见。

避免过度否定。否定自我并不意味着要完全否定自己的过去和既有成果，而是要在反思和改进的基础上，保留和发扬自己的优点。

注重实践验证。在否定自我的过程中，要注重实践验证，通过实践来检验新的想法和方法的可行性和有效性。

3.3.6 扩展视角

（1）基本含义

在创新领域，"扩展视角"是一种突破性思维策略，指通过主动突破行业、领域或认知边界，从更广阔、更多元的维度审视问题，以发现隐藏的机会或重构解决方案。其核心逻辑是"问题的答案往往不在问题本身所在的框架内"，需通过跨界连接、系统思考和未来洞察重新定义创新空间。

（2）重要意义

打破思维定式。扩展视角有助于打破个体或团队在思考问题时形成的思维定式，从而以全新的角度和方式来看待问题，发现新的解决方案。

激发创新思维。通过扩展视角，个体或团队能够接触到更多的信息和观点，进而激发创新思维，产生更多的创意和想法。

提升问题解决能力。扩展视角有助于个体或团队更全面地了解问题，从不同的角度进行分析和思考，从而提升问题解决的能力。

（3）实践框架与工具

①扩展视角的方向

行业跨界。将其他行业的逻辑迁移至本领域，如将零售业的"订阅制"应用于软件行业。

技术融合。结合不同领域的技术，如"脑机接口+VR"创造新交互方式。

利益相关者扩展。考虑非传统用户，如在儿童玩具设计中引入老年用户测试，发现代际互动需求。

时间维度延伸。从短期收益转向长期价值，如环保材料研发牺牲短期成本，换取品牌溢价。

②具体方法与工具

跨界对标。分析其他行业的用户旅程、商业模式或技术路径，如航空公司借鉴游戏行业的动态定价模式。

利益相关者地图。可视化所有潜在受影响者，如共享经济平台需考虑政府监管、传统行业抵制等因素。

趋势叠加分析。将宏观趋势，如老龄化、数字化转型与具体需求结合，为独居老人设计智能监护系统。

未来场景模拟。通过"如果……会怎样？"假设，如"如果5G普及，线下零售会如何演变？"激发新想法。

（4）扩展视角的应用场景

问题解决。在面对复杂问题时，扩展视角可以帮助个体或团队从多个角度和层面来审视问题，发现隐藏的问题和潜在的解决方案。

创新设计。在设计和创意领域，扩展视角可以激发新的想法和创意，推动设计和产品的创新和发展。

决策制定。在决策过程中，扩展视角可以帮助决策者从多个角度和层面来评估选项，以确保决策的全面性和科学性。

团队合作。在团队合作中，扩展视角可以促进团队成员之间的沟通和协作，推动团队的创新和发展。

（5）注意事项

保持开放心态。在扩展视角的过程中，要保持开放的心态，勇于接受新的想法和观点，不要过于固执己见。

注重实践验证。新的视角和想法需要通过实践来验证其可行性和有效性。因此，在扩展视角的过程中，要注重实践验证，不断调整和完善自己的思路。

避免盲目跟风。虽然扩展视角有助于发现新的创新点，但也要避免盲目跟风或追求新奇而忽视实际需求的情况。在创新过程中，要结合实际情况和需求进行思考和决策。

思考题

1. 如何理解创新方法及其分类？
2. 你认为在校大学生应如何培养自己的创新技巧？
3. 假设你是校学生会生活部部长，需要设计一款"宿舍神器"解决学生痛点。请运用奥斯本检核表法，从"能否调整/替代/组合/缩小/扩大/反向/转化"等角度，列出至少5个创新设计方案，并说明其可行性。
4. 学校食堂用餐往往存在"高峰期排队时间过长"问题。请从时间轴扩展、空间轴转换、利益相关方、价值网络4个扩展视角提出解决方案。

延伸阅读

[1] 谭迪熬. 发明创新技法之奥斯本检核表法[J]. 第二课堂（高中），2010（8）：65-67.

[2] 桓源，任工昌，李振国. 基于TRIZ理论与奥斯本检核表法的专利创新方法设计[J]. 机械工程师，2023（8）：22-27.

[3] 龚霞辉. 和田思维法在服装创意设计过程中的应用[J]. 纺织科技进展，2020（8）：33-35.

[4] 陈孟科，边赟，梁云浩，王海全. 基于6W2H的大语言模型思维链提示框架WH-CoT[J]. 计算机应用，2024，44（S2）：1-6.

[5] 吴丽丽. 锦上添花物更优——主体附加法[J]. 发明与创新（小学生），2018（4）：17-18.

[6] 成立. 老调新弹（四）——异类组合法[J]. 发明与革新，1995（8）：8-9.

[7] 黄俏. 老调新弹（五）——同物自组法[J]. 发明与革新，1995（9）：18.

[8] 林波清. 信息交合法助推发明创造[J]. 发明与创新（综合版），2008（8）：20-21.

本章思维导图

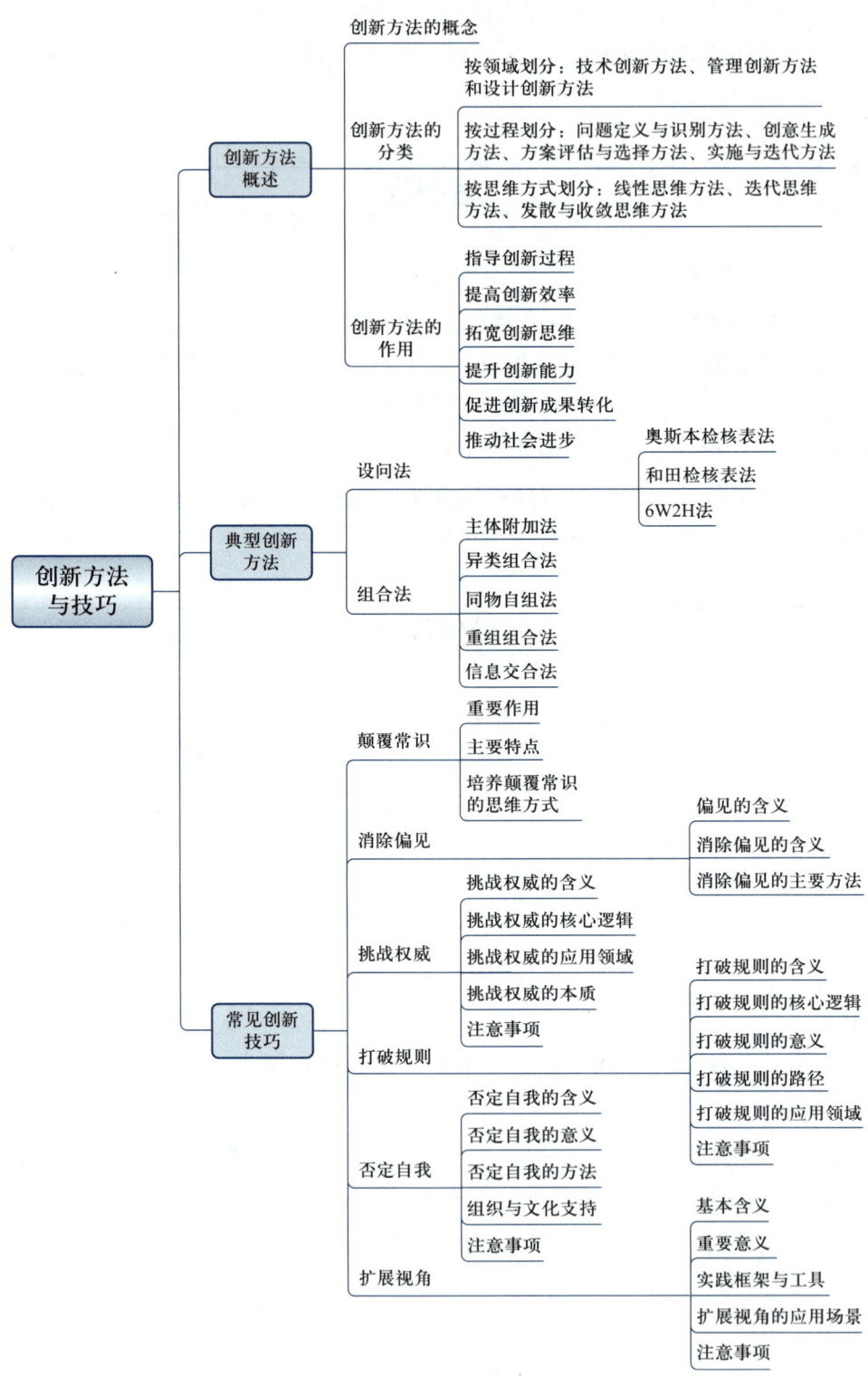

第 4 章
大学生创新项目与项目计划书

1 学习目标

知识目标：了解创新项目种类、形式和要求，掌握申报、参与的流程。
能力目标：培养具备申报书、项目书、汇报材料的撰写能力。
价值目标：激发创新创业活力，培养积极探索的思维和精神。

2 课程思政融入点

在本单元教学中融入学术诚信教育和安全保密教育。

3 引导案例

（1）案例简介

本章引导案例为国家级大学生创新创业训练计划项目申报书样例和学科竞赛获奖项目（中国国际大学生创新大赛国赛获奖项目）案例介绍。

（2）问题讨论

① 通过"具有多电子效应的磷酸钒钠基钠离子电池正极材料的制备、结构及电化学性质研究"国家级创新创业训练项目的了解后，同学们认为，大学生创新项目是什么？有什么特点？在大学期间可以参与哪些创新项目活动？

② 了解"应急智冷——低温液氮制冷助力'人工智能＋'"2024年中国国际创新大赛获奖项目后，你认为参加各类创新创业竞赛能获奖的项目，除了项目本身具有创新性外，还需要注意哪些方面？撰写一份优秀的创新创业项目计划书应该从哪些方面着手？

4-1 引导案例：国家级大学生创新创业训练计划项目申报书样例

4-2 引导案例：学科竞赛获奖项目（中国国际大学生创新大赛国赛获奖项目）案例介绍

4.1 大学生创新项目

4.1.1 大学生创新项目的概念及范畴

(1) 大学生创新项目的概念

大学生创新项目是大学教育的关键组成部分，其目的在于通过实际的项目操作，培育学生的创新思维与实践技能。这类项目通常由学生或学生团队在指导教师的引导下，运用所掌握的专业知识与技能，开展多样的创新活动。这些活动涉及科技研发、社会服务、文化创意等多个领域，旨在通过动手实践与经验积累，点燃学生的创造激情和创新意识，同时锻炼他们的独立思考与解决问题能力。

从理论基础看，大学生创新项目是响应国家高等教育改革要求而设立的。在创新驱动发展的新时代潮流中，国家对创新创业教育给予高度重视，激励大学生踊跃参与创新活动，培育创新创业精神与实践技能。大学生创新项目正是这一教育政策导向下的关键实践之一。

大学生创新项目的呈现形式主要为大学生学科竞赛。大学生学科竞赛目前主要分为A类、B类和C类竞赛，A类为《中国高校创新人才培养暨学科竞赛评估排行榜》当年发布认定的大学生学科竞赛项目；B类为由省级教育主管部门当年发布组织举办的各类大学生学科竞赛项目，或学校结合实际自己认定如全国大学生艺术展演、"华文杯"师范生教学技能大赛等已成规模或师范特色竞赛项目；C类为教育部各教育指导委员会或高等教育学会（协会）举办的大学生学科竞赛项目，以及经学校学术委员会教学指导专门委员会认定的有较大影响的竞赛项目。

(2) 大学生创新项目的特点

① 自主性

大学生创新项目的一个显著特点是其自主性。项目通常由学生自发地发起、组织和实施，他们能够依据个人兴趣、专业技能及市场需求来选择项目的方向和具体内容。这种自主性不仅激发了学生的创新热情，还培养了他们的自主决策和项目管理能力。

例如，某高校的大学生团队在导师的指导下，自发地发起了一项名为"智能垃圾分类系统"的创新项目。他们通过市场调研和技术分析，确定了项目的具体方向和实施计划。在项目实施过程中，团队成员分工合作，共同解决了多个技术难题，最终成功研发出了一套具有实用价值的智能垃圾分类系统。

② 创新性

创新性是大学生创新项目的另一个显著特点。项目鼓励学生引入新的技术、模式或理念，为市场或社会带来新的价值和服务。这种创新性不仅体现在项目的研发过程中，还贯穿于项目的实施和评估阶段。

以"智能垃圾分类系统"为例，该项目在研发过程中采用了先进的图像识别技术和机器学习算法，实现了对垃圾的智能识别和分类。这一创新不仅提高了垃圾分类的准确性和效率，还为环保事业作出了积极贡献。

③ 实践性

大学生创新项目强调实践和应用，通过实际操作和实践经验来提升学生的创业能力和独立解决问题的能力。项目通常要求学生将所学的理论知识与实践相结合，开展一系列实践活动，如市场调研、技术研发、产品设计等。

在"智能垃圾分类系统"项目中，团队成员不仅进行了技术研发和产品设计，还进行了市场调研和用户测试。他们通过实地走访和问卷调查，了解了用户对垃圾分类的需求和期望，为产品的优化和改进提供了有力支持。

④ 协作性

团队协作是大学生创新项目成功的关键因素之一。项目通常需要多人共同参与，通过团队合作来完成，在团队合作中，团队成员需要学会倾听他人的意见、尊重他人的不同观点，并通过有效的沟通和协商达成共识。

在"智能垃圾分类系统"项目中，团队成员分工明确，各司其职。他们通过定期的会议和讨论，共同解决项目中的技术难题和管理问题。这种团队合作不仅提高了项目的实施效率，还培养了团队成员的沟通能力和团队协作精神。

⑤ 灵活性

大学生创新项目通常具有较强的灵活性和适应性。项目可以根据市场需求和变化及时调整项目方向和策略，以适应市场变化。这种灵活性不仅有助于项目的顺利实施，还培养了学生的应变能力和创新能力。

在"智能垃圾分类系统"项目中，团队成员在市场调研过程中发现，用户对垃圾分类的智能化需求越来越高。因此，他们及时调整了项目的研发方向，将重点放在了提高垃圾分类的智能化水平上。这一调整不仅满足了用户的需求，还提高了项目的实用价值和市场竞争力。

（3）大学生参加创新项目的意义

① 培养创新意识和能力

大学生参加创新项目能够接触到前沿的技术和知识，激发他们的创造力和创新意识。在项目实施过程中，学生需要不断探索新的技术、方法和理念，以解决实际问题。

在"智能垃圾分类系统"项目中，团队成员不仅积累了宝贵的经验和技术知识，还培养了创新意识和创新能力。

② 提升专业技能和实际应用能力

大学生参加创新项目能够将所学的理论知识与实践相结合，提升专业技能和实际应用能力。在项目实施过程中，学生需要运用所学专业知识进行技术研发、产品设计、市场调研和产品运营等实践活动。这些实践活动不仅有助于巩固和深化学生的理论知识，还提高了他们的专业技能和实际应用能力。

以"智能垃圾分类系统"为例，团队成员在项目实施过程中，不仅掌握了先进的图像识别技术和机器学习算法，还学会了如何进行市场调研、用户测试等实践活动。这些技能不仅有助于他们在未来的求职中脱颖而出，还为他们未来的职业发展奠定了坚实基础。

③ 增强团队协作能力

大学生参加创新项目能够培养团队协作精神和组织能力。在团队合作中，学生需要学会倾听他人的意见、尊重他人的不同观点，并通过有效的沟通和协商达成共识。这种团队合作不仅有助于项目的顺利实施，还培养了学生的沟通能力和团队协作精神，为当代大学生更好适应社会和新时代职场需求储备了必备素养。

在"智能垃圾分类系统"项目中，团队成员通过分工合作、共同解决问题，培养了团队协作精神和组织能力。他们学会了如何进行有效的沟通和协商，如何分工合作以提高工作效率。这些经验和技能不仅有助于他们在未来的职场中更好地与他人合作，还为他们未来的职业发展提供了有力支持。

④ 拓展学术和实践经验

大学生参加创新项目能够进一步拓展学术和实践经验。在项目实施过程中，大学生需要阅读大量的文献、参加学术会议和研讨会等活动，以了解最新的学术动态和技术进展。这些活动不仅有助于拓宽学生的学术视野和知识面，还提高了他们的学术素养和综合能力。

同时，大学生参加创新项目还能够积累丰富的实践经验。通过参与项目的研发、实施和评估等阶段的工作，学生能够深入了解项目的全过程和各个环节。这些实践经验不仅有助于培养他们的实践能力和独立解决问题的能力，还为他们未来的求职或深造提供了有力支持。

⑤ 获得学术和创业成果

大学生参加创新项目能够获得学术和创业成果。在项目实施过程中，学生有机会产出学术论文、专利等学术成果，以及创业项目、竞赛奖项等实践成果。这些成果不仅有助于提升学生的学术地位和声誉，还为他们未来的职业发展奠定了坚实基础。

以"智能垃圾分类系统"为例，团队成员在项目实施过程中成功研发出了一套具有实用价值的智能垃圾分类系统，并申请了多项专利。同时，他们还参加了多个创新创业竞赛并获得了优异成绩。这些成果不仅提升了他们的学术地位和声誉，还为他们未来的职业发展提供了有力支持。很多高校将学生参加的各类学科竞赛获奖，作为保研加分政策，也是升学考试复试提分的重要筹码，以及求职就业的重要闪光点。

综上所述，大学生创新项目在培养学生的创新思维和实践能力方面具有重要意义。通过参与创新项目，学生能够接触到前沿的技术和知识，激发创造力和创新意识；提升专业技能和实际应用能力；增强团队协作精神和组织能力；拓展学术和实践经验；获得学术和创业成果等。因此，高校应该积极鼓励和支持大学生参与创新项目，为他们提供更多的实践机会和资源支持。

4-3案例分析：某高校大学生创新项目——智能垃圾分类系统

4.1.2 大学生创新项目的种类

在大学教育体系中，创新项目种类繁多，主要有大学生学科竞赛项目、大学生创新创业训练计划项目、导师科研课题项目及创新实践基地项目四种。

（1）大学生学科竞赛项目

大学生学科竞赛是大学创新项目中的重要组成部分，旨在通过竞赛的形式激发学生的创新思维和竞争意识，提升学生的专业素养和实践能力。这类竞赛通常涵盖多个学科领域，如理工科、文科、商科、艺体等，旨在通过具体的竞赛任务和挑战，培养学生的团队协作、问题解决能力和创新能力。大学生学科竞赛主要包括全国大学生A类竞赛、全国大学生B类竞赛和全国大学生C类竞赛三大类。

① A类竞赛

全国大学生A类竞赛是指由中华人民共和国教育部或国家相关部委主导并举办的一系列高水平、高影响力的学科竞赛。这类竞赛涵盖了理工、文科、商科、艺体等多个学科领域，旨在通过竞技的形式，激发大学生的创新思维，提升他们的实践能力。A类竞赛在各自领域内具有极高的权威性和认可度，如中国国际大学生创新大赛、"挑战杯"全国大学生课外学术科技作品竞赛、ACM-ICPC国际大学生程序设计竞赛、全国大学生数学建模竞赛及全国大学生物理实验竞赛等，这些竞赛不仅考查学生的专业知识，更侧重于其综合运用知识解决实际问题的能力。

第一，全国大学生A类竞赛种类和特点。全国大学生A类竞赛目前涉及84个种类，种类繁多，各具特色。以"挑战杯"为例，它侧重于学生的课外学术科技作品，鼓励学生进行原创性研究；而ACM-ICPC则聚焦于程序设计，考验学生的算法设计和编程能力；全国大学生数学建模竞赛则要求学生运用数学知识解决实际问题，强调团队协作和跨学科融合。这些竞赛的共同特点是：水平高、影响大、参与广泛，且都注重对学生实践能力和创新思维的考察。

4-4 2024年A类竞赛（全国普通高校大学生竞赛）目录

第二，全国大学生A类竞赛参赛条件和报名流程。全国大学生A类竞赛需要具备一定的参与条件，如有的学科竞赛必须是在校大学生，有的还可以让毕业5年以内的学生参加，竞赛通常需要组队参加等。报名流程则因竞赛而异，但大都包括以下几个步骤：首先，关注竞赛的官方网站或相关通知，了解竞赛的详细信息；其次，按照要求准备报名材料，如个人简介、作品摘要等；最后，在规定的报名时间内，通过官方渠道提交报名材料。部分竞赛可能还需要进行初步筛选或预赛以确定最终参赛名单。

第三，全国大学生A类竞赛的备赛建议与策略。备赛全国大学生A类竞赛，需要制定科学合理的策略和计划。要明确竞赛的目标和要求，了解竞赛的评分标准和考察重点。要根据竞赛的特点和自身的优势，选择合适的队友和分工，确保团队的高效运作。在备赛过程中，要注重知识的积累和技能的提升，多参加相关的培训和讲座，拓宽知识面。同时，还要加强实践训练，通过模拟竞赛、实战演练等方式，提高解决问题的能力和团队协作能力。

② B类竞赛

大学生B类竞赛通常指的是由省级教育行政部门主管的，覆盖面较广的竞赛。这类竞赛包括学科竞赛、综合能力竞赛等，旨在提升学生的专业技能、创新能力和综合素质。竞赛的具体内容和形式可能因主办方和年份的不同而有所差异，它主要为相关省（自治区、直辖市）组织的由辖区高等学校和协会申报所形成的。该类竞赛主要为本省（自治区、直辖市）所属学生参加竞赛。

4-5 2024年四川省省级本科高校大学生竞赛项目

大学生B类竞赛的参赛条件和流程。每年由相关项目申报高校发布参赛通知后，由相关省（自治区、直辖市）辖区内高等学校学生参加报名，每项竞赛都有特定的参赛条件，待资格审核通过后，由所在学校统一组织或个人参加竞赛，一些项目还需学校组织选拔赛后，推荐参加比赛。

③ C类竞赛

大学生C类竞赛通常指的是由行业协会、高等教育机构、社会组织或协会以及高校自行组织或校际联合组织的竞赛，涵盖了除A、B类竞赛之外的其他重要学科领域，为广大学子提供了一个展示自我、挑战自我的平台。这些竞赛往往具有鲜明的专业特色，能够吸引来自不同学科背景的参与者共同竞技。同时，C类竞赛的设立旨在促进学术交流，提升参与者的专业技能，培养其创新思维和团队合作精神，对于推动相关学科的发展及提升国民整体素质具有重要意义。

大学生C类竞赛的参赛条件和流程与大学生B类竞赛基本相同。这类比赛一般由其所在学院组织开展，学生根据自身情况参加。

三类学科竞赛中，A类竞赛社会认可度最高，依次为B类竞赛和C类竞赛。根据各个学校的情况不同，三类竞赛在学生学业发展中的认定标准也各有差异。但无论哪一类竞赛，参加竞赛获奖都对大学生具有诸多益处。获奖证书是就业市场和奖学金评选中的重要加分项，能够显著提升学生的竞争力。项目获奖能够为学生提供更多的学术交流和合作机会，有助于拓宽学术视野和人际网络。此外，部分竞赛的获奖者还有机会获得奖学金、保研资格等，为未来的学术研究和职业发展奠定坚实基础。同时，获奖经历也是对学生个人能力和价值的肯定，能够增强学生的自信心和成就感。近年来，全国大学生A类竞赛的数量和规模都在不断扩大，参与人数逐年增加，作品质量逐年提升。同时，随着科技的发展和社会的进步，竞赛的内容和形式也在不断创新和丰富，更加注重跨学科融合和实践应用。未来，预计全国大学生A类竞赛将继续保持蓬勃发展的态势，成为推动高等教育质量提升和学生创新能力培养的重要渠道。各位大学生应结合自身情况及学科专业特点，积极参加学科竞赛活动。

（2）大学生创新创业训练计划项目

① 项目内容

大学生创新创业训练计划项目（简称"大创项目"）内容包括创新训练项目、创业训练项目和创业实践项目三类。三类项目又分为三级，即国家级大学生创新创业训练计划项目、省级大学生创新创业训练计划项目和校级大学生创新创业训练计划项目。大学生创新创业训练计划项目须依托学生的学科专业进行项目发掘、孵化和培育。

大学生创新训练项目是本科生个人或团队，在导师指导下，自主完成创新性研究项目设计、研究条件准备和项目实施、研究报告撰写、成果（学术）交流等工作。

大学生创业训练项目是本科生团队，在导师指导下，团队中每个学生在项目实施过程中扮演一个或多个具体的角色，通过编制商业计划书、开展可行性研究、模拟企业运行、参加企业实践、撰写创业报告等工作，完成创业训练任务。

大学生创业实践项目是学生团队，在学校导师和企业导师共同指导下，采用前期创新训练项目（或创新性实验）的成果，提出一项具有市场前景的创新性产品或者服务，以此为基础开展创业实践活动。该类项目多以商业计划书形式申报。

②项目组织实施

大学生创新创业训练计划项目面向本科生申报，原则上要求项目负责人在毕业前完成项目。创业实践项目负责人毕业后可根据情况更换负责人，或是在能继续履行项目负责人职责的情况下，以大学生自主创业者的身份继续担任项目负责人。创业实践项目结束时，要按照有关法律法规和政策妥善处理各项事务。

各高校根据本校实际情况，适当安排创新训练项目和创业训练项目的比例，并逐步覆盖本校的各个学科门类。各高校按照上级主管部门每年下达的国家级、省级项目数和学校自己培育的校级项目数，在公平、公开、公正的原则下，自行组织本校的项目评审。国家级和省级项目主要在学校评审基础上推荐产生。

4-6 大学生创新创业训练计划项目申报书模板

4-7 大学生创新创业训练计划项目申报书案例（创新训练类项目）

4-8 大学生创新创业训练计划项目申报书案例（创业训练类项目）

国家级大学生创新创业训练计划项目由中央财政、地方财政共同支持，参与高校按照不低于1∶1的比例，自筹经费配套。中央部委所属高校参与国家级大学生创新创业训练计划，由中央财政按照平均一个项目1万元的资助数额，予以经费支持。地方所属高校参加国家级大学生创新创业训练计划，由地方财政参照中央财政经费支持标准予以支持。各高校可根据申报项目的具体情况适当增减单个项目的资助经费。中央部委所属高校创业实践项目，每个项目经费不少于10万元，其中，中央财政经费应资助5万元左右。在实际操作过程中地方属高校参加的国家级、省级和校级项目组织经费，一般都由其所在高校自行资助。

大学生创新创业训练计划项目评审通过后，项目申报学生团队需在指导教师的指导下开展项目研究和实践，并按照申报书的任务和完成时间，保质按时结题。这期间，所在学校一般会组织开展一次项目开展情况中期检查，针对国家级和省级项目还要开展结题验收，并评选出结题优秀项目。结题优秀项目将有机会参加全国大学生创新创业年展。

③大学生创新创业年会

大学生创新创业年会主要为参与国家级大学生创新创业训练计划的学生搭建学术交流和成果展示平台。一般为每年的10月—11月举行。其年展内容为：一是大学生创新学术年会，遴选参加国家级大学生创新创业训练计划中创新训练项目学生的学术论文，以学术报告的形式进行学术交流；二是大学生创新创业项目展示，遴选国家级大学生创新创业训练计划中创新训练项目、创业训练项目和创业实践项目，以展板和实物作品演示的形式进行项目交流；三是大学生创业项目推介会，遴选国家级大学生创新创业训练计划中创业实践项目和创业训练项目，进行项目推介、宣传和交流；四是地方教育主管部门创新创业计划管理工作交流会：研讨和交流各省（自治区、直辖市）推进地方高校实施创新创业训练计划的工作经验。参加项目以省（自治区、直辖市）为单位推荐参加，各高校遴选推荐相关项目参加省（自治区、直辖市）的评选。

④ 项目的意义

国家将大学生创新创业训练计划项目工作视为高等学校本科教育教学质量与教学改革工程的关键组成部分，这凸显了实施大学生创新创业训练计划项目对国家、学校和学生所具有的深远意义。

第一，对国家而言，此举有助于培育符合国家未来发展需求的创新型人才。无论是新兴产业的孕育，还是传统产业向高科技领域的转型，都迫切需要创新创业型人才的支撑。

第二，对学校而言，这有利于学校探索与时俱进的教学方法，提供更为全面和多元化的教育体验。通过实施创新创业训练计划项目，学校可以增加实践教学的比重，让学生提前融入真实的创新创业实践中，体验从一个新想法的孕育到一家公司的从无到有，其中涉及资金、团队、市场营销、生产等诸多环节，这些体验远比单纯课本知识的学习更为直观和深刻。

第三，对学生个人而言，这有益于培养创新创业思维，并提前了解职场中各职能的运作。学生从学校毕业后，将面临两个主要的职业选择：自主创业或加入现有单位和组织。对于有志于自主创业的大学生，大学期间参与创新创业项目的机会，能让他们体验创业的全过程，从而在真正决定创业时，对所面临的挑战有更清晰的认识；同时，在参与大学生创新创业项目的过程中，他们将学会如何解决创业中遇到的主要问题，为将来亲自实践打下坚实基础。对于那些毕业后加入其他单位和组织的大学生来说，由于在创新创业项目中体验过公司的运作，他们将更容易理解工作单位的业务流程和规章制度，从而更快地适应工作环境。创新创业的思维也将使这些学生在职场中更容易脱颖而出。特别是通过参加大学生创新创业计划项目的申报与实践，培育出的成果可进一步应用于大学期间的挑战杯、中国国际大学生创新大赛等比赛，并从中接受检验和提升，进而扩大在大学生创新创业训练项目方面的成果。

4-9 全国大学生创新创业年会项目案例及评价

（3）导师科研课题项目

大学生参与指导教师课题项目是大学生创新项目实践的重要途径之一，旨在通过参与导师的科研项目来培养自身的创新思维和实践能力。这类项目通常涉及前沿的科研领域和复杂的科研任务，要求学生具备扎实的专业基础和较强的科研能力。如理工科大学生可以通过参与指导教师的国家自然科学基金项目；文史类、艺术类学科的大学生可以参与指导教师的社会科学基金项目、艺术基金项目；所有学生均可参与指导教师的省部级科研项目、校企合作项目等以提升自己的科研能力和创新思维。

大学本科生主动参加导师项目或导师的项目团队，结合自身情况开展科学研究、市场调研、项目策划、文献资料收集及创作创意等活动，有助于取得更多创新性成果、发表具有学术价值的学术论文，形成专利或取得成功创业。

从目前获得各类学科竞赛最高级别的奖项的项目来看，主要依托于导师项目和加入导师团队为支撑，衍生出的创新项目。因此，大学生在校学习期间应主动加入老师的研究项目团队，只有这样才能在成长的同时，培育出更多有价值的创新创业项目。

（4）创新实践基地项目

创新实践基地项目是高等学校为了有效推进大学生创新创业活动，在校园内外建立的创新实践和实训基地。这些基地主要服务于创新型企业、科技公司、研究院所等，通过定期发布研究或开发项目、提出解决命题等方式，结合校内外双导师的指导，依托高校创新实践基地或实验室的先进实验设备和优越的实践环境，开展创新性研究和开发工作或解决相关问题，以此培养学生的科研能力和创新思维。

① 高校创新实践基地项目

高校创新实践基地项目通常由高校自主设立和管理，目的是为学生提供一个创新实践的平台。这些项目覆盖多个学科领域和研究方向，要求学生拥有扎实的专业基础和较强的实践能力。如学生直接参与到企业的产品研发，企业发展中的项目策划等。

4-10 学生参加创新实践基地获得的创新成果项目案例

② 实验室开放项目

实验室开放项目指的是高校实验室向学生开放的项目，目的是为学生提供更丰富的实践机会。这些项目通常需使用实验室自制的仪器设备、实验材料等，要求学生具备基本的实验技能和操作能力。如开放项目包括材料制备、性能测试、数据分析等多个环节。在导师的指导下，学生参与开放项目的研究工作，通过实践操作和数据分析，掌握基本的实验技能和数据分析方法。

4-11 学生参加创新实践基地获得的创新成果项目案例介绍

③ 创新创业孵化项目

创新创业孵化项目是高校为了支持学生创新创业而设立的项目，主要为学生提供创业指导、资金支持、市场推广等多方面的支持。项目通常包括创业计划书的撰写、市场调研、商业模式构建等多个环节。如设立创新创业孵化项目，为学生提供了创业指导和资金支持。在导师的指导下，学生撰写了详细的创业计划书，并进行了市场调研和商业模式构建。通过项目的实施和孵化，学生成功创办了自己的创业公司，并实现了盈利和增长。

综上所述，大学创新项目种类繁多，各具特色。无论是大学生学科竞赛、大学生创新创业训练计划项目，参与指导教师课题项目还是参加创新实践基地项目，都旨在通过具体的项目实践培养学生的创新思维和实践能力。这些项目不仅为学生提供了丰富的实践机会和资源支持，还促进了学生的全面发展。因此，高校应该积极鼓励和支持学生参与各类创新项目，为他们提供更多的实践机会和资源支持，以推动学生的创新能力和实践能力的提升。

4.2 大学生创新项目书撰写

4.2.1 学科竞赛项目书撰写

大学生学科竞赛项目书是一份详细的计划和申请文件，用于向相关部门或机构申请参与大学生学科竞赛，旨在描述某项具体的学科竞赛项目的目标、实施计划、预算、预期成果等关键信息。通常包括竞赛项目的基本信息（如名称、主办单位、竞赛目标等）、竞赛的工作思路和内容、预期的竞赛成效、下一年度的规划及项目的经费预算等内容。它是对整个竞赛活动的全面规划和设计，旨在展示竞赛的目的、意义、实施计划以及预期成果。

（1）基本格式

大学生学科竞赛项目书的基本格式通常包括以下几个部分。
① 封面。包括项目名称、承办单位、项目申报人（负责人）、申报日期等信息。
② 目录。列出项目书的主要部分及其对应的页码，便于查阅。
③ 摘要。简要介绍项目的背景、目的、主要内容和预期成果。
④ 正文。正文一般包括以下内容。

项目概述。这是项目申报书或商业计划书的开篇部分，旨在简短而全面地介绍项目的核心信息。它通常包括项目的名称、目标、核心产品或服务及项目的简要描述。这一部分的目标是让专家迅速了解项目的基本情况，对项目有一个初步的认识。

项目背景与意义。主要详细描述项目产生的背景、行业现状、市场需求及项目存在的必要性和重要性。它解释了为什么这个项目是必要的，该项目解决了什么问题，及其对目标市场、行业或社会的潜在影响。这一部分的目标是向读者展示项目的可行性和价值。

项目内容与创新点。主要详细阐述项目的具体内容，包括项目的实施步骤、技术路径、解决方案或产品设计等。同时，它也强调了项目的创新之处，如新技术、新方法、新模式的运用，以及这些创新对项目成功和市场竞争力的提升作用。这一部分的目标是展示项目的独特性和先进性。

市场调研与分析。通过收集和分析目标市场的数据和信息，评估项目的市场潜力、竞争态势和客户需求。它包括市场规模、市场份额、增长趋势、竞争对手分析、目标客户群体及客户需求等方面的内容。这一部分的目标是帮助读者了解项目的市场环境和机会。

商业模式与营销策略。通过描述项目的商业模式，即项目如何创造、传递和捕获价值。它还包括项目的营销策略，如定价策略、推广渠道、销售渠道、客户服务等。这一部分的目标是展示项目的盈利能力和市场扩张计划。

财务预测与融资计划。主要提供项目的财务预测，包括收入、成本、利润、现金流等关键财务指标。同时，它也描述了项目的融资需求、融资方式和资金使用计划。这一部分的目标是向投资者展示项目的财务可行性和资金运作计划。

团队介绍。主要描述项目团队的核心成员，包括他们的背景、技能、经验和在项目中的职责。这一部分的目标是向读者展示项目团队的专业能力和协作精神。

风险评估。识别项目可能面临的各种风险，如市场风险、技术风险、财务风险、管理风险等，并提供相应的风险应对策略和措施。这一部分的目标是向读者展示项目团队对风险的认知和应对能力。

附件（相关证明材料）。主要提供与项目相关的证明材料，如市场调研报告、技术专利、合作伙伴协议、财务报表等。这些材料用于支持项目申报书中的陈述和观点，增强项目的可信度和说服力。

综上所述，这些概念点共同构成了项目申报书或商业计划书的核心内容，旨在向评委专家全面展示项目的各个方面，包括项目的背景、内容、市场、财务、团队和风险等方面。

（2）项目书撰写与注意事项

① 项目概述

在这一部分，团队需要简洁而全面地介绍项目的核心理念、目标及主要特色。撰写项目概述时，应当包含以下关键要素：项目背景部分需要简短地介绍项目的起源和发展背景，通常用一两句话来概括；项目目标部分要明确地阐述项目的最终追求，用一句话来表达；项目内容部分需要详细描述项目的具体实施步骤和计划，通常用三四句话来展开；项目特点部分要突出项目的独特之处，用一两句话来强调；项目优势部分要分析项目相较于其他类似项目的竞争优势，用两三句话来说明；项目价值部分要阐述项目对社会、经济或技术等方面可能带来的积极影响，用一两句话来总结。通过这些要素的综合描述，读者可以快速而准确地理解项目的全貌。

② 项目背景与意义

在探讨项目背景时，团队不仅要考虑行业现状、市场需求，还要深入分析行业痛点。这些因素共同构成了项目的必要性和重要性，从而赋予项目深远的意义。

行业现状。即当前行业所处状况。撰写项目文档时，需深度剖析项目所在行业，采用图表与文字相结合的方式，以图和表直观呈现数据、趋势，文字详细阐释图表信息。同时，可以将目前行业现状采用"几字短语"进行概括表述，如政策红利持续释放、多元化发展态势显著等相关表达，以便专家快速了解行业核心特征。

市场需求。即目前这个市场它需要什么，也可以理解为市场缺什么。这实际上决定了这个项目是否具有实际价值和市场潜力。如果项目不能满足市场需求，那么它可能就没有太大的存在价值。因此，深入理解市场需求是项目成功的关键因素之一。

行业痛点。可以理解为目前市场上现存的这些产品，归纳到一起，有什么缺点，从而共同组成了行业痛点。在行业痛点的撰写过程中，可以采用小标题的形式，如游学类的项目，我们的行业痛点可以归纳为重"游"轻"学"现象普遍、教育价值被忽视、资源保障体系不健全、服务质量参差不齐、价格昂贵这几个痛点。通过明确指出这些痛点，项目可以针对性地提出解决方案，从而在市场上脱颖而出。

项目意义。包括社会价值、经济价值及教育价值等。社会价值体现在项目对社会问题的解决和对社会进步的推动上；经济价值则体现在项目对经济发展的贡献，如创造就业机会、提高行业效率等；教育价值则关注项目对知识传播、技能提升等方面的贡献。这些价值综合体现了项目对社会、经济和教育领域的深远影响。

③ 项目内容与创新点

在这一部分，团队需要深入细致地描述项目的具体细节，涵盖产品或服务的详细介绍、功能特性及它们如何满足市场需求或解决特定问题。此外，还必须强调项目的创新点，这些创新点可以是技术上的突破，如采用最新科技或改进现有技术；也可以是商业模式上的创新，如引入新的盈利模式或市场策略等。这一部分是整个项目书的核心，因此在介绍项目内容时，必须确保信息详尽、条理清晰，以便大家能够快速理解项目的本质和价值。如果项目有相关的展示图、原型图或虚拟演示图，那么在这一部分展示这些视觉材料将有助于增强信息的传达效果。至于创新点的描述，建议采用一致的格式，这样不仅能够提升文档的专业性，还能让读者更容易把握项目的独特之处。重要的是，所提出的创新点必须是真正新颖的，能够体现出项目团队的独到见解和创新思维，而不是简单重复他人已经提出或实现的创新概念。

在撰写项目书时，每一个创新点都应具有足够的原创性和前瞻性，以确保项目在竞争激烈的市场中脱颖而出。创新点的描述应该清晰、具体，并且能够直接反映出项目的核心竞争力。只有这样，项目书才能吸引潜在投资者或合作伙伴的注意，并为项目未来的成功奠定坚实基础。

④ 市场调研与分析

在这一部分，团队需要详细阐述所采用的市场调研方法，包括但不限于问卷调查、深度访谈、数据分析等。同时，还要明确指出调研对象，即目标市场中的消费者、潜在客户及现有客户等群体，并展示调研过程中收集到的相关数据。此外，市场需求分析是不可或缺的，它需要涵盖市场规模的大小、市场增长的潜在趋势及市场发展的驱动因素和限制因素。在竞争对手分析方面，要深入探讨主要竞争对手的市场定位、产品或服务的优势与劣势，并基于这些分析提出针对性的应对策略，以帮助企业在激烈的市场竞争中获得优势。

⑤ 商业模式与营销策略

在这一部分，团队需要详细阐述项目的商业模式，明确指出它是B2B、B2C、O2O或者其他类型的商业模式，并且要清晰地解释其运作方式。这包括但不限于盈利模式的描述，以及项目的主要收入来源。此外，还应该讨论营销策略，包括市场定位、目标客户群体、产品或服务的推广方式，以及如何通过有效的营销手段来吸引和保持客户。这些策略应当与商业模式紧密相连，确保项目的可持续发展和市场竞争力。

⑥ 财务预测与融资计划

在这一部分，团队将详细编制一系列财务预测表，这些表格将涵盖预期的收入预测、成本预测及现金流量预测等关键财务指标。这些预测将基于市场分析、历史数据和行业趋势来制定，以确保其准确性和可靠性。此外，还将制定一个全面的融资计划，明确指出融资的方式，如债务融资、股权融资或其他融资渠道，以及融资的具体金额。同时，也要详细说明这些资金的预期用途，包括但不限于产品研发、市场推广、设备采购或日常运营等关键领域。为了确保这一部分的高质量完成，建议团队中吸纳一两名商科类专业的学生，他们将负责深入研究和分析财务数据，以及撰写申报书中关于财务预测与融资计划的详细内容。这些专业的学生参与将有助于提高申报书的专业性和可信度，从而增加获得资金支持的可能性。

⑦ 团队介绍

在团队介绍中，应当详细地包含每一位团队成员的姓名（当然，如果提交的是匿名版本，则可以选择不公开姓名）、所学专业、在团队中的具体分工及各自的简介。每位成员的介绍不仅需要涵盖其学术背景，例如所学专业、取得的学位、参与过的相关课程和研究项目等，还应当包括他们的实践经验，如曾经参与的实习、工作经历、项目实践及在这些经历中所获得的技能和知识。此外，还应该强调每位成员在本项目中所具备的独特优势，如特定的技术专长、解决问题的能力、团队协作的经验等。团队介绍还可以进一步扩展，包含团队文化，即团队共同的价值观、工作风格和行为准则；团队口号，即能够激励团队成员、体现团队精神的简短有力的标语；对团队优势与劣势的分析，这有助于各成员认识到团队在执行项目时可能面临的挑战和机遇，从而更好地规划和调整策略。

⑧ 风险评估

在项目管理过程中，识别潜在风险是至关重要的一步。这包括对可能影响项目目标的各种不确定因素进行系统的分析和评价。通过这一过程，可以揭示那些可能导致项目延期、超出预算或质量不达标的风险点。识别出这些潜在风险之后，接下来的步骤是制定相应的风险管理和应对策略。这些策略旨在减少风险发生的可能性，或者在风险发生时减轻其对项目的负面影响。有效的风险管理策略包括风险避免、风险转移、风险减轻和风险接受等方法。通过这些方法，项目团队可以更有准备地面对不确定性，确保项目能够顺利进行。

⑨ 附件

在提交的项目文档中，附件部分扮演着至关重要的角色。附件中可以包含与项目直接相关的各种证明材料，这些材料可以是项目执行过程中的关键文件，如合同、协议、研究报告等，它们为项目的实施提供了有力的证据支持。此外，附件还可以包括团队成员所获得的荣誉证书、专利证书及其他形式的知识产权证明，这些材料不仅展示了团队的专业能力和创新成果，而且在一定程度上增强了项目提案的可信度和吸引力。通过这些附件，评审人员能够更全面地了解项目团队的实力和项目的实际进展，从而对项目的可行性和潜在价值做出更为准确的评估。

⑩ 注意事项

第一，文本撰写注意事项。

封面设计。封面设计时可以考虑添加背景元素，但务必确保背景设计简约大方，且与整个项目的主题紧密相关，以保持整体的协调性和专业性。

目录生成。在制作申报书时，目录部分应实现自动生成，这样可以避免手动更新时可能出现的错误，并确保目录与文档内容保持同步。

图表排列。在申报书中，如果同时包含图表，需要特别注意排版顺序，确保表格的说明文字位于表格的上方，而图的说明文字则应置于图的下方，这样有助于读者更清晰地理解内容。

内容生动。为了使申报书更加生动有趣，建议在文档中合理地融入图片和图表，避免整个文档都是文字，这样可以提高阅读的趣味性和信息的直观性。

层次分明。在撰写申报书时，要特别注意各级标题的书写规范，包括一级标题、二级标题、三级标题、四级标题，确保它们的格式一致，清晰地反映出文档的结构层次。

附录完整。在申报书的最后，除了附录部分，可以考虑添加图目录和表目录，这样做不仅方便读者查找相关内容，而且图目录和表目录最好也是自动生成的，以确保它们与文档内容的同步更新，提高文档的专业性和易用性。

逻辑清晰。确保计划书的每个部分都逻辑清晰，易于理解。

文字简明。简洁明了，避免冗长和复杂的语言，保持内容简洁。

准确无误。多次审阅与修改，在提交前多次审阅申报书，确保没有语法或拼写错误。

第二，项目构思注意事项。

深入了解比赛要求。仔细阅读比赛规则和要求，确保申报书符合所有标准，还要注意比赛对参与者的专业背景、兴趣爱好和技能要求。

突出项目特色与创新点。强调项目与其他类似项目的不同之处，突出项目的独特价值和潜在影响。

确保信息的真实性与准确性。避免夸大项目的成果或影响；使用具体数据和事实来支持申报书中的陈述。

注重团队协作与分工。展示团队成员之间的紧密合作和合理分工；强调团队成员在各自领域的专业能力和贡献。

提前准备申请材料。提前收集所有必要的材料和数据；确保申报书的所有部分都完整、准确且有条理。

4-12大学生学科竞赛项目申报书模板

利用社交媒体和网络资源。关注比赛或相关领域的官方渠道，获取最新信息和动态；与他人交流信息，获取经验和建议。

4.2.2 创新训练项目书撰写

（1）基本格式

① 封面

封面包含项目名称、申报单位、申报日期、项目负责人及团队成员信息等基本信息。

② 目录

目录一般列出申报书的主要章节及页码，便于评审者查阅。

③ 基本情况

基本情况包含项目依托导师申报项目、学科专业等，项目负责人和团队成员基本情况，指导教师基本情况等。

④ 申请理由

第一，研究背景。项目研究的时代背景、历史背景和学术背景可以逐一介绍，主要凸显研究的重要性。在当前快速发展的社会中，了解项目所处的时代背景是至关重要的，它不仅能够帮助研究者理解研究的必要性，而且能够揭示研究与时代发展的紧密联系。历史背景的梳理则有助于团队从历史的维度审视研究主题，理解其演变过程和当前状态。而学术背景的分析则能够展示该研究在学术领域的定位，以及它对现有学术讨论的贡献。

第二，研究目的。回答为什么要进行这个研究。研究目的的明确是整个研究工作的出发点和归宿，它决定了研究的方向和重点。一个清晰的研究目的能够帮助研究者聚焦核心问题，避免在研究过程中迷失方向，同时也能让评审者快速把握研究的核心价值和预期成果。

第三，研究意义。回答研究这个项目有什么意义。主要分为社会意义和学术意义。研究的意义不仅体现在对社会的贡献上，如推动社会进步、解决实际问题等；也体现在对学术界的贡献上，如填补学术空白、提出新的理论视角等。明确研究的社会意义和学术意义，有助于提升研究的价值感和紧迫感，增强研究的说服力。

第四，国内外研究现状。回答国外研究情况和国内研究情况。了解和分析国内外的研究现状，有助于避免重复劳动，同时也能发现现有研究的不足和空白，找到合适的切入点和创新点。

第五，创新点与特色。就是明确研究者所选项目相比于其他人的项目所采取的一些不一样的措施。大创项目的项目特色和项目创新点十分重要，是评委阅读的重点之一，直接影响甚至决定你所选择的大创项目最终是校级、省级还是国家级项目。

何为项目特色？就是你所选择的这个项目同其他已有的项目相比，是否独树一帜？即项目是否一定要做？做了有什么好处？对于整个行业、对于学术界来说，理论有什么样的发展？对于自己的专业领域有什么好处？

创新点即根据自己的大创项目，结合项目特色的具体要素，总结出最具代表性的几个要点，提炼出关键点进行展示说明。如大创项目的选题建立在时代背景下，立足于自身的专业特色，想要解决现实中的某一个或某几个问题，具有一定的现实性和可落地性。再如大创的项目发现了社会中所存在的一个痛点需求,这个痛点需求有很庞大的市场,如果开发这一市场,可以取得较大市场份额,对于开拓二级市场、细分市场有极大的帮助。

⑤ 研究问题

第一,研究内容。在撰写项目的研究内容时,需要详尽地阐述研究的具体对象,明确研究的范围,并且清晰地界定研究中所要解决的问题。研究对象可以是特定的领域、现象、人群或事物,而研究范围则涉及研究的地理界限、时间跨度、深度和广度等。此外,研究问题的提出应当具有针对性和可研究性,确保研究工作能够有序地进行,并最终达成预期的研究目标。

第二,研究思路。在进行研究工作时,首先需要详细阐述研究的整体思路和逻辑框架,这包括对研究主题的深入理解及研究问题的明确界定。清晰地界定研究的范围和目标,可以确保研究工作有序进行,并且能够有效地指导后续的研究活动。研究的方向和路径应当基于对现有文献的广泛回顾和批判性分析,从而确保研究的创新性和实用性。此外,研究者应当考虑研究方法的选择,包括定性研究、定量研究或混合方法研究,以及如何收集和分析数据,以确保研究结果的可靠性和有效性。研究的整体思路和逻辑框架的明确,是研究成功的关键,它不仅有助于研究者对研究过程的把握,也便于其他研究者和利益相关者理解研究的价值和意义。

第三,研究方法。文献研究法、定性分析法、调查问卷法、访谈法、实证研究法、案例分析法。这些研究方法各有其特点和适用范围:文献研究法能够帮助研究者站在前人的肩膀上,了解研究主题的历史脉络和理论基础;定性分析法能够深入挖掘研究对象的内在逻辑和本质特征;调查问卷法和访谈法则能够收集大量一手数据,为研究提供实证支持;实证研究法和案例分析法则能够通过具体案例深入分析问题,提出具有针对性的解决方案。

第四,研究重点及难点。在研究过程中,研究者需要识别并强调那些关键的重点问题,同时也不应忽视那些可能成为研究障碍的难点问题。对于这些识别出的问题,研究团队应当提出切实可行的解决方案,以确保研究能够顺利进行并最终达成预期目标。

第五,研究路径的可行性分析。在开始任何研究项目之前,进行彻底的可行性分析是至关重要的步骤,这有助于确保研究工作能够顺利进行,避免在研究过程中受阻。通过评估研究路径的可行性,研究者可以识别潜在的问题和挑战,从而提前制定应对策略。这包括对研究方法的适宜性、数据的可获取性、资源的充足性及时间框架的合理性进行综合考量。此外,可行性分析还能帮助研究者评估研究目标的实现可能性,确保研究项目在预定的时间和预算内能够达到预期的成果。

第六，实施方案。详细阐述项目的具体实施步骤，包括每一步骤的详细描述、时间安排及各阶段的起止时间点。同时，明确指出项目团队中每个成员的具体职责和分工，确保每个参与者都清楚自己的任务和责任，以便高效地推进项目进程。

第七，研究计划。为了确保研究工作的顺利进行，研究者需要制定一个详尽的研究计划。这个计划将包括研究过程中的各个阶段，每个阶段都有明确的任务和目标。同时，为了更好地监控进度，每个阶段都会设定具体的时间节点。这样一来，团队成员可以清晰地了解自己的责任和截止日期，确保整个研究项目能够按部就班地推进。

第八，研究基础和保证。在探讨项目的研究基础和保障措施时，研究者需要详细阐述项目所依赖的已有的研究成果。这些成果可能包括先前的研究报告、发表的学术论文、专利技术或已经完成的实验数据等。这些成果为项目的进一步研究提供了坚实基础，并且能够为项目团队提供宝贵的经验和教训。此外，研究团队的能力和经验也是项目成功的关键因素之一。一个团队是否具备完成项目所需的专业知识、技能和研究经验，直接关系到项目能否顺利进行。团队成员的教育背景、以往参与的相关项目及在专业领域内的声誉都是评估团队能力的重要指标。学校或学院的支持对于项目的顺利实施同样至关重要。这包括提供必要的研究设施、实验室资源、资金支持及行政上的协助。学校或学院的支持不仅能够为项目提供物质基础，还能在一定程度上提升项目的学术影响力和认可度。

⑥ 预期成果

在项目规划阶段，研究者需要明确并详细列出项目的预期成果。这些成果不仅包括学术上的成就，如发表的论文、申请的专利等，还应涵盖实践领域的具体成果，如开发的新产品、改进的服务流程等。此外，项目的社会影响也是评估其成功与否的重要指标，这可能包括对行业标准的贡献、对社会福祉的提升等。通过全面地描述这些预期成果，可以让评审专家更好地衡量项目的实际价值和长远意义。

⑦ 经费预算

调研、差旅费，用于项目研发的元器件、软硬件测试、小型硬件购置费等，资料购置、打印、复印、印刷等费用，学生撰写与项目有关的论文版面费、申请专利费等。上面的四个部分，都需要逐一填写。经费预算的合理规划对于项目的顺利进行至关重要，它不仅需要考虑研究过程中的各种直接费用，还需要考虑到可能发生的间接费用，确保项目在财务上的可持续性。

以上仅为大学生创新训练项目申报书的基本格式和内容框架，具体撰写时还需根据项目特点和要求进行调整和完善。同时，申报书的文字应简洁明了，逻辑清晰，数据准确，以便评审者能够快速把握项目的核心内容和价值。

（2）项目书撰写与注意事项

① 项目名称

项目名称应当简洁明了，能够准确地反映出项目的核心内容以及所蕴含的创新元素。它需要足够吸引人，同时也要便于记忆和传播，以便于项目在学术界或相关领域内快速建立其独特的标识。

② 创新点

在描述项目时，要特别强调其创新之处，明确指出项目与现有研究工作相比哪些显著的区别和优势。这不仅包括理论上的创新，也包括方法论、技术应用或实践操作上的创新。通过突出这些创新点，可以更好地吸引评审专家的注意，提高项目的竞争力。

③ 团队合作

鼓励来自不同学科、不同院系甚至不同专业的团队成员进行合作，以促进知识的交叉融合和创新思维的碰撞。团队成员可以来自同一所学校，也可以是跨校合作，但必须明确每个成员的具体职责和分工，确保团队合作的高效和有序。

④ 导师指导

项目实施过程中，应有至少一位副高级职称（或博士）以上的导师进行指导。导师的作用是为项目提供学术上的支持和指导，帮助团队解决研究过程中遇到的问题。原则上，每个项目不应超过两名指导教师，以保证指导的集中和高效。

⑤ 时间安排

项目应当在一两年的时间内完成，并取得预期的研究成果。项目负责人需要合理规划时间，确保项目能够在自己毕业之前顺利结题。时间管理对于项目的成功至关重要，因此需要提前做好详细的时间规划。

⑥ 申报时间

申报者需要密切关注项目的申报截止日期，这通常是在每年的3月或4月。但值得注意的是，一些学校可能会提前到前一年的10月至12月进行预立项，以便于更早地筛选和准备项目。因此，申报者应提前做好准备，以免错过申报时机。

⑦ 诚实有信

一旦项目被立项，原则上是不允许终止的。如果项目无法完成，可能会对团队成员的学术诚信记录产生负面影响，进而影响他们未来参与其他项目申报的资格。因此，团队成员在申报项目时应充分考虑自己的能力和项目的可行性。

⑧ 经费管理

合理规划和管理项目经费是确保项目顺利进行的关键。项目负责人需要根据项目实施的需要，制定详细的经费预算计划，包括研究材料费、设备使用费、差旅费等各项开支，并确保经费的合理使用。

通过以上各方面的充分准备和注意相关事项，可以有效地提高大学生创新训练项目的申报成功率，并确保项目的顺利进行和高质量完成。

4.3 研究论文（文章、报告）撰写

4.3.1 基本格式

研究论文（文章、报告）的格式通常遵循一定的标准结构，以确保内容的清晰性和一致性。以下是一个详细的学术论文（文章、报告）的基本格式。

(1) 题头

① 题目（title）

题目是文章的灵魂，要求简洁、概括性强，一般不超过20个字，可以有副标题，以进一步阐明研究内容。

字体为黑体，加粗，三号；行距为单倍行距；段落为段前24磅和段后18磅；对齐方式为居中对齐。

② 署名（name and address）

署名包括作者姓名、工作或学习单位名称、地址（寄信地址和邮箱地址）。

作者姓名单列一行居中，字体为宋体，常规，小四；对齐方式为居中。工作或学习单位名称、地址（寄信地址和邮箱地址）另起一行居中，用括弧"（）"。

③ 摘要（abstract）

简要概述研究目的、方法、结果和结论。一般句式为"用……方法，解决了……问题，结果……"

"摘要"两个字：黑体，常规，小四，顶格，中间空两格。

摘要内容：字体为宋体，常规，小四；段落为段前0磅和段后0磅；行距为单倍行距；对齐方式为两端对齐。

④ 关键词（key words）

列出3~5个反映论文主要内容的词汇，包括论文中用到的主要方法、概念、解决的关键问题和得到的重要结果。

"关键词"三个字：黑体，常规，小四。

关键词内容：字体为宋体，常规，小四；词语中间用分号（；）隔开。

(2) 正文（text）

① 引言（introduction）

介绍选题的背景、目的和意义，概述前人的工作，指出研究的创新点和价值。

② 主要工作内容（the main work content of this paper）

详细描述论文的主要研究内容，包括问题描述、知识准备、解决问题的具体步骤和结果。

问题描述（objective description）：明确论文要解决的问题或研究的目标。

知识准备（knowledge preparation）：介绍解决问题所需的理论基础、方法或技术。

解决问题的具体步骤（specific steps to solve the problem）：详细描述研究过程、实验设计、数据收集和分析方法。

结果（results）：呈现研究数据和分析结果，可与已有研究进行比较。

③ 格式要求

一级提纲。

字体：黑体，加粗，三号。

段落：段前24磅，段后18磅。

对齐方式：居中对齐。

行距：单倍行距。

二级提纲。

字体：宋体，加粗，四号。

对齐方式：两端对齐。

段落：段前24磅，段后6磅。

行距：单倍行距。

三级提纲。

字体：黑体，常规，小四。

对齐方式：两端对齐。

段落：段前12磅，段后6磅。

行距：单倍行距。

正文内容。

第一，文字。

字体：宋体，常规，小四。

对齐方式：两端对齐。

段落：段前0磅，段后0磅，段首缩进2个字符。

行距：单倍行距。

第二，表格和图。

内容：宋体，常规，小四；表格标题在上，图形标题在下，统一序号，图、表名称为黑体。

（3）结论（conclusion）

概括研究的主要发现、结论和贡献。强调研究的局限性和未来研究方向。

（4）注释（comment）

对正文中某一内容作进一步解释或补充说明的文字，不需列入文末的参考文献，而要作为注释放在页脚，注释要与正文部分隔开，可用文档中的插入脚注进行呈现，按照文中的索引编号分别或合并注释，用① ②……标识序号。

注释内容汉语采用小五号宋体，英语采用Times New Roman 9号。

（5）参考文献（references）

列出论文中引用的所有文献，确保准确无误。按照一定的格式进行排列和引用。

"参考文献"标题字：与一级提纲格式一致。

内容部分：字体为宋体，常规，小四；首行缩进2字符；段落为段前0磅和段后0磅；行距为单倍行距。

（6）致谢（gratitude）

感谢对论文完成有帮助的人，如导师、合作者、资助机构等。

致谢主要在报告、论文类中需要呈现，学术性文章不需要。

遵循上述格式指南，可以确保学术论文的规范性和可读性。在实际写作过程中，还需根据具体学科和期刊的要求进行适当的调整。

4.3.2 各部分撰写与注意事项

（1）标题撰写要求

在撰写学术论文时，论文的标题扮演着至关重要的角色，它不仅是论文的门面，更是吸引读者注意力的关键。一个好的论文标题应当力求简洁明了，同时要精确地反映出论文的核心主题，以便于读者快速把握论文的主旨，并且有助于选定合适的关键词和编制索引。标题的撰写应避免单调、枯燥、僵硬的表达方式，而应力求生动、有趣，以激发读者的阅读兴趣。此外，标题必须紧密贴合论文的主题，不能偏离或模糊不清。对于中文标题，通常建议限制在26个汉字以内，更佳的做法是不超过20个汉字，以保证其简洁性。英文标题则不应超过10个实词，并且其意义应与中文标题保持一致，同时要遵循英文的语法和表达规范。在中文标题的撰写中，应采用能够准确反映论文主题的短语或逻辑词组，尽量避免使用完整的主谓宾结构句子。通常情况下，不建议设置副标题，以保持标题的简洁性。同时，应避免使用非广泛认可的缩略语或符号代号，因为这可能会造成理解上的困难。标题也不宜以阿拉伯数字开头，以保持其正式性。最后，中文标题中不使用标点符号，以保持其清晰和正式的风格。

（2）中英文摘要撰写要点

在论文中，中英文摘要的撰写是至关重要的环节，它需要简洁地摘录论文的主要内容，字数通常不超过300个。摘要的主要目的是向读者简明扼要地介绍研究的目的、所采用的方法及最终得出的结论，其中结论部分尤其重要。在撰写摘要时，应尽量保留原论文的核心信息，突出论文的创新成果和新观点，而不是简单地罗列章节标题。摘要不应包含引言中的内容，更不应为了增加篇幅而加入不必要的叙述。英文摘要的撰写应严格遵循英文语法规范，确保内容与中文摘要相对应，准确无误。英文摘要应包含四个基本要素：研究的目的、所采用的方法、研究的结果和最终的结论。其中，结果和结论尤为重要，应重点阐述。在英文摘要中，应尽量使用简单句型，避免使用复杂的从句结构，以确保信息的清晰传达。对于他人的观点，不应在摘要中引用，以保持摘要的客观性和独立性。对于非公知的术语名词缩写，在首次出现时应使用英文全称，以避免读者产生混淆。在英文摘要中使用的标点符号应使用半角形式，同时注意英文中没有顿号（、）和分号（；），这些细节都是撰写英文摘要时需要注意的要点。

（3）关键词、注释、参考文献撰写技巧

① 论文中的关键词，它们是从题名、摘要和正文中经过仔细挑选出来的，用以精准地表述论文的核心内容和主题。通常情况下，一篇论文会精心挑选出3~5个这样的关键词汇，并将它们单独成行，置于摘要的下方，以便读者和评审人员能够迅速把握论文的主要研究点。

② 论文中的注释和参考文献部分，它们不仅展现了作者对相关文献的掌握程度，

更是体现了作者对研究领域前沿成果的了解广度和深度。注释部分通常会包含作者的个人信息、研究课题的来源及引用的文献资料，这些文献资料需要具体到页数甚至行数，以确保信息的准确性和可追溯性。而参考文献部分则包括所有与论文相关的阅读材料，无论这些材料是否被直接引用。注释和参考文献的存在，不仅帮助读者了解论文研究的背景和便于查找相关资料，也是对前人工作的尊重和认可，这既是技术层面的问题，也是科学道德和学术诚信的体现。在撰写论文时，无论其最终用途如何，原创性是必须坚守的第一道防线，因为只有原创性的内容才能确保研究的价值和意义，否则其他一切努力都将失去其应有的价值和意义。

（4）引言撰写要求

引言部分作为论文正文的开端，扮演着至关重要的角色。它不仅是论文的"门面"，而且肩负着两个主要任务：迅速让读者理解论文的核心内容，并激发他们继续阅读的兴趣。因此，在保持严谨和简洁的同时，引言部分也需内容吸引人、语言流畅优美。撰写出色的引言是一项挑战，它需要作者具备深厚的学术功底和高超的写作技巧。引言可以在论文撰写前、撰写初、撰写中或撰写后进行撰写，一般需要经过多次修改，以确保其能够准确无误地传达论文的主旨和价值。

① 阐明三个要点

首先，论文探讨的研究问题是什么？从理论和实际的角度来看，为何这个问题值得研究？研究问题的提出应基于对现有文献的深入分析和对现实问题的敏锐洞察。其次，关于这一研究问题，最新的研究成果如何？我们已经了解了哪些理论和实际经验？还有哪些关键的争议存在？为何需要对它进行研究？这些问题的探讨有助于揭示研究问题的复杂性和研究的必要性。最后，论文的研究贡献是什么？论文是如何增进读者对这一研究领域的理解的？研究贡献的阐述应明确指出论文在理论和实践上的创新点和价值所在。

② 撰写四个步骤

第一，引言的开头可以通过两三句话来引入研究主题，并明确论文的研究问题。引入研究主题的方法多种多样，如引用新发布的政策文件、重要会议讲话等来展示研究需求；引用具体数据、实际案例来说明现象的普遍性或特殊性；从文献出发，阐明现有观点的争议之处、文献空白等。这些资料不仅能突出研究主题在理论和实际方面的重要性，而且能引入研究问题。通过逐步深入地描述，作者引导读者逐渐进入研究情境，并激发其阅读兴趣。

第二，简要说明研究问题的最新进展，并引出研究动机。一种写作思路是通过总结现有文献向读者展示当前研究领域的不足之处，同时指出研究问题的意义，说明解决方法。需要注意的是，在评述文献时应尽量做到客观公正，避免过于保守或过于激进。另一种写作思路是连接不同研究领域（如人工智能与心理学、社会学、伦理学等），以优化现有解决问题的方法，或引入新的视角、观点、方法等。在阐述跨领域研究成果时，应避免引用过多文献给读者造成阅读障碍。

第三，可以补充论文的研究方法与研究结论。特别是在摘要中未能完全阐述的研究方法、补充性检验的研究结论等，可以在引言中进一步说明，帮助读者全面理解论文的观点。研究方法的介绍应清晰地说明研究设计、数据收集和分析过程，而研究结论的补充则应突出论文的主要发现和意义。

第四，阐述本文在理论与实际上的研究贡献和启示。仅仅存在研究空白并不一定意味着研究是有趣的，或是有价值的。一篇有价值的论文或是挑战了现有观点、改变了现有认知，或是在尚未形成共识的领域提出了新的见解。研究贡献的阐述应明确指出论文在理论和实践上的创新点和价值所在，而研究启示则应指出论文对未来研究方向的指导意义和对实际应用的潜在影响。

（5）正文撰写要求

① 论文选题

在开始撰写学术论文之前，选题是一个至关重要的步骤。确定选题时，应当优先考虑那些时效性强且具有创新性的主题。如果选择的选题他人已经发表过或者内容相似，即便你的论文写得再好，也很难得到发表的机会。期刊编辑在审稿时，会首先检查近期是否有类似选题的论文发表。如果本刊物最近已经发表过类似内容的论文，那么你的论文可能就不会被考虑。此外，论文的时效性也非常重要。如果社会问题的探讨已经从一个层次转向另一个层次，而你还在探讨较浅层次的内容，那么论文同样不会被刊物采用。在实际审稿过程中，经常遇到这样的问题，在电动汽车行业蓬勃发展，学术界已经开始探讨电动汽车普及后对传统汽车行业及能源市场的影响与竞争态势时，有些人仍然停留在讨论电动汽车技术成熟度和市场推广的可行性上。这样的稿件，编辑甚至不会细看内容就会直接否决。

② 论文框架

选定论文论题后，需要进行周密的构思，在脑海中形成一个清晰的框架，找到论文的脉络体系，构建出论文的层次结构。必须先明确自己撰写论文所要突出的中心思想是什么。然后，从哪些方面进行论述，才能确保论述有力，主题突出。论文框架搭建完成后，围绕内容搜集资料。因为任何研究都不可能完全脱离已有的研究成果而独立创造一个学术体系，尤其是对于初学者来说更是如此。但是，要善于运用已学的科学知识来阐述自己想要表达的论文内容。资料搜集完毕后，要认真阅读，深入挖掘其内涵，学会选择和使用资料，从思想上彻底理解、弄通，而不是对资料进行简单的加工或整理，更不是照抄照搬。举一个简单的例子，如果要用达尔文的自然选择理论来批判某些物种保护政策中的不合理之处，就必须透彻地理解达尔文的自然选择理论，并用它清晰明了地指出那些政策如何违背了物种自然进化的规律，特别是在保护某些弱势物种时可能无意中加剧了其生存困境……在资料收集和整理的过程中，不要仅仅满足于临时的查找和拼凑，而应该养成平时就注重积累和整理相关科学资料的习惯。积累的方式有两种：一是将已阅读过的资料分类存放，需要时再拿出来查阅；二是将未阅读或未来得及阅读的资料按内容分类累积，需要时再进行研究和整理。

③ 撰写注意事项

论文框架搭建完成后，围绕论文框架开始构思写作。在写作过程中，必须重视论文的学术价值，确保论文具有较大的科学价值。论文应具有知识性，而不是空洞的口号或条文。在思想观念上，要始终与党中央保持一致，确保意识形态的正确性。在论文的论证上，必须注意文化的先进性，避免陈腐的世界观和方法论，使论文结构严谨，论证有力，主题鲜明，发人深省，对读者具有较高的教育意义。在文字表述上，必须做到精练，切忌冗杂，更不能散漫，洋洋洒洒，离题万里，让人不知所云。在论文撰写过程中，必须注意文字的使用，确保数字、量词、时间、日期等内容的规范化、标准化用法。在信息时代，信息符号越来越复杂，必须将一些内容转换为计算机能够识别的语言符号，以便于计算机检索，加速信息传递，更好地活跃学术氛围。

总之，要写好一篇论文的关键在于注意知识的积累，多读多练，做到"勤奋学习，广泛涉猎，笔耕不辍"，才能硕果累累。

（6）结语撰写要求

在学术论文的撰写过程中，"结语"是正文的最后一个部分，其重要性常常被低估。实际上，"结语"是除"摘要"之外，读者在阅读学术论文时较为关注的部分。通过结语，读者能够获得比摘要更详尽的研究成果、创新点及对研究局限性的认识或对未来研究的建议。研究性论文与综述性论文在"结语"的撰写内容上存在差异，在撰写时应该慎重。

① 研究性论文

研究性论文的结语与摘要承担着不同的功能，内容上应避免重复。摘要是对论文整体的精练总结，涵盖"目的、方法、结果、结论"四个核心要素；而结语则应深入并详细地展开结果和结论。

第一，对研究内容及其意义的简要概述（进行高度概括）；

第二，具体的研究结果，根据研究的不同方面，分层次详细阐述，比摘要更为完整；

第三，从研究结果中提炼出的启示，或进一步可得出的结论，以及本研究的创新点和优势；

第四，研究的局限性与不足，以及尚待解决的问题；

第五，对研究前景的展望，或指出未来研究的方向。

② 综述性论文

综述性论文的结语侧重于作者通过文献综述得出的独特见解。

第一，对现有研究成果的分析和结论（包括优势、缺陷或不足等），以及作者自己的独到见解（进行高度概括）；

第二，对研究前景的总结（比摘要更详细完整），可按层次进行叙述。

综上所述，无论是研究性论文还是综述性论文，结语部分都扮演着至关重要的角色。它不仅为读者提供了对研究内容的深入理解，还能够突出研究的价值和意义，同时为后续研究提供方向和启示。因此，撰写结语时，作者需要精心构思，确保其内容既全面又具有深度，能够有效地与读者沟通研究的精髓。

4.4 专利申报材料撰写

4.4.1 专利的概念

（1）基本概念

专利（patent），是指一个国家对本国或外国科学技术领域中的发明创造以法律形式授予发明人或其权利受益人在法定期限内对其发明创造享有受保护的独占实施的专有权。从法律意义上来说，专利是"专利权"的简称。2020年10月起新修订的《中华人民共和国专利法》对专利性质特点进行了明确界定，专利具有专有性、地域性和时效性。专利是创新创业项目和学科竞赛项目申报最重要的支撑要素之一。我国专利类型有发明专利、实用新型专利和外观设计专利三种类型。了解和掌握不同类型专利的申报材料撰写要求和格式是专利申请成功的重要因素。

（2）专利类型

世界各国的专利保护范围有别，因此各国专利类型不尽相同。我国专利类型有发明专利、实用新型专利和外观设计专利三种类型。

① 发明专利

发明专利（invention patent）是国际上公认的最具新颖性、创造性、实用性的新产品或新方法的发明。

《中华人民共和国专利法》中对发明的定义是：对产品、方法或其改进所提出的新的技术方案。

发明专利可以是多种多样的，有产品发明（如机械、器具、仪器、部件和元件等），方法发明（如产品的制造方法——机械、化学或生物；产品的使用方法——材料、物质的新用途；其他方法——通信、测试和修理的方法），物质发明（如液态、气态、粉末状的化学物质、化学反应中间物质等）；材料发明（如合金玻璃、水泥、油墨、燃料和化学组合物等）。

我国对发明专利的保护期为20年。

② 实用新型专利

实用新型专利又称"小发明""小专利"，主要是指对机器、设备、装置、器具等产品的形状、构造或其结合所提出的适用于实用的、创新的技术解决方案，并能在产业上制造出具有使用价值或实际用途的产品。

实用新型专利的技术方案特征：

必须是一种产品；

有形的技术思想的创作适于实用；

有一定形状和构造，其固定的形状应该有一定的技术效果，即产品是占据一定空间的有"型"实体，可观察的、确定的三维空间形状，如果是自然形成的形状，摆放或堆积形成的形状，以及无确定形状的产品，不能申请实用新型专利；

产品的构造包括各个部分的布置、组织和相互关系，如机械构造和线路构造等，并且为工业方法制造；

实用新型专利往往限于产品发明，申请审批程序较简单，费用也较低。我国对实用新型专利的保护期为10年。

③ 外观设计专利

外观设计专利（industrial design patent）是指对产品的形状、图案或者其结合，以及色彩与形状的结合所提出的富有美感并适于工业上应用的新颖的设计方案。如果说发明专利和实用新型专利是从技术角度解决某个特定的技术问题，那么外观设计专利则是从美学角度对产品的外表进行设计。外观设计专利偏重产品的装饰性和艺术性。

外观设计专利的要素包括：

必须与某一具体产品有关；

必须是产品形状、图案和色彩或者其结合的设计；

具有视觉上的美感；

适用于工业应用的新设计，即工业化产品，能重复生产的产品外观设计。

外观设计专利形态包括：

三维空间的产品造型；

二维的平面设计图案。

外观设计应该有美感，是能规模化生产的具有工业实用性的产品，不包括单纯的艺术品，如美术作品、风景画和照片等。

我国对外观设计专利的保护期为10年。

4.4.2 专利申请流程

（1）提交申请文件

申请人需要准备并提交相应的申请文件。

（2）受理和缴费

国家知识产权局在接到申请文件后，会进行形式审查，确认申请是否符合基本要求。如果符合，将发出受理通知书，申请人需在规定时间内缴纳申请费，否则申请将被视为撤回。

（3）初步审查

受理后的专利申请会进入初步审查阶段。审查内容包括是否属于不授予专利的范围、是否缺乏技术内容、是否单一性等。如果通过初步审查，将进入下一阶段；否则需要补正或被驳回。

（4）公布阶段

发明专利在初步审查合格后会进入公布阶段。申请人可以选择提前公开或等待18个月后自动公开。公布后，申请人获得临时保护的权利。

发明专利还需要经过实质审查，以确定其是否具有新颖性、创造性和实用性。实用新型和外观设计专利不需要此阶段。实质审查的时间可能因多种因素而异，通常需要6~18个月。

（5）授权及公告

如果专利申请通过实质审查（对于发明专利），或初步审查（对于实用新型和外观设计专利），专利局将发出授权通知书。申请人需在规定时间内办理登记手续并缴纳相关费用。完成这些步骤后，专利局会授予专利权并公告。

不同类型的专利申请流程及时间也有所不同。

发明专利：通常需要2~3年。

实用新型专利：通常需要6~12个月。

外观设计专利：通常需要4~6个月。

4.4.3 专利申报材料的撰写

（1）专利申报提供材料

① 发明专利提供材料

需要提交《发明专利请求书》《说明书》《权利要求书》《说明书摘要》，必要时还需提交《说明书附图》以及提交申请人的基本信息（个人申请时提交申请人的身份证复印件及联系方式，公司申请时需要提供营业执照复印件、组织机构代码证）。发明专利请求书包含发明名称；产品的详细资料及说明包括技术配方、实验数据等，详细描述发明的技术内容、创新点及实施方式；权利要求书应清楚、简要地限定要求专利保护的范围；说明书应清楚、完整地说明发明或实用新型，使所属技术领域的技术人员能够实现；说明书摘要应简要说明发明的技术要点。

② 实用新型专利提供材料

需要提交《实用新型专利请求书》《说明书》《权利要求书》《说明书附图》《说明书摘要》以及提交申请人的基本信息（个人申请时提交申请人的身份证复印件及联系方式，公司申请时需要提供营业执照复印件、组织机构代码证）。实用新型专利请求书包含专利名称，产品的结构图应清晰地展示产品的结构特征、形状等，产品的详细资料及说明应对产品的功能、用途、工作原理等进行详细描述。

③ 外观设计专利提供材料

需要提交《外观设计专利请求书》《外观设计图片或照片》《外观设计简要说明》及提交申请人的基本信息（个人申请时提交申请人的身份证复印件及联系方式，公司申请时需要提供营业执照复印件、组织机构代码证）。《外观设计图片或照片》既是申请物品的六面图片或照片（俯视图、仰视图、前视图、后视图、左视图、右视图），如果视图上无设计要点或视图对称，可以省略部分视图。图片或照片的背景应为单色，无与本外观设计无关的其他物品或图案，尺寸大小符合规定。要求保护色彩的外观设计，应同时提交彩色和黑白图片或照片。《外观设计简要说明》即是对图片或照片进行必要的说明。

（2）专利申报材料撰写基本格式

① 权利要求书

撰写权利要求书的注意事项：

第一，申请发明专利或者实用新型专利应当提交权利要求书，一式一份。

第二，权利要求书应当打字或者印刷，字迹应当整齐清晰，呈黑色，符合制版要求，不得涂改，字高应当不低于3.5 mm，行距应当在2.5 mm至3.5 mm之间，权利要求书首页用此页，续页可使用同样大小和质量相当的白纸。纸张应当纵向使用，只限使用正面，四周应当留有页边距：左侧和顶部各25 mm，右侧和底部各15 mm。

第三，权利要求书应当说明发明或者实用新型的技术特征，清楚和简要地表述请求保护的范围。权利要求书有几项权利要求时，应当用阿拉伯数字顺序编号，编号前不得冠以"权利要求"或者"权项"等词。

第四，权利要求书中使用的科技术语应当与说明书中使用的一致，可以有化学式或者数学式，必要时可以有表格，但不得有插图。不得使用"如说明书……部分所述"或者"如图……所示"等用语。

第五，每一项权利要求仅允许在权利要求的结尾处使用句号。

第六，权利要求书应当在每页下框线居中位置顺序编写页码。

② 说明书

撰写说明书的注意事项：

第一，申请发明专利或者实用新型专利应当提交说明书，一式一份。

第二，说明书应当打字或者印刷，字迹应当整齐清晰，呈黑色，符合制版要求，不得涂改，字高应当不低于3.5 mm，行距为2.5 mm至3.5 mm。说明书首页用此页，续页可使用同样大小和质量相当的白纸。纸张应当纵向使用，只限使用正面，四周应当留有页边距：左侧和顶部各25 mm，右侧和底部各15 mm。

第三，说明书第一页第一行应当写明发明创造名称，该名称应当与请求书中的名称一致，并左右居中。发明创造名称与说明书正文之间应当空一行。说明书格式上应当包括下列五个部分，并且在每一部分前面写明标题："技术领域、背景技术、发明内容、附图说明、具体实施方式"。说明书无附图的，说明书文字部分不包括附图说明及其相应的标题。说明书文字部分可以有化学式、数学式或者表格，但不得有插图。

第四，发明专利申请包含一个或者多个核苷酸或者氨基酸序列的，说明书应当包括符合国务院专利行政部门规定的序列表。

第五，说明书应当在每页下框线居中位置顺序编写页码。

③ 说明书附图

撰写说明书附图的注意事项：

第一，申请发明专利（如有附图）或者实用新型专利应当提交说明书附图，一式一份。

第二，实用新型专利申请的说明书附图中应当有表示要求保护的产品的形状、构造或者其结合的附图，不得仅有表示现有技术的附图，或者不得仅有表示产品效果、性能的附图。

第三，附图首页用此页，续页可使用同样大小和质量相当的白纸。纸张只限使用正面，四周应当留有页边距：左侧和顶部各 25 mm，右侧和底部各 15 mm。

第四，图的布局。

附图应当尽量竖向绘制在图纸上，彼此明显分开。当零件横向尺寸明显大于竖向尺寸必须水平布置时，应当将附图的顶部置于图纸的左边，一页图纸上有两幅以上的附图，且有一幅已经水平布置时，该页上其他附图也应当水平布置。

一幅图无法绘在一张纸上时，可以绘在几张图纸上，但应当另外绘制一幅缩小比例的整图，并在此整图上标明各分图的位置。

第五，图的编号。

附图总数在两幅以上的，应当使用阿拉伯数字顺序编号（此编号与图的编页无关），并在编号前冠以"图"字，例如图1、图2。该编号应当标注在相应附图的正下方。只有一幅图时不必编号。

第六，图的绘制。

应当使用包括计算机在内的制图工具绘制，线条应当均匀清晰、足够深，不得涂改，不得使用工程蓝图。附图一般使用黑色墨水绘制，必要时可以提交彩色附图，以便清楚描述专利申请的相关技术内容。

剖视图应当标明剖视的方向和被剖视的图的布置。

剖面线间的距离应当与剖视图的尺寸相适应，不得影响图面整洁（包括附图标记和标记引出线）。

图中各部分应当按比例绘制。

附图的大小及清晰度，应当保证在该图缩小到三分之二时仍能清晰地分辨出图中各个细节，以能够满足复印、扫描的要求为准。

第七，图中文字。

除一些必不可少的词语外，例如："水""蒸气""开""关""A—A剖面"，图中不得有其他的注释。

第八，附图标记。

附图标记应当使用阿拉伯数字编号，申请文件中表示同一组成部分的附图标记应当一致，但并不要求每一幅图中的附图标记连续，说明书文字部分中未提及的附图标记不得在附图中出现。

第九，说明书附图应当在每页下框线居中位置顺序编写页码。

④ 说明书摘要

撰写说明书摘要的注意事项：

第一，申请发明专利或者实用新型专利应当提交说明书摘要，一式一份。

第二，说明书摘要文字部分应当打字或者印刷，字迹应当整齐清晰，黑色，符合制版要求，不得涂改，字高应当不低于3.5 mm，行距在2.5 mm至3.5 mm之间。纸张应当纵向使用，只限使用正面，四周应当留有页边距：左侧和顶部各25 mm，右侧和底部各15 mm。

第三，说明书摘要文字部分应当写明发明或者实用新型的名称和所属的技术领域，清楚地反映所要解决的技术问题，解决该问题的技术方案的要点及主要用途。说明书摘要文字部分不得加标题，文字部分（包括标点符号）不得超过300个字，对于进入国家阶段的国际申请，其说明书摘要译文不限于300个字。

4-13 专利法

4-14 我国专利申请流程

第四，说明书摘要附图应当在请求书中指定，指定的摘要附图应当是一幅最能说明该发明或者实用新型技术特征的说明书附图。指定为摘要附图的说明书附图应是一幅单独绘制的图，且请求书中指定的图号应与说明书附图的图号完全一致。

总之，专利可以委托专门的专利申请机构协助申请，因此其相关申报材料也可以由专利申请机构协助填写。

4.5 AI技术赋能项目材料撰写

4.5.1 材料撰写的意义

在数字化信息时代，人工智能技术日趋成熟，已成为人们工作和学习中不可或缺的辅助工具，在学习、工作和日常生活中得到了广泛应用。特别是人工智能（AI）技术在文案撰写、学科竞赛项目书、PPT课件制作等材料创作中的应用，标志着内容创作领域的一次重大变革。这种融合不仅提高了创作效率，还极大地丰富了创作的形式与内容，为学习、研究和创新发展带来了新的机遇。人工智能（AI）技术在文案材料撰写、学科竞赛项目书的撰写、项目方案的制定等方面都具有深远意义。

（1）提高创作效率

人工智能（AI）技术能够迅速分析大量数据，这些数据包括市场趋势、消费者偏好、竞争对手策略等多方面的信息。它还能帮助人们搜集相关命题的最新研究成果、国家政策及待解决的问题，从而快速生成符合特定需求的文案。这种高效的数据处理能力显著缩短了文案创作周期，为研究者、学科竞赛参与者提供了高效的数据和策略资源，同时提升了相关材料的质量。通过AI技术的应用，创作人员可以更加专注于内容的创新和深度，而不是被烦琐的数据分析工作所束缚，从而大幅提高了工作效率和创作质量。

（2）个性化定制

人工智能（AI）技术的运用，使得创作者能够根据用户的行为模式和偏好进行深入的分析和理解。通过这种分析，AI能够生成高度个性化的文案内容，从而实现精准的用户定位。这种能力不仅有助于提升信息的吸引力，还能显著提高转化率。无论是在产品研发、市场推广、客户服务还是品牌故事的讲述方面，AI的个性化定制都能够使项目书的内容更加贴近目标受众的需求，从而达到更好的沟通效果和市场反馈。

（3）创新内容形式

随着人工智能技术的不断进步，AI已经能够辅助或自动生成多种多样的内容形式。这些内容形式包括但不限于图文结合的展示方式、音乐作品、视频内容以及广告片段等。不仅如此，AI技术还能够创造出新颖独特的语言风格和表达方式，这不仅极大地丰富了文案的多样性，而且为各类竞赛项目的创意开辟了全新的可能性。通过AI的辅助，创作者们能够突破传统思维的局限，探索更多前所未有的表现手法，从而在内容创作领域中引领新的潮流和趋势。

（4）优化语言质量

通过应用先进的自然语言处理技术，人工智能不仅能够检查并修正文本中的语法错误，还能显著提升文本的流畅度。此外，AI还能够根据需要进行风格上的调整，从而确保文案的专业性和吸引力。这些功能对于提升参赛文本的整体质量具有显而易见的作用。

（5）实现成本节约

通过采用人工智能技术来撰写文案，可以实现与传统人工撰写相媲美的高质量内容，同时显著减少在人力资源上的投入。特别是在那些需要进行大量素材搜集、深入研究综述、进行对策比较分析及绘制各种图表等烦琐且耗时的工作环节中，AI技术的应用能够大幅度降低这些工作的成本。这样一来，不仅提高了工作效率，还优化了整体的运营流程，使得企业能够以更低的成本实现更高的产出。

（6）辅助创意激发

尽管人工智能（AI）技术目前还不能直接替代人类的创意灵感和创造力，但它可以作为一个非常强大的辅助工具，为人类创作者提供全新的视角和丰富的创意素材。通过与AI的互动，创作者能够获得灵感的火花，从而推动创意的产生。AI能够分析大量的数据和信息，从中提炼出有用的趋势和模式，这些都可以作为创意的催化剂，帮助人类创作者突破思维的局限。此外，AI的介入也促进了人机协作的创意过程，使得创作活动更加高效和多样化。通过这种方式，AI不仅增强了人类的创造力，还为艺术和设计领域带来了前所未有的可能性。

综上所述，人工智能技术在文案材料撰写中的应用，不仅极大地提升了创作的效率和质量，还推动了内容创作形式的创新和个性化发展，为学科竞赛等材料的创意撰写赋能。随着技术的不断进步，AI在文案创作领域的潜力还将进一步释放，为未来的内容创作带来更加广阔的空间。

4.5.2 材料撰写的内容

（1）文案生成

① 选择AI工具

市场上存在多种AI写作工具，如文心一言、豆包等，它们利用大数据和机器学习技术，能够根据输入的主题或关键词生成相关内容。以文心一言或豆包为例，用户仅需在输入框中输入项目材料的主题或标题，点击开始写作，工具便能迅速生成文章，并提供改进建议，从而快速获得项目材料的初稿，节省时间和精力。

② 明确主题与要求输入

使用AI工具时，应清晰明确地输入项目材料的主题内容、风格要求、目标受众等信息。若项目材料面向技术团队，需输入技术术语、目标、技术要求等，以确保AI生成的内容更贴合需求。

（2）文案编辑

① 语法与逻辑检查

AI通过自然语言处理和机器学习技术，分析项目材料的语法、逻辑和连贯性。它能检测拼写、语法和逻辑错误，并提供修正建议，使文案更加通顺易懂。一些AI工具能像专业编辑一样，指出句子结构和段落过渡的问题，帮助提升项目材料质量。

② 句式优化

为了使项目材料表达更专业、精准，AI可优化句式。它根据语言习惯和风格要求，简化复杂句子或润色简单句子，增强表达效果。

（3）获取内容策略

① 发现趋势与热点话题

AI通过数据分析和预测算法，发现潜在的内容趋势和热点话题。结合行业趋势或热点，项目材料将更具吸引力和前瞻性。在撰写市场推广材料时，AI分析市场数据，预测流行趋势，为材料提供创意灵感和内容策略建议，更好地吸引受众。

② 根据受众需求定制内容

AI分析用户兴趣和需求，为特定受众群体提供内容创作方向。若受众为老年人群，AI根据其关注重点，如健康、旅游等，提供撰写内容的参考意见和决策支持。

（4）分析用户反馈

① 情感分析

AI通过文本情感分析和舆情监测技术，监控用户对项目材料的反馈和评论。若存在过往项目材料反馈数据，AI分析情感倾向，为新项目材料撰写提供改进方向。

② 需求挖掘

从用户反馈和评论中，AI挖掘未满足的需求。将这些需求融入项目材料撰写，可提高受众满意度和忠诚度。如用户反馈希望看到更多实际案例，新项目材料中便增加案例展示部分。

（5）实现撰写流程自动化

① 信息提取与大纲生成

AI通过自动化技术和智能算法，自动提取信息和数据，生成项目材料草稿和大纲。对于数据密集型项目报告，AI快速梳理数据关系，形成报告框架结构，为撰写者提供清晰写作脉络。

② 错误自动检测与纠正

在撰写过程中，AI自动检测并纠正语法、格式等错误，加快项目材料审核和发布，提高生产效率和效益。

4.5.3 人工智能（AI）技术使用注意事项

（1）恪守学术诚信

在学术界运用AI工具的过程中，恪守学术诚信原则至关重要。在利用AI工具进行研究和撰写论文时，应保证内容的原创性，避免将AI生成的内容原封不动地作为个人的作业或研究成果提交。学术诚信不仅关乎个人的道德品质，也是整个学术界健康发展的基石。因此，当使用AI技术辅助学术工作时，必须严格遵守相关的道德规范和学术准则，确保学术成果是基于真实、可靠的数据和分析，而不是依赖于未经验证或可能误导的AI输出。同时，创作者还应该对AI工具的使用进行适当的标注和引用，以尊重和保护原创者的知识产权。只有这样，人们才能在尊重他人劳动成果的同时，也维护自己的学术声誉，促进学术界的公正和进步。

（2）明智运用AI工具

在当今这个科技飞速发展的时代，人工智能（AI）已经成为人们生活中不可或缺的一部分。在研究和写作领域，AI工具能够有效地辅助整个过程，例如帮助生成主题大纲，让作者更快地组织和规划思想和内容；AI工具还能够整理复杂的理论框架，将繁杂的信息条理化，从而使得研究者和写作者能够更清晰地理解并掌握这些理论；以及AI工具在编辑和校对语法错误方面也表现得非常出色，它们能够迅速识别出文本中的错误并提出修改建议，极大地提高了写作的准确性和效率。

尽管AI工具在辅助研究和写作方面具有诸多优势，研究者们仍需警惕过分依赖它们可能带来的负面影响。过分依赖AI可能会削弱作者的批判性思维和解决问题的能力。因为当人们习惯于依赖AI来完成这些任务时，可能会逐渐失去自己独立思考和解决问题的动力和能力。因此，创作者应当将AI视为一种辅助手段，而不是替代人类智慧的工具。创作者需要明智地使用AI，让它成为人类智慧的延伸，而不是替代品。结合AI工具和人类的创造力与批判性思维，作者可以更高效地完成研究和写作任务，同时保持并提升思维能力。

（3）确保数据质量和隐私

为了使人工智能（AI）的训练过程更加高效和准确，创作者必须确保用于AI训练的数据集不仅质量高，而且多样化和无偏见。这意味着数据集应涵盖广泛的情况和场景，以避免在AI模型中产生偏差。此外，还必须严格遵守与隐私保护相关的规定，确保在收集、处理和存储数据的过程中，个人隐私权益得到充分尊重和保护。这包括遵循各种数据保护法律和标准，例如欧盟的通用数据保护条例（GDPR），该条例为个人数据的处理设定了严格的要求和标准。通过这些措施，旨在建立一个既安全又可靠的AI训练环境，从而赢得用户和社会的信任。

（4）维护安全性与合规性

在设计和实施人工智能系统时，安全性与合规性是核心要素。创作者必须确保提交的数据资料信息得到保密和安全保护，并且符合国家网络信息管理的相关规定。特别是在选择人工智能（AI）工具时，优先考虑国内开发的产品，因为这些产品更有可能符合我国的法律法规和数据保护标准。对于国外的AI工具，则应谨慎使用，因为它们可能不完全符合我们国家的法律框架，甚至可能带来数据泄露的风险。在采用任何技术解决方案之前，需要进行彻底的审查和风险评估，以确保所有使用的工具和平台都符合国家对安全性和合规性的严格要求。

4.5.4 人工智能（AI）常用工具

（1）文生PPT

① 讯飞智文；
② ChatPPT；
③ Kimi。

（2）文生图

① 文心一格（支持图片优化处理）；
② 通义万相（支持艺术字生成）；
③ 讯飞星火（大语言模型，支持图片解读）；
④ 智谱清言（大语言模型，支持图片解读）；
⑤ 无界（支持透明背景图生成）；
⑥ 商汤秒图（大语言模型）。

（3）文生视频

① 腾讯智影（文章转视频、数字人）；

② 即梦（文生视频）；

③ PixVerse（文图生成）；

④ 一帧秒创（支持艺术字生成）；

⑤ WHEE。

（4）文生音乐

① Suno；

② 天宫；

③ Udio。

（5）文生文

① 文心一言；

② 讯飞星火；

③ Kimi；

④ 通义智文；

⑤ 秘塔AI搜索；

⑥ DeepSeek（深度求索）。

（6）合集（网页页面）

① AI工具集；

② 一起用AI。

思考题

1. 大学生学科竞赛项目与大学生创新训练项目的差异与联系是什么？

2. 大学生创新项目的特点是什么？在校大学生参加项目活动对自身有何意义？

3. 大学生创新训练项目书的基本格式包含哪些内容？其撰写需要注意哪些事项？

4. 请自拟一个创新项目，运用人工智能（AI）技术撰写一个创新项目申报书。

5. 国家关于违背学术诚信的处罚规定有哪些？在创新创业孵化、学术研究中如何遵守商业机密？

延伸阅读

[1] 林德加德. 开放式创新实践[M]. 赵萌, 蔡敏, 译. 广州: 广东经济出版社, 2022.

[2] 席尔瓦. 文思泉涌: 如何克服学术写作拖延症[M]. 胡颖, 译. 上海: 上海教育出版社, 2015.

[3] 郝丹. 学术期刊论文写作技巧与实战[M]. 北京: 人民邮电出版社, 2022.

本章思维导图

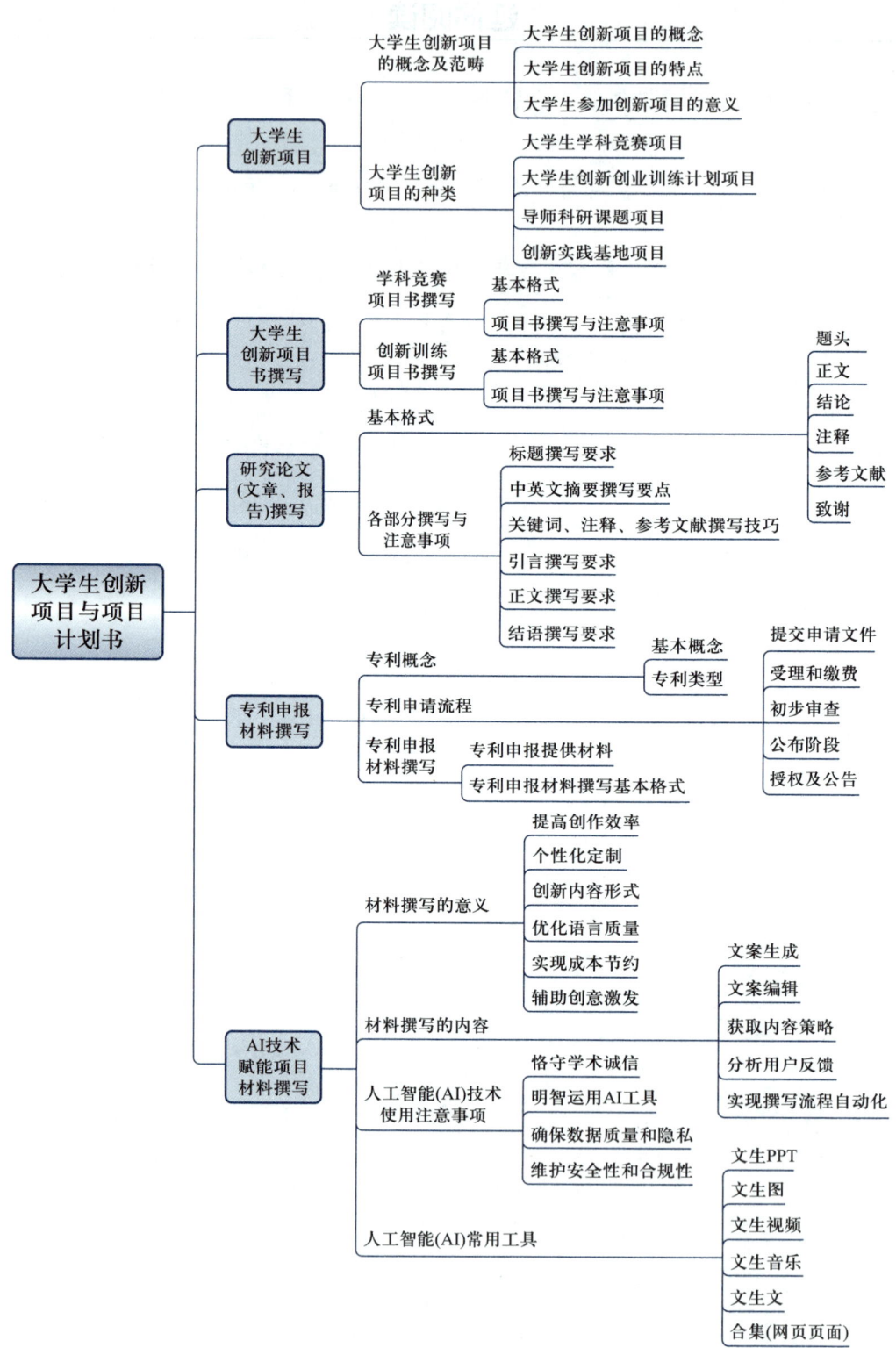

第二篇

创业理论篇

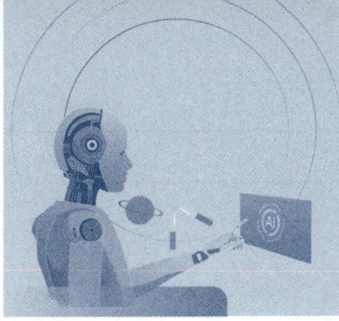

第 5 章
创业与创业精神

❶ 学习目标

知识目标：了解创业与创业精神的内涵，熟悉创业的要素和类型，掌握创业的主要流程，理解创业改变世界的方式。

能力目标：培养和提升学生的创新思维和创业能力。

价值目标：历练培养大学生勇于创新、坚韧不拔、敢于创造的创业意识、精神和品质。

❷ 课程思政融入点

以习近平新时代中国特色社会主义思想为指导，结合创业与创业精神的特点，将创业精神中的开创性思想、勇于创新的精神、坚韧不拔的意志、勇于担当的责任感等融入大学生的理想信念、价值取向、政治信仰、社会责任等的培养。

❸ 引导案例

（1）案例简介

本章引导案例为雷军的创业故事。

（2）问题讨论

① 结合雷军的创业过程，讨论其具有怎样的个人性格特征与品质。
② 雷军早年学生时代的经历对创业有何影响？
③ 雷军的创业过程遇到了哪些具体的困难与挑战？
④ 除雷军外，你还能列举哪些企业家创业事例，请总结和描述其独特的创业精神。

5-1 引导案例：雷军的创业故事

5.1 创业内涵

5.1.1 创业的概念

对于什么是创业，在学术界，还没有达成共识，各个学派从不同的研究角度来描述创业的概念。"风险"学派理论认为，创业就是创业者要承担以固定价格买入商品并以不确定的价格将其卖出的风险。"认知"学派理论认为，从创业者的认知特性、人品特征、成就感动机、冒险倾向等角度来研究创业，认为创业是可以学习的，后天的努力更重要。"社会"学派理论强调宏观的社会环境（包括政策环境、文化环境、制度环境、生态环境）和社会网络对于企业创业的影响。"管理"学派理论认为，创业是一种管理方法，把创业过程视为初创企业或者现有企业成长过程中的管理过程。"机会"学派理论强调从"存在有利可图的机会"和"存在有进取心的个人"相结合的角度去研究创业。

也有学者侧重于行为的不同角度，提出创业的定义。有的强调行为过程，认为创业是一个发现和捕获机会并由此创造出新颖的产品、服务或实现其潜在价值的过程；创业是创造出某种"有价值的"新事物的过程。有的强调行为目的性，认为创业就是"开创事业"的意思。创业是指创立基业或创办事业，也就是自主地开拓和创造业绩与成就。此类定义又有广义和狭义之分。狭义的创业是指创业者的生产经营活动，主要是开创个体和家庭的小企业。广义的创业是指创业者的各项创业实践活动，其功能指向是成就国家、集体和群体的大业。包括人们创造事业、创造基业、创办企业，创造新的模式、新的技术、新的产品、新的服务方式等。还有的强调行为的方式，认为创业是一种劳动方式，是一种无中生有的财富现象，是一种需要创业者组织、运用服务、技术、器物作业的思考、推理、判断的行为；创业是通过创新获取收益的行为方式。

可以看出，上述三种定义尽管表述各不相同，但都基本确定了创业是一种独特行为，而且这种行为均有某种目的性，这种行为的目的又是不容易实现的，需要一个比较长的过程。同时，大家也要注意这三种表述也不甚完备：没有明确创业的主体，究竟是个人还是团体？或者是个人或者团体的结合？过于偏重商业组织（营利组织）盈利或者个人追逐经济利益。

结合上述学术界和实业界讨论，可将创业的基本定义概括为：创业是指创业者（个人或者团体）在风险和不确定条件下，为了取得利益或成长而通过一系列行为方式（如发现和识别商业机会，组织各种资源，提供产品和服务），以创建创新型经济组织或网络组织的过程。

由此可见，创业是一种独特的经济活动，它将创新理念转化为实际的商业机会。这种活动的核心特征包括高风险和高回报潜力。创业者通过识别市场需求并开发创新解决方案，在创造价值的同时追求可观的经济回报。成功的创业不仅能改变个人命运，还能推动整个社会的进步和发展。创业的本质在于将创新思想付诸实践，通过持续的努力和智慧，开拓新的商业领域，为经济社会注入活力和动力。

5.1.2 创业的要素

创业的要素通常包括以下几个方面。

（1）创业者（主体要素）

在创业生态系统中，创业者无疑占据着最为核心且关键的主体地位，其对于创业活动的成功开展以及后续演进起着决定性作用。创业者，从严格意义上来说，是那些凭借敏锐的市场感知力，精准洞察潜在市场机会的个体。他们不惧风险，以非凡的勇气和决心，主动投身于充满不确定性的创业征程。通过高效整合各类分散的资源，精心构建并稳健运营全新的企业实体，或是积极开拓创新性的事业领域，以此达成商业价值的最大化，并实现个人理想抱负的升华。

创业者具备的核心特质一般有以下几种。

① 卓越的创新能力。创业者须具备超凡的创新思维与实践能力，能够在复杂多变的市场环境中，挖掘出全新的商业契机，创造出独具特色的产品或服务形态，抑或是开创更为高效、更具竞争力的商业模式。这种创新并非局限于某一特定范畴，而是广泛涵盖技术研发、产品功能拓展、营销策略革新及组织管理优化等多个层面。

② 强烈的风险承担意愿。创业活动与生俱来便伴随着诸多难以预测的风险因素，其中涵盖财务风险、市场波动风险、技术迭代风险等多个维度。创业者必须拥有坚定的信念与无畏的勇气，坦然直面这些风险挑战，甘愿投入大量的时间、精力及资金成本，以换取潜在的丰厚回报。

③ 杰出的领导力素养。在创业进程中，创业者肩负着吸引并凝聚一群志同道合之士的重任，进而组建一支具备强大战斗力的核心团队。在此基础上，创业者需充分发挥卓越的领导才能，为团队明确清晰的愿景与发展方向，依据成员专长合理分配任务，充分激发每一位团队成员的内在潜力，有效协调各方利益关系，确保团队整体运作高效顺畅，形成强大的合力，共同朝着既定目标奋勇前行。

④ 坚韧不拔的顽强毅力。创业之路布满荆棘与坎坷，各种困难与阻碍层出不穷，

诸如资金链断裂、市场竞争白热化、技术难题无法攻克等棘手问题屡见不鲜。在如此严峻的挑战面前，创业者必须具备坚如磐石的意志品质，面对重重困境也不轻言放弃。他们能够从每一次的失败经历中汲取宝贵经验教训，及时调整战略方向与实施策略，凭借顽强的毅力和不屈不挠的精神，持续推动创业项目稳步迈向成功彼岸。

⑤ 敏锐的机会识别洞察力。创业者需时刻保持高度的市场敏感度，密切关注市场动态、行业发展趋势及社会宏观环境的细微变化。通过深入细致的市场调研与分析，精准捕捉那些尚未得到充分满足的市场需求，或是尚未被深度挖掘的潜在商业领域，从而为创业项目找准精准的切入点，奠定成功的基石。

⑥ 高效的资源整合能力。创业活动的顺利开展离不开各类资源的有力支撑，这些资源广泛涉及资金、技术、人才、设备设施等多个方面。创业者应凭借自身卓越的人脉资源网络、良好的商业信誉及出色的沟通协调能力，积极吸引投资者的关注与资金投入，寻求优质的合作伙伴，招募行业内顶尖人才汇聚麾下，确保创业项目在启动初期以及后续发展过程中，均能获得充足且适配的资源保障。

⑦ 高瞻远瞩的战略规划眼见。创业者肩负着为企业制定长远发展战略与规划蓝图的重大使命。这要求他们具备深邃的战略眼光和宏观视野，综合考量市场竞争态势、技术发展趋势及企业自身核心竞争力等多方面因素，明确企业在市场中的精准定位、阶段性与长远性发展目标，以及实现这些目标的具体路径与策略。同时，鉴于市场环境的动态变化特性，创业者还须具备灵活应变的能力，根据实际情况适时调整战略方向，确保企业始终沿着正确的轨道稳健前行。

（2）创业机会（核心要素）

在创业领域的理论与实践体系中，创业机会无疑占据着核心要素的关键地位。

创业机会在引导创业方向方面发挥着不可替代的引领作用。一个精准识别且具备广阔发展潜力的创业机会，犹如在复杂商业环境中为创业者点亮的灯塔，为其勾勒出清晰的前行路径。创业者以机会为基石，系统地规划业务范畴、精准定位目标客户群体，并精心构建与之适配的商业模式架构。这一系列决策均紧密围绕创业机会展开，使得创业活动得以沿着有序且明确的轨迹推进。

创业机会是激发创业动力的核心引擎。创业的过程充满艰辛，如何持续应对风险与挑战且不被困难所打倒，需要创业者和创业团队具有强大的创业动力，而创业机会往往蕴含着巨大的吸引力，使得团队成员愿意为之付出更多努力，这种吸引力不仅体现在经济回报层面，更涵盖了对创业者个人理想与抱负的实现。当创业者凭借敏锐的市场洞察力捕捉到那些尚未得到充分挖掘或满足的市场需求，或是察觉到新兴领域所孕育的商业契机时，他们内心深处追求自我实现、创造社会价值及重塑行业格局的渴望被瞬间点燃。

创业机会自身的优劣程度从本质上决定了创业活动的成败走向。一个真正卓越的创业机会，通常具备一系列关键特质，包括广阔的市场需求空间、切实可行且可持续的盈利模式及能够抵御各类来自竞争对手与宏观环境的系统性风险与非系统性风险等。这些特质相互交织、协同作用，共同构成了创业成功的坚实保障。反之，如果创业机会不佳，诸如市场容量狭小、需求缺乏真实性或者难以构建行之有效的商业模式等问题，那么即便创业者倾尽全力、付出巨大心血，创业项目也极有可能陷入困境，最终面临失败的结局。而当创业者精准把握优质的创业机会时，无疑为创业活动的成功增添了厚重的砝码，显著提升了成功的概率。

（3）创业资源（物质要素）

在创业领域中，创业资源无疑构成了创业活动得以开展的关键要素。

就物质层面而言，创业资源具体涵盖了诸多实体要素。资金作为创业活动的命脉，犹如企业运行的血液，在整个创业进程中发挥着基础性作用。它被广泛应用于多个关键环节，包括租赁适宜的办公场地、购置先进的生产设备与充足的原材料，以及按时支付员工薪酬等，确保企业各项业务能够顺利运转。设备则是开展生产经营活动的核心工具，不同行业对设备有着特定需求。合适的场地为创业活动提供了必要的物理空间，无论是办公场所还是生产车间，其选址与布局的合理性都会对企业运营产生深远影响。而原材料作为产品制造的基石，其质量与供应稳定性直接关系到产品的品质。

值得强调的是，创业资源绝非仅由物质要素构成，还包含丰富的非物质要素。人力资源便是其中极为重要的一环，一支高素质、富有创造力且具备专业知识、精湛技能和丰富经验的创业团队，是推动创业项目不断发展壮大的核心驱动力。技术资源同样不容忽视，独特的技术创新成果或具有核心竞争力的专利技术，往往能够成为企业在激烈市场竞争中脱颖而出的关键优势。品牌资源所蕴含的价值亦不容小觑，一个拥有良好品牌形象与声誉的企业，能够在市场中迅速吸引客户目光，有效提升市场认可度与消费者忠诚度。此外，信息资源在创业过程中也扮演着举足轻重的角色，及时、准确且全面的市场信息、政策法规信息等，能够为创业者在复杂多变的商业环境中指明方向，助力其做出科学、合理且具有前瞻性的决策。

（4）创业形式（组织要素）

在创业领域中，创业形式无疑是创业组织要素体系中的重要组成部分。

创业组织要素包含多个关键维度，而创业形式在其中占据着核心地位。它从根本上决定了创业活动的具体实施路径、资源的分配模式以及参与创业各方之间的权利义务关系和协作架构等深层次问题。

目前，在商业实践中存在多种典型的创业形式。

第一，独立创业模式下，创业者以个体之力全面承担创业过程中的所有责任与风险，对企业决策拥有绝对的控制权，能够毫无掣肘地依据自身理念和规划推动业务发展。

第二，合伙创业则是由两名或多名合伙人基于共同的创业愿景，共同投入资金、共同参与企业经营管理、按约定比例共享收益并共同承担风险的创业形式。这种模式的显著优势在于，不同合伙人能够凭借各自独特的资源、专业技能及丰富经验实现优势互补，形成强大的创业合力。

第三，加盟创业作为另一种重要的创业形式，创业者通过支付一定的加盟费，获得加盟品牌授权，借助该品牌已有的广泛市场影响力、成熟稳定的商业模式及完善的运营管理体系来开展自身业务。在此过程中，加盟者必须严格遵循盟主制定的统一经营规范和标准，以确保品牌形象的一致性和服务质量的稳定性。

5.1.3 创业的类型

创业类型依据不同的分类标准具有不同的划分情况。

（1）基于创业动机的分类

① 生存导向型创业。此类创业行为主要源于创业者为满足自身生存需求而做出的选择。通常因种种原因受限，使得创业者缺乏其他稳定的就业途径，创业者有动力自行开辟获取经济收入的渠道。

② 机会驱动型创业。该类型创业建立在创业者对潜在商业机会的精准识别与把握之上。有些创业者没有较多生存压力，其凭借敏锐的市场洞察力，捕捉到市场中尚未被充分满足的需求或新兴的发展趋势，进而主动发起创业行动。他们往往依托创新性的产品、独特的服务模式或全新的商业模式，致力于开拓新的市场空间。

（2）基于创业项目性质的分类

① 传统行业创业。这一类型涵盖了在农业、制造业、服务业等历史悠久且成熟的行业领域内开展的创业活动。尽管传统行业市场竞争格局相对稳定且激烈，但由于其满足的是人们日常生活中的基本需求，市场需求具有较强的刚性和稳定性。因此，创业者若能在产品品质把控、服务质量提升及成本有效控制等关键环节形成自身独特

的竞争优势，依然能够在传统行业中取得可观的经营业绩。

② 新兴行业创业。主要聚焦于伴随新技术、新产业、新业态、新模式蓬勃发展而兴起的前沿领域，其中人工智能、大数据、生物医药、新能源汽车等行业尤为典型。这类创业模式一旦成功突破技术瓶颈并获得市场认可，将有可能引发行业的颠覆性变革，为创业者带来极为丰厚的经济回报和广阔的发展前景。

（3）基于创新程度的分类

① 复制式创业。此类型创业是指创业者直接借鉴已在市场上取得成功的商业模式，并将其在不同的地域范围或细分市场中进行复制推广。常见的加盟连锁经营模式便是典型代表，因为最初的店做出了很好的成绩因此也吸引其他人纷纷加入。

② 模仿改良型创业。该类创业在借鉴现有成功商业模式的基础上，进行适度的创新与改进。创业者通过深入研究市场需求、竞争对手及行业发展趋势，通过对竞争对手缺点的挖掘分析，找到更为适合的创业机会，进行针对性的优化和创新，进一步抢占了市场。

③ 创新引领型创业。这是一种通过引入前所未有的技术、理念、产品或服务，构建全新商业模式的创业类型。此类创业活动往往需要创业者具备深厚的技术积累、卓越的创新思维及强大的资源整合能力。创新引领型创业虽然面临着巨大的技术研发风险、市场接受度挑战及前期高额的资金投入压力，但一旦成功，将凭借其独一无二的竞争优势迅速占据市场主导地位，为创业者带来难以估量的商业价值和社会影响力。

（4）基于创业主体的分类

① 独立创业。独立创业是指由单一创业者凭借个人力量独自开展创业活动的形式。在此过程中，创业者需独自承担创业过程中涉及的所有责任、风险及收益。独立创业的门槛往往较低，且创业者具有更多的自主决定权利，但也需要更高的综合素质，以应对风险与困难出现时没有外援的难题。

② 合伙创业。合伙创业是由两个或两个以上的创业者基于共同的创业愿景和目标，共同出资、共同参与企业经营管理、共享企业经营收益并共同承担经营风险的创业模式。合伙型企业比独立创业企业在人数上更具有优势，且合伙人之间在资金实力、专业技术、行业经验、人脉资源等方面各有所长，通过合作实现优势互补，形成强大的创业合力。

③ 公司内部创业。公司内部创业是指在企业组织架构内部，企业鼓励员工积极提出创新想法和项目提案，并为那些具有发展潜力的项目提供必要的资金支持、技术

资源、人力资源等全方位的支持，员工以内部创业者的身份负责项目的具体运营和管理。这种创业模式旨在充分激发企业内部员工的创新活力和创造力，实现员工个人价值与企业整体发展的有机结合。

▶ 5.2 创业改变世界的五个方面

5.2.1 产生新的管理范式

现在流行的每一种理论界或学术圈讨论的管理模式都可以在过去50年国内外伟大的创业公司实践中找到根源。学术研究试图采用新的方法将涌现出来的不同模式概念化或抽象为可以被其他人借鉴的理论知识，因此对这些创业成功企业进行了很长时间的跟踪式研究，研究发现，那些充满活力和创造力的创始人与领导者大多来自新创企业及高速增长的企业，很少来自已经步入高速发展期或成熟发展期的大型企业。

然而，直到20世纪70年代，学术研究和案例开发依旧普遍关注那些大型企业，新创或规模较小的企业大多被忽视。后来随着初创企业在和平年代取得了越来越多的成就与成功，创业学和管理学领域的研究者逐渐发现了更多令人眼前一亮的研究成果。新的管理模式伴随新公司的出现与日俱增，这些新的管理模式有时与传统模式截然不同，比如扁平化组织、创新创业、适应性变革、混沌管理、团队成就、以绩效为导向的股权激励，以及共同决策等，都是一些之前未用过的大企业的新型管理范式。此外，研究人员还发现初创企业中普遍存在一种文化和价值体系，例如正直、诚实、道德、对环境和社区高度负责，以及更自觉地维护公平竞争的市场经济环境等。如今，这些企业依旧保持较高程度重塑自我的热情，不断根据变化莫测的市场环境调整自己的节奏，同时在参与全球化的经营竞争中积极向其他文化进行学习，共同追求企业认同价值，也体现了很多全新的管理思维和管理逻辑。

基于实践的观察可知，创业带来的新的管理范式强调创新、机会导向、团队合作、持续学习和适应能力，这些都是现代企业在快速变化的市场环境中取得成功的关键因素。正是基于这一趋势，综合性大学在开设创新创业课程中具有较大的理论与实践优势，包括会计、金融、市场营销和数据技术的联合应用也能更好地捕捉到初创企业的各类管理风格。作为一门新兴细分学科，"创业学"系列课程的开展有助于学生和想要创业的各类社会人士充分学习和认识到一个企业从零开始、逐步成长的过程，而这一过程体现的复杂性也通过不同类型初创企业的管理范式得以体现。

5.2.2 催生新的教育范式

创业类课程在大学的开设自然带有教育改革的意图,具有结合商业实践活动的优势。课堂上经常会邀请企业创始人或创始团队人员直接面向大学生授课,同时在授课过程中会大量使用真实的创业案例。这些案例和"明星企业家"的入驻使得同学们对此类课程的学习热情大幅度提升,而创业者基于一些独特的个人魅力或企业家精神,往往也很乐意为师生们分享真实商业环境下企业逐步成长的方方面面。研究表明,不少国内外初创企业的创始人对教育教学有着发自内心的渴望,对于所讲内容带有天然的热情,甚至因其具有独特的"创始人"气质和个人天赋,大部分同学对这类新型的教育范式感到兴奋不已,对高质量的授课内容赞不绝口。

一方面,创业类课程的授课环境具有明显的"能量创造效应"。充满活力的教师和学生在此类课堂的良好互动是全球创业类教育课程体系得以蓬勃发展的根本原因。第一,从实质来看,教育理念和商学院设立数量的增加意味着高等学府汇聚了更多具有创业精神的各类人才。从历史来看,过去几十年国内外大部分校园内的创业思想家、创业教育家和实践者其实并不多。现在,随着创业类课程成体系地开设,富有创造力、干劲十足、坚韧不拔又青春热血的年轻人通过课堂学习将自己的创业思维融合到日常行为和学习思考之中,他们很大程度上会成为日后社会中创新创业的主力军,甚至结合其自身不同的专业,会为某些行业带来巨大变革。第二,参加了创业类课程学习的学生会有一些不同之处。他们的创业抱负被激发了,因此也为大学和校园带来了新的思维与活力,他们会更成熟地思考一些商业问题,更合理地判断一些经济热点事件,而不是一味冲动行事。人们发现,部分大学生更有创造力、有勇气、有决心让梦想成真,尽管这个梦想在他们还是年纪尚轻的大学生时显得比较稚嫩。他们会组建团队,团队成员往往是不同年级、不同专业的同学们,通过团队的组建,他们会参加各类大学生商科类或创新创业类竞赛,通过比赛打磨团队,践行自己初步的商业模式和主张。正是这样一群对创业充满激情的学生的存在,授课老师们也感觉充满了教学激情与活力。第三,邀请现实社会中创业成功者到课堂以"导师"身份向同学们开展讲座也是很好的一次课堂思维碰撞过程。他们作为创业者,具有跟授课老师截然不同的气质,也更偏好从机会角度思考问题。导师们知道资本市场会追逐优秀且年富力强的创业团队和极具创新性的创业项目,因此可以一边有意识地挖掘、培养大学校园中年轻群体的创业项目,一边帮助学生创业团队吸引创业基金,为大学校园内孵化的大学生创业项目提供必要的资金支持。第四,团队合作的高度默契性是被所有创业实践活动证明的前提条件,创业者以学生身份更容易在同样的大学校园环境中找到志同道合的合作伙伴,进而建立初期战略联盟。这类团队的明显优势在于启动项目资金往往不高，因此风险可控，同时又因为是大学生的身份，可以近距离跟各类教师或校外导师开展交流合作，进一步提高了初创项目的成功率。

另一方面，即便不准备创业的学生，也可以从研究者和旁观者角度对"创业学"类知识进行一些初步的、必要的了解，这为其日后考上商科或非商科研究生打下了较好基础，有利于其在完成学业深造和学历提升的过程中，进一步挖掘创新型企业或初创企业的特征与特色，通过科研方式为全社会的创新创业氛围的提升贡献力量。

因此，这类理论结合大量创业案例实践的相互融合型授课方式从根本上改变了仅仅停留于教材上枯燥知识点记忆的教育模式，不仅更适合新时代背景下的大学生对课堂教学内容的需求，满足了不同类型学生对"创业类"知识学习的偏好，也令授课氛围达到了空前的引人入胜。

5.2.3　通过教学活动产生新的企业领袖培育范式

创业活动产生新的企业领导人培育范式的方式得益于大量兴起的商学院在创新创业类课程上的不断投入研究与开发更新。当前国内外高等学校的大部分商科学生都通过专业课或选修课接触过创新创业教育，这已经成为一种新的教学范式，改变了在校大部分商科或其他学科大学生学习的内容和方式。

在学习和教学的基本理念、对教师角色的定位，以及学生和教师的相互关系等方面，新的企业领袖培育范式教育与传统教育完全不同。

首先，创业教育及创新创业基础或同类型课程的开设是完全以学生和商业机会为中心的，不是传统教育中以老师为中心。新的教育范式认为专业知识、经营智慧和关键问题的解决能力不仅仅存在于老师的理论经验中，或者存在于某一本旷世奇作一般的教材中，甚至很大程度上不存在于互联网海量信息资源库中。学生并不能通过对传统教学资料——如教材、互联网等的自我学习真正掌握创业和创新的精髓。一种以学生为中心，强调边干边学的理念更适合本门课程的实施，它必须更加注重实践，并强调学习过程不能局限在书本知识上，而是可以采取"学徒制"，与医学院"边看、边做、边教"的教学模式较为接近。创业类课程的老师应该更加倾向于将自己定位为学生的"导师"或"教练"，而不是简单的"知识传播者"。

其次，教师往往较难准确预测学生中谁会成为下一个比尔·盖茨，有些学生步入社会以后可能连初步的尝试机会都没有。他们需要带着"我能否成为一个优秀的创业者"这样的疑问听课，而这一问题的答案短时间内谁也无法给出。但是，关键在于对这一问题的思考会伴随他们接下来的学习，因此他们的生活也会在某种程度上迎来转变。部分学生甚至开始养成一些初步的"企业家思维"，即便本门课程结束，他们也会带着类似"这是一个值得我挖掘的创业机会吗？"的疑问生活与学习，并且因为学习了必要的一些识别机会的方法与技巧，他们也会思考诸如"我是如何发现这一机会的？""这个创业机会的风险和回报经过量化后分别是多少？""我能对现有商业模型进行何种改善来获取更多利益？"等有利于其日后离开校园、踏入社会、真正开始思考创业这一经济活动的问题。

最后，人们也惊喜地看到，伴随我国倡导建立创新创业型社会的方针政策，高校在学科教育、创业课程、企业实习等方面的融合发展也为培养未来企业家们提供了沃土。大部分高校建立了大学生创业孵化园，专门为学生提供各类风险可控的创新创业项目的落地机会，这也从根本上在社会范围内创建了一类新的企业家培育模式，即通过高校的优势资源相互配合，也有希望在个人较年轻时期（18～22岁）开始培养未来的成功企业家。人们发现，创业类课程作为理论、实践、思想和战略发生相互碰撞和融合交流的场所，正在令不少国内外大学成为更多未来企业家的摇篮。

创业确实为企业领袖的培育带来了新的模式，且这些模式被专家学者研究后很快被纳入各高等学府商学院的教学体系。

总之，新的企业领袖培育模式都强调了实践经验、创新能力、全球视野和个性化教育的重要性，这对于培养适应现代商业环境的领导者至关重要。

5.2.4 极大推进了人类经济社会的发展

创业对世界的影响和改变更多地体现在创业现象与社会经济增长之间存在着十分密切的关系。

（1）创业能够创造更多就业机会

创业在推动就业增长方面发挥着至关重要且不可替代的作用，具体表现为创业的成功不仅仅是创业者和创业团队个体的成功，还会带来更多就业机会，完善社会的运行规则。

创业者在筹备新企业的过程中不可避免需要各类人才的辅助，有些进入了创业团队成为管理者，而有些则以员工的身份投身到企业的发展壮大之中，这些人的加入不仅有利于企业度过初期的存活期，还为自己的职业发展找到了方向和机会，从而提高了社会就业人口比例。

创业的影响力远不止于自身直接创造的岗位，更体现在其对产业链上下游的强大带动作用上。当今社会大部分企业，尤其是制造业，都不能脱离上下游产业链单独发展。各行各业发展的日益成熟使得很多初创企业在创办之际就能准确明白自己在产业链中的具体定位，能够快速融入市场环境与商业环境。这样企业站稳脚跟后，对自己所处位置上下游的相关需求也会增多，进而也提高了上下游企业的就业率。

（2）创业实现自我价值

在当代社会，创业已成为众多有志之士实现自我价值的核心途径。不少人自年幼时期就立志长大后拥有自己的企业，认为创业成功是实现自身价值的途径之一，因此会付出更多的努力来创造一家新的企业。创业者会为新企业的成功投入更多的个人时间与精力，因为这是他个人毕生的追求，也是重要的个人价值观的具象化展示。创业者往往具备比一般人更多的针对创办新企业而产生的热忱与热爱，他们不是简单地把创业看作一份乏味的、可以解决温饱问题的工作，而是视为重要的人生必修课之一。部分创业者在各类采访中多次表示，无论自己创业失败多少次，也会在休整过后重振旗鼓，再次义无反顾地走上创业的道路，因为他们始终坚信终有一日可以获得成功，这是他们实现自己人生价值的重要时刻。

此外，创业的深远意义还体现在积极创造社会价值上。成功的创业项目通过创新产品或服务，满足社会需求，推动社会进步。如近年来共享经济模式的兴起，本质上是一种相互协作、互利共赢思想的体现。这种模式不仅优化了资源配置，改善了人们的出行与生活方式，还提高了人们对于"分享创造价值"这一利他价值观的重视程度。诸如此类有利于创业者和社会大众的创业活动还有很多，这些创业成就不仅创造了经济效益，更在社会层面产生了广泛的积极影响，进一步凸显了创业者的社会责任感与自我价值。

（3）创业推动新行业的形成

新时代背景下的创业者可能自己都没有意识到，他们正在成为传统行业的变革者或新兴行业的领导者，而不仅仅是创造了几家成功企业。正是因为全社会都涌现了创业热潮，成功企业也带动了一个全新行业的出现和发展。如个人计算机、生物科技、无线电视、无线网络通信、保健产品、虚拟成像技术、数字媒体等当今我们耳熟能详的行业，有些是由年轻人第一次创办的企业所推动形成的，这些行业为整个人类社会带来了根本性的变革，对人类认知客观事物的外延进行了拓展，也创造了过去几百年人类无法想象的财富积累。

新兴行业来自创业公司不断地出现并取得成功，这些行业彻底改变了社会经济发展的方式。按照熊彼得提出的"创造性破坏"这一学术观点，新兴行业的"破坏性"主要体现在其对传统行业所具有的"颠覆性"。大卫·伯奇（David Birch）的研究进一步指出，20世纪60年代至90年代，这种颠覆和替代的速度在不断加快，第一轮颠覆和替代差不多用20多年时间才取代了《财富》500强中35%的公司，而自20世纪80年代开始，新一轮颠覆和替代差不多5年发生一次，而到20世纪90年代，伴随互联网浪潮的兴起，这种颠覆则只需要3年左右。

今天，人类创新的步伐还在不断加快。生物科技、人工智能和纳米科技技术的不断突破正推动全社会进入下一阶段的全面变革之中。无数创新创意依托商业环境被初创企业所实现，因此也在国内外带动了新一轮的创业热潮。

5.2.5 产生新的非营利组织和慈善管理范式

社会大众对于成功创业者的整体态度和认知发生了一些向好的变化，这主要得力于不少创业者"心系天下"而非仅仅追求利润最大化。越来越多的创业者在慈善事业、企业社会责任和环境保护与生态维护方面投入时间、精力与金钱。在这一趋势下，当今国内外已经涌现出不少创业者一开始对所创企业的定位就是非营利性的。非营利组织开始学习了创业精神和新的创业模式，从零开始创建了各类型的慈善基金或慈善项目，并成功从其他企业家处融到了资金。这些非营利组织在创设的过程中依旧可以使用大学生在创新创业类课堂上所学习到的理论与实践知识，甚至不少组织直接将这些创业的原则和方法用在了组建智库和筹集资金、构建管理团队等方方面面，它们表现出来的状态与一个营利性初创企业没有太大差别。因此，从这个层面来看，创业类课程并非为了培养更多的单纯以赚钱为首要目的的"老板"，或者说此类课程的讲授内容都是偏功利性的，而是同样的创业思维和创业手段也能用于创建非营利组织。虽然目前在我国非营利组织占比在初创型企业中明显低于发达国家，大部分人提到"创业"一词，首先浮现于脑海中的也不是非营利组织，但这一趋势将随着我国经济社会的日益发展而逐步转变。

▶ 5.3 创业过程

5.3.1 创业的前提

创业的前提是明白"价值创造"是第一原动力。创业和价值创造是紧密相连的概念。创业不仅仅是创办一个企业，更是创造价值的过程。创业者通过创新、解决问题和满足市场需求，创造出新的产品、服务或商业模式，从而为社会和经济发展作出贡献。

5.3.2 机会的孵化和驱动力

创业成功的关键在于创业者把握住了合理的商业机会。真正的商业机会具有五大属性。

① 它们能够为用户或消费者显著地创造或提升价值；
② 它们解决了一个真正的市场问题，并获得了不同形式的竞争优势；
③ 市场对于产品和服务的需求是广泛的，消费者有着高度迫切的需要，并愿意为此买单；
④ 它们有着强大的市场特征、增长特征、利润空间、盈利特征，并能够得到证实；
⑤ 创始人和高管团队有着多元的行业经验，并能够与机会相匹配。

当今社会是互联网和AI的时代，因此很多机会来自技术创新。初创企业在技术创新方面的表现往往十分卓越，据统计，第二次世界大战以来，超过90%的颠覆性创新都来自新兴的创业企业。有时商业计划的存在和商业语言给人一种错误的印象，认为构建商业帝国是一个完全理性的过程，需要创始人和创始团队具备高度的理性分析、筛选合适机会的能力。但创业在很大程度上是一系列时断时续、头脑风暴和不断遭遇挫折与障碍并努力战胜这些障碍和困难的过程。创业是由一系列机会组成的，这些机会会为创始团队带来新的机会和新想法，有时错误的机会也会在合适的环境下变成一种奇迹。

5.3.3 创业的主要流程

创业过程通常是创业者从产生创业想法到创建新企业或开创新事业并获取回报的全过程，涉及识别机会、组建团队、寻求融资等一系列活动组成的流程。通常分为五个主要环节。

（1）产生创业动机

创业动机回答了为什么要创业的问题。创业动机是创业的原动力，它推动创业者去发现和识别市场机会。创业活动的主体是创业者，创业活动首先取决于个人是否希望成为创业者。创业动机不仅是打算创业的一时冲动，更是对创业目标与预期收益的深思熟虑。

一个人能否产生创业动机，进而成为创业者，会受以下三方面因素的影响：一是个人特质。每个人创业精神的强度不同，强度的大小当然有遗传的成分，但更多还是受环境的影响。二是创业机会。创业机会的增多会形成巨大的利益驱动，促使更多的人尝试创业。经济发展转型和技术进步等多方面的因素在使创业机会增多的同时，也会降低创业门槛，进而促成更大的创业热潮。三是创业的机会成本。一般情况下，人们如果能从其他工作中获得较高的收入和满足，创业意愿就低。也就是创业的机会成本与创业动机负相关，创业者创业的机会成本越低，那么创业动机就越强；相反，如果机会成本越高，那么创业动机就越弱。

研究发现，大学生的创业动机来源于以下几种。

第一，仿效名人。榜样的力量是无穷的。比尔·盖茨、史蒂夫·乔布斯、任正非、雷军等在大学生眼中成了最可爱的人。模仿榜样的行为，走进创业的行列，这样的例子很多。

第二，成就梦想。通过创业实现自己伟大的梦想，如成为一名受人尊敬的人，建立自己的商业王国。也有人把这种动机叫实现自我价值。

第三，无奈之举。有的人找不到合适的工作，走投无路。想创业了，在淘宝上开个商店，渐渐地，也有了一定的成绩。

第四，体验。有的大学生没有什么特别的动机，只是想体验一下创业的感觉。加上各种环境都有利于大学生创业。跟着潮流走一走，何乐不为！

第五，同学相约。有的是在提倡创业的环境下，受到同学的影响，或者直接受同学邀约，跟着同学一起创业，也算是志同道合。

有了创业动机，是不是就一定能创业成功呢？其实不然，还要看把握商业机会的能力。

（2）识别和评价市场机会

识别创业机会是对可能成为商业机会的诸事件的分析和对创业预期结果的判断，识别创业机会是创业过程的核心。包括发现机会和评价机会的价值。涉及创新性与"机会之窗"的长度、机会的价值、机会的风险与回报、机会与个人技能匹配、行业竞争分析等。

（3）整合有效资源

整合资源是创业的基础条件，是创业者开发机会的重要手段。强调整合资源是因为一般创业者可以直接控制的可用资源比较少，许多成功的创业者几乎都经历过从白手起家，从无到有的过程。对创业者来说，整合资源往往更强调整合外部的资源，即把别人掌握的资源有效地用于实现自己的创业目标。人、财、物都是开展创业活动必需的重要资源。创业者需要组建核心团队，凝聚一批志同道合的人；分析现有的资源现状；明晰资源缺口与目前可获得的资源供给及通过一定渠道获得其他所需资源，也就是进行有效的创业融资；创业者在创业初期乃至新企业成长的很长一段时间里，都将把主要精力放在融资的努力中。

（4）创建新企业或新事业

新企业的创建和新事业的诞生是衡量创业者的创业行为的直接标志。创建新企业包括公司制度设计、企业注册、经营地址的选择，确定进入市场的途径等。有时还需要在创建新企业或者收购现有企业进入之间进行选择。

（5）管理新创企业

从企业发展的生命周期来说，新创企业需要经过初创期、早期成长期、快速成长期和成熟期。在不同的阶段，企业的工作重心有所不同。因此创业者需要根据企业成长时期的不同来采取不同的管理方式和方法，以有效地控制企业成长，保持企业的健康发展。在初创时期和早期成长期，创业者直接影响着创业企业的命运，在这一时期，集权的管理方式灵活而富有效率，而到快速成长期和成熟期，分权的管理方式才能使企业获得稳步的发展。

值得注意的是，本书提及的步骤是一般性的指导，具体的创业流程可能会根据不同的行业、市场和个人情况有所不同。在整个创业过程中，保持灵活性和适应性是非常重要的，因为市场和业务环境可能会发生变化，需要及时调整计划和策略，以较为平稳地度过创业初期挑战较多较大的商业环境。

5.4 创业精神

5.4.1 创业精神的内涵

创业精神作为概念是最先在现代社会经济学领域提出的。主要指创业者所表现出的思想、观念、个性、意志、作风和品质等。进入现代社会的一个重要特征是以企业为社会经济的基础，当代经济社会中的许多概念来源于西方社会。西方社会对创业精神的理解分为三种。一种理解是认为创业精神就是开拓和创造的精神，以德国学派为代表；一种理解是认为敢于承担风险是创业精神的核心，以芝加哥学派为代表；一种理解认为创业精神体现在对市场机会的识别，以奥地利学派为代表。一代代成功创办企业的创业家们，证明这些都是创业者所应具备的精神特质，如"给地球装上轮子"的亨利·福特、信息化时代的比尔·盖茨，再到创办华为公司的任正非等企业家，他们的创业是顺应时代信息经济的发展，通过创新的手段，将资源更有效地利用，根据社会新的需要，创造新的企业和领域，从而为市场创造新的价值的过程，最终建立自己的"汽车王国""苹果王国""航空企业"和"华为企业"。创业者在创业中所表现出的适应国家社会发展的需要，利用社会工业发展、信息化发展，与时俱进，敏锐地对市场形势作出判断，善于抓住机遇，敢于创新、敢于冒险，不怕失败的精神特质就是创业精神。可见，创业精神是创业者在创业过程中的重要行为特征的高度凝练，主要包括创新精神、冒险精神、合作精神和坚持不懈。

对大学生来说，所谓"创业精神"是指在一定条件下如果开展创业活动，在这一过程中形成的创业理念、价值观、创业意志及创业品质。这种精神不仅引领和规范创业者的创业实践和创业思维，而且激励着创业者实现个人人生理想和生涯目标。创业精神是创业教育的基本内核，是大学生创业的精神支持，为创业成功提供了源源不断的内生动力。

5.4.2 创业精神的作用

创业精神无论对创业者个人，还是对创业企业乃至整个人类社会的进步都有很大作用。

（1）对个人的作用

通常来说，更具备创业精神的个体会更愿意从事创业活动。创业者通过创业这一特殊的经济活动，在社会领域中扮演着变革推动者的角色，他们的创业精神驱使自己主动承担一部分创造和维护社会价值（不仅仅是个人价值）的使命，为了更好地践行自己的使命和信念，他们会不断识别并坚持不懈地寻求实现这一使命的新的机会。而在创业精神引导下，他们会大胆行动，不受现有资源的限制与约束。因此，具备创业精神对创业者从事创业活动具有激发其创业潜力的作用，也会促使创业者对其所服务的民众和创业所产生的经济社会后果承担更多责任。

（2）对企业的作用

创业精神是任何企业发展壮大必备的精神准则。没有一往无前的创业精神，很难开创出自己的事业。创业精神是发自内心深处的、不可抑制甚至是发自生命的一种原动力。

正是这种原动力，使沃尔玛的前总裁山姆·沃尔顿在生命的最后几天还与顺便来探望他的一位商店经理讨论销售数据；正是这种原动力，云南红塔集团原董事长褚时健75岁开始二次创业，在85岁时把他的"励志橙"销售到了全国各地，被誉为"橙王"。

（3）对社会的作用

创业精神是推动人类社会由低级阶段向高级阶段不断发展的精神动力。人类社会的发展史，就是人类艰苦奋斗的创业史；市场经济的发展史，就是创业精神的成长史。自主、创新、实干的创业精神推动着人类生产和生活方式的发展，使人类文明不断进步。

5.4.3　创业精神的特征

很多分析人类行为的方法在创业研究领域同样具有借鉴意义，有关创业行为的心理学动机也一直是学术界研究的焦点课题。研究表明人的行为主要受到三种基本需求的激励：一是成就需求，即有关追求卓越并取得可衡量的个人成就的需求；二是权力需求，即通过影响他人来实现目标的需要；三是归属需求，即与他人建立某种关系的需要。

通过大量基于创业者及其初创企业的观察可以得出一个目前被广泛接受的观点，即只有那些有远大抱负、为了实现长期目标而日复一日坚持工作的创业者才会创建一家成功的企业。只追求眼前的短期利益和目标的创业者通常不可能创建真正具有巨大价值、对人类经济社会具有巨大贡献的企业。

学术界一直努力刻画创业者的特征，发现最终可以归结为其独特的创业精神，从已有研究和经验来看，成功创业者具备的基本素质为：敏感性、韧性，以及抓住新机会的适应能力。通俗易懂的说法是，创业者具有"使事情得以发生"的能力，同时也有投资新技术的意愿，更难能可贵的一点是，在努力使自己的想法或愿景得以实现的过程中，大部分成功的创始人还能一直保持一种高于常人的专业态度和高度耐心。此外，他们大多并非很痛苦地在维持自己的"创业精神"，与之相反，他们在接受采访或调研中透露，自己是真正享受创业过程、对创业有更高甚至是天然的兴趣，以及一开始就将创业视为一种生活方式的。

因此，归纳来看，创业精神的特征主要有以下几点。

（1）创新精神

创新是创业精神的本质。创新精神是一种特殊的思维倾向，这种思维倾向是个体不满足于现状，鼓励改变和创造，不断寻求解决问题的新的方法、新途径和新模式。自然不可能人人都成为成功的创业者，但大部分人可以从创新精神中获得启发，将其内化为自己的思维模式和行为准则。

（2）冒险精神

创业者的字面意义是风险承担者，创业本身就是一项极具挑战性的社会活动。随着社会的快速发展，新技术和新市场不断涌现，创业者面对一个变幻莫测的世界，这个世界充满了不确定性。对创业者来说，创业者的每一次创新和决策，不仅仅蕴含着成功的希望，也隐藏着潜在的风险——如技术风险、市场风险、财务风险、管理风险和环境风险。虽然的确有部分创业者是具有明显冒险精神的人，但他们并不总是风险偏好者。实际上，创业者因很多无法预测的不确定性，不得不承担一定程度的风险，他们更希望降低风险程度。因为创业者也很清楚创业之路是充满了风险挑战的，所以成功的创业者具有较高程度承担风险的勇气和防控风险的智慧。

（3）合作精神

"一个好汉三个帮"讲的就是团队合作精神。创业精神离不开团队之间的相互配合和默契合作。团队是企业的灵魂，当今社会没有人能够完全独当一面，以一己之力实现创业的成功。合作精神日益被放在一个很重要的地位上，它是大局意识、协作精神和服务精神的集中体现。信息化时代，特别看重团队之间合力突围的能力，只有团队才能完成个人往往无法完成的大项目。创业团队的合作精神是真正有利于激发团队的整体潜力的，也有利于产生新的创意。

（4）拼搏精神

创业者都有成功的渴望。创业精神不是"昙花一现"的某种思维活动的体现，它不是目光短浅、唯利是图，而是一种拼搏进取、追求成功的精神。创办一家企业会面临许多困难和挑战，因此创业者必须具备坚持、不放弃、自信和勇攀高峰的拼搏精神。拼搏精神的力量是巨大的，这种精神会激励创业者不断克服创业过程中的各种困难，最终通过创业活动实现自己的人生价值。

5.4.4 社会人士创业精神的培育

一个人对于创业的理解和追求是可以在后天的生活实践中陶冶、训练出来的，只要通过正确的途径，创建良好的培育环境氛围，对于创业精神的培育就会起到很好的促进作用。

（1）参加创业教育课程学习

参加创业思想教育，树立科学的创业观，愿意创业、乐于创业。学习创业理论，掌握创业常识，通过学习能用创业理论知识分析、解决创业过程中遇到的问题，防范创业过程中的风险，提高创业成功率。参加创业实践训练指导平台，提高创业能力。良好创业精神的形成重在实践经验的积累，积极的实践能带来及时的反馈和成就感，也能带来节节成功的喜悦；切切实实地投入创业实践中去，定能磨炼出合格的创业精神。只有经受创业实践的锻炼，创业目标才会更加明晰，创业信念才会更加强烈，创业精神也才能更加完备。

作为全球开展创业教育最著名的高校美国百森商学院为了掌握大学创业教育的实际效果，向1985年至2009年期间毕业的14 920名校友发放了包含55个问题的问卷，最后收到3 775份有效问卷。结果显示：有足够的证据表明，上过两三门创业课程的学生明显有更强的创业意愿，或者已经成为企业家。上过一门创业课程的学生创业意愿影响不大。研究者认为这是因为许多学生上过一门创业课程后得出了自己不想成为企业家的结论。有充分的证据表明，创业课程的影响会持续到学生毕业很多年。研究者发现，父母是否是企业家对创业没有明显影响。一个可能的解释是创业教育的作用胜过父母的影响。男性比女性更倾向于创业或变成实际的创业者。MBA学生和本科生在创业意愿和实际创业行动上没有明显区别。

某些数据显示，薪酬越高的人越不太可能倾向于创业。越不满意工作的人越想自己创业。统招学生在校期间和毕业后比继续教育学生有更强的创业意愿，但实际创业的可能性还是继续教育学生更大。

（2）主动接受创业环境熏陶

政府和高校会充分发挥各类媒体的作用，采取多种形式大力宣传创业的重要意义、鼓励创业的相关政策、创业的经验、成功创业的典型，在全社会弘扬创业精神；形成崇尚创业、以创业为荣的社会风尚和支持创业、鼓励创新、褒扬成功、宽容失败的社会氛围；进一步破除制约创业的体制机制障碍，完善扶持创业的政策法规；简化办事程序，提高办事效率，降低创业成本，为创业者提供优质高效的全方位服务；加强创业服务体系建设，为创业者创业提供有力支持。由于认知的选择性特点，只有主动接受这些信息的人才会受到创业环境的熏陶。

（3）学习创业成功榜样

榜样的力量是无穷的，良好人格的养成需要榜样的引路和激励。很多成功创业者都有这样一个感受：他们的成功离不开一个或几个特定的人物。从身边的创业成功者身上吸取经验，学习模仿他们的创业精神，在他的人生奋斗中经常按这个重要人物的言行要求自己，鞭策自己，使自己更快地成熟起来。创业榜样是大学生学习的活教材，创业偶像能够有效教育和激励未来的创业者克服困难。

（4）接受创业心理指导

创业心理指导实质上是一种形成良好的创业心理品质的特殊教育。应开设心理课程，传授心理知识，将心理知识内化为大学生的心理品质。开展心理咨询活动，帮助大学生分析创业过程中出现的心理问题，进行咨询指导。创业精神将在新时期发挥更大的作用，有利于我国加快转变经济发展方式，促进经济社会又好又快发展。

此外，鉴于大部分不愿意创业的人是因为个体风险承受能力较差，因此为了更好地培育创业精神，还可以从提高自身风险承受能力的角度进行培育。

增强自信心。创业者需要具备足够的自信心，相信自己的能力和创业项目的前景。自信心可以帮助创业者在面对挑战和不确定性时保持冷静和坚定。

不断学习和提升自己。创业者需要不断学习和提升自己的能力，以适应市场的变化和挑战。可以通过阅读书籍、参加培训课、与行业专家交流等方式提升自己的能力。

建立有效的团队。创业者需要建立一个有效的团队，团队成员之间需要相互信任和支持。团队成员的能力和经验可以帮助创业者更好地应对挑战和不确定性。

制定有效的创业策略。创业者需要制定有效的创业策略，包括产品定位、市场推广、资金管理等方面。创业策略需要具备前瞻性和可操作性，以应对市场的变化和挑战。

寻求外部支持。创业者可以寻求外部支持，如投资人、行业专家等。外部支持可以为创业者提供资金、经验和资源，帮助创业者更好地应对外部挑战和不确定性。

5.4.5 大学生创业精神的培育

当今我国高度重视大学生的创新创业精神与实践能力的培养，但也应充分意识到，大学生创业精神的培育是一个系统工程，不仅依靠大学生的主观努力，还需要国家、社会、高校和家庭等多方面的鼓励和支持。

(1) 国家对创业精神培育的支持

良好的创业氛围的营造，对创业精神的培育至关重要。目前，很多国家以政府为主导，大力打造创业文化，将创业精神看作重要的战略资源。各国政府都很注重培养大学生的创业精神和创业能力。我国政府高度重视大学生创业精神的培育，出台了不少鼓励大学生创业的政策和法规，为大学生创业营造了良好的社会氛围；行业协会、各类服务机构等组织通过赞助创业教育基金和举办各类创业大赛，在整个社会形成了鼓励创新创业的良好氛围。

(2) 高校引导学生参与创业实践活动

第一，学校应重视大学生创业精神的培育，将创业知识与创业实践相结合，开设多元化的课程体系，学习各学科门类的相关课程，通过自己的兴趣爱好积淀创业的素材。

第二，引导学生利用各种机会拓展自身的视野和能力，积极参与各种社团活动、社会实践活动，培养学生的合作精神。作为大学生，毕竟其创业的条件和环境十分有限，且大部分时间在学校里面进行学习和参与其他工作。因此高校可积极引导学生参加各类创新创业项目和创业比赛，如中国国际大学生创新大赛、"挑战杯"中国大学生创业计划竞赛和企业竞争模拟比赛，增加学生校内外"实战"机会，培养学生的拼搏精神。

第三，积极引导学生树立正确的创业观，让学生了解创业者，尤其是成功企业家的创业精神，时刻保持乐观豁达的心态，抱有持久的创业情感和意志力，将创业精神内化于心，尤其是对创业者各种精神、品质和性格的学习，将其内化于心，以应对学习生活中可能遇到的各种挑战。

(3) 家庭转变对子女创业的某些固化思维

英国学者莫里的一项研究表明，父母、家庭成员和亲密的亲属等在创业选择上，对青年的影响很大。大学生在创业过程中，无论在思想上或言行上都会深受家庭的影响，如果父母重视创业教育，能充分地理解、引导、支持他们的创业活动，常常给予精神支持以及资金支持，则将对大学生创业精神的培育产生积极、正面的影响。此外，如果父母自身就是创业者，如有自己的企业及丰富的创业经验，则更有优势为子女的创业之路提供锻炼条件。即便父母自身不是企业管理者或创业者，也可通过学习了解一些成功创业者的优秀事迹，使自己的子女潜移默化地学习到创业意志、精神及能力。毕竟，家庭是个人最重要的生活环境，而父母则是子女最重要的老师。

（4）大学生树立远大的创业理想

创业理想是指创业者在创业过程中持有的一种奋斗目标、价值观念、人生追求，是人们对创业所持有的根本看法和态度。创业理想是所有创业精神的核心要素。即便自己不会亲自参与创业或成为创业者，通过对创业类课程的学习，大学生会树立、或内化远大的创业理想，使之深刻认识人生价值，把握社会发展规律，明确国家民族使命，勇于开拓创新事业。

思考题

1. 如何理解创业？创业精神的三大特征是什么？
2. 为什么说创业可以改变世界？
3. 如何锁定创业机会？
4. 你能想到书本以外其他培育在校大学生创业精神的方法吗？具体如何实施？

延伸阅读

[1] 王帆，李婉红，薛青廉. 企业家精神对传统制造企业数智创新同群效应的影响[J]. 统计与决策，2025，41（4）：183-188.

[2] 王增文. 基于工匠精神的大学生创新创业精神培育探微[J]. 中国高校科技，2025（1）：105-106.

[3] 张利斌，郝燕. 企业家精神对企业动态能力的影响研究——基于制造企业的经验证据[J]. 科技创业月刊，2025，38（2）：43-50.

[4] 张淑梅，罗国锋，郭子玮. 广义"创业者"与创业者精神教育[J]. 创新与创业教育，2019，10（1）：1-4.

[5] 陈欢，李丹. 数字普惠金融对企业家精神的影响研究——基于城市层面的经验证据[J]. 财贸研究，2024，35（12）：1-12.

[6] 高波，申晨荣. 新时代企业家精神的"创造性破坏"——基于关键核心技术突破视角[J]. 上海经济研究，2025（2）：65-78.

本章思维导图

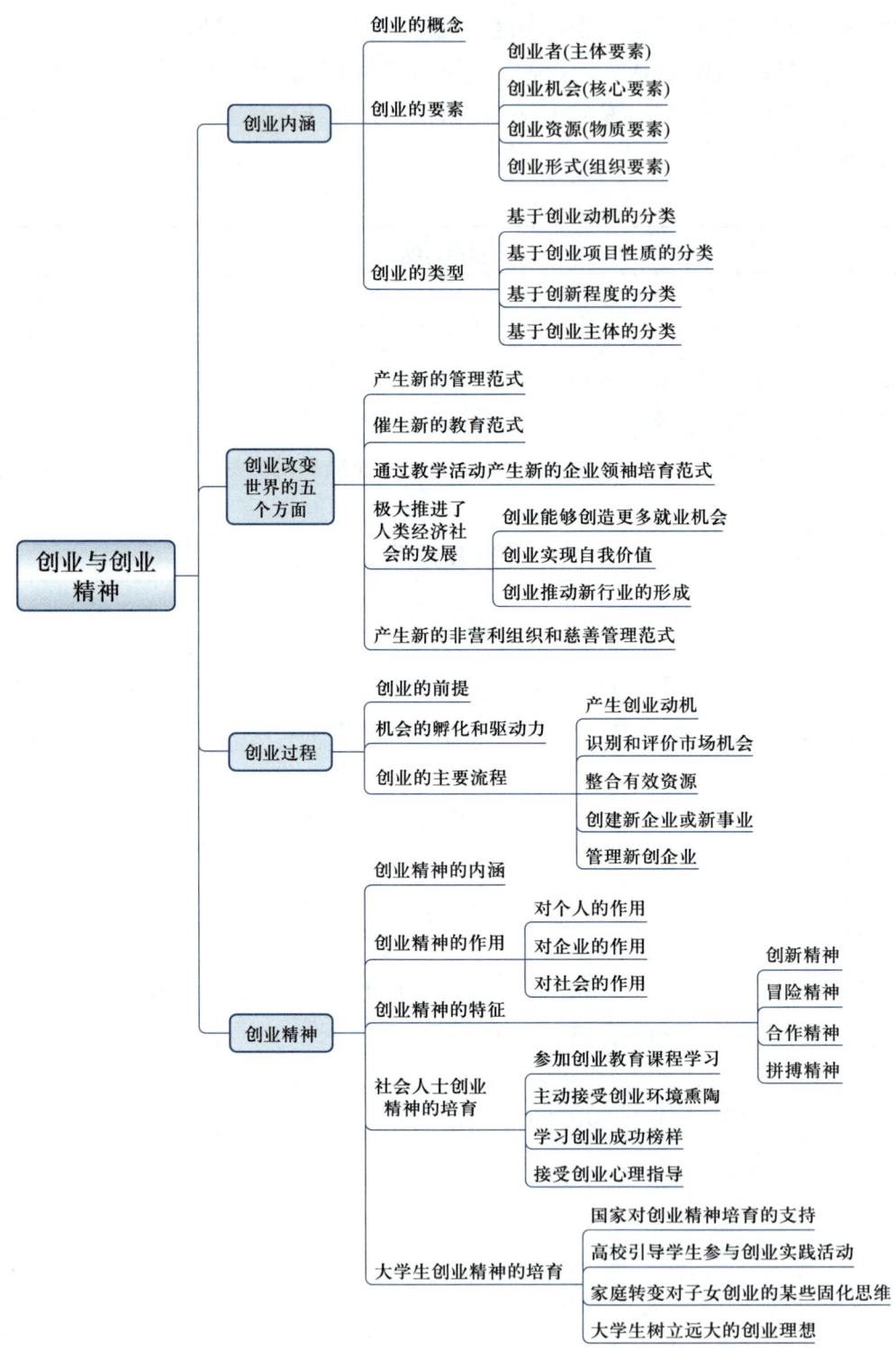

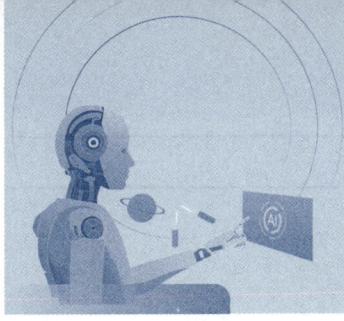

第 6 章
创业者与创业团队

❶ 学习目标

知识目标：了解创业者与创业团队，熟悉组建创业团队的原则，理解创业成功者的典型特征，掌握创业团队的组建方法。

能力目标：增强大学生的团队协作意识和提升他们的团队管理能力。

价值目标：培养大学生的科学创业观，塑造其类似于企业家精神的坚强意志品格，帮助他们正确理解创新创业与个人职业生涯发展的关系。

❷ 课程思政融入点

将社会主义核心价值观中的爱国、敬业、诚信、友善等理念与创业者的创新精神、团队协作精神、奋斗精神相结合，引导学生养成乐观向上的人生态度，培养他们面对困难和挑战时的勇气和毅力，塑造学生团结友爱的协作精神。

❸ 引导案例

（1）案例简介

本章引导案例为什么样的人更容易成为成功的创业者。

（2）问题讨论

① 创业者往往具有哪些容易被误会的特征描述？

② 创业者的性格特点是否是创业成功的核心所在？

③ 你认为创业者应该具有怎样的能力和性格，更有利于创业成功？

④ 你认为创业者在选择创业团队成员时应注意什么问题？

6-1 引导案例：什么样的人更容易成为成功的创业者

6.1 创业者概述

6.1.1 创业者的含义和特征

(1) 定义

创业者一词源于法语"entrepreneur",最初由法国经济学家理查德·坎蒂隆(Richard Cantillon)于1755年引入经济学领域。随后,多位经济学家对创业者概念进行了深入阐释,形成了不同的定义视角。著名经济学家熊彼特认为创业者应为"创新者"。在他看来,创业者的核心能力在于"发现和引入新的更好的能赚钱的产品、服务和过程"。这一定义强调了创业者的创新属性,揭示了其在推动经济社会进步方面的重要角色。

基于上述定义可知,创业者首先是一个有梦想的追求者,他追求的是未来的回报,而非现在的回报与眼前的利益。如果未来的回报低于预期,或低于现在的回报,则他产生创业的动力不会太强。因此,创业者进行创业活动大概率是为了获得更大的价值。这种价值有一部分是以较高的经济或物质回报来体现的,而更多是实现创业者的人生追求目标。因此,创业者一般被界定为有这些特征的人:创业者是具有创新精神的人;创业者是具有使命、荣誉、责任能力的人;创业者是具有强烈的掌控命运意识的人;创业者是具有思考、推理判断能力的人等。

(2) 核心特征

创业者的核心特征主要包括以下几个方面。

① 创新思维和敏锐的洞察力。创业者通常具有创新思维和敏锐的洞察力,他们能够看到市场中存在的机会和问题,并以独特和创新的方式来解决这些问题。他们能够预测未来的趋势和变化,并迅速采取行动来抓住这些机会。这种创新思维和洞察力使创业者能够在激烈的市场竞争中脱颖而出,为消费者提供独特的产品和服务。

② 强烈的责任感和决策能力。创业者需要承担巨大的责任,他们不仅要对自己的企业负责,还要对员工、合作伙伴和投资者负责。他们需要做决策、承担风险、管理资源和解决问题,这要求他们具备极高的责任感和决策能力。在面对复杂情况时,创业者能够迅速做出判断并付诸行动,这种果断的决策能力是他们成功的关键因素。

③ 持续学习和适应能力。创业者需要具备持续学习和适应的能力,以应对不断变化的商业环境。他们不断学习新知识、趋势和技能,以保持竞争优势。他们能够及时适应市场变化,灵活调整战略和方向,确保企业与时俱进。这种持续学习和适应能力使创业

者能够不断更新自己的知识体系，保持创新活力，并在瞬息万变的市场中站稳脚跟。

④ 跨领域的能力。创业者需要具备跨领域的能力，不仅仅是创新和领导力。他们需要了解财务管理、市场营销、人力资源等多个领域，并能够协调各个方面的工作。他们可能需要兼顾产品开发、运营管理、市场推广及销售等不同职能，这就要求他们具备广泛的知识和技能。这种跨领域的能力使创业者能够全面掌控企业运营的各个环节，做出更加全面和有效的决策。

⑤ 建立合作关系和网络的能力。创业者需要懂得建立良好的合作关系和拓展人脉网络。合作伙伴、导师、行业专家及投资者的支持和帮助都是创业者成长的重要因素。成功的创业者能够与各种人建立合作关系，借助他们的资源和经验来推动企业的发展。这种建立关系网络的能力使创业者能够获得更多资源和机会，加速企业的发展进程。

这些核心特征共同构成了创业者的独特优势，使他们在面对挑战和机遇时能够保持灵活性和韧性，不断推动企业和行业发展。然而，值得注意的是，这些特征并非一蹴而就，而是需要创业者在实践中不断积累和培养的。通过持续学习和实践，创业者可以不断提升自己的核心竞争力，在创业旅程中取得更大的成功。

6.1.2 创业者的创业动机

根据学术界和实业界的多年观察，创业能力一般包括创业动机和创业技能两个方面，且可以通过后天学习进行培养。人们选择创业的动机千差万别，大体上可分为三种。

（1）自己创办企业

这是最容易识别和理解的一类动机，很多人成为创业者是为了实现自己的创业梦想，或者不满足于当下的传统的工作。也有人提出自己之所以愿意创业，本质上是为了追求更多的自由空间，不愿意受到传统工作环境的束缚。

（2）努力追求实现自己的创意

有些人天生机敏，当他们认识到新产品或某种新的服务的创意的时候，就十分渴望看到这些创意得以实现。尤其是他们敏锐地发现市场中存在一个未被开发利用的机会的时候，会更愿意付出时间和精力将自己的创意转变为一家新企业。

（3）获得更高水平的财务回报

这种获得更多财务回报的动机相对于前两类而言是较为次要的，它也不如外界传闻一般是创业者的唯一追求目标。在一些传统职业中，创业者并没有获得更多的金钱，创业的财务回报在于未来不断上升的潜力。大部分创业者也提出，巨额的金钱回报并不是创业的主要动机。

6.2 创业成功者的七大典型特征

成功的企业创始人或创始团队成员总是自带一些神秘色彩。苹果（Apple）、联邦快递（FedEx）、易贝（eBay）等引领行业发展的大公司创始人的"真实的一面"可能并不被社会所熟知，也绝对不是媒体所塑造的那种十分老套的"富翁"形象。《邻家的百万富翁》一书指出，人们在电视节目上看到的经过艺术加工后的美国富人形象并不正确——真正的富人基本上不会高调招摇，也不会浮夸浅薄。相反，他们是一群坚持不懈、纪律严明的普通人，经营着普普通通的业务。

与当今社会流行的"快狠准"一类浮躁且不踏实的企业家形象大相径庭的是，研究表明，只要保持努力工作、严格自律、未雨绸缪、勤俭节约等人们耳熟能详的传统美德，就能积累财富。美国平均1亿人中有300多万个百万富翁，大多数是白手起家、自我雇佣的创业者，企业成功（被收购或上市）后依旧保持高于普通员工日均工作时长的工作强度。他们中超过80%是普通家庭的后代，并没有出生于大富大贵之家，甚至原生家庭大多还不如普通中产家庭。他们创办了企业并获得成功，在企业存续期间积累了大量财富，但仍过着量入为出的生活。比起追求社会地位或华而不实的"聚光灯"效应，他们更喜欢经济独立、企业持续稳定地发展。更引人瞩目的是，他们赚的不是"快钱"，这些百万富翁平均年纪为57岁。他们的业务也十分普通，如水果种植、餐厅、咨询服务、清洁服务、职业培训学校、食品加工、新闻出版等。

但是，正是因为这些取得成功的初创企业往往是"貌不惊人"的，研究者开始意识到，也许是其创始人或创始团队的一些个人特征在企业成功中扮演了极其重要的角色，否则任何人稍加进行创业培训就能取得商业成功，而这一现象迄今为止没有在国内外市场上大面积出现。

成功创业者所具有的典型特征包括以下七个方面的内容。

6.2.1 承诺和决心

目前学术界和业界公认的更容易取得成功的创业者应该具有的品格中，最重要的是承诺和决心。拥有更强大承诺意愿和创业决心的初创者能够克服难以置信的困难，同时也能在很大程度上弥补其他弱点。

几乎所有的创业企业都需要高度承诺。创业是一项较为艰辛的商业活动，创业者生活在巨大的、持续的压力之下——他们需要保证企业度过创业初期，然后保证企业可以继续存活，还需要在日新月异的社会变革之中让企业发展壮大，持续为社会创造价值。创业者也是人，精力和时间都是有限的，他们只是因为有着更强烈的决心和意愿，带着为自己、家人、创业团队乃至全社会创造更大价值（经济与非经济的）的承诺，把时间、情感和忠诚都优先分配给了初创企业，因此也作出了很大的个人牺牲。创业者的承诺和决心并不是仅仅停留在口头的形式说法，它们是可以进行计量的指标，有多种方式进行衡量，如是否愿意将其大部分净资产投入初创企业，是否愿意降低薪酬以换取创业企业的部分所有权，以及是否愿意为了企业步入正轨而在不得已的时候做出一些生活方式和家庭环境方面的牺牲。

6.2.2　勇气

勇气也是创业者必备素质之一。在《到底怎么样，让我们试一下》一书中，斯蒂芬·科夫斯基认为，勇气不是由于缺乏特定或必要的信息而产生的一种盲目自大或盲目勇敢，也不是因错觉而产生了胆量。相反，勇气源自广博的知识、经验和勇敢者的正直品质。

创业者敢于涉足未知领域。创业者常常需要进入新的市场或者尝试未曾有人涉足的业务模式。在互联网刚刚兴起时，那些敢于投身于电商创业的人，当时面临着很多不确定性，像物流体系不完善、消费者对线上购物信任度低等问题，但他们仍然冒险前行。此外，他们也会积极投入资源。他们愿意将自己的积蓄、时间甚至是人际关系等资源投入创业项目中。很多创业者在创业初期会抵押房产、辞掉稳定的工作，将自己的大部分积蓄投入一个可能成功也可能失败的项目中。比如埃隆·马斯克（Elon Musk），他在特斯拉和SpaceX的创业过程中，不断投入资金，面临着巨大的财务风险，但凭借着勇气坚持下来。

"缺乏勇气"在环境艰难的时候被认为是一种美德，因为这为自身及家族延续储存了有生力量。而人类步入和平年代后，"勇气"是开拓进取的内涵形式，我们对于创办企业的尝试不会轻易对自己及家人造成不可逆转的伤害，更不会轻易付出生命的代价，这就意味着更有勇气或天生对困难与打击具有"耐受力"的个体在创业道路上可能会更为顺利。当然，也要注意，这里提到的勇气绝不是"匹夫之勇"，即对可能的后果浑然不知或漠视，后者是真正对自己和社会其他成员不利的一种性格或思维。

6.2.3 领导力

创业者的领导力是指创业者在创业过程中所展现出的领导能力和影响力,包括对团队的激励、指导、决策等方面的能力。创业者的领导力对于创业项目的成功至关重要,它能够帮助创业者在创业过程中更好地应对各种挑战和困难,实现创业目标。

(1) 创业者领导力的重要性

创业者的领导力能够激发团队成员的积极性和创造力,提高团队的凝聚力和战斗力。同时,创业者的领导力还能够帮助创业者在创业过程中更好地把握市场机会,制定正确的战略和决策,从而实现创业项目的成功。

(2) 创业者领导力的具体表现

创业者的领导力具体表现在以下几个方面。

愿景和目标设定。创业者需要有明确的愿景和目标,能够为团队指明方向,激发团队成员的积极性和创造力。

激励和激发团队士气。创业者需要通过激励措施、奖励机制和激发团队成员的内在动力,激发他们的工作热情和创造力。

有效沟通和协作。创业者需要建立良好的沟通渠道和团队文化,促进团队内外的信息流动和知识分享,提高团队协作效能。

冲突管理和问题解决。创业者需要处理团队内部的冲突和问题,建立有效的解决方案,培养团队成员解决问题的能力和应变能力。

领导力发展和培养。创业者需要了解领导力的核心要素,发展自己的领导能力,包括目标设定、决策能力、团队激励和影响力等方面的提升。

(3) 如何培养和提升创业者的领导力

创业者可以通过以下方式培养和提升自己的领导力。

学习和实践。创业者可以通过学习领导力理论和实践经验,不断提升自己的领导能力。

建立良好的团队文化。创业者需要建立积极向上、团结协作的团队文化,激发团队成员的积极性和创造力。

培养自己的决策能力。创业者需要培养自己的决策能力,学会在复杂的情况下做出正确的决策。

建立有效的沟通机制。创业者需要建立有效的沟通机制,促进团队内外的信息流动和知识分享。

不断反思和改进。创业者需要不断反思自己的领导方式和方法,不断改进和提升自己的领导能力。

总之,创业者的领导力是创业成功的关键因素之一,创业者需要不断学习和实践,培养自己的领导能力,建立良好的团队文化,激发团队成员的积极性和创造力,从而实现创业项目的成功。

成功的创业者通常有丰富的经验,掌握着大量与他们将要参与竞争的市场有关的专业知识,大部分具有良好的管理技能和值得信赖的从业记录。从根本上看,成功的创业企业具有三个明确的维度:创业领导者、创业团队和外部环境影响。如表6-1所示,每个维度都代表了一组成功因素。一个具备领导力的创业者是将这三方面维度有机整合在一起的人,成功的企业也在这"三驾马车"的影响下逐渐显现出来。

表6-1 创业者领导力的范式

	创业领导者
自我意识	具有现实主义者的态度,而不是自以为全知全能
性情诚实	值得信赖:一诺千金,说到做到,承认有所不知
领跑者	精力充沛、富有紧迫感
勇气	能做出艰难的决定:制定宏大目标并为之拼搏
沟通技能	能与创业团队、市场和其他机构进行有效的沟通
	创业团队
组织风格	创业领导者和创业团队将各自的技能融合在一起,从而在共同参与的环境中实现合作
伦理行为	严格遵守商业道德
忠诚	始终做到或超越所承诺的责任和义务
专注	对长期的创业战略目标保持专注,但允许战术方式的多样性
绩效/回报	建立较高的绩效标准,卓越的绩效能得到公平公正的回报
适应能力	能对快速变化的产品或技术周期做出反应
	外部环境影响
利益相关者的需求	满足组织的需求,同时满足企业所服务的其他群体的利益
以往经验	能够运用各种以前的丰富经验
咨询指导	寻求和利用他人的能力
问题解决	出现新问题能够快速解决或优先考虑
价值创造	高度重视为投资者、客户、员工和其他利益相关者创造长期价值
技能重点	市场技能比技术技能更重要

成功的创业者往往在人生早期时期就展现了卓越的领导力。可能在小学或初中时就已担任了班长或学生会干部职务，通过协助更高一级领导者（如老师、班主任）完成力所能及的工作，掌握了与同学们、老师们甚至其他群体打交道的沟通技能与管理方法，自身领导力的凸显也使得周围的人更愿意跟随他们的步伐一同完成任务或创办企业。具有领导力的创业者自然也是有较强个人魅力的一群人，他们在举手投足间就能影响他人的思考与判断，并且这种创业者不仅敢于直面创业过程中的各种艰辛与冲突，而且善于解决这些困难与问题。此外，要经营好一家成功的企业，创业者需要学会与许多不同的客户、供应商、财务支持者、债权人、合作伙伴及其他相关人员打交道，每一种关系的营造与维系都离不开总是积极主动展开行动的"领导者能力"。

　　即便不作为创业者，"领导力"也被现代企业管理理论认为是职业经理人应该具备的核心能力之一。在企业内部，通过"管理者培训计划"，重要岗位的经理往往是被企业"塑造"出来的，企业称这样的"塑造"过程为"英雄创造计划"，即为企业培养成功的创业式经理人，而不是过去简单的管理式经理人。前者虽然不是企业的创始人或初创团队成员，但具有更开拓进取的精神，也更愿意解决冲突矛盾，并积极投身于企业长期可持续发展之中，因此不仅使自己在企业快速地晋升，甚至成长为企业的核心人才。而管理式经理人只知道"做好分内事"，没有更强烈的意愿成为企业创造者的一部分，那么企业的可持续发展能力也会大打折扣。

6.2.4　对机会的痴迷

　　好的商业模式往往能够精准对接市场需求，成功的创业者会持续关注市场机会，而不仅仅关注金钱、资源、关系及其他要素。大部分人都明白机会的重要性，而创业者对出现的任何商业创新思维或机会的痴迷程度可能更高。这是因为，创业者深刻明白的一个道理，只有具备比竞争者更独特的眼光，才能把握住转瞬即逝的商业机会，这甚至成为连续创业者的重要特征之一。

　　创业者对机会的痴迷是创业过程中的一个重要特征。这种痴迷源于创业者对商业机会的敏锐感知和对成功的渴望。创业者通常会花费大量时间和精力去寻找、评估和利用机会，他们相信这些机会能够带来商业成功。

6.2.5　对风险、模糊性和不确定性的容忍能力

　　成功创业者对风险、模糊性和不确定性的容忍能力是一个复杂的概念，它受到多种因素的影响，并且是通过市场体验逐渐形成的。成功创业者需要在风险容忍和风险

控制之间找到平衡，既要敢于冒险，又要善于控制风险，这样才能在复杂多变的市场环境中取得成功。成功的创业者从来都不是赌徒，他们承担风险前会进行精心测算。研究发现，虽然创业者会规避风险，但他们会通过对未来的清晰认识和乐观态度保持勇气。优秀且成功的创业者不是没有害怕风险的消极情绪，而是他们具有更高水平容忍风险发生的能力。在这种容忍力下，成功的创业者会将压力转化为促进绩效的动力，同时将疲惫和挫折带来的消极效应最小化。

可以看出，与对风险的态度不一样的地方在于，成功创业者对模糊性的容忍能力是一个复杂而多维的概念，它涉及个人的心理特质、企业的规模和发展阶段，以及领导力和决策能力等多个方面。在实践中，创业者需要不断提升自己的模糊性容忍能力，以适应不断变化的市场环境和企业发展的需要。

6.2.6 创造力、自我依赖和适应能力

在当今复杂多变且竞争白热化的商业生态体系中，创业成功者之所以能脱颖而出，往往归因于一系列深层次且相互关联的特质。其中，创造力、自我依赖和适应能力尤为关键，它们构成了创业者在跌宕起伏的商海中稳健前行的核心支撑。

（1）创造力

创造力，作为创业活动的原动力，是一种稀缺且极具价值的能力。它赋予成功创业者独特的洞察力，使其能够穿透市场的迷雾，精准识别尚未被满足的潜在需求。这种能力并非凭空而来，而是源于对社会趋势、消费行为变迁以及行业痛点的深度研究与思考。

（2）自我依赖

这是创业成功者内心坚韧与独立精神的外在体现。在创业征程中，困难与不确定性如影随形，创业者必须依靠自身强大的内在力量应对挑战。这意味着拥有坚定的信念，对自己的创业愿景深信不疑，即便面对外界铺天盖地的质疑，也能坚守初心，毫不动摇。同时，自我依赖还要求创业者具备卓越的独立决策能力，能够在信息不完整、局势不明朗的情况下，凭借敏锐的商业直觉和深厚的专业素养，迅速做出明智且果敢的决策。

成功创业者自我依赖的一些具体表现如下。

① 决策方面

独立判断。创业成功者在面对众多商业机会和挑战时，需要依靠自己的判断。在决定是否进入一个新的市场时，不能仅仅依赖于他人的意见。

承担决策风险。成功创业者要自我依赖地承担决策带来的风险。他们不能在决

策时犹豫不决或者把责任推给别人。当企业面临资金紧张需要进行大规模裁员或者调整业务方向时，企业家要自己权衡利弊并承担决策可能带来的负面影响。如果决策失误，他们要独自面对投资者的压力、员工的不满等后果。

② 创新能力

自我激励创新。创业成功者通常有很强的自我依赖来推动创新，他们主动寻找创新的机会。

独立解决创新中的难题。在创新过程中，会遇到各种各样的技术、市场和管理方面的难题。企业家要依靠自己的智慧和经验去解决。一些新兴科技企业在研发新技术时，可能面临技术人才短缺、研发资金不足等问题，企业家需要自我依赖地寻找解决方案，可能是通过与高校合作培养人才，或者通过寻找新的投资渠道来解决资金问题。

③ 心理与信念层面

坚定信念。成功创业者的自我依赖体现在对自己信念的坚守。在创业和企业发展过程中，会遭遇无数的质疑和挫折。以华为技术有限公司为例，从2019年开始，美国政府以所谓的"安全威胁"为由，对华为展开一系列制裁措施，禁止美国企业与华为合作，限制华为获取美国技术和零部件。面对制裁，任正非带领华为从容应对，一方面加大自主研发力度，加快在芯片、操作系统等关键领域的研发进度；另一方面积极推动华为与全球其他国家和企业的合作，调整内部管理，鼓励员工保持乐观心态，坚定信念，最终突破技术封锁。

心理抗压。成功创业者要应对各种心理压力。企业经营过程中会面临市场竞争、财务危机、舆论压力等，他们不能轻易被这些压力击垮。当企业被负面新闻缠身或者面临重大亏损时，企业家要依靠自己的心理调节能力，保持冷静，从失败中汲取经验教训，重新规划企业的发展战略。

（3）适应能力

这是成功创业者在动态商业环境中生存与发展的关键法宝。市场环境犹如变幻莫测的海洋，技术革新、政策调整、社会观念转变等因素时刻都在引发波澜。成功创业者须具备高度的敏感性，能够实时感知这些变化，并迅速调整企业战略与运营模式。

6.2.7　追求卓越的动机

在波澜壮阔的商业历史长河中，成功创业者展现出对卓越矢志不渝的追求，背后蕴含着复杂而深刻的动机体系，这些动机交织在一起，构成了推动他们不断前行的强大动力。

（1）自我实现的动机

从个人内在驱动层面剖析，自我实现需求是核心要素之一。依据马斯洛的需求层次理论，自我实现处于人类需求的最高层级。创业者凭借自身智慧与勇气，将脑海中的创新理念转化为实际运营的企业，并使之茁壮成长，这一过程是对自身潜能淋漓尽致的释放。在此过程中，成功创业者收获的成就感与满足感，是对自我价值最有力的彰显。同时，证明自身价值也是重要驱动力。成功创业者期望通过在商业领域披荆斩棘、斩获佳绩，向社会各界展示自身独特的能力与价值。这种证明不仅是对过往奋斗历程的高度肯定，更为未来拓展人脉、获取资源奠定了坚实基础。此外，源于内心深处的热爱与兴趣，是成功创业者追求卓越的原动力。当成功创业者对所处行业满怀热忱，追求卓越便不再是刻意为之，而是融入日常行动的自然选择。

（2）外部环境的诱导动机

外部环境的变化同样对创业者追求卓越产生深远影响。市场竞争的白热化态势，犹如高悬的达摩克利斯之剑，时刻鞭策着创业者。在这个残酷的竞技场中，唯有秉持卓越理念，不断推陈出新、提升品质，方能在众多竞争者中崭露头角，赢得客户青睐与市场份额。稍有懈怠，便可能被无情淘汰。行业标杆的示范效应也不容小觑。那些屹立于行业巅峰的领军企业与杰出企业家，以其辉煌成就树立起难以逾越的标杆，激发后来者奋起直追。创业者们以其为榜样，汲取成功经验，努力缩小差距，甚至谋求超越。再者，社会认可与声誉作为一种无形却强大的力量，吸引着创业者不懈追求卓越。一旦成功，创业者将收获广泛的社会赞誉，这不仅提升个人社会地位，更为企业吸引优质人才、合作伙伴及投资创造有利条件。

（3）建立对社会有较大贡献的企业的动机

从企业发展的战略高度审视，打造长久基业是绝大多数成功创业者的宏伟愿景。只有不断地追求卓越，才使得企业穿越经济周期、抵御市场风险。通过持续提升产品质量、优化服务水平、强化内部管理，企业能够积累深厚的品牌底蕴与无形资产。成功创业者深知，卓越的企业如同强大的磁石，更易吸引行业精英汇聚。优秀人才往往钟情于具有远大抱负与广阔发展空间的平台，创业者对卓越的执着追求，能够营造积极进取的企业文化，吸引志同道合之士携手共进。

因此，随着企业逐步发展壮大，创业者的使命感不断升华，他们不再局限于单纯的商业利益，而是致力于运用企业的力量解决重大社会问题、引领行业变革，为推动社会进步贡献力量。

6.3 创业者应具备的其他领导能力

除了上述创业者应具备的品质特征，他们往往还具有其他的领导才能。

6.3.1 市场营销方面的才能

大部分创业者自身就对市场行情的变化较为关切。他们会进行市场调研和评估，具备分析和解释现有研究结果的能力，并了解如何在自己创办企业所属市场环境内设计和进行调查研究，尤其部分企业家十分擅长问卷设计与抽样调查。此外，在与客户建立联系后，创业者要主动对其不断变化的需求做出必要的反应，还需要统筹销售、推广和促销计划，并具备搭建高效的经销商或销售代表体系的能力。创业者往往还需要具备产品定价能力，如能够制定出有竞争力的价格和利润结构，并定位产品和制定定价政策以实现利润最大化。最后，往往还需要具备产品管理的能力，即通过对市场的洞察和对盈亏的理解，将市场信息、感知需求、研发和广告整合到一个合理的产品计划之中。

6.3.2 运营和生产方面的才能

创业者也需要进行必要的生产管理，需要了解在时间、成本和质量的约束下生产产品所需的生产流程、设备、人员和空间，并熟悉控制半成品和成品的物料库存的技术，能够计算人工和物料成本，制定和管理标准成本体系，进行偏差分析，计算加班人工需求。部分初创企业需要创始人具备建立质检体系和标准的能力，以有效控制来料、半成品和成品的质量，并能够为质量的持续优化确定基准点。

6.3.3 财务管理能力

（1）筹集资本

成功创业者能够决定采用何种方式才能获得启动创业和企业成长所需的资金，具备预测资金需求和编制预算的能力，熟悉正式的和非正式的，以及短期的和长期的资金来源与融资工具。

（2）现金流管理

创业者需要一定技能预测初创企业的现金需求，安排现金管理，管理公司的现金头寸，并且能够确定需要多少资金，何时何地现金会用完。还需对短期融资进行了解，如了解通过应付账款管理融资和过桥融资，熟悉财务报表和预算与利润计划，等等。

（3）财务分析

经验表明，能够阅读与制作利润表和资产负债表，并且能够进行现金流分析和规划，包括进行盈亏平衡分析、贡献分享、损益分析、资产负债表管理的创业者更容易取得创业成功。

6.4 创业团队

6.4.1 创业团队的内涵

团队，是指认同一个共同目标和一个能使他们彼此担负责任的程序，并共同为达成高品质的结果而协作互助的一群人，是否有共同的目标是团队区别于群体的重要特征。

创业团队有着狭义与广义之说，"狭义的创业团队指有着共同的目的、共享创业收益、共担创业风险的一群创建新企业的人；广义的创业团队则不仅包括狭义的创业团队，也包括参与创业过程的有关的各种利益相关者，如风险投资家、专家顾问等团队优势。需要注意的是：创业团队是一种特殊群体；创业团队工作绩效大于所有成员独立工作的绩效之和；创业团队对创业成功具有重要的价值；创业团队是高层管理团队的基础和最初的组织形式。"[①] 概括而言，创业团队是指由两个或两个以上具有才能互补、责任共担、具有共同价值观，愿为共同的创业目标而奋斗的人，彼此间通过分享认知和合作行动以共同承担创建企业责任的，处在新企业高层主管位置的人共同组建形成的有效工作群体。创业团队具有部分的群体共性，也有着与之相区别的特殊性，二者的关系如表6-2所示。

表6-2 团队与群体的区别

比较对象	工作性质	责任承担	评估依据	目标实现
群体	互换	只承担个人责任	个人表现	各自相对独立
创业团队	互补	承担整体责任并承担个人责任	整体效绩	成员相互依存

---

① 梅强. 创业基础[M]. 北京：清华大学出版社，2012.

大学生的创业团队，是指具备共同理念的高校大学生，凭借自身的不同专业的知识，围绕一个新的产品项目、新的技术或新的服务思想而组织起来的以创业为共同目标的一种组织形式。我国大学生创业团队的发展现状并不尽如人意，其中创业团队人员流失率高是一种普遍的现象。随着创业规模的不断扩大，创业团队产生分裂，除了队员能力与发展方向和组织要求不适应，更多的冲突源于创业团队的创业阶段向集体化阶段过渡时期和团队后期管理上。所以创业团队的管理和发展的问题是作为一名大学生创业者必须引起重视和学习的。

6.4.2　创业团队的组成要素

在竞争激烈且充满不确定性的创业领域，一个成功的创业团队绝非偶然形成，而是由多个关键要素协同作用的结果。其中，目标（purpose）、人（people）、定位（place）、权限（power）、计划（plan）这五大要素，犹如支撑创业大厦的基石，缺一不可。深入剖析这些要素，对于理解创业团队的运作机制及提升创业成功率具有至关重要的意义。

（1）目标

这是创业团队的灵魂所在，是凝聚团队力量的核心驱动力。它不仅仅是简单的商业目标，更是一种使命感和愿景的体现。一个明确、远大且富有社会价值的目标，能够激发团队成员内心深处的热情与创造力，使其甘愿为之付出不懈努力。

（2）人

人无疑是创业团队中最具活力和决定性的因素，创业过程涉及多个复杂领域，因此需要具备多元化技能和丰富经验的人才。团队成员不仅要在专业领域拥有深厚造诣，还应具备良好的沟通协作能力、适应变化的能力及强烈的责任心。

（3）定位

定位问题关乎创业团队在市场中的立足之地和发展方向。一方面，团队要精准把握自身在宏观市场环境中的定位，明确目标客户群体、竞争对手及潜在的市场机会。另一方面，团队成员在内部也需有清晰的角色定位，明确各自的职责和分工。小米公司在创立之初就将自身定位为高性价比智能手机制造商，面向追求极致性能与亲民价格的年轻消费群体。同时，团队内部成员在产品研发、生产管理、市场营销等环节各司其职，紧密配合，使小米迅速在竞争激烈的手机市场脱颖而出。

（4）权限

这是保障创业团队高效运转的关键因素。合理的权限分配能够确保决策的科学性和及时性，避免因权力模糊导致的推诿扯皮现象。在创业团队中，不同层级和岗位的成员应被赋予与其职责相匹配的决策权和资源调配权。在字节跳动这样的创新型企业中，基层团队在产品迭代、内容推荐算法优化等方面拥有较大的自主权，能够根据市场反馈迅速做出决策，从而保持产品的竞争力和创新性。

（5）计划

计划是创业团队实现目标的行动指南。它将长远目标分解为具体的阶段性任务，并为每个任务设定合理的时间节点和资源配置方案。一份详尽且灵活的计划能够帮助团队有条不紊地推进各项工作，及时应对各种突发情况。

综上所述，目标、人、定位、权限和计划这五个要素相互关联、相互影响，共同构成了创业团队的有机整体。只有当这五个要素协同发挥作用时，创业团队才能在复杂多变的市场环境中稳健前行，实现创业梦想。

6.4.3 创业团队的组建

在创业团队的组建过程中，选择合适的核心成员是奠定成功基础的关键步骤。为了构建一个强大、高效的创业团队，需要全面考虑候选人的各方面素质。以下是选择核心成员时需要重点考量的因素。

（1）专业能力

这是最基本的要求。候选人应在特定领域具备深厚的专业知识和实践经验。特别是在技术密集型行业中，强大的技术实力往往是推动项目发展的关键动力。如在一家专注于人工智能的初创公司中，核心成员可能需要精通机器学习算法、大数据处理等相关技术。

（2）团队合作能力

创业过程充满挑战和不确定性，团队成员之间需要密切协作，共同攻克难关。因此，候选人应展现出优秀的沟通技巧和协作精神。在面试过程中，可以通过情景模拟或小组讨论等方式，观察候选人与其他团队成员互动的表现，评估其团队合作能力。

（3）创新能力

创业的本质在于创新。理想的团队成员不仅能熟练掌握现有技能，还应具备持续学习和探索新领域的意愿和能力。这种创新精神可以帮助团队在激烈的市场竞争中保持领先地位。在评估候选人时，可以询问其过去的工作经历中是否有突破性的创意或项目，以此了解其创新潜能。

（4）适应能力

创业环境瞬息万变，团队成员需要能够快速适应新情况。这种灵活性不仅体现在工作内容上，还包括对新文化、新技术的接受度。在面试过程中，可以通过询问候选人过往的职业经历，特别是面对重大变革时的应对方式，来评估其适应能力。

（5）激情和信念

创业之路漫长而艰辛，团队成员需要对项目充满热情，并有坚定的信念。这种内在的动力可以促使他们在面对困难时坚持到底。在评估候选人时，可以通过深入交谈，了解其对创业项目的看法和个人愿景，判断其是否真正热爱这份事业。

除了这些基本素质外，还可以考虑使用一些专业的测评工具来辅助决策。如"DISC（dominance influence steadiness compliance）性格测试"可以帮助识别候选人的行为倾向，而"MBTI（Myers-Briggs type indicator）性格类型指标"则可以深入了解其认知和决策方式。这些工具虽然不能完全替代传统的面试和评估方法，但可以为我们提供额外的洞察，使人才选拔过程更加全面和科学。

6.4.4 创业团队组建的基本原则

（1）合理性原则

这里的合理性原则是指人员的之于其所担任职位和创业团队合伙人目标明确合理。一个职位的存在自然有其存在的合理性和重要性，选择合适的人来承担好相应的职责对于一个团队来说意味着在选人任用上局部的成功。整个团队的发展是由各个成员发挥其局部的重要作用共同推动的，从一定程度上来说，选人的合理性之于项目的组建和发展在一定程度上是其生命力的重要象征。团队组建的目标必须明确，这样才能使团队成员清楚地认识到共同努力的方向。与此同时，目标也必须是合理的、具体可行的，这样才能有可操作性，达到真正激励的目的。创业团队中的合伙人，并不是简单的企业招员工，做相应的工作。创业团队需要招聘的是"合伙人"，一起为这个团队的事业出谋划策贡献自己的力量，同时企业如果把员工当作"合伙人"看待，员工才有更好的发展，每个员工把企业当作自己的家，这样企业也会出现相应幅度的同步发展。

（2）互补性原则

互补性原则是指各成员履行的职责之间的互补。团队组建要考虑成员之间的能力与技术上的互补性，包括功能性专长、管理风格、决策风格、经验、性格、个性、能力、技术及未来的价值分配模式等特点的互补，以此来达到团队的平衡。由于团队成员中每个人的知识、技能、经验和特长等不尽相同，因此在团队组建中需要根据各自的特性来确定其在团队中履行不同的职责。团队较之于个人最大的好处就是能借助其他成员的力量，从而形成更大的推动力推动项目目标的实现和项目预期的需要。团队的互补性其实就是对整个团队内部的分工进行一种合理的规划，优化内部结构，从而产生"1+1>2"的协同效应。所以，创业者寻找团队成员，不仅是对当前所空缺的资源的补充，更要结合多方面的考虑，寻找所需要的配套成员。优秀的创业团队，成员间的能力通常都能形成良好的互补，而这种能力互补也会有助于强化团队成员间的彼此合作。

（3）高效性原则

这里的高效性原则是指团队内部各机构部门之间协作团队项目整体推动运营的高效不烦冗，主要目的是减少创业期的运作成本。如果说互补性更多地体现的是一个团队横向组成的合理性，那么，高效性则是对整个团队中各部门运作机制和程序步骤的纵向的合理性体现。简而言之，项目中的大政方针和重要决策通过和实施的速度在一定程度上就是一个团队效率高低程度的重要体现。一个团队要在残忍激烈的市场竞争中迎合千变万化的市场需求，就必须保持一种对市场敏感而快速反应的能力，精化成员，简化程序，保持高效运转的能力，是一个团队必须重视的问题。

（4）动态性原则

这里的动态性原则是指团队内部人员结构和外部发展的动态开放。考虑到一个创业项目在发展的过程中成员更新替换情况和随着项目壮大对人员的需求要求的变化，团队要随时保持一个随时在线的动态状况。创业过程是一个发展和变化的过程，随着创业过程的发展，团队对于人才结构和质量的需求会发生变化。另外，团队中有些人可能因为能力、观念等多种原因而不断离开。不论是外部项目规模的扩大还是内部人员的更替，都需要跟上市场的前进步伐和发展变化的需要。因此，在组建创业团队时，保持团队的动态性、开放性，使真正完美匹配的人员能及时被吸纳到创业团队中来，对于保证团队的活力和发展的需要具有重要的意义。团队原则注重的是企业的凝聚力，一个人的综合能力再强，也只会是某一点的进步，一旦企业团队的整体实力增强，企业就会实现迅猛发展。因此，团队间的合作、同甘共苦、向着同一目标迈进才能实现企业的整体发展。同时，企业的经营成果如果能够公开且合理地分享，团队就会形成坚强的凝聚力与一体化感。

（5）激情原则

创业团队需要保持工作激情。激情产生动力，是衡量一个人能否成功的基本标准，也是创业团队能够长远发展的基础。创业团队在组建的过程中必须选择对该项目有热情和专业能力的人，在企业成立之初就要做好心理准备，团队组建不仅仅需要激情，也需要恒心和毅力把激情长久地保持下去。如果没有激情，那么创业团队也会逐渐失去信心，将无法适应创业的需要，这种消极的因素，将对创业团队产生很大的消极影响。

6.4.5 创业团队组建的类型

（1）星状创业团队（"核心式"创业团队）

在整个创业团队中有着一个统领式的核心人物，充当领导人的角色。这种团队在形成之前，一般是核心人物有了一定的创业想法，然后根据自己的设想进行创业团队的组织。因此，在团队形成之前，核心人物已经就团队组成进行过仔细思考，根据自己的想法选择合适的人员加入团队，这些加入创业团队的成员是核心人物所需要的人才资源，这些人更多地扮演着支持者和追随者的角色。核心式人物对整个团队的影响是巨大的。这种创业团队有其组织力、凝聚力、向心力强，程序简单，效率较高的优势，也存在着权力相对集中，成员满足程度不高，决策失误风险较大的不足。

（2）网状式创业团队（"圆桌式"创业团队）

这种创业团队的成员一般在创业之前都有密切的联系，一般是同学、朋友、亲人、同事等。这种创业团队也被称为群体性的创业团队，群体性创业团队的建立一般都是在交往过程中，共同认可某一项创业想法，并且通过交流达成了共识，开始商讨共同创业的计划。在创业团队组成时，在整个团队中没有特定的权威者，大家根据自身的特点进行自发地组织角色定位。成员之间密切联系，共同创业，不同的成员根据各自的优势扮演着不同的角色。各自协调分工，密切合作，从各个方面来推动项目整体的发展。在企业创业初期，各位成员基本上扮演的是协作者和伙伴角色。一般这种团队比较注重的不是个人的领导素质，而是更加注重于各个成员的相关方面的专业素质。这种创业团队有着民主协商，地位平等，活力激发程度较高的优势，但也同样存在着团队结构较为松散，出现多头领导，效率不高的劣势。

（3）虚拟星状创业团队（虚拟"核心式"创业团队）

这种组成模式是以上两种团队组成模式的中间形态。在整个团队中也存在着一个核心的关键人物，但这个人物是由团队成员协商的结果。并且这个人物从某种意义上说是整个团队的代表，而不是主导性人物，在做关乎团队整体利益的重大决定时，必须充分尊重团队成员的意见。他是这个团队的代言者和领导者，但其权力会受到一定程度的限制，不是主导型人物，也没有绝对的领导权。总之，根据创业团队的成员组成的基本情况，再结合参考这三种形式的优缺点，有针对性地建立不同的创业团队，根据社会需求打造各异的组成模式。

当前在"互联网+"的大背景之下，国家层面也积极鼓励和支持大学生走上创新、创业的道路。许多大学生也萌生了创业的想法。大学生由于自身条件及技能的限制，往往需要组建一个团队来共同参与一个项目和计划，创业团队的组建对于大学生创业是否成功有决定性作用。大学生的创业团队组建的过程之中需要具备一定的条件，需要经历几个阶段，需要了解一些关于团队组建的方法及在团队组建的过程之中会面临各种问题，从而就需要加强对这个团队的管理。这一系列的程序是大学生组建创业团队的过程中都会经历的，需要充分利用互联网的便捷来推动团队的建设。

6.4.6 成功的创业团队的特征

成功案例里面创业团队的特征一直以来都被广泛观察和记录了下来，主要有以下几种。

（1）团队成员部分或大部分具备相关的经验和创业记录

如果本身就对商业社会比较敏感并实践过的团队成员，会更容易理解创业领导的商业思维模式。即便对方是极具有个人魅力和能力的领导，前期类似的经历会使成员更好地适应新的初创企业管理模式与管理行为。

（2）把追求卓越作为一种激励

追求卓越也是创始人应该具备的特征之一。当一个初创团队自上而下大部分人都不仅仅着眼于获得商业利润，而是把个人能力努力发挥到极致以获得更大的成功时，团队就是一个致力于以更优秀的表现出现在创业世界的潜力股。

（3）承诺、决心和坚持

任何事情都离不开强有力的决心和持之以恒的态度。无论是更具有决心与使命感的创始人，还是愿意坚持为团队贡献自己力量的团队成员，大家"拧成一股绳"的决心是更容易取得商业上成功的关键。

（4）容忍风险的能力较强

作为一个团队，如何把初创企业所可能遇到的各种风险考虑清楚，并客观冷静地分析风险，而不是被风险所蕴含的不确定性打倒，是每一个团队成员应努力的方向。虽然作为创始人，会天然地承担更高比例或程度的风险，但如果团队成员没有"主人翁"意识，没有担当，遇到一点具有潜在风险的决策就扔给创始人，那么不仅整个团队的抗压力较差，作为领导的创始人也会疲于应对各类决策，没有更多精力关注更需要聚焦的问题。

（5）具备较高水平的创造力

创造力不仅仅是团队领导的专属特征，也应该体现在每一位创业团队成员身上。具有更高水平创造力的团队成员不仅能够有创意地处理工作中遇到的难题，甚至能在创始人思路不够清晰或出现明显战略决策错误时予以指正。实践中也不乏出现高度欣赏并深深信任手下的"得力干将"的领导者。即便大部分领导者认为自己对初创企业的发展具有绝对性的掌控，但他们同时也常常为具有创造力和能够经常提出战略性意见的团队成员开绿灯。尤其是高科技行业或互联网行业等高度依赖脑力活动的行业，领导者并不总是能够判断清楚企业所处的外界环境和自身竞争优势。因此，来自各种不同背景的创始团队的成员们汇聚到一起进行"头脑风暴"，能够起到"神来一笔"的效果，继而将企业的发展真正代入正确的道路上。

（6）善于团结

任何一个团队，其凝聚力是保障团队运行效率的关键因素。善于团结周围的人是每个成员应具备的品质。但是现实中，高估自身能力的人往往不太容易合群，他们更相信自己的能力而不是团队协作，因此也不太顾及周遭人的情绪和反应，会有意无意地做出一些破坏团队和谐氛围的事。对于一个不团结的组织而言，这种松散的结构是企业难以度过初创期的关键原因之一。堡垒常常从内部攻克的军事策略其实在商业环境下也是屡见不鲜的。

（7）适应性强

大部分企业决策虽然是由创始人来做的，但在执行层面十分依赖创业团队的每一个成员。团队成员对于初创企业、创始人及周边行业环境、宏观经济格局的不断适应，有利于初创企业规避成长过程中各个阶段可能面临的风险。即便风险难以完全规避，对变化的环境更具有适应性的团队无疑是能够更好地走下去的团队。"适者生存"这一古老的商业法则绝不仅仅适用于创始人，而是适用于每一个初创团队的成员。

（8）沟通能力较强

沟通能力强的团队也具有更和谐的工作氛围。对于初创团队而言，团队成员与创始人之间朝夕相处往往是一种常态。在高压力的工作环境下，如果彼此出现沟通不畅的情况，则十分不利于团队士气的维系，更谈不上具有较高的团队协作能力。沟通能力并不是每一个从事创业活动的人所具备的，因为人际交往是需要磨合过程的。不同人对于同一件事的理解角度和方向可能出现偏差，在与他人进行沟通的过程中也容易误解他人的表达，进而造成不必要的矛盾和内耗。显而易见，一个经常处于矛盾和内耗中的初创团队是难以面对商业环境的"惊涛骇浪"的，令人惋惜的是，即便具有极佳创业灵感和机会的初创企业，因团队成员相互之间彼此猜忌、拒绝相互沟通而导致创业失败的案例比比皆是。

6.4.7 创始人与团队成员之间分享收益的原则

初创企业的现金流往往较为紧张，平衡创始人与团队成员之间对创业产生的收益的分配问题十分重要，以下几点原则可供参考借鉴。

（1）与优秀员工分享财富

这可能意味着比正常的股权、有效的股票认购权或业务单元绩效的内涵更宽泛。投资者非常希望看到在公司未来的资本池中有10%～20%股权被完全稀释，以吸引未来的人才，并用于为高绩效创造激励的奖励机制。

（2）公平对待他人

如果创业者处在自己团队成员的位置，会认为目前的股权和薪酬分配方案是合理的吗？当然，这并不意味着每个人都应该拥有相同的股权。在这一点上，可以适度参考同行业的市场行情设置合理的分配份额。

（3）以绩效为导向发放薪酬

如果一个充分具备本章前文描述的创始人创业精神的某位技术天才是创始人之

一，人们认为单凭他的技术贡献就能创业成功，因此他至少拥有公司25%的股权。但这样的所有权结构将使得公司几乎不可能继续筹集风险资本和吸引关键人才。因此，可以根据某个人的业绩来限制和提升其股票份额，没有达到业绩标准的人自然需要将多余的股票让渡出来奖励和激励其他人。

（4）付出与收获需要成正比

创业公司的早期阶段需要努力工作的团队成员，他们往往也做出了很多个人层面的牺牲。因此，对创业者而言，未来团队成员是否辛勤工作是一个很重要的考验，而且自然地，他们应享有更多的回报。

6.4.8 如何培养和打造优秀创业团队

要打造一支优秀的创业团队，需要从以下几个方面入手。

（1）明确团队目标和愿景

确保每个团队成员都理解并认同团队的目标和愿景，这将有助于激发他们的积极性和创造力。虽然企业的发展方向和愿景多由创始人制定，但整个团队如果能够上下齐心协力，将企业的愿景作为自己个人价值实现的目标，那么团队的凝聚力也会大幅度提升。实践表明，把企业愿景也作为个体使命感的团队更不容易出现问题。

（2）招募多元化的人才

寻找具有不同背景、技能和经验的人才，这将有助于团队在面对各种挑战时能够从多个角度进行思考和解决问题。优秀的企业家明白"各司其职"的重要性，员工的年龄、性别、教育背景、生活背景具有多元化和差异性，本身也能够塑造一种激发创意的工作环境。如果团队成员都来自单一的背景，如都是某专业或类似专业的专门人才，则很容易仅仅以自己专业的角度看待企业发展中的问题，而欠缺跳出专业束缚、以全新视角或专业以外的视角审视困难的能力。

（3）培养团队成员的能力

提供培训和发展机会，帮助团队成员提升他们的专业技能和综合素质，这将有助于团队整体能力的提升。这一点国内大部分存续期企业做得相当不错，跟中华优秀文化中注重教育及"活到老，学到老"的理念一致。大部分企业家是终身学习爱好者，因此也会把爱学习的风气传递给团队。外部环境是日益变化的，因此学习新知识的客观必要性是存在的。部分优秀的团队成员自己也博览群书,爱好学习新知识,因此也使自己长期在企业中发挥着不可替代的作用。然而,人总是有惰性的,对于稍微不那么热爱学习的核心员工,创始人应努力创造更多更好的条件使之心无旁骛地持续学习、持续进步,也持续地为企业创造价值。

(4)建立有效的沟通机制

确保团队成员之间能够进行有效的沟通和协作,这将有助于提高团队的工作效率和创新能力。前文提到沟通能力的重要性,那么,为了提高沟通过程的效率和有效性,企业最好在初创时期就建立一套行之有效的沟通机制。这种机制不仅仅鼓励创始团队成员之间进行良好的互动和沟通,还能提高初创企业对不同声音的包容性。良好的沟通机制不会对善意的批评或质疑进行打压与回避,而是通过反复的沟通使得每一位团队成员彼此充满默契,大家在友好协商的基础上出谋划策。

6.4.9 大学生组建创业团队的条件

大学生组建一个健康、有战斗力的创业团队需要具备以下条件。

(1)树立正确的团队理念

一个高效、有力的创业团队必然是有足够强大和充满智慧的理念支撑的。"众人拾柴火焰高""人心齐泰山移""团结就是力量",体现了凝聚力和协作力是团队发展的关键因素。诚实正直,远观大局注重追求长远利益,这些都是保证团队走正规发展道路的必要保障。最后,承诺价值创造,即团队成员承诺为团队的所有支持者和各种利益相关者谋利,包括为顾客增加价值、使供应商随着团队成功而获益。

(2)有能力的领导人

在企业管理和市场营销中,经常谈论领导者的核心竞争力。事实上,在创业团队中,带头人发挥领导力是十分重要的。带头人是"掌舵者",指引着创业团队的前进方向。创业团队中必须有可以胜任的领导者,这种领导者,并不是简单靠资金、技术、专利来决定的,也不是谁有好的意见就可以胜任的。这种带头人是团队成员在多年相处、交往及共事过程中逐渐得到大家的认可的,在创业团队中有巨大的、无形的影响力,有一呼百应的气势和号召力的领导者。许多创业团队在很短的时间内就宣告失败,很重要的原因就是创业团队的带头人不是一个合格的领导者。领导者在团队中应该起到先锋模范作用,引导成员并且进行合理分工,激发成员的创造性和灵活性。

(3) 确立团队发展目标

团队目标在团队组建和发展过程中具有特殊的价值。创业团队的总目标是通过完成创业阶段的技术、市场、组织、计划、管理等，从而实现企业从无到有。其一，目标有激励作用。如果团队目标具体而清晰，并且团队成员发现团队目标的实现，自己可以从中分享到足够的利益，那么他就会把这个目标当成是自己的目标，并为实现这个目标而奋斗。从这个意义上讲，共同的未来目标是创业团队克服困难、取得胜利的动力。其二，目标具有协调作用。团队中各种角色的个性、能力有所不同，但是"步调一致才能取得胜利"。

(4) 建立权、责、利统一的团队管理机制

在团队成立之初就应该建立相应的规则和约束制度，把最基本的权、责、利讲得明白透彻，尤其是股权、利益分配更要讲清楚，包括增资、扩股、融资、撤资、人事安排及解散等。这样企业日后发展壮大，才不会出现因利益、股权等的分配产生分歧和矛盾。

① 创业团队内部需要妥善处理各种权力和利益关系

妥善处理创业团队内部的权力关系。在创业团队运行过程中，团队要确定谁适合于从事何种关键任务、谁对关键任务承担什么责任等。

妥善处理创业团队内部的利益关系。这与新创业的报酬体系有关。一个新创业的报酬体系不仅包括股权、工资、奖金等，还包括个人成长机会和提高相关技能等方面的因素。每个团队成员所看重的并不一致，这取决于个人的价值观、奋斗目标和抱负。有些人追求的是长远的资本收益，有些人追求的是短期收入和职业安全。由于新创企业的报酬体系十分重要，而且在创业早期阶段财力有限，因此要认真研究和设计整个企业生命周期的报酬体系，使之具有吸引力，并且使报酬水平不受贡献水平的变化和人员的增加的限制，即能够保证按贡献报酬和不因人员增加而降低报酬水平。

② 制定创业团队的管理规则

要处理好团队成员之间的权力和利益关系，创业团队必须制定相关的管理规则。团队创业管理规则的制定，要有前瞻性和可操作性，要遵守先粗后细、由近及远、逐步细化、逐次到位的原则。这样有利于维持管理规则的相对稳定，而规则的稳定有利于团队的稳定。

企业的管理规则大致可以分为三个方面。

治理层面的规则，主要解决剩余索取权和剩余控制权问题。治理层面的规则大致

可以分为合伙关系与雇佣关系。在合伙关系下，合伙人说了都算；而在雇佣关系下，只有一个领导者，一个人说了算。除了利益分配机制和争端解决机制，还必须建立进入机制和退出机制。没有出入口的游戏规则是不完整的，因此要约定以后创业者退出的条件和约束，以及股权的转让、增股等问题。

文化层面的管理规则，主要解决企业的价值认同问题。企业章程和用工合同解决的是经济契约问题，但作为管理规则它们还是很不完备的。经济契约不完备的地方要由文化契约来弥补。它包括"公理"和"天条"："公理"就是团队内部不证自明的基本规则、原则或理念，它构成团队成员共同的终极行为依据；"天条"就是团队内部任何人都碰不得的东西，它对所有团队成员构成一种约束。

管理层面的规则，主要解决指挥管理权的问题。管理层面的规则最基本的有三条：首先是平等原则，制度面前人人平等，不能有例外现象；其次是服从原则，下级服从上级，行动要听指挥；最后是等级原则，不能随意越级指挥，也不能随意越级请示。这三个原则是秩序的源泉，而秩序是效率的源泉。

6.5 创业团队的管理

6.5.1 建立团队共同的创业目标

一个基本的原则是，无论创业团队成员在知识、专长、性格上有多大的差异，团队成员都应该求同存异，彼此理解和包容，为共同的目标而奋斗，体现出大家具有共同的创业使命感和价值观。因此，创业目标是创业团队的灵魂，在创业目标的引领下，企业文化得以形成，前文描述的成功创业者性格特征与创业精神才能很好地被团队成员吸收和接纳。

建立创业团队的目标需要满足SMART原则，即具体的（specific）、可量度的（measurable）、可达到的（attainable）、具有相关性的（relevant）、具有明确期限的（time-based）。在这一原则指导下建立的团队目标更具有实现的价值和意义，也更具有可行性。因此，在确定创业目标过程中，其一，应咨询团队成员对创业目标的看法，这一做法可以让团队成员得到尊重与鼓励，主动参与创业目标确定的整个过程；其二，在收集相关信息基础上，团队成员之间讨论目标的表述应尽量符合上述原则，也可采用头脑风暴的方法，鼓励成员充分表达自己的看法。

6.5.2 明确团队的所有权分配

组建团队的一个关键问题就是决定成员之间的工作分工与所有权分配方案。工作分工是对成员之间所承担任务以及协调方式的规划,而所有权分配则是对创业利益分配方式的约定,是维系创业团队凝聚力的基础。工作分工有助于在短期内维持创业过程及新企业早期运营的有序性,而所有权分配则有助于在长期内维持团队稳定和新企业的稳定成长。

6.5.3 团队内部的冲突管理

俗话说,有人的地方就有江湖,那么再默契无间的团队也会有成员之间因各种原因产生冲突的时候。冲突的发生是企业内外部某些关系不协调的结果,表现为冲突行为主体之间的矛盾激化和行为对抗。这类冲突一般可分为两类——认知冲突与情感冲突。

认知冲突一般是指团队成员对有关企业生产经营管理过程中出现的与问题有关的意见、观点和看法不一致。通俗地讲,认知冲突是论事不论人。从本质上看,只要是有效的团队,在生产经营过程中团队成员产生分歧是常有的事,而且只要这样的冲突出发点是为了企业更好地发展,则这种认知冲突将有助于提高团队决策质量和组织绩效。

情感冲突则一般指团队成员之间超越了认知冲突的范畴,产生敌对、不信任等表现,这种冲突的危害性很大,会极大降低决策效率和初创企业运行的有效性与安全性,显著影响创业团队成员在履行义务时的投入程度,影响对决策成功执行的必要性的理解。因此,创业者需要特别注意对这类冲突的管理和提前预防,同时要注意利用激励手段鼓励正面冲突,并采用物质激励与精神鼓励等方式消除不利冲突的影响。

在制订激励方案时,创业者需要注意兼顾差异化、公平性和灵活性的原则,创业者的激励措施可分为以下三种。

一是物质激励。薪酬是激励创业团队成员的基础,科学设计薪酬制度,并与业绩挂钩,才能使创业团队作出更多的贡献。初创企业虽然各方面都相对处于"原始"起步阶段的状态,但仍应该认真贯彻落实"公平、合理、适时、适度"的原则,团队成员的薪酬应取决于其工作业绩、工作态度、工作能力三个方面,并且与企业的发展战略、产业政策和生命周期相互适应,建立正确的公平化薪酬。

二是精神激励。指以调整精神传递的量和质作为激励手段。精神传递不仅可以弥补物质激励的不足,而且可以成为企业长期发展的决定性力量。更懂得鼓励下属和创始团队成员的创业者会在进行精神激励时融入物质激励措施，以达到"1+1>2"的效果。

三是价值激励。这指的是将团队成员自身专长和理想抱负相结合的一种激励手段。基于马斯洛提出的需求理论可知，优秀的团队成员在生理、安全和社交层次的需求得到满足后，会有更高层次的尊重和自我实现的需求。价值激励的目的就是要满足他们在这些方面的需求，使他们在初创企业中获得更多的归属感和成就感。

思考题

1. 创业者的类别有哪些？创业者应具备哪些能力？
2. 成功创业者的七大特征分别是什么？
3. 为何成功企业家往往对模糊性和不确定性具有更高的包容度？
4. 如何理解创业团队管理的核心是建立良好的沟通机制？

延伸阅读

[1] 李奕聪，邵文姗. 协同理论视阈下大学生饲料行业创业能力培养路径分析[J]. 中国饲料，2023（12）：145-148.

[2] 熊立，年鹏翔. 创业者社会网络、团队双元即兴与市场响应绩效研究[J]. 管理学报，2022，19（11）：1637-1647.

[3] 任兵，刘爽，单宇. 创业退出过程中的制度不确定性、创业者认知与创业团队组态——一个纵向单案例追踪研究[J]. 南开管理评论，2023，26（1）：94-107.

[4] 张光磊，丁杨洋，李铭泽. 秉节持重，问诸水滨？创业者底线心态对创业团队社会责任的影响研究[J]. 商业经济与管理，2022（9）：42-53.

[5] 张兄武，徐银香，孙铭. 基于系统理论的大学生创业模型的构建研究[J]. 江苏高教，2022（8）：63-69.

[6] 孙继伟，孟瑶，江莉. 创业者在团队冲突后出局对其再创业意向的影响机制研究[J]. 技术经济，2022，41（6）：107-120.

[7] 买忆媛，王乐英，叶竹馨，等. 以德服人：伦理型领导与创业团队成员的变动[J]. 管理科学学报，2022，25（3）：44-61.

本章思维导图

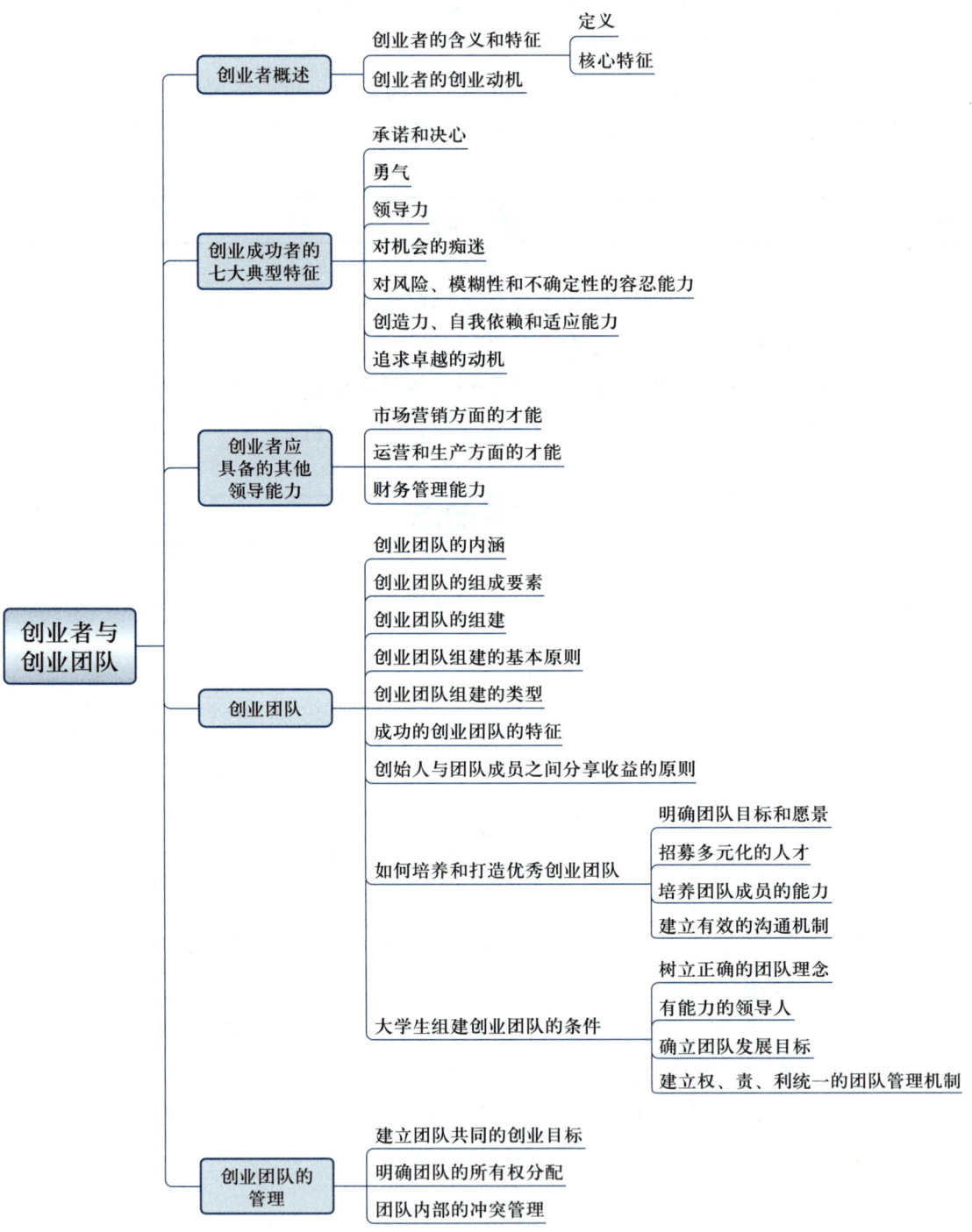

第 7 章 创业机会与创业风险

1 学习目标

知识目标：了解创业机会的一般性特征，掌握创业机会的核心特征和主要特征；能够运用蒙蒂斯创业机会筛选评价法，创造性地提出具有商业价值的几个创意；并能够客观认识风险，尤其是重点把握非系统性风险的防范。

能力目标：区分创意和商业创意，能够使用分析工具对创意来源进行解析，具备运用基本的创业机会识别和评价方法对创业机会做判断的能力。

价值目标：保持好奇心，愿意尝试运用方法分析问题；敢于挑战自我，保持学习过程中的自我探索习惯；逐步养成对外部环境和内部条件的信息收集和归类的习惯。

2 课程思政融入点

将个人创新与国家需求结合，培育家国情怀；识别机会时强调诚信守法、团队协作的价值观；评价环节融入绿色共享理念，强化社会责任；风险教育突出底线思维，培养合规意识，实现专业能力与思政素养双提升。

3 引导案例

（1）案例介绍
本章引导案例为大疆无人机公司。
（2）问题讨论
① 创新和创意与创业机会是什么关系？什么又是创业机会？怎样识别创业机会？
② 创业过程中可能有哪些风险？如何应对这些风险？

7-1 引导案例：
大疆无人机公司

7.1 创业机会及其类型

谈及创业机会，总是和一个人们更熟悉的概念——创意联系在一起。如果只是创业，其实相对简单。正如我们在前面章节学到的，努力持续做好自己的事业，开始一项新的业务，持续性学习和成长，或者在不同阶段转换职业赛道，都可以一般性地表述为创业。但本章谈及的创业机会具有更严谨的内核，需要从创意的概念开始讨论。

7.1.1 创意与创业机会

(1) 创意

有人说创意是好主意、新点子、新灵感、新感觉；有人说创意是已有元素的重新组合；还有人说创意是打破传统框架的新思维。总之，任何新的思想观念及事业的开创都需要有新的创意。知识经济条件下，创意已经作为一种产业的基本内核产生并发展起来。

从词性来看，创意作为名词，是指创新性或原创性的想法，具有创造创业的目标指向；作为动词，是指将抽象的概念转化为某种可操作性的具体的创造创业行为，把理念转化为事业。有价值潜力的创意具有以下几个特点。

独创性。独创性体现了新颖性。可以是新技术、新材料等的发明创造；也可以是一些问题的解决方案；还可以是管理手段、管理方式、管理模式的创新等。

价值性。创意的核心是要有价值性。好的创意能够给创意者、投资者、消费者、生产经营管理者等利益相关者带来价值或附加价值。创意价值的实现必须通过市场检验。

实用性。创意的价值不是空想，虚无缥缈，而是具有真实的实用价值。创意通过开发可以转化成市场需要的满足消费者需求的产品或服务，促进经济社会可持续发展。

满足了独创性、价值性和实用性的创意就能够创业了吗？为什么现实中具有上述特征的创意不少，但真正被视作创业机会的创意却是珍稀的呢？这就涉及创业机会的一个核心特征，那就是商业价值的考量。

(2) 创业机会

创业的核心是创业机会。创业机会是具有商业价值的创意，是一种特殊的商业机会。

创业机会是指那些具有较强吸引力的、较为持久的、有利于创业的商业机会，创业者据此可以为客户提供有价值的产品或服务，并同时使创业者自身获益。

创业机会是具有商业价值的创意，是一种特殊的商业机会。

创业机会就是一个可以在市场环境中行得通的创意。这个创意对应将要提供的产品或服务不但能给某些人带来实际的好处和用处，而且可以创造利润。缺乏受众的创意肯定不是创业机会，不能创造利润的创意也不是创业机会。

关于什么是创业机会，不同的学者有不同的看法和观点。

英国雷丁大学经济学教授马克·卡森（Mark Casson）认为，创业机会是一种新的"目的—手段"关系，它能为经济活动引入新产品、新服务和新组织方式，并能以高于成本价出售的市场情况。

所谓"目的"指的是创业者计划服务的市场或要满足的需求，表现为最终产品或服务；所谓"手段"指的是服务市场或满足需求的方式，表现为用于供给市场最终产品或服务的价值创造活动要素、流程和系统。

卡森教授的观点指明了创业机会的现实过程，较为准确地刻画了这一社会活动运行的特质，为在校学生学习掌握创业机会提供了更清晰的观察视角。

在一个完全自由的市场体系中，创业机会的出现往往是因为创业者准备进入的行业和市场上存在潜在机会，这是商业环境的变化、市场体制不协调或不健全、技术的落后或领先、信息的不对称及市场中其他各种因素影响的结果。

当下，"大众创新、万众创业"是政府提出的推动经济发展的重要驱动力手段，中国将开启一个创业的新时代，互联网、物联网、大数据和云计算等引领的技术变革正在衍生出数以万计的创业机会。

创业的根本目的是满足顾客需求。顾客的需求没有获得满足就是问题，问题在哪里，机会就在哪里。

例如，阿里巴巴公司发现现有的银行信用卡支付十分不便，这种不便隐含着商业机会，阿里巴巴公司看到了这个机会，因此创办了支付宝。

即使有支付宝这种便捷的支付方式，腾讯公司还是开辟了新的应用场景，发现了支付场景下的新问题：人们的社交活动和支付活动的重合，尤其是偶然的一对一的小额支付行为更高频。这种以社会交往为基本平台，搭载小额支付功能，催生了微信这一巨大的创意，后又转化为创业机会，并为后来此模式下的商业创新创造了平台。

智能手机、网约车平台、移动支付、共享自行车等新事物的出现不仅使创业者发现了市场空缺或竞争环境下的消费者需求的商机，也创造出一系列连消费者自身都没有意识到的所需要功能或服务。创业机会存在于外生的客观环境中，等待有特质、有创业警觉性或者认知差异的个体去发掘，这是创业机会的主流。

通常，新企业产生的过程为：商业创意—商业机会—新创企业。在这个过程中，商业创意是发掘商业机会的开始。

一般来说，创业机会是指创业者可以利用的商业与社会发展机会。

（3）从商业创意到创业机会的转化

所谓商业创意，是指商业行为中的创新主意，也就是应用于商业中的一些点子。

在创业实践中，创业者往往有很多创意和新想法，但并不一定会产生具体的创业项目。也就是说，全世界每天都有成千上万的创意产生，但最终变成事业的却屈指可数，其中的许多创意都夭折在了"最初一英里"阶段。

美国畅销书作家斯科特·安索尼（Scott D. Anthony）还曾经在2015年专门写过一本书，名字就叫《最初一英里》，告诉创业者和创业团队如何把创意变为赚钱的商业模式，如何进行创意管理让过程成本更低、效率更高。有人认为商业机会就是创业机会，实际并不尽然，创业机会仅仅是适用于创业的商业机会。创意是实现某种目的的可行的突破口、切入点、环境、条件等；商业机会则是实现某种商业盈利目的的可行的突破口、切入点、环境、条件等。商业机会分为两类：一类昙花一现，这是一般性商机；另一类会持续一段时间，且不需要较多初始投入，这才可能是适于创业的商业机会，即创业机会。

① 商业创意转化为商业机会

商业机会是创业行为的起点。商业机会也称市场机会，是指有吸引力的、能实现某种商业盈利目的的、适时的商务活动的空间。

一个人只有在发现商业机会后，才可能进一步考虑能否配置到必要的资源，以及利用这个商业机会能否最终盈利。如果可以，则这个商业机会对于这个人而言就成为创业机会，进而就可以决定是否开始进行创业。

创业过程始于商业机会，而不是资金、战略、网络、团队或商业计划。开始创业时，商业机会比资金、团队的才干和能力及适合的资源更重要。商业创意来自创业机会的丰富和逻辑化，并最终演变为商业模式，好的商业模式对社会资源具有极大整合力。

商业机会往往是由消费者未能满足的消费需求引发，这种未能满足的需求导致了可以给顾客提供更多价值产品和服务的机会。可是，一个好的想法未必是一个好的商业机会。可能你通过一项新技术发明了一个非常有创意的产品，但是市场可能并不需要它。事实上，过去有超过80%的新产品开发是失败的，很多发明家的想法听起来很好，但是经受不住市场的考验。将一个好想法或创意转化成商业机会，主要标准是有市场需求且能获得利润。

10年前，随着女性消费群体的兴起，人们在各种品类中专门新增了女性款。有家牙膏生产企业以为抓住了机遇，推出"牙膏分男女"。显然，这个创意并不被市场认可。产品推出后昙花一现，企业蒙受了巨额损失。

② 商业机会转化为创业机会

创业机会有三个重要特点：一是可持续一段时间；二是市场会成长；三是创业者有条件利用。

毫无疑问，成功创业是建立在对于创业机会的发现、构建与把握的基础之上的。机会的产生往往与很多创意、新想法有关，它们之间不是一对一的对应关系。创业机会与商业或事业的成功也不是一对一的对应关系，机会有很多，只要把握住其中之一，就能促成某项商业或事业的成功。

机会是客观存在的。从机会的产生角度看，机会代表着一种可能性，创业者通过资源整合，满足市场需求或满足顾客某种价值要求，以实现市场价值的可能性；从机会获取的角度看，机会反映着创业者寻求创业的潜在价值；从机会来源角度分析，创业机会实际上是新技术、新产品、新材料、新服务，甚至是一种新的组织形式等，企业家以敏锐的眼光发现认知机会，并经过各种资源优化配置，进而实现产品或服务的价值创造。

创业机会实际上是一种可能的未来盈利或价值创造的机会，这一机会需要有实体企业或者实际的商业行动的支持，通过各种资源的优化配置、具体的创业经营措施来实施，以实现预期的盈利或价值目标。

7.1.2 创业机会的主要特征

创业机会的核心特征表现为具有商业价值的创意。从某种意义上说，创业机会是创意的一个"子集"。创业机会可以满足创意的诸多特征：来源广泛、具有较强的创新性、未来的发展不确定。

但是，创业机会拥有大多数创意所不具备的一个重要特征：能满足顾客的某些需求，具有商业价值。这一特征使有价值的创业机会得以从众多创意中脱颖而出，成为创业者关注的焦点。有商业价值的创意有两个特性：有用性及可行性。

因此，从众多创意中寻找值得关注的机会，是创业者选择创业生涯、实施创业战略的第一步。而创业机会具有吸引力强、持久、适时的特性，它根植于可以为顾客或用户创造或增加价值的产品或服务中。

创业机会的主要特征可概括为以下几点。

① 营利性

这包括两层含义：一是营利性是创业的基本要求。营利性是创业者创业的基本动机，即吸引创业者创业的原动力；二是创业机会的营利性是潜在的，需要通过创业活动把潜在营利性转化为现实营利性。

营利性是创业机会存在的基础。创业者追逐创业机会的根本目的是基于创业机会组建企业，进而获得财富或者利用财富实现人生价值追求。如果创业机会不具有营利性，机会也就不是创业机会了。同时，创业机会的营利性是潜在的。对于这种潜在营利性的理解尤其需要创业者拥有一定的知识和技能，同时也需要相关领域的实际经验。因此，这也为创业机会的评价和识别造成一定的难度。很多创业机会看起来似乎具备盈利可能，但是经过仔细推敲之后却发现是虚假的信号。因此，在创业机会的识别和评价方面，创业者需要投入更多精力。

② 实效性

创业机会具有很强的实效性，需要依托实体企业或者具体的商业行为来把握商业机会。

创业机会需要具体的商业行为来实现。现实中，富有价值的创业机会具有很强的实效性，如果没有及时地把握住，一旦时过境迁，原有市场不复存在；或者已经有其他创业者抢先一步占据市场先机，原先具有巨大价值的创业机会也会沦为无价值的一条市场信息。

③ 适时性

创业机会表现出适时性。创业者如果不能快速把握，适时地给出解决方案（哪怕方案不完美），解决社会迫切需要突破的问题，而纠结于完美方案，则可能面临新技术等的快速迭代使得问题被消弭。快速行动比完美解决更重要。

④ 存在"创业机会之窗"

创业机会存在"创业机会之窗"，一般发生于企业生命周期的早期发展阶段，在理论与实践中，称为"创业机会之窗"。

创业者在将创业机会转为商机时，不仅取决于个人的决心，还取决于许多外部环境和内部条件，创业环境及拥有的资源状况。如果主观条件不具备，也会限制和影响创业行动的实施。因此，在创业机会的识别和开发上，创业者应做好各方面的准备工作，一旦发现有价值的创业机会，应立即决断，抢占市场，实施创业行动。

我们将在后续的学习中学习掌握如何挖掘和发现"创业机会之窗"。

⑤ 潜在价值

创业机会是客观存在的，但是动态变化的创业机会及其潜在商业价值依赖于创业者的开发活动，也就是说，创业者及其各类相关者积极加入机会识别中来，不断创新开发创业思路或点子，创业机会的盈利模式才能逐步可行，并建立起新兴企业。如果创业者的创业方案与创业机会不能得到很好匹配，甚至严重失误，创业机会的潜在价值就不能实现。

创业机会的潜在价值能够不断开发和提升。创业机会的潜在价值依赖于创业者的开发活动，也就是说创业机会不是被发现，而是被"创造"出来的。创业机会的最初形态很可能仅仅是一些散乱的信息组合，只有创业者及创业过程的各类利益相关者积极地参与机会识别，不断磨合各自的想法，创业机会的基本盈利模式才能逐步形成，并且最终成为正式的企业。因此，创业机会的潜在价值具备很强的不确定性，它会随着创业者的具体经营措施和战略规划而发生变动。如果创业者的战略方案与创业机会的特征得到良好的匹配，创业机会的价值就能够得到很大提升，创业活动也能够获得较好的效果。如果相关战略方案与创业机会的特征不匹配，甚至产生严重的失误，那么即使创业机会潜在价值很大，也无法得到有效机会，甚至引起创业失败。

7.1.3 创业机会的类型

从不同角度可以将创业机会划分为不同类型。

（1）从表现上划分

创业机会在其表现上，可以分为显性机会、隐性机会和突发机会。

显性机会。指在目前的市场上存在明显的没有被满足的现实需求，这是表面的市场机会。显性机会是大家都很容易看到的，但这种机会如果很快就消失，它也可能是一个陷阱。人们判断这种机会，就要看它是不是一直存在，是不是可以商业化或者通过怎样的商业化可能把它持续化，这种机会对自己可能是一个机会，对其他人是不是机会同样大，为什么这种显性机会会一直存在，这些问题的回答和解决取决于机会的持续性和实现这一机会的资源、成本、独特能力及环境等各项条件。如果基本条件具备，那这就是天赐良机。

隐性机会。现有的产品种类未能满足的或尚未完全为人们意识到的隐而未见的需求，就是隐性机会。隐性机会也是潜在的市场机会，发现和识别潜在的市场机会比识别显性机会需要更强的判断力和更多的行业经验。另外，潜在的市场机会是通过识别征兆而来的，创业者要能在变化的因素中发现代表未来趋势的征兆。具有开创新时代的创业者往往具有对未来趋势准确把握的能力，在新事物出现征兆时就能够迅速地识别。

突发机会。有时会有一种突发的变化造成一种不平衡，由此而带来一个新的机会，这种机会常被人们叫作突发机会。它是指一种由外部的突发性变化而带来的机会，但这种机会往往也是一闪即逝的。如何把握这种机会，并由此使得这种机会成为可持续性的机会，是一个重要问题。

（2）从来源上划分

通过对众多企业创业的案例分析发现，创业机会的来源大致归为以下几个方面：顾客或者用户、同业企业、分销渠道和政府管理部门。

顾客或者用户。顾客或者用户是创业者最应关注的，在这方面，几乎所有风行市场的产品的掌舵者都充分了解顾客和他们的用户，他们都曾经在产品进入市场之前就与顾客有大量的接触。这就使得他们的产品能很好地满足顾客的潜在需求。他们在与顾客的接触中了解顾客对于现有商品的看法，从中得到真实的信息。与顾客接触大都采用个人的非正式的方式，也可采用较为正式的顾客座谈等形式，使顾客可以在不同场合表达他们的意见和看法。如果能从不同顾客中看到大体一致或具有相同倾向的意见，而产品可以解决这些问题，说明该产品的市场机会足够大。

同业企业。业内人士对于其产品更为了解，所以对业内企业的研究可以让你事半功倍。由于对企业跟踪的成本比较高，对行业较为熟悉或有专业能力的创业者可以对市场上对手的产品、服务进行跟踪、分析和评价，由此发现市场上产品的优劣，并且有针对性地改进产品或开发新产品，这样就有可能发现较大的市场机会和开创新的市场机会。

分销渠道。对顾客的把握，分销商是最了解的，因为他们整天与顾客打交道，知道顾客和市场的需求，所以他们对产品的看法可能比单个的顾客更为清晰和准确。因此，创业者不仅要与顾客交流，还要与分销商进行交流，倾听他们的建议。他们的建议中不乏真知灼见。

政府管理部门。与政府机构的交流常常被创业者忽视，其实这也是发现创业机会的重要来源。与政府机构接触，创业者可以及时了解政府政策，而政府政策不仅包括政府管制，同样也包括政府支持，这两方面都包含巨大的商业机会。创业者了解政府的工作重点，解决政府因成本过高而不愿意做的事情，也会得到政府的大力支持；政府相关部门有很多全面的其他信息，这对整体把握市场也很重要。

（3）从来源和特性的结合划分

按创业机会来源和特性相结合划分，创业机会分为问题型机会、趋势型机会和组合型机会三种类型。

问题型机会。问题型机会指的是由现实中存在的未被解决的问题所引致的一类机会。问题型机会在人们的日常生活中和企业实践中大量存在，如顾客的抱怨、大量的退货、无法买到称心如意的商品、服务质量差等，在对这些问题的解决中会存在着价值或大或小的创业机会。

趋势型机会。趋势型机会是在变化中看到未来的发展方向，预测到将来市场潜力的一类机会。趋势型机会一般出现在经济变革、政治变革、人口变化、社会制度变革、文化习俗变革等多个方面，一旦被人们认可，它产生的影响将是持久的，带来的利益也是巨大的。

组合型机会。组合型机会是将现有的两项或两项以上的技术、产品、服务等因素组合起来，实现新的用途和价值而获得的创业机会。

现实社会中大部分的商业机会都是组合型机会。大学生可以从身边出发，通过自己的创新思维将现有产品或服务进行整合，更好地满足市场需求，实现自己的创业梦想。

（4）从市场—产品组合的角度划分

从市场和产品两个角度划分创业机会的类型如下。

市场型。可进一步细分为以下三种类型：面向现有市场的创业机会。如迈克尔·戴尔（Michael Dell）面向已有的计算机市场，通过组装计算机、客户直销、零库存、减少销售中间环节，获得更高效益，取得成功。面向空白市场的创业机会。空白市场是未开发的市场，如农村大型连锁超市开发等。面向全新市场的创业机会。如新产品市场无竞争对手，无经营模式可循，要开发全新市场需要特别注意市场的成长性，通过促销手段把市场规模做大。

产品（或服务）转型。可进一步细分为以下三种类型：一是提供现有产品的创业机会。虽然产品无改进和创新，但有市场、有空间、有机会、有需求，那么创业机会就有一定的可行性。面对这种类型的创业机会，务必预防与能力强的对手进行直接竞争，而要尝试把核心关注点放到新市场、新空间。二是提供改进产品的创业机会。改进产品（或服务）分为较小、中度、重大三个层次。较小的改进，可以把创业重点投放到更精准的客户群体或者是追求更个性化体验的客户群体。中度的改进，创业者可以把重点投放到改进产品＋新市场组合，或者是原来客户群体的升级开发。重大的产品改进则意味着获取新的更大市场的可能性。如打字机—电子打字机—计算机文字处理系统，使改进后的产品不断提供创业机会。三是提供全新产品的创业机会。全新产品是市场上从未有过的产品，风险大但价值也大。

7.2 创业机会的识别

著名现代管理学之父彼得·德鲁克根据产业的发展,提出机会之窗理论。创业机会之窗,是指产业的发展有一个生命周期,在产业刚刚产生时,人们并不了解该产业,所以在市场上规模很小或者几乎没有顾客群,而到了大家开始认识其价值时,该产业会出现爆发式增长,这时产品和行业都进入了高速成长期。

对于创业者来说,进入期是最难的,这个时期最大的问题就是如何生存下去,并且一方面要完善产品,另一方面要宣传产品,这时的机会非常小。而到了成长期,机会突然增大,德鲁克把它比喻为机会像打开了一扇窗户一样。所以这个现象被取名为"机会之窗"。而到了成长期结束前,会有更多的企业涌入,这时产业成长的空间越来越小,大淘汰开始了,机会之窗就自然关闭了。

7.2.1 "创业机会之窗"的来源

有人认为,"创业机会之窗"的来源纯属偶然,这种偶然不是创业机会的常态。即使有偶然性,因创业者准备不足,导致创业活动急忙上马,从而使创业活动夭折的可能性很高。因此,"创业机会之窗"的识别与开发并非"守株待兔",而是需要创业者平时的积累,并做好各方面的准备,才能够准确地抓住商机,使偶然变为必然。

一般来说,经济社会发展过程中,总是伴随各种各样的变革,包括政治和制度的变革,社会转型和经济结构变革,技术变革,人口结构的变革,产业结构的变革,社会文化的转变等,每一次的变革都会带来新的"创业机会之窗"。总之,创业来源于运动变化,没有运动变化,就没有"创业机会之窗"来源。

英国利兹大学威克姆教授编著的《战略创业学》写道,"创业机会之窗"的发现开发,主要通过新产品、新服务、新的生产方式、新的经销渠道、改进服务、建立人脉关系等方面表现出来。寻找"创业机会之窗"主要是通过启发式探索即分析市场特征、产品特征、买家特征,并综合分析相互的关键关系发现新的商业机会,运用定量与定性的综合分析寻找商业机会。

从经济角度来看,一般创业机会来源主要是从供给与需求角度分析找到创业机会,也可以从新发明、新产品、新材料、新市场、社会变动、政治变化等中寻找到机会来源。"创业机会之窗"来源一般来看主要表现为以下几个方面。

（1）市场环境等方面的变化

创业机会产生于市场环境的变化。市场供求变化及市场结构的变化会出现新的创业机会。创业者应特别注意从宏观层面对创业机会的把握。比如，供给侧结构变化、城市化加速、人口结构变化、老龄化社会、居民收入水平和消费水平的变化、产业结构变化及发展趋势、消费结构升级、人们思想观念变化、政府政策的变化等。

在把握上述宏观环境变化的同时，也要有重点地对创业机会方向进行寻找，特别是注重变化比较大的方面，更易寻找到新的商机。中国已经进入老龄化社会，到2025年，中国每10人中就有3.5人是老年人，为老年人服务的创业机会有许多，需要进行市场细分，把握新的"创业机会之窗。"另一方面，少子化及单身独居现象的增加，使得消费者对个人品质生活涉及的各类消费品尤其是发展性需求方面的消费品的追求将快速迭代。

（2）新产业的出现和新技术的发明

新的知识和新的技术往往能带来新的产业，创新使新产业能满足消费者的需求。新产业出现后，带来许多新的创业机会，形成新的创业热潮。但盲目追赶新潮流趋势的背后，也存在一定的风险。有的创业者盲目创业，却酿成苦果，如网络泡沫等。但许多新技术发明带动了新创产业发展，比如以IT产业为核心的新技术，成就了硅谷，使其成为创业者的天堂，造就了许多成功人士，在实现人生价值的同时，也推动了美国经济的持续发展。因此，判断新产业出现所带来的创业机会是否可行，需要深入分析新兴产业的规模、结构、市场供求关系等，然后做出创业决策。如利用互联网学习技术对传统行业进行融合，在饮食行业利用App等新技术进行销售，在互联网订餐等。

（3）产业与市场结构的变化，产生新的商业模式

一个产业的生命周期要经过初创、成长、成熟、衰退期，产业在发展过程中，要经过波特提出的五种竞争力（潜在入侵者、需求方、供给方、现有企业竞争者、替代品）的博弈，并使市场结构发生重大变化，给创业者带来新的商机，并产生新的商业模式。如网络的出现带来B2B、B2C模式等。新的商业模式或改进的商业模式，使创业者更加重视企业发展战略规划，做好应对竞争者的挑战。新的商业模式可来自创业者工作经历、学识、创业经验、竞争对手存在的问题等。当然商业模式是否可行，还有待在市场竞争中考察验证。

（4）消费者提出的新价值诉求

创业的根本目的是满足用户需求，实现自我价值和社会价值。创业价值就在于能否为消费者创造价值或附加价值，因此，创业者如果更多的是从消费者角度出发，将更易于抓住商业机会。

按照市场环境的变化、新技术发明及产业结构变化、商业模式的开发、客户价值的诉求来认识创业机会的来源，体现了以市场作为配置资源的决定性作用，从宏观到微观、从间接到直接的创业活动过程，基本符合人们的认识规律。如消费者强烈要求解决食品安全问题，这一新的价值诉求必然孕育着新的创业机会。

（5）新经济、新业态、互联网+

新经济和新业态的出现，一定会产生新的创新创业机会，新的互联网+创业模式会在许多行业中、企业内外产生大量的多种方式的创业机会，是未来"创业机会之窗"来源的主渠道。

学界还需进一步采用思维工具来描绘创业机会的来源，从而更为精准地挖掘出具有显著商业利益的创业机会。

7.2.2 创业机会的来源观察

创业机会的来源观察，是指从能够相对聚焦的单一维度去观察客观世界的变化，提炼出具有创业机会核心特征的若干机会。

美国凯斯西储大学的谢恩提出：创业机会主要来源于四种变革，分别是技术变革、政治和制度变革、社会和人口结构变革及产业结构变革。

（1）技术变革

技术变革带来的创业机会，主要源自新的科技突破和社会的科技进步。通常，技术上的任何变化，或多种技术的组合，都可能给创业者带来某种商业机会。技术变革一般表现为以下三种情形。

新技术替代旧技术。人类社会的发展史就是一部科技进步史。旧技术在运行中会不断自我迭代；新问题的出现会导致旧技术失去应用的可能性。组织或者个体会保持积极需求新技术的研发，一方面是追求效率的本质冲动，另一方面是来自外部的不断挑战。当在某一领域出现了新的科技突破和技术，旧技术的淘汰和新技术的未完全占领市场，暂时出现市场空白。

实现新功能。创造新产品的新技术的出现无疑会给创业者带来新的商机。如互联网的发明伴随着一系列与网络相关的创业机会的出现。传统导航软件大量占有客户移动终端之后,以之为平台的指向性功能被迅速放大。凡是需要在空间上呈现或者组合呈现的信息都簇生出一大批新的应用软件和创业公司。

新技术带来的新问题。多数技术的出现对人类都有既有利又有弊的两面性,即在给人类带来新的利益的同时,也会给人类带来某些新的问题,这就会迫使人们为了消除新技术的某些弊端,再去开发新的技术并使其商业化。

技术变革使人们可以做新的事情或者以更有效率的方式做从前的事情,如互联网技术的出现,改变了人们沟通的方式,沟通更快捷、更有效率。不是所有的新技术都对新企业有利。研究发现,小规模、个性化生产的弹性(柔性)制造技术和"数字技术"更适合新企业的建立。

(2) 政治和制度变革

随着经济发展、科技变革等,政府必然会不断调整自己的政策,就可能给创业者带来新的商业机会。政策的变革也清除了很多不利于生成新企业的障碍,使得创业者的创业成本大大降低,原来无利可图的创业项目变得有利可图。

政策也可能通过强制增加需求的方式创造出新的商机,如强制使用汽车安全带、婴幼儿安全座椅。

政府政策的改变可以为新企业带来机会,如对某些行业进入限制条件的放宽(如民用航空、资源开采等)。

政府采购政策的导向(对科技型中小企业、创造大量就业的企业)有可能为新企业带来机会。

(3) 社会和人口结构变革

社会和人口结构变革产生出创业机会。人的需求是变化的,不同时期的社会和人口因素的变化会产生不同的需求。随着现代社会的快速发展,这种变化中的需求更加明显。

社会和人口是紧密联系在一起的,社会文化的变革也是创业机会产生的引擎。随着国家实力的增强,我国文化产业的相关市场也得到了蓬勃发展,越来越多的外国人学习中医、太极拳和中华传统文化,中药、中国结和唐装等中国文化产品在国外的市场也越来越大。近年来随着我国政府的开放政策,例如2024年的144小时免签入境政策,许多人更为自由地来到中国,需要国内企业或者创业者迅速捕捉他们的需求并尽力满足。

社会和人口因素的变化改变了人们对产品和服务的需求，需求的变化就带来了产生新事物的机会。如大量女性人口加入就业领域，创造了家政服务业和快餐食品业的市场机会；单身女性人数的大大增加，使得安全和高品质出行服务的需求上升；预期寿命的不断延长，快速引起社会关注和对未来服务创新的预期；人口寿命延长伴随的老龄化问题，创造了老龄用品或者银发市场；一人户家庭数量的上升，使得宠物及其周边需求激增；空巢老人及其照护问题迫切需要社区服务改变其原有的服务类型；人口流动性大大增强，使得社会性企业的需求被放大。

（4）产业结构变革

产业结构变革影响创业机会，它是因企业消亡、企业吞并或互相合并等原因而引起的变化，进而改变行业的竞争状态。

当期市场供给缺陷也能产生新的商业机会。非均衡经济学认为，市场是不可能实现真正的完全供求平衡的，总有一些供给不能实现其价值，因此，创业者如果能发现这些供给结构性缺陷，同样可以找到用来创业的商业机会。

创造其实是想法的连接。有人说，中国所有的生意都值得重做一遍，都可以重做一遍。你怎么看？

7.2.3　创业机会识别的方法和技巧

（1）创业机会识别的方法

创业机会的识别方法，主要有以下五种。

① 发现痛点，解决问题式

创业的根本目的是满足顾客需求，而顾客需求在没有满足前就是问题，寻找创业机会的一个重要途径是善于发现和体会自己和他人在需求方面的问题或生活中的难处。

例如，上海有一位大学毕业生发现远在郊区的本校师生往返市区交通十分不便，便创办了一家客运公司；有人发现高端商务区中小规模企业员工就餐难，而一般外卖服务或者公司个别食堂都存在错位的供需问题，从而有针对性地创立了精准定位的中档商务餐定制配送公司，日均管理上万份精致的工作日午餐客户订单；双职工家庭没有时间照顾小孩，于是有了家庭托儿所；上班族没有时间买菜就产生了送菜公司等，这些都是把问题转化为创业机会的成功案例。

② 洞察变化，对比解析式

创业的机会大都产生于不断变化的市场环境，环境变化了，市场需求、市场结构必然发生变化。著名管理大师彼得·德鲁克将创业者定义为那些能"寻找变化，并积极反应，把它当作机会充分利用起来的人"。

例如，居民收入水平提高，私人轿车的拥有量将不断增加，这就会派生出汽车销售、修理、配件、清洁、装潢、二手车交易、陪驾等诸多创业机会；人口结构变化可以产生为老年人提供健康保障用品、为独生子女提供服务、为年轻女性和上班女性提供化妆用品、为家庭提供文化娱乐用品等。

③ 创造创新，发明突破式

创造发明提供了新产品、新服务，能够更好地满足顾客需求，同时也带来了创业机会。如随着计算机的普遍应用，计算机维修、软件开发、计算机操作培训、图文制作、信息服务、网上开店等创业机会随之而来。进一步伴随计算机的升级换代，以计算机技术为基本技术环境的各类硬件开发，如3D打印及其配套服务，几乎在重现计算机普及过程中可能出现的各类创造发明及伴生的创业机会。

④ 先破后立，弥补竞争对手的缺陷

机会并不只属于高科技领域，在运输、金融、保健、饮食、流通等传统领域也有机会，关键在于如何开发。看看你周围的公司，你能比他们更快、更可靠、更便宜地提供产品或服务吗？你能做得更好吗？若能，你也许就找到了机会。

⑤ 小众即大众，关注顾客差异

每个人的需求都是有差异的，如果我们时常关注某些人的日常生活和工作，就会从中发现某些机会。

因此，在寻找机会时，可以把顾客分类，如政府职员、事业单位工作人员、自由职业者、小学生、单身女性、退休职工等，认真研究各类人员的需求特点，自然会发现机会。以聚焦的方式观察顾客差异，不要执着于大市场、大规模，那么细心挖掘出来的顾客差异就会是真实存在的大众市场。

除了上述五类创业机会识别的方法，还有以下三种创业机会识别的技巧。

（2）创业机会识别的技巧

① 综合模型，对应评判

综合前述学习，创业者可以尝试在四大宏观领域，从上述五种方法入手，聚焦，勾勒创业机会雏形（表7-1）。

表 7-1　创业机会识别综合模型

	问题	变化	创造发明	竞争对手的缺陷	顾客的差异
技术变革					
政策制度变革					
社会和人口结构变革					
产业结构变革					

② 紧跟趋势，追随头部企业

行业内的头部企业，尤其是互联网+行业内的标杆性企业，往往掌握趋势密码。为了保持领导地位，企业当局无论是对外的资源投入，还是内部的部门研判，都具有外部人士尤其是创业者无法比拟的优势。追随者策略，是模仿自然生态领域生存的有效策略之一，在识别创业机会的时候，可以大量研读大厂报告，新闻发布会，创始人或其高管团队出席和参与的重要会议或者场合，关注他们的动态；也可以观察大企业投资或者注资的行业或者领域，寻找可能的创业机会。

③ 拟态策略，亦步亦趋

现实中刚刚兴起的某些创业机会或者商业机会，在观察的基础上，以小规模跟随的方式试水；采取模拟、跟随的策略，亦步亦趋练就自身对机会的敏感性；通过自然界生物生存的拟态策略，获得机会识别的基本技能。一是识别该机会可能的市场；二是识别该机会需要的资源；三是识别该机会依赖的核心业务；四是识别该机会聚焦的客户对象。

当创业者能够利用望远镜一样的视角，从宏观和中观视域尝试去发现创业机会，接下来就是必须聚焦，用一系列更精准的工具去打开"创业机会之窗"。

7.3　创业机会的评价

7.3.1　系统分析法

管理大师德鲁克运用系统分析法，提出挖掘"创业机会之窗"来源的方式，共有以下七种：

经由分析特殊事件来挖掘创业机会；

经由分析矛盾现象来挖掘创业机会；

经由分析作业程序来挖掘创业机会；
经由分析产业与市场结构变迁的趋势等来挖掘创业机会；
经由分析人口统计资料的变化趋势来挖掘创业机会；
经由价值观与认识的变化来挖掘创业机会；
经由新知识新技术的产生来挖掘创业机会。

7.3.2 一般指标体系

"创业机会之窗"识别过程是一个从感性到理性的认识过程，也是一个不断调整的动态过程。因此，运用什么样的筛选评价指标体系评价创业机会存在一定的模糊性。但如果没有较为科学的评价指标体系，那么创业机会识别无法给予一个科学判断。因此，创业机会筛选评价指标体系的建立是十分必要的。

这里主要介绍一种一般环境分析的筛选方法。

依据谢恩的观点，创业机会主要来源于四种变革，分别是技术变革、政治和制度变革、社会和人口结构变革及产业结构变革。

综合学者们的创见以及在实践中的锤炼，最精简的筛选也必须从创业机会的外部环境、内部条件和成长预期三个方面进行系统全面的评价，更有利于筛选出价值更大的创业机会，只有把三个方面综合统一起来进行评价，才能比较准确地把握筛选出来的创业机会，实施有效的创业。

(1)"创业机会之窗"的外部环境分析

创业机会的外部环境分析是创业过程最重要的工作，创业者在创业机会筛选评价中，特别要关注创业机会的外部环境的发展，必须考虑外部环境是否有利于创业机会的商业价值，创立新企业后也要根据外部环境的变化制订可行的创业机会开发方案。

外部环境一般可以分为外部宏观环境和外部微观环境。

① 外部宏观环境的分析（图7-1）

政治环境分析。从国家的政治法律方面考察市场环境特征。如国际关系、国家与政体、政治稳定、方针政策、法律法规规范、对企业组织活动的特别限制和要求、是否对有些产业政策上给予倾斜等，这些都对创业者创业产生直接的重要影响。

经济环境分析。可以从宏观与微观经济环境两个方面去分析。宏观经济环境包括：国家宏观经济政策、经济基础结构、城镇化程度、国家的人口数量及其增长变化趋势、宏观经济走向、国民收入状况、国民经济发展水平、发展速度指标等。

技术环境分析。包括国家或地区对科学技术的投入及各种政策支持状况，企业所处产业的技术水平和未来发展趋势。对高科技创业活动来讲，识别技术环境特别重要。

社会环境分析。指的是国家或地区范围内的价值取向、教育文化水平、宗教信仰、居民风俗习惯、审美观念等。社会环境对新创企业的企业文化有直接影响。

生态环境分析。指的是人与自然和谐，保证人类可持续发展的外部生态环境分析。生态环境主要包括：水、空气、土地、沙化程度、气候、资源、能源等生态平衡。不能以牺牲环境为代价获取发展，要运用一系列环保手段保证生态环境不被污染，或把污染降到最低限度，化解生态危机，促进生态、经济持续健康发展。

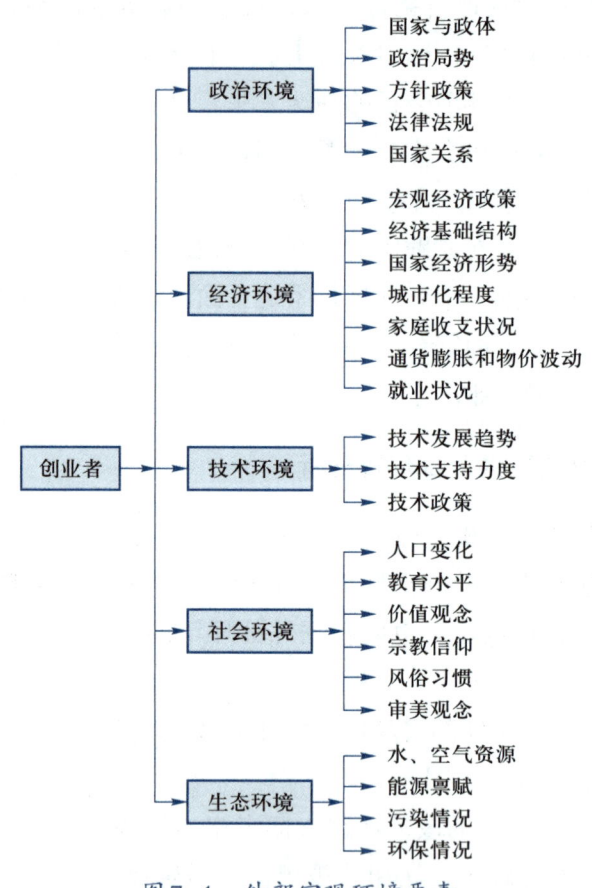

图 7-1　外部宏观环境要素

美国"硅谷"、中国中关村创业园都具备"鼓励创业，容忍失败"的文化氛围。中关村独创出留学生创业服务体系；全方位人性化的服务体系；高效务实的创投孵化体系；共建大学，科研院所，资源共享体系；项目融资，推介体系；政府资金支持体系。政策环境、人文环境、资信环境、人才环境、融资环境五大环境越来越好，使更多留学人员回国创业。

② 外部微观环境（产业环境）的分析

产业环境对创业活动的影响更为直接，产业环境分析常用的是迈克尔·波特的五力竞争模型。

在战略分析方面应用较广。创业中的竞争者或多或少都必须应对上述五种力量的威胁，创业者在创业时需要分析五力构成、状态，并进行分析评价。

（2）"创业机会之窗"的内部条件分析

内部条件是创业机会能够得以开发所必备的。虽然外部环境分析非常重要，但缺少必要的内部条件，创业活动也会失去动能，甚至无法实施创业活动。内部条件是否适应或达到选择实施创业机会的项目开发运作，需要进行全面系统的分析，内部条件分析主要从四个方面展开。

① 产品（服务）的分析

产品层面的分析主要考察创业机会自身的内在属性，产品（服务）是否具有一定的创新性、是否满足市场顾客要求、是否具有独特价值等。

创业机会的产品分析主要包括两方面的内容：一是创业机会的产品独特性，这是占领市场的基础。雷同产品很难吸引顾客。独特性包括产品性能、包装、标识、品牌、售后服务等方面。二是创业机会的产品创新程度。主要是从技术角度评价创业机会。技术优势可构建起市场优势，否则创业者的竞争优势难以存在或巩固。

② 创业团队分析

创业团队是支持创业机会开发的人的因素。在分析创业团队要素时，重点思考以下几个方面：创业者组织怎样的创业团队开发创业机会；团队的分工与合作；团队成员的价值取向及统一目标；是否有合适人选保证创业开发方案实施到位。

创业机会是普遍存在的，但为什么有的人能识别并抓住创业机会，而有些人却不能识别，看不到创业机会呢？从大量的创业成功与失败的案例中，针对创业团队构建和识别，归纳出以下五个主要因素。

先前创业或实践经验（或历史经验）。是指某个人先前的创业或工作经验有助于识别本行业内的创业机会，或识别出高度专业化的市场需求或用户新的价值诉求。这些人比行业外的人更容易看到"创业机会之窗"。

认知能力因素。机会识别是一种认知过程，有的人凭借特殊的"敏感""警觉""第六感"，就可以发现新的商机，这种认知能力比一般人强很多，是一种习得性的技能。这种能力是在不断反复实践的基础上后天获得的。认知能力越强，获得的创业机会就越多。

人际关系网络。个人社会关系网络的广度与深度影响创业机会的识别。拥有更多更广人际关系网络的人比没有或少有关系网络的人，更容易获取更多的创业机会和创意。

创新创造性。机会识别是一个创新创造的过程，是持续不断地创造性思维发散的过程。创新创造性思维能产生更多的新思路、新创意，从而能寻找识别出新的创业机会。

互联网＋新思维。是否具有互联网＋新思维对识别创业机会影响很大。有新经济、互联网＋新思维的创业者，在寻找"创业机会之窗"方面有更多的优势，其创业成功的概率和获得的回报会更大些。

③ 创业资源的分析

资源要素是支持创业机会的物的因素。在分析创业资源要素时，重点思考以下几个方面：创业资金来源，创业者能够投入多少；新创企业建立后，创业者又通过什么渠道获取新资源；企业内部怎样使资源使用效率最大化；资源缺失，新企业怎样应对。只有创业者充分考虑了企业的资源获取方式及可能，并实现资源最优配置，才能支持创业机会的发展需要。

④ 商业模式的分析

这是支持创业机会开发的全面综合性的管理、体制因素。创业者及其团队应对未来发展规划有一个全面的发展定位，这是非常重要的。商业模式明确，适应企业内部条件和外部环境发展，创业活动会实现稳定健康发展。在分析商业模式要素时，重点思考以下几个方面：创业机会发展定位，发展方向及目标；影响创业机会发展的主要因素及如何处理这些因素；创业者如何经营管理企业，如何进行产品开发和销售，一旦市场变化，将怎样进行调整应对。只有创业者及其团队对企业未来发展方向科学定位及发展规划清晰明确时，商业模式的支持因素才能符合创业机会的发展需要。

（3）"创业机会之窗"的成长预期分析

创业机会的成长预期分析是对创业机会潜在价值的最终判断。创业者对新创企业的成长预期包括各项财务指标和成长性指标及收获条件。只有对创业机会的外部环境、内部条件和成长预期做出综合评价，创业成功才有一定的把握，创业者心里有数，有底气。

总之，"创业机会之窗"筛选评价综合框架如图7-2所示。

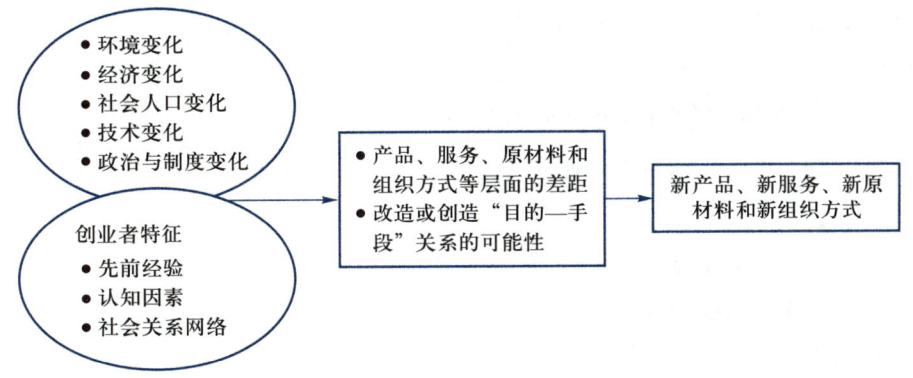

图 7-2 "创业机会之窗"筛选评价综合框架

7.3.3 常见的评价方法

(1) 蒂蒙斯"创业机会之窗"筛选评价指标

美国百森学院蒂蒙斯教授是国际公认的创业学理论家,他提出全面的创业机会筛选评价指标体系(或模型),其中设计了7个维度(或称为一级指标)53个二级指标。

① 第一个维度,行业与市场,包括以下12个指标(表7-2)。

市场容易识别,常常带来收入;

顾客可以接受产品或服务,愿意付费;

产品使用者购买产品成本能在一年内偿付;

产品的附加价值高;

产品对市场影响力大;

产品生命周期长;

项目所在行业是新兴行业,竞争不完善;

市场规模大,销售潜力可达到一千万美元到十亿美元;

市场成长率为30%至50%及以上;

现有市场容量全面增长;

五年内占据市场主导地位,市场份额达20%以上;

拥有低成本供应商,具有成本优势。

② 第二个维度,经济因素,包括以下11个指标(表7-3)。

达到盈亏平衡点时间为1.5~2年,盈亏平衡点不会再提高;

税后利润为10%至15%及以上;

投资回报率在25%以上;

项目对资金要求不是很大，可以再融资；
潜在内部收益率在25%以上；
现金流量占销售额的20%至30%及以上；
毛利率达到40%以上，而且能持久；
资产集中度较低；
运营资金不多且能逐渐增加；
研发工作对资金要求不高；
销售额的年增长率高于15%。

③ 第三个维度，收获条件，包括以下4个指标（表7-4）。
项目带来高附加价值，具有较高的战略意义；
收获期能够实现很高的市场/权益比率：
存在已有的或可预期的退出方式；
资本市场环境有利，可实现资本的流动。

④ 第四个维度，竞争优势，包括以下6个指标（表7-4）。
固定成本和可变成本低；
对成本、价格和销售控制较高，拥有很高的经营杠杆；
已获得或可以获得专利所有权的保护；
竞争对手较弱；
拥有专利或具有某种独占性；
拥有良好的网络关系，容易获得合同。

⑤ 第五个维度，管理团队，包括以下5个指标（表7-5）。
创业团队是一个优秀管理者的组合，拥有杰出关键人员和管理团队；
技术能力达到了本行业内的最高水平；
管理团队的正直廉洁程度达到最高水准；
管理团队知道缺少哪些知识；
不存在任何致命缺陷。

⑥ 第六个维度，创业者的个人标准，包括以下6个指标（表7-5）。
个人目标与创业目标相符；
创业者可以做到在有限的风险下实现成功；
创业者能接受薪酬减少等损失；
创业者渴望进行创业这种生活方式，而不只是为了赚大钱；
创业者可以承受适当的风险；
创业者在压力下状态依然良好。

⑦ 第七个维度，理想与实现的战略差距，包括以下10个指标（表7-6）。

理想与现实情况吻合；

管理团队已经是最好的；

在客户管理服务方面有很好的服务理念；

所创办的事业顺应时代潮流；

所采用的技术具有突破性，不存在许多替代品或竞争对手；

具有灵活的适应能力，能快速进行取舍；

始终在寻找新的创业机会；

定价与市场领先者几乎持平；

能够获得销售渠道，或已经拥有现成的网络；

能够允许失败。

表7-2 创业机会筛选评价指标体系（1）

标准	最高潜力	最低潜力
（一）行业与市场		
1. 市场		
（1）需求	确定	不被注意
（2）消费者	可以接受，愿意为此付费	不容易接受
（3）对用户回报	小于一年的回收期	三年以上
（4）附加值	产品的附加价值高	产品的附加价值低
（5）产品生命周期	将要开发的产品生命长久	不经久
2. 市场结构	新兴行业或不完全竞争行业	完全竞争、高度集中或成熟与衰退行业
3. 市场规模	市场规模大，销售潜力达到1 000万美元到10亿美元	不明确或少于1 000万美元
4. 市场成长率	市场成长率为30%至50%及以上	很低或少于10%
5. 市场容量	现有厂商的生产能力几乎完全饱和	容量不足
6. 可获得的市场份额	在五年内能占据市场的主导地位，市场份额达到20%以上	不到5%
7. 成本结构	拥有低成本的供货商，具有成本优势	下降的成本

表7-3 创业机会筛选评价指标体系（2）

标准	最高潜力	最低潜力
（二）经济因素		
8. 达到盈亏平衡点所需要的时间	达到盈亏平衡点所需要的时间为1.5～2年	多于4年
9. 正现金流所需时间	盈亏平衡点不会逐渐提高	多于4年
10. 投资回报率	投资回报率在25%以上	少于15%
11. 资本要求	项目对资金的要求不是很大，能够获得融资	对资金要求高，没有投资基础
12. 内部收益率潜力	销售额的年增长率在25%以上	少于15%
13. 自由现金流特征	有良好的现金流量，能占到销售额的20%至30%及以上	低于销售额的10%
（1）销售额的成长	中等到高（15%—20%）	低于10%
（2）资产密集度	对于销售额的比例低	高
（3）自发流动资本	运营资金不多，需求量是逐渐增加的	高要求
（4）研发/资本开支	要求低	高
（5）毛利率	能获得持久的毛利，毛利率要达到40%以上	低于20%
（6）税后利润	能获得持久的税后利润，税后利润率要超过10%	低

表7-4 创业机会筛选评价指标体系（3）

标准	最高潜力	最低潜力
（三）收获条件		
14. 增值潜力	高战略价值	低战略价值
15. 退出机制和战略	存在现有的或可预料的退出方式	尚未定义
16. 资本市场环境	环境有利，可以实现资本的流动	不利、信贷紧缩
（四）竞争优势		
17. 固定成本和可变成本	固定成本和可变成本低	最高
18. 对成本、价格和分销控制	对成本、价格和销售的控制较高	弱

续表

标准	最高潜力	最低潜力
19. 进入壁垒		
（1）所有权保护	已获得或可获得对专利的保护	没有
（2）竞争者回应时间	竞争对手尚未觉醒，竞争较弱	无法获得优势
（3）法律、合约优势	拥有专利或具有某种独占性	没有
（4）关系和网络	拥有发展良好的网络关系	原始、有限
（5）关键人员	拥有杰出关键人员和A等管理团队	B等或C等的团队

表7-5 创业机会筛选评价指标体系（4）

标准	最高潜力	最低潜力
（五）管理团队		
20. 创业团队	优秀管理者的组合	弱的或单个创业者
21. 行业和技术经验	达到了本行业内的最高水平	未发展
22. 正直	正直廉洁程度能达到最高水准	可疑的
23. 认知诚实度	知道自己缺乏哪方面的知识	不想知道自己的不足
24. 致命缺陷问题	不存在	一个以上
（六）创业者的个人标准		
25. 目标与匹配度	个人目标与创业活动相符合	往往出现让人惊讶的事情
26. 好/差的方面	可在有限的风险下实现成功	线性的
27. 机会成本	创业者能接受薪水减少等损失	满足于现状
28. 愿望	渴望创业，而不只是为了赚大钱	仅仅为了赚大钱
29. 风险/回报容许度	算计过风险	回避风险型或赌博型
30. 压力承受度	创业者在压力下状态依然良好	在压力下崩溃
31. 容错空间	能够允许失败	不宽容、刚性策略

表7-6 创业机会筛选评价指标体系（5）

标准	最高潜力	最低潜力
（七）理想与现实的战略差距		
32. 匹配度	理想与现实情况相吻合	低
33. 团队	管理团队已经是最好的	B等团队

续表

标准	最高潜力	最低潜力
34. 服务管理	有很好的服务理念	认为不重要
35. 时机	所创办的事业顺应时代潮流	逆流而行
36. 技术	技术具有突破性，不存在竞争	有很多替代者或竞争者
37. 灵活性	具备适应能力，能快速取舍	缓慢、顽固
38. 商机导向	始终在寻找新的机会	不考虑环境、对商机木然
39. 定价	定价与市场领先者几乎持平	存在低价出售商品的竞争者
40. 分销渠道	可获得，或已经拥有现成的网络	未知或不可获得
41. 容错空间	能够允许失败	不宽容、刚性策略

蒂蒙斯提出的创业机会筛选评价指标比较全面，是目前进行创业项目及创业成长最主要的评价框架。

当然，不同创业项目及机会筛选的评价指标应有所侧重，不能一概而论，应结合创业实践来运用。这个评价指标体系将创业机会识别以后新创企业成长中涉及的因素都纳入其中，可以比较全面系统地对创业机会及新创企业的运行状况进行分析评价，但指标多，主次不清，有些难以量化，各个维度和评价指标有的交叉重叠，这在一定程度上影响了筛选评价的实效性。

学界普遍认为，对于新创业的创业者和团队来讲，如果应用蒂蒙斯提出创业机会筛选评价指标进行评价，很难迈出创业这一步，因为大部分创业者是达不到这些指标要求的。因此，学者们提出对于新"创业机会之窗"筛选评价框架应从市场、回报、未来发展3个维度共10项评价指标进行评价筛选，这有利于促进创业者迈出创业第一步，在创业中进行调整完善，促进创业的发展。以下是更为简洁的评价体系。

① 第一个维度市场包括以下四点。

创业机会是否具有市场潜力，市场的规模大小，顾客需求是否旺盛，是否能为顾客带来新的附加价值；

依据波特的五力竞争模型进行创业机会的市场结构评估，创业机会的市场渗透力如何；

预测未来的市场占有率，市场估值（战略价值）有多少；

分析产品的独特价值，成本结构，价值链。

② 第二个维度回报包括以下四点。

税后利润至少高于5%，达到盈亏平衡点的时间应少于2年；

投资回报率要高于25%，毛利率要高于40%；

资本需求量较低；

资本市场的活跃程度，退出和收获回报的难易程度。

③ 第三个维度未来发展包括以下两点。

未来发展的战略规划，发展目标；

具体实施完成战略规划发展目标的对策措施。

基于这样的认知，还有更为简洁的评价方法，更有利于大学生的学习和掌握。

（2）泊泰申米特（Potentionmeter）的问卷打分法

这个方法通过让创业者来填写针对不同因素的不同情况，预先设定好评价指标权值的选项问卷打分，能较快得到特定创业机会的结果。共有11项评价因素，每个因素得分可在-2分至+2分中进行选择，通过对所有因素得分的加总得到最后总分，总分越高，创业成功机会就越大，高于15分可进行创业策划，低于15分将被淘汰，11项评价因素如表7-7所示。

表7-7　泊泰申米特的问卷打分法

1. 对税前投资回报率的贡献	
2. 预期的年销售额	
3. 生命周期中预期的成长阶段	
4. 从创业到销售高增长的预期时间	
5. 投资回报期	
6. 占有领先者地位的潜力	
7. 商业周期影响	
8. 为产品制定高价值的潜力	
9. 进入市场的难易程度	
10. 市场检验的时间范围	
11. 销售人员的要求	

（3）贝蒂（Baty）的选择因素判断法

这个方法是通过对11个选择因素的设定评价，对创业机会进行筛选判断。如果某个创业机会低于6个评价标准，则创业机会不可取；如果某个创业机会符合7个以上评价，则创业机会成功的概率较高（表7-8）。

表7-8 贝蒂的选择因素判断法

（1）现阶段这个创业机会只有你一人发现
（2）初始产品生产成本是否可以承受
（3）初始市场开发成本是否可以承受
（4）产品是否具有高回报的潜力
（5）是否可以预期达到盈亏平衡点时间
（6）产品是不是高速成长产品家庭中的第一个成员
（7）是否拥有一些现有的初始用户
（8）是否可以预期产品的开发成本和开发周期
（9）是否处于一个成长中的行业
（10）金融界能否理解你的产品和顾客对它的需求
（11）潜在市场是否巨大，是否能够快速形成核心竞争力

综上所述，"创业机会之窗"的评价，首先应对创业机会的外部环境和内部条件进行评价，尤其注重市场层面和产品层面的分析评价。然后分析判断创业机会优势、劣势具体表现在哪个方面，之后再设计创业成长规划。应借鉴战略分析，组织分析等工具，分析创业成长规划是否可行，在分析比较的基础上，为创业机会制定成长规划。创业者判断创业机会的成长预期是否符合创业者的价值追求目标，是否要创业。否则，就应考虑创业机会的定位和评价问题，是否放弃或进行调整，继续做出决断。需要强调的是，创业机会挖掘评价过程应充分发挥集体讨论创新创意开发决策，甚至潜在的投资者尽可能参加到调查研究评价中来，这样的筛选评价更为客观，不会出太大的问题，防止创业者个人主观盲目决策而造成无法挽回的损失。

7.4 创业风险管理

7.4.1 创业风险的构成与分类

（1）风险的含义及属性

风险的含义。风险是指在某一特定环境和时间段内，发生损失的不确定性或可能性。它有两种含义：一是强调风险的不确定性，说明风险产生的结果可能带来损失、获利或是无损失也无获利，属于广义风险，金融保险风险属于此类；二是强调风险表现为损失的不确定性，说明风险只能表现出损失，没有从风险中获利的可能性，属于狭义风险。

风险的基本属性。人们重视风险与风险管理，起因于风险的属性。风险的基本属性包括自然属性和社会属性。

风险的自然属性是由客观存在的自然现象所引起的，大自然是人类生存、繁衍生息的基础。自然界通过地震、洪水、雷电、暴风雨、滑坡、泥石流、海啸等运动形式给人类的生命安全和经济生活造成损失，对人类生存发展带来风险。自然界的运动是有其规律的，人们可以发现、认识和利用这些规律，降低风险事故发生的概率，减少损失的程度。

风险的社会属性是在一定的社会环境下产生的，风险事故的发生与社会制度、技术条件、经济条件和生产力与生产关系的运动等都有一定的关系。比如，战争、冲突、经济危机等是受社会经济发展规律影响和支配的。风险的社会属性也包括经济属性，强调风险发生后所产生的经济后果，只有当灾害事故对人身安全和经济利益造成损失时，才体现出风险的经济属性。如股市风险、企业的生产经营风险等，都可能造成相关的经济损失。

（2）创业风险的含义

创业风险是指创业投资行为给创业者带来某种经济损失的可能性，风险是一种概率，在未演化成威胁之前，并不对创业活动造成直接的负面影响，因此风险是一种未来的影响趋势。风险与收益一般是正比例关系，即风险越大，获利可能性越高。任何一家运营中的企业每天都会面临着一定的风险，新创企业自然也不例外。

风险与机会相伴，风险与收益共存。任何有价值的创业机会都存在风险。当创业机会表现为损失的不确定性时，这种具有损失的状态称为机会风险。如政策变化、技术研究失败、团队分裂等，说明创业过程总是有风险的，风险是客观存在的。

（3）创业风险的构成和分类

创业活动须经历一定的过程，一般而言，创业过程可分为四个阶段：① 识别与评估机会；② 准备与撰写创业计划；③ 确定并获取创业资源；④ 新创企业管理。在这个过程中，风险无处不在，下面从创业活动的四个阶段来分析创业风险的构成。

识别与评估机会阶段，由于各种因素，如信息获取量不足，把握不准确或推理偏误等使创业一开始就面临方向错误的风险。另外，机会成本风险的存在，即由于创业而放弃了原有的职业所面临的机会成本风险，也是该阶段存在的风险之一。在这个阶段，创业者的身体与心理素质等主观方面的因素导致创业失败的可能性比较大。

准备与撰写创业计划阶段，创业计划往往是创业投资者决定是否投资的依据，因此创业计划是否合适将对具体的创业产生影响。创业计划的制订过程中各种不确定性因素与制订者自身能力的限制，也会给创业活动带来风险。如创业计划中对市场的分析、政策的利用、竞争对手的辨别、创业资金的寻求等要素的理解和利用都会成为该阶段的影响因素。

确定并获取创业资源阶段，由于存在资源缺口，无法获得关键资源，或即使可获得，但获得的成本较高，从而会给创业活动带来一定的风险。该阶段由市场方带来的风险影响因素会变得非常明显。如市场情况的不确定性导致创业者或创业企业损失的可能性；由于宏观经济环境发生大幅度波动或调整而使创业者或创业投资者蒙受损失的风险；国际关系变化或政策改变等，都会影响到创业者。

新创企业管理阶段，创业者主观风险又开始产生关键影响。新企业的管理方式，企业文化的选择与创建，发展战略的制定、组织、技术、营销等各方面的管理中都存在的风险。

7.4.2 系统风险的防范

创业的系统风险是指由创业外部环境的不确定性引发的风险，此类风险是创业者和企业无法控制或无力排除的风险，因而又可称为客观风险，如商品市场风险、资本市场风险、政治风险、法律风险、社会风险、宏观经济风险等。对于这类风险，创业者只能在创业过程中设法规避。

（1）商品市场风险

商品市场风险的防范一般应从以下三方面进行。

① 推出的产品能否被消费者接受

在现实市场中，人们对传统技术产品司空见惯，故对传统技术产品的市场需求是较为稳定的，而高新技术产品对消费者来说是新鲜的，它的市场多是潜在的、有待开发的、待成长的，在这种情况下，创业者就很难预先判定市场前景。

② 创业产品与服务的前瞻性

创业企业生产的产品一般都是创新产品，由于产品技术本身的前瞻性，创业者需要得到相对准确的市场预期，包括对市场的接受度、产品投入市场的时间，以及市场的需求量。

③ 确定创业产品未来的市场竞争力

由于新产品的竞争力是创业的竞争力与优势、营销策略等有机结合的结果，创业营销中往往要求售前、售中、售后技术服务，而创业者这方面的能力和网络一般较为缺乏。另外，创业产品上市之初，产品成本多数会被前期的研发成本抬高，售价较高才不致亏损。因此，降低产品成本也是防范市场风险的有力措施。

例如，贝尔实验室20世纪50年代就推出了图像电话，但直到20年后，才开始了商业应用。1959年，IBM公司预测施乐914复印机在10年内仅能销售5 000台，拒绝了与研制该产品的哈德罗公司合作，然而没想到复印机技术被迅速采用，改名为施乐公司的哈德罗公司10年内销售了20万台施乐914。

（2）资本市场风险

资本市场风险表现为四个方面：资本市场体系脆弱、监管松弛，虚拟资本过度增长与相关交易持续膨胀，电子化、网络化运用不当带来的交易系统问题，以及某些市场主体的违规操作或经营失误导致对整个市场的冲击。

① 资本市场体系脆弱，监管松弛

过去的经验证明，一个体系不够健全的资本市场，在遇到外来诱因时极易发生系统性风险，同时恢复起来也会较慢。如当资本市场规模过小又对国际资本开放时，很容易受到外来资本的左右；当资本市场缺少层次时，往往会造成交易过度集中和投机过度；当资本市场缺少风险管理和对冲工具时，投资者的风险承受能力明显偏低，市场的稳定性差。此外在资本市场开放的过程中，我国必将面临一个金融创新的高潮。当金融衍生商品过度发展时，也会加大监管的难度，因为金融衍生产品的复杂程度完全有可能超出投资者的理解能力。而监管的缺陷，会助长风险的蔓延和加深危机的程度，因此资本市场的监管力度必须加强。

② 虚拟资本过度增长与相关交易持续膨胀

与实体经济不同，虚拟资本出现市场不均衡时，供求双方并不会依照通常的市场规律来调整行为。由于虚拟资本市场的价格更多地受到预期的影响，只要价格继续上涨的预期存在，市场需求就不会因为价格的升高而减少，反而会大量增加，投资者只想通过买卖牟取利润。随着虚拟资本日益脱离实物资本和实业部门的增长，社会经济出现虚假繁荣，最后价格暴跌，导致对经济社会的巨大破坏。因而，虚拟经济的发展需要进行规范和管理。

③ 电子化、网络化运用不当带来的交易系统问题

随着计算机技术、通信技术和网络技术等新技术在金融业的大量运用，资本市场交易系统的电子化程度不断提高。在传统交易方式下，一个交易员一天只能买卖几十

次股票，而网上证券交易一天可达几百上千次。

虽然新技术提高了交易效率，但是也带来了新的风险。在货币电子化的今天，按错了一个按键就可能造成重大损失。

计算机金融犯罪风险。一些犯罪分子利用黑客软件、计算机病毒、木马程序等技术手段，攻击证券管理机构、股票上市公司的系统及个人主机，改变数据，盗取投资者资金，操纵股票价格。如果对这类犯罪行为防范不力，就会对金融交易网络产生极大的危害。

电子系统自身的运行风险。众所周知，越是精密的仪器越是脆弱，对电子技术的依赖程度越深，系统出问题后的破坏力也就越大。如果电子化的基础设施没有跟上，运行管理制度不完善、不可靠，那么来自交易系统的潜在风险就会加大。这都需要加强对电子、网络教育系统的监管。

④ 某些市场主体的违规操作或经营失误导致对整个市场的冲击

市场主体的操作问题一般属于非系统风险，通常不会危及整个资本市场的运行，但是如果资本市场不够成熟，或者在市场交易制度、监管制度、市场主体的公司治理等方面存在缺陷，这类风险也可能引发对整个市场的破坏性影响，成为发生系统风险的基础性因素。

（3）政治、法律、社会风险

这是由于国家政治的稳定性、社会政策的连贯性等产生的风险。对高新技术企业而言，国家对其在国民经济发展中发挥作用的认识，进而所采取的政策，对其创业的风险度有一定的影响。对于这种类型的风险，高新技术企业在创业过程中应该积极关注和预测国家的政策走向，如果预测到某一政策将对企业的发展不利，企业可以早做准备，改变企业的运营方式，适应政策的变化。

目前，我国对于高新技术企业的立法还存在一些政策、法规空白，这势必造成法律上的漏洞风险。这类风险企业难以控制，只有尽可能地加以规避。

（4）宏观经济波动风险

这是国家宏观经济状况、产业政策、利率变动及汇率的稳定性等因素所带来的风险。任何企业的发展都必须依托所在国家和地区的经济环境。利率、价格水平、通货膨胀等因素的变化及金融、资本市场的层次、规模、健全程度等都会给企业带来很大的不确定性，使创业企业暴露在风险之中。当这类风险将要或者已经出现时，企业应该能够快速响应，采取措施。

业界普遍认为，中国有两个"企业年"，一个是1984年，联想、海尔、万科、四通、健力宝、南德、科龙都创立于这一年，这是因为中国改革开放总设计师邓小平到深圳、珠海等经济特区视察把积蓄了很多年的"创业力量"一次性释放出来。另一个就是20世纪90年代末，BAT（百度、阿里巴巴和腾讯）三家几乎全部创立在这一时期。这是因为纳斯达克2000年3月份之后一路狂跌了77%，导致互联网风投几乎消失。所以，创立在1999年以后两三年寒冬期的互联网企业，几乎拿不到投资；而创立过早的互联网企业，资金又刚好用完了。只有1999年创立并及时拿到风投又没有来得及花的企业，才有可能节衣缩食生存下来。

7.4.3 非系统风险的防范

创业的非系统风险是指非外部因素引发的风险，即指与创业者、创业投资和创业企业有关的不确定性因素引发的风险。非系统风险可以通过创业各方的主观努力得到控制或消除，因而又叫主观风险，如技术风险、管理风险、财务风险等。对于这类风险，创业者需要千方百计地设法加强控制。多数情况下，在创业活动启动之前，上述风险还是潜在的，只有在创业活动启动甚至进入正常程序后，某些风险因素才会爆发。因此，在创业筹划阶段，创业者就需要对未来可能遇到的风险因素有一个理性的认识。

（1）技术风险

技术风险在创业不同阶段的大小是有差异的。随着时间的推移、信息的聚集，技术上的不确定性会越来越小，技术难度会越来越低，高新技术企业因技术风险而创业失败的可能性就会减小。

技术风险的防范通常从以下四方面进行。

① 技术成熟度

技术成熟度是首先应该考虑的问题，只有新颖、独创、先进的技术可以为企业带来独特的优势，技术成熟度的判断标准一般根据国内外同类技术达到的水平参数指标来确定。如，国产电动汽车的技术成熟程度一直影响着本土电动汽车在国内的推广。

② 技术适用性

技术的适用性描述了技术适用的范围、推广和实施的难易程度。技术的适用性是与市场的大小有密切关系的，一项技术所面对的市场越大，那么这项技术的适用性就越强，反之则越弱。对技术的适用性的判断可以通过市场调查来实现。

③ 技术配套性

一项科研成果转化所需的配套技术不成熟就会带来技术风险，有些技术虽然非常先进，但由于工艺的特殊性限制，无法进行大批量生产，这样就会对风险投资的收回带来较大的风险。

因此，在高新技术企业创业初期必须确认与该技术配套的工程技术和产品生产技术是否已经完善，是否达到标准。

④ 技术生命周期

高新技术产品往往生命周期较短，不但自身更新速度快，而且还有被其他类似技术替代的可能，如果不能有效地提高技术的更新速度，并在技术生命周期内迅速实现产业化，收回初始投资并取得利润，企业就将蒙受损失。对技术生命周期的估计可以根据技术自身的特性、市场状况及和同类技术相比较来进行。

（2）生产风险

生产风险是指在生产企业创业过程中，由于生产环节的有关因素及其变化的不确定性而导致创业失败或利润受损的可能性。对于生产企业创业来说，由于企业刚刚起步，生产人员的配备、生产要素的供给、各类资源的配置等容易出现问题，新产品又多是首次进入生产环节，工艺、设备等都难以得到保证，而且新产品必然要求与其质量控制相适应的新标准、新检测手段。这在创业阶段都需要尝试摸索，故可以从以上方面采取措施防范。

（3）财务风险

财务风险的防范主要从以下两个方面进行。

① 资产负债状况

从资产负债分析，主要分为三种类型：第一，流动资产的购置大部分由流动负债筹集，小部分由长期负债筹集，固定资产由长期自有资金和大部分长期负债筹集，自有资本全部用来筹措固定资产，这是正常的资本结构，财务风险较小；第二，资产负债表中累积结余是负数，表明有一部分自有资本被亏损侵蚀，从而总资本中自有资本比重下降，说明出现财务危机，必须引起警惕；第三，亏损侵蚀了全部自有资本，而且占据了一部分负债，这种情况属于高度风险，企业必须立即采取强制措施来缓解这种状况。

② 企业收益状况

从企业收益分析，分为三个层次：第一，经营收入扣除经营成本、管理费用、销售费用、销售税金及附加费用等经营费用后的经营收益；第二，在第一层次上扣除财务费用后为经常收益；第三，在经常收益基础上与营业收支净额的合计，就是期间收益。

对这三个层次的收益进行分析可以分成三种情况：如果经营收益为盈利而经常收益为亏损，说明企业的资本结构不合理，举债规模大，利息负担重，存在一定风险；如果经营收益、经常收益均为盈利，而期间收益为亏损，如果情况恶化可能引发财务危机，必须加强监控；如果从经营收益开始就已经亏损，说明企业财务危机已经显现。反之，如果三个层次收益均为盈利，则是正常经营状况，财务风险不存在或很小。

7.4.4　创业者风险承担能力的评估

创业者风险承担能力的评估，主要通过以下几个方面进行综合评估。

（1）与个人目标的契合程度

创业过程中遭遇的困难与风险极大，因此有必要了解创业者的创业动机，以判断其愿意为创业活动付出的代价程度。一般认为，新创业机会与个人目标的契合程度越高，则创业者投入意愿与风险承受意愿自然也会越大，新创业目标实现的概率也相对较高。

（2）机会成本

一个人一生的黄金岁月约有30年光景，其间可分为学习、发展与收获等不同阶段，而为了这项创业机会，你需要放弃什么？可以获得什么？得失的评价如何？参与创业，需要仔细思考创业所要付出的机会成本，经由机会成本的客观判断，可以得知新创业机会是否值得。

（3）对于失败的底线

古人说，留得青山在，不怕没柴烧。创业必然要面对可能失败的风险，但创业者也不宜将个人声誉与全部资源都压在一次创业活动上。理性的创业者必须自己设定承认失败的底线，以便保留下次可以东山再起的机会。失败的底线，可以有效判断创业者的风险承受能力。

（4）个人风险偏好

创业者个人的风险偏好不同。一般来说，喜欢冒险、具有风险意识的创业者要比安全保守的创业者风险承受能力强。

（5）风险承受度

每个人的风险承受度都不一样。一般而言，风险承受度太高或太低均不利于新创业的发展。风险承受度太低的创业者，由于决策过于保守，相对拥有的创新机会也会比较少。但风险承受度太高的创业者，也会因为随意的举动，而常将企业陷入险境。一个能以理性分析面对风险的人，才是比较理想的创业者。

（6）负荷承受度

创业者的耐压性与负荷承受度，也是评量创业者风险承担能力的一项重要指标。负荷承受度与创业者愿意为新创业投入工作量的多寡，以及愿意忍受的辛苦程度密切相关。

7.4.5 创业风险防范的4R和ABC法则

对于创业者而言，能够将潜在风险及时化解是最大限度降低成本的策略。因此，创业者应该像重视管理已经发生的风险那样重视不确定风险。促进管理、增强组织沟通、提升品质皆可在不知不觉中降低风险发生的可能。除了不断提高创业者个体素质和意志力之外，做好充分的防范准备，以消除风险祸源是创业风险防范的首要思路。

4R模型是指通过缩减（reduction）、预备（readiness）、反应（response）、恢复（recovery）这四个系统的活动来进行风险管理的应用程序：风险发生的环境；制造产品和进行服务的结构与设备；产生和维护结构、设备、产品、服务的系统；与该系统和结构有关联，可能被卷进该系统的其他节点。

风险和受影响的人（管理者、生产者、旁观者、顾客、供应商）。创业者需要及时有效地防范这四个导致风险发生的主要因素，尝试思考并解决这样的问题：风险发生会给风险情境带来什么及表现？然后会发生什么？风险结束后分析创业者应该如何更好地控制风险？哪些能够被消灭或减缓以降低风险事件的发生概率和减轻危害？通过解决以上问题可以降低风险、避免浪费时间的资源管理，从而大大降低风险的发生及冲击力。

ABC法则是指"远离（away）—更好（better）—相容（compatible）"，这原本是应用于商业经营中的一个关键的策略，也可以将其应用于创业风险管理，并清醒地认识到：好的创业风险防范与管理就是建立一种结构，这种结构包括三个部分：① 远离风险或威胁根源；② 比要求的做得更好，抵御风险或威胁根源；③ 与那些减轻风险的设计模式相容。在创业企业生存环境中，运用这三个步骤是必要的。通过考察创业企业可能所处的环境,创业者能确认出风险相对较少的环境。

思考题

1. 创业机会的含义与基本特征。
2. 简述"创业机会之窗"的类型与来源。
3. "创业机会之窗"筛选评价有哪些方法?
4. 尝试从我国当下宏观环境变化中列举可能的3~5项创业机会。

延伸阅读

[1] 孙永波. 创业导向、外部知识获取与创业机会识别[J]. 经济与管理研究,2018(5):130-144.

[2] 严杰. 创业环境动态性、创业学习与创业机会识别关系研究[J]. 科技进步与对策,2018(7):1-7.

[3] 孙永波,丁沂昕. 创业机会识别过程:机会原型与结构匹配的作用[J]. 科技进步与对策,2018(9):10-19.

[4] 刘宇娜,张秀娥. 创业意愿、创业机会识别与创业行为关系的实证研究[J]. 税务与经济,2018(11):48-55.

[5] 张秀娥,王超. 创业警觉性、创业机会识别与创业成功[J]. 苏州大学学报,2019(2):99-108+192.

[6] 项国鹏,潘凯凌,张文满. 网络关系、创业机会识别与创业决策——基于浙江新创企业的实证研究[J]. 科技管理研究,2018(11):169-177.

[7] 刘振,丁飞,肖应钊,崔连广. 资源拼凑视角下社会创业机会识别与开发的机制[J]. 合作经济与科技,2019(7):1006-1015.

[8] 董延芳,张则月. 中国创业者创业机会识别研究[J]. 经济与管理评论,2019(11):57-67.

本章思维导图

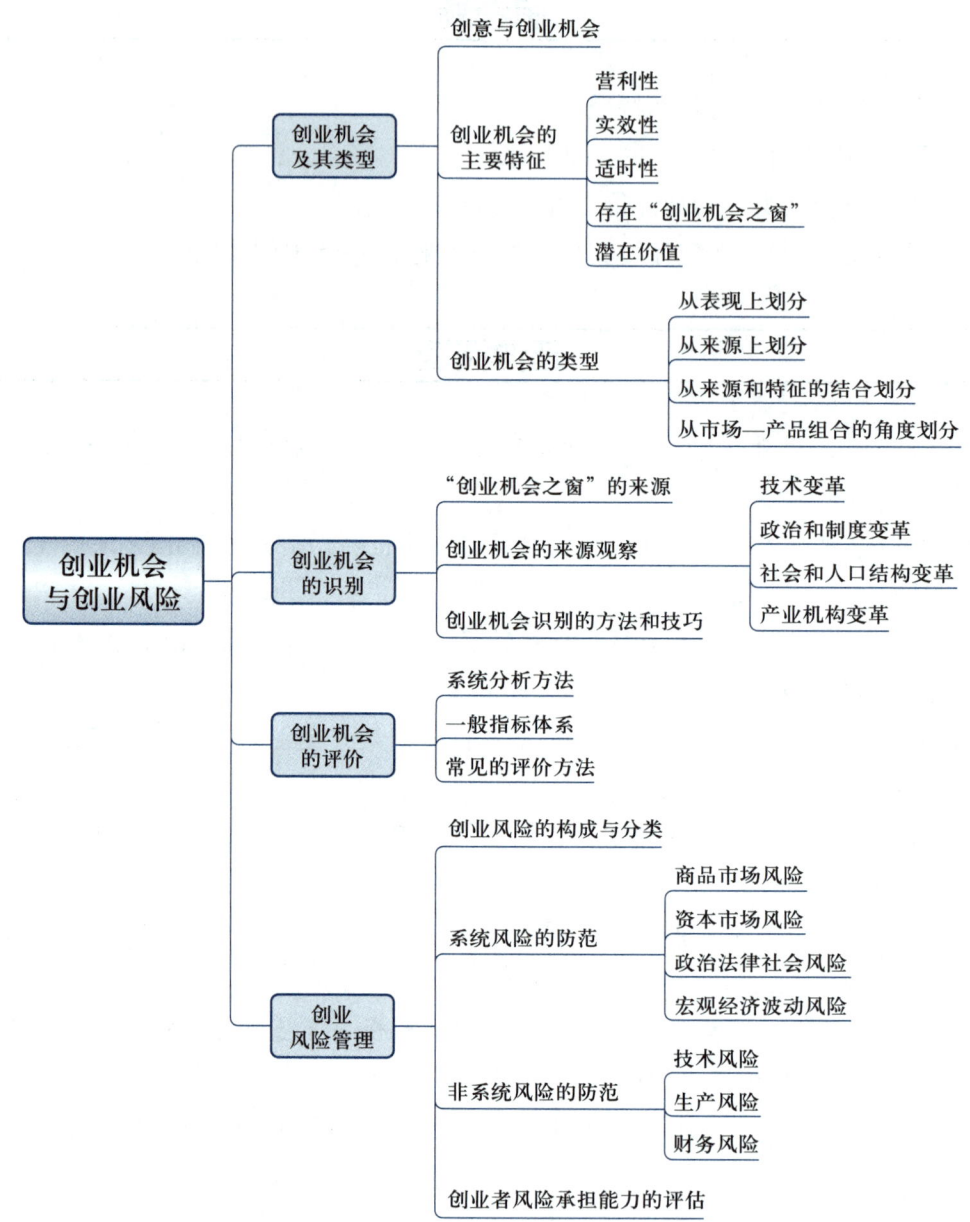

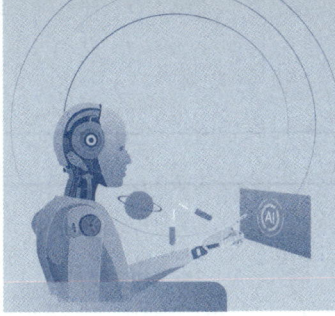

第8章 商业模式与商业计划书

1 学习目标

知识目标：理解商业模式的定义、类型和构成要素，掌握商业计划书的编写方法和结构。

能力目标：培养分析和设计商业模式的能力，提高撰写商业计划书的技巧。

价值目标：认识创新创业在现代社会的重要性，激发对商业模式创新的兴趣和热情。

2 课程思政融入点

引导学生树立法治意识，自觉践行社会主义核心价值观，培养诚实守信的职业素养；帮助学生理解商业模式在新时代下对高质量发展的重要性，树立创新强国理念；明确商业模式的本质是以客户为中心，培育学生"以民为本"的意识。

3 引导案例

（1）案例简介

本章引导案例为成都某科技有限公司的商业模式创新。

（2）问题讨论

① 成都某科技有限公司的案例说明，企业可通过创新的商业模式快速适应市场并实现业务的多元化发展。那么，商业模式创新在企业成长过程中扮演了怎样的角色？

② 为什么商业模式在创业活动中如此重要？

③ 企业如何评估和选择适合自己的商业模式？

④ 在深入探索商业模式时，人们还需要考虑哪些关键要素来确保商业模式具备可持续性和创新性？这些要素将如何影响市场竞争力和盈利能力？

8-1 引导案例：成都某科技有限公司的商业模式创新

8.1 商业模式

8.1.1 商业模式概述

(1) 商业模式的概念

1957年,贝尔曼(Bellman)和克拉克(Clark)在其论文《论多阶段、多局中人商业博弈的构建》中最早引用了"商业模式"一词。商业模式是一种包含了一系列要素及其关系的概念性工具,用以阐明某个特定实体的商业逻辑,它描述了公司能为客户提供的价值及公司的内部结构、合作伙伴网络和关系资本等借以实现这一价值并产生可持续盈利收入的要素。

咨询师米歇尔和克洛斯(Mitchell & Coles,2004)对商业模式的定义是:"一个组织在何时(when)、何地(where)、为何(why)、如何(how)和多大程度(how much)地为谁(who)提供什么样(what)的产品和服务(即7"w"),并开发资源以持续这种努力的组合。"

哈佛商学院的教学参考资料中将商业模式定义为,"企业赢利所采用的核心的决策与平衡"。

奥斯特瓦德、皮尼厄和图斯认为:"商业模式是一种包含了一系列要素及其关系的概念性工具,用以阐明某个特定实体的商业逻辑。它描述了公司所能为客户提供的价值及公司的内部结构、合作伙伴网络和关系资本等借以实现(创造、推销和交付)这一价值并产生可持续盈利收入的要素。"

在《数字经济背景下零售商业模式创新与路径选择研究》中将广义的商业模式定义为:商业模式是指为实现客户价值最大化,把能使企业运行的内外各要素整合起来,形成一个完整的、高效率的、具有独特核心竞争力的运行系统,同时通过最优实现形式满足客户需求,实现客户价值,使系统达成持续盈利目标的整体解决方案。换言之,商业模式描述的是一个组织创造、传递及获得价值的基本原理。

狭义的商业模式则被定义为:商业模式研究的是企业如何通过与其他企业之间、与顾客之间、与渠道等相关利益者之间的业务结构设计及盈利结构设计来获得竞争优势。

综合来说,商业模式是企业为了创造价值、传递价值和获取价值而建立的一种逻辑架构和运营方式。它描述了企业如何与客户、合作伙伴和供应商互动,以将技术和资源转化为经济产出。商业模式就是企业"做生意的方式"。以电商巨头亚马逊为例,亚马逊的商业模式包括通过互联网平台连接众多的供应商和消费者。它为消费者提供海量的商品选择（创造价值），通过高效的物流体系和安全的支付系统将商品送到消费者手中（传递价值），并从商品销售、平台服务费用（如第三方卖家的入驻费用）等渠道获取利润（获取价值）。

（2）商业模式的特征与作用

① 商业模式的特征

对于商业模式的特征，王呈斌在《创业基础》一书中提到，在当今竞争激烈的商业环境中，商业模式构成了企业运营的核心框架，它清晰地界定了企业如何为市场创造价值、怎样与顾客开展互动并达成盈利目标。对于怀揣创业梦想的大学生而言，深入透彻地理解商业模式，并精心雕琢出一个契合自身企业发展的商业模式，具有极为关键的意义。它宛如一盏明灯，不仅助力创业者精准把握商业运行的内在逻辑，更为企业在成长的漫漫征途中指明前行的方向。例如，小米通过极致的硬件性能与亲民价格，构建起用户基础。不仅靠手机、智能家电等产品销售获取收入（收入来源），还借助互联网服务，如MIUI系统广告、应用商店分成等拓宽盈利渠道。

商业模式奠定了企业运作的坚实基石，是商业活动斩获成功的根本所在。纵观商业世界，尚未有任何一家企业能够在缺乏清晰明确商业模式的状况下，实现长期稳定的持续发展。唯有依托一个完善的商业模式，企业才得以采用更为科学合理、高效有序的方式开展运营活动。商业模式的特征彰显于以下四个维度。

整体性。商业模式的系统涵盖了包括目标市场的精准抉择、顾客价值的独特定位（主张）、价值创造的内在机制、价值链（网）的精巧结构、价值链的高效运作，以及收入模式的规划、定价策略的制定、现金流状况的把控和资源配置的统筹等诸多要素。这些要素彼此紧密相连、相互影响，共同构建成一个内部协调一致、协同运作顺畅的有机整体。恰似一台精密运转的机器，每个部件都不可或缺，且需精准配合，方能使整台机器发挥出最大效能。

价值性。创造价值是商业模式的核心要旨所在，它为顾客价值的创新与拓展开辟了广袤无垠的空间，同时也为业务的多元化发展和收益的稳健增长创造了得天独厚的条件。具体而言，它一方面致力于为客户精心打造并高效传递价值，另一方面积极为商业伙伴缔造合作共赢的价值，更为股东塑造极具吸引力的投资价值。这三者相辅相成，共同构成了商业模式价值创造的完整闭环。

复制性。商业模式具备卓越的内外部适应性特质，能够在相当长的一段时期内维持其有效性，绝非转瞬即逝的短暂现象。在相似的外部市场环境与条件下，成功的商业模式能够被有效地复制推广。一个运作良好的商业模式一旦启动运行，将会对关键经营资源（如珍贵的顾客资源等）的获取、占有、维系及拓展产生显著的增强效应，犹如滚雪球一般，不断放大并提升企业的竞争优势，使企业在市场竞争的浪潮中屹立不倒。

创新性。创新成果能够显著提升商业模式的竞争力。它往往意味着勇于突破传统行业竞争规则的束缚，大胆打破常规思维定式，进而引发具有颠覆性的创新变革。成功运作的商业模式能够迅速将创新价值转化为现实生产力，这无疑会极大地激励并有力地推动企业持续开展创新活动，形成创新驱动发展的良性循环。

②商业模式的作用

在整个创业历程中，商业模式始终扮演着举足轻重的角色，创业的成功是难得的商业机会、匹配的商业模式、长远的创业战略及良好的创业执行能力等多方面要素协同作用的结果。商业模式的作用体现在其对企业决策的精准指导作用上。通过明确界定核心资源与关键活动，企业得以更加有的放矢地配置和利用各类资源，从而提高运营效率与市场竞争力。此外，商业模式犹如企业航行的罗盘，直接决定了企业的盈利能力与市场竞争地位，深刻影响着企业的战略方向抉择与长远发展路径规划。

战略规划。商业模式是企业战略规划的核心内容。它能够帮助企业明确自身定位，确定目标客户群体。如，一家初创的科技企业通过分析市场，确定以中小企业作为其目标客户（客户细分），并以提供低成本、易于使用的云计算服务为价值主张。这种清晰的商业模式为企业的战略规划提供了方向，企业可以据此制定发展路线，如集中资源进行产品研发以满足中小企业的需求，以及开展有针对性的营销活动。

企业可以基于商业模式评估自身的核心竞争力和竞争优势。通过分析关键资源和关键业务，企业能够了解自己在市场中的独特之处。比如，苹果公司凭借其强大的工业设计能力（关键资源）和高效的供应链管理及软件生态系统建设（关键业务），在智能手机市场建立了竞争优势。商业模式有助于企业巩固和拓展这些优势，从而在长期竞争中脱颖而出。

资源配置与优化。商业模式能够指导企业合理配置资源。企业根据其核心业务和价值传递渠道，将人力、物力和财力等资源分配到最关键的环节。以一家连锁餐饮企业为例，它可以通过分析商业模式，确定将大部分资金用于优质食材采购（核心资源）和餐厅店面装修（关键业务之一，以提供良好的消费环境），同时合理安排人力资源用于厨房烹饪、餐厅服务等。有助于企业优化成本结构。企业明确了收入来源和成本产生环节后，可以寻找降低成本的方法。如，电商企业通过优化物流渠道（渠道通路的一部分），采用集中仓储和智能配送系统，降低运输成本，同时通过大数据分析精准营销，提高广告投放效率，降低营销成本，从而优化整体成本结构，提高盈利能力。

创新与适应变化。商业模式为企业创新提供了框架。企业可以在商业模式的各个要素上进行创新。如，共享经济模式就是在客户关系和价值主张上的创新。以共享单车为例，其改变了传统自行车销售的价值主张，从售卖自行车转变为提供便捷的短途出行解决方案。在客户关系方面，通过手机应用程序实现用户与企业的互动，用户可以随时随地租用和归还自行车。当市场环境、技术进步或消费者需求发生变化时，企业可以通过调整商业模式来适应市场变化。如，随着互联网的发展，传统零售企业纷纷开展线上业务，这就是对渠道通路这一商业模式要素的调整。企业通过增加线上销售渠道，来适应消费者购物习惯的改变。

在动态变化的商业世界中，企业唯有通过持续不断的创新与演进，方能实现可持续的发展并最终收获成功。因此，对于任何渴望在商业领域有所建树的大学生及企业而言，深入理解并熟练掌握商业模式的原理与实践方法，都具有不可估量的重要性。

（3）商业模式分类与类型

依据不同标准，人们可以对商业模式进行不同的划分。冯蛟在《创新创业导论》一书中提到一些具有典型性的分类方法。

① 按照创新焦点的不同进行分类

*市场导向型商业模式。*此模式通过推动商业模式的变革、完善产品线和拓展供应链，激发消费者购买欲望，并与消费者建立稳固的联系。

*服务导向型商业模式。*此模式通过构建新的价值主张来影响其他商业模式的形成。

*技术导向型商业模式。*此模式主要致力于新技术的开发，为新的交易对象提供创新服务，在交易方式、机制、营销和交易理念上实现创新。

*平台导向型商业模式。*此模式基于多边群体的互补需求，激发网络效应。平台导向型商业模式的兴起要求企业改变传统的IT架构构建和管理模式。

② 按企业原有商业模式改变的程度进行分类

*优化模式。*指在不改变企业商业模式本质的基础上，深入挖掘现有商业模式的潜力，以实现利润最大化。

*刷新模式。*通过技术基础、成本结构、产品或服务平台以及品牌来调整企业的核心技能。

*扩展模式。*将企业独特的商业逻辑拓展到新领域。

*转型模式。*通过采纳全新的商业模式帮助企业引入全新的商业逻辑，与扩展模式不同的是，转型模式并非对原有商业模式的补充，而是替代。

③ 按商业模式的创新内容进行分类

产业创新模式。通过进入新产业、重新定义现有产业、创造全新产业或识别并利用独特资产等方式，在产业价值链上进行创新的模式。

收入创新模式。对收入生成方式进行创新，如重新配置产品或服务的价值组合，或采用新的定价策略。

企业创新模式。改变企业在价值链中的角色，通常包括扩展企业边界、改变供应商、员工、顾客及其他利益相关者的网络，以及重新配置资产。与其他类型的商业模式创新相比，企业创新模式与企业毛利增长的相关性最强，被认为是所有商业模式创新类型中对企业成功最为关键的因素。

8.1.2 商业模式设计

（1）商业模式设计的工具——商业画布

商业画布是一种用来描述、可视化、评估和设计商业模式的工具。亚历山大·奥斯特瓦德（Alexander Osterwalder）提出了商业模式设计"画布"的九个基本框架，该框架覆盖了商业模式设计内容的四个维度，已成为当前流行的商业模式分析工具之一。

该分析方法从四个维度——"目标客户群体""价值主张""渠道""成本结构与收益模式"阐述了企业创造价值、传递价值和获取价值的核心机制。商业画布由九个板块组成（图8-1），分别为：价值主张（VP）、客户细分（CS）、渠道通路（CH）、客户关系（CR）、收入来源（RS）、核心资源（KR）、关键活动（KA）、重要伙伴（KP）、成本结构（CS）。

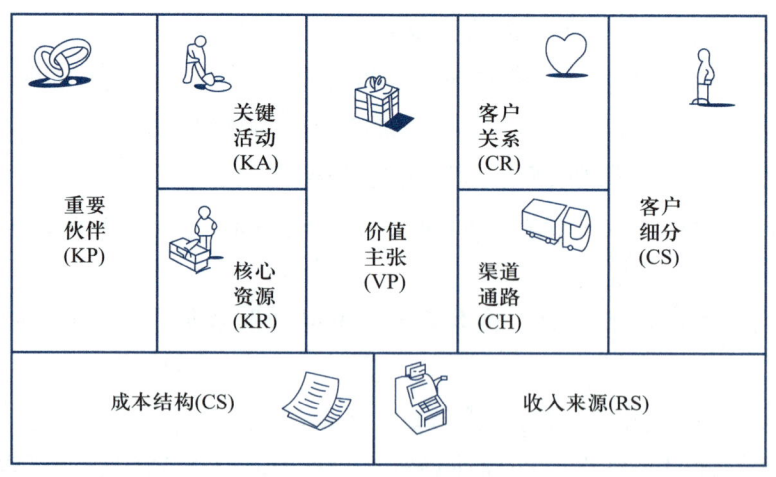

图8-1　商业模式画布

① 价值主张

第一，价值主张的内容。

价值主张描述了为特定客户群创造独特价值的产品与服务组合。它不仅解决了客户的痛点，满足了需求，也解释了为什么客户应该选择本企业的产品或服务而不是竞争对手的。比如，苹果公司的价值主张是其产品具有简洁易用的设计、强大的性能以及丰富的生态系统。以苹果的 AirPods 为例，它不仅在音质、佩戴舒适度上有优势，还能与苹果的其他设备（如 iPhone、iPad）无缝连接，这种便捷的生态体验就是其价值主张的体现。

创业者在做小组演示的时候，主要深度思考以下几个问题：

企业该向顾客传递什么样的价值？

企业需要帮助顾客解决哪一类难题？面对哪些痛点？

企业需要满足哪些顾客需求？

企业需要提供给顾客细分群体哪些系列的产品和服务？

第二，价值主张的特性。

做小组演示时，从以下十个方面探究价值主张的特性：

创新性。有些价值主张满足了客户从未体验过的全新需求。

设计。客户愿意为出色的产品设计支付额外费用。在时尚和消费电子领域，设计是价值主张的关键部分。

性能。提升产品和服务的性能是创造价值的传统方法，但其效果有限。

定制化。通过定制产品和服务来满足个别客户或特定客户群体的需求，创造价值。大规模定制和客户参与的概念尤其受到客户的喜爱。

彰显身份地位。客户通过使用特定品牌来展示身份和地位。

价格。节省成本是吸引客户的关键因素。免费产品和服务的普及正在改变多个行业的格局。

成本削减。帮助客户降低成本是创造价值的重要方式。

便利性。为客户节省时间和减少麻烦是重要的价值所在。

可达性。将产品和服务带给之前无法接触的客户。

风险降低。帮助客户降低购买产品或服务时的风险。

② 客户细分

第一，客户细分的内容。

客户细分是目标客户群体分析。客户细分构建模块是描绘新创企业旨在接触和服务的多样化人群或组织的框架，构成了商业模式的核心要素。为了更精准地满足客户需求，依据客户的共性需求、行为特征及其他共有属性，将客户划分为不同的细分市场。客户细分商业模式能够明确一个或多个目标客户群体，如，依据地理位置、年龄、性别、收入水平、职业、教育背景和生活方式等因素对客户进行细致分类。

第二，顾客细分群体的类型。

为了更好地满足顾客需求，企业可能把顾客分成不同的细分区隔。每个细分区隔中的顾客具有共同需求和共同行为，以及其他共同属性。顾客细分群体存在不同的类型，大致可以分为以下五类。

大众市场。价值主张、渠道通路和顾客关系全部聚集于一个大范围的顾客群组，具有大致相同的需求和问题，即关注需求的共同点而非差异点。

利基市场。价值主张、渠道通路和顾客关系都针对某一利基市场的特定市场需求定制，常可在供应商与采购商的关系中找到。

区隔化市场。顾客需求略有不同，细分群体之间的市场区隔有所不同，所提供的价值主张也略有不同。

多元化市场。经营业务多样化，以不同的价值主张迎合不同需求的顾客细分群体。

多边平台或多边市场。服务于两个或更多相互依存的顾客细分群体。

③渠道通路

第一，渠道通路的内容。

渠道通路是如何接触和传递价值渠道。这一板块详尽地描绘了公司如何与客户群体建立联系、进行沟通，并传递其独特的价值主张，直至完成销售的全过程。作为客户接触的首要环节，渠道通路在构建和优化客户体验方面发挥着不可或缺的作用，它全面覆盖了沟通、分销和销售等多个核心环节，构成了公司与客户之间交流互动的桥梁。渠道通路的核心职责包括：提高公司产品和服务在目标客户群体中的知名度；助力客户轻松选购所需的产品和服务；向客户精准传达公司的价值主张；以及提供周到细致的售后客户支持。

第二，实体渠道的主要形式。

直销模式。通过招募专业销售团队，直接面向最终用户或经销商进行产品推广和销售。

代理销售。借助代理机构的力量，广泛销售产品，一家代理机构往往同时代理多家不同企业的产品。

分销网络。作为制造商与零售商之间的纽带，负责产品的广泛铺货和高效的库存管理。

经销商体系。经销商需要提前购买产品，并在定价时确保合理的利润空间，以维持稳定的销售链。

与知名零售商合作。与山姆等大型连锁零售商携手，通过其广泛的销售渠道推广产品，通常在小范围试销取得成功后，会逐步扩大销售规模，并可能需要支付一定的上架费用。

第三，网络渠道的主要形式。

电子商务平台。借助成熟的电商平台或自建的企业官网，进行产品的在线销售和推广。

移动商务应用。利用手机平台上的软件，如企业微信、支付宝小程序、手机App等，实现产品的便捷销售。

社交网络商务。依托微信、微博、抖音等社交网络的庞大用户群体，将其转化为商务平台，拓展销售渠道。

付费与免费渠道结合。通过抖音、今日头条、谷歌等平台进行精准的广告推送，吸引潜在用户，实现网络平台的流量引入和销售转化。

④ 客户关系

第一，客户关系的内容。

客户关系板块详细描述了新创企业如何与特定客户细分群体建立和维护关系，以创造和满足需求。在将产品传递给消费者的同时，新创企业也在每个客户细分市场中致力于构建和维护客户关系，这些关系深刻影响着客户的全面体验。客户关系管理的核心功能包括：吸引新客户；维护现有客户关系；挖掘客户价值。

第二，客户关系的类型。

个人助理。基于人际互动，为客户提供销售过程中或售后阶段的帮助。对于重要客户，安排专属的客户代表，以建立深层次和亲密的关系，如同星巴克为其忠诚会员提供的专属服务。还有专用个人助理，即企业为某类顾客安排的专门销售代表，此类是层次最深入的关系类型，通常向高净值个人顾客提供服务。

自动化服务。整合了更加精细的自动化过程，可以识别不同顾客及其特点，并提供与顾客订单或交易相关的服务。

自助服务。不涉及直接人际互动，为客户提供自助服务平台。通过整合更精细的自动化模式，提升客户自助服务的体验，使自动化服务能够模拟个人助理的效果，如银行的在线自助服务平台。

社区。利用用户社区与客户/潜在客户建立更深入的联系，并促进社区成员之间的互动，比如苹果公司通过其官方论坛与用户建立紧密联系。

共同创作。超越传统的客户—商家关系，邀请客户参与价值创造过程。如，耐克邀请顾客参与运动鞋设计，让顾客成为产品创造的参与者。

⑤ 收入来源

第一，收入来源的内容。

收入来源板块描述了公司如何从客户群体中获得现金收入。收入来源是商业模式的生命线。企业必须识别哪些价值能促使客户付费。深入理解这一点有助于企业发掘多个收入来源。每种收入来源可能采用不同的定价机制，如固定定价、谈判议价等。商业模式可能包含多种收入来源，如一次性交易收入和经常性收入。

第二，收入来源的类型。

产品销售型收入。这是最常见的收入来源类型之一。企业通过制造并销售实体产品来获取收益，顾客购买产品后拥有其所有权。如，汽车制造商通过生产汽车并将其销售给消费者来赚钱。消费者支付购车款后，汽车的所有权就转移到了消费者手中，企业的收入就是汽车的销售款项。这种收入来源的关键在于产品的质量、品牌、功能等因素，因为这些会影响产品的吸引力和销售量。

使用收费型收入。企业根据客户对特定服务的使用情况收取费用。比如，云计算服务提供商，根据客户使用的计算资源（如服务器存储空间、数据处理能力等）的多少来收费。客户使用的计算资源越多，支付的费用就越多。这种收入来源的优势在于可以根据客户的实际需求灵活定价，鼓励客户更多地使用服务，同时企业也能够根据服务成本和市场需求来调整收费标准。

订阅收费型收入。企业提供可以重复使用的服务，并以订阅的方式向客户收费。订阅周期可以是月度、季度或年度。软件运营服务（SaaS）企业采用这种收入模式。比如办公软件公司，用户订阅其软件服务后，可以在订阅期间内使用软件的各种功能。企业通过不断更新和优化软件功能，提高用户体验，来吸引用户续订，从而维持和增加收入。

租赁收费型收入。企业将特定资产在固定时间内的暂时性排他使用权授权给客户，并收取租赁费用。如，房屋租赁公司将房屋出租给租户，租户在租赁期间拥有房屋的独占使用权，需要按照合同约定支付租金。这种收入模式对于那些拥有高价值资产但客户不一定需要长期拥有的情况非常适用。

授权收费型收入。企业将受保护的知识产权（如专利、商标、版权等）授权给顾客使用，以此换取授权费用。如，一家拥有著名卡通形象版权的公司，授权玩具制造商使用该卡通形象生产玩具。玩具制造商需要向版权方支付授权费用，这就成为版权方的收入来源。

经纪收费型收入。企业为双方或多方之间的利益提供中介服务，并收取佣金。如，房产中介帮助买卖双方完成房产交易，从交易金额中提取一定比例的佣金作为收入。证券经纪商为投资者买卖证券提供服务，收取交易佣金。这种收入来源依赖于中介服务的专业性和高效性，以及促成交易的能力。

广告收费型收入。企业为特定产品、服务或品牌提供广告宣传服务，并获得收入。如，社交媒体平台通过在用户界面展示广告，向广告主收取费用。搜索引擎通过在搜索结果页面展示广告，根据广告的点击次数或展示次数等方式收费。这种收入模式的关键在于平台的用户流量和广告投放的精准度。

数据销售型收入。企业收集、整理和分析数据后，将有价值的数据出售给其他有需求的机构或个人。如，数据公司通过对消费者行为数据、市场调研数据等进行收集和分析，将数据产品出售给市场营销公司、金融机构等。这些数据可以帮助购买者进行市场预测、消费者画像、风险评估等工作。

⑥ 核心资源

第一，核心资源的内容。

核心资源板块详尽阐述了商业模式有效运作所必需的关键要素。本板块深入探讨了每个商业模式所依赖的一系列核心资源，这些资源使得企业或组织能够创造和提供价值主张、接触市场、与客户细分群体建立关系等。不同商业模式所需的核心资源各有差异，这取决于企业的业务性质和市场定位。如，微芯片制造商可能需要资本密集型的生产设施和固定资产，以确保生产过程的高效和产品的质量过关。而芯片设计商则可能更侧重于高端人才资源，因为设计创新是其核心竞争力所在。核心资源包括实体资产、金融资产、知识资产或人力资源，它们可以是企业自有的，也可以是通过租赁或与重要合作伙伴合作获得的。

不同商业模式所需的核心资源不同，创业者必须清楚地识别其创业项目的核心资源所在。这不仅涉及资源的种类，还包括资源的获取方式和利用效率，因为这些因素直接关系到企业的竞争力和可持续发展能力。

第二，核心资源的类型。

实体资产。包括生产设施、不动产、机器、系统、销售网点和分销网络等。这些资产是企业进行物理生产和销售活动的基础，它们的规模和质量往往决定了企业的生产能力和市场覆盖范围。

知识产权。包括品牌、专有技能、专利、版权、合作关系等。知识资产日益成为商业模式中的重要组成部分，开发难度大，需要长期投入和积累，但一旦形成，其潜在价值也会很高，能够为企业带来独特的竞争优势。

人力资源。任何新创企业都需要人力资源，尤其在知识密集型和创意产业中，人力资源的作用尤为关键。人才是推动企业创新和发展的核心力量，因此，吸引、培养和保留关键人才是企业战略的重要组成部分。

金融资产。某些商业模式需要金融资产或财务担保来支持其运作。这包括现金、

投资、信贷额度等，它们为企业的日常运营和长期发展提供必要的资金支持，确保企业能够应对市场波动和抓住投资机会。

合作伙伴关系和网络资源。稳定、优质的供应商关系是企业的核心资源。如，亚马逊拥有庞大的客户网络，通过对客户数据的分析，亚马逊可以了解客户需求，进行精准营销和产品推荐。渠道合作伙伴如经销商、代理商等也可以帮助企业扩大销售范围和市场份额，是企业商业模式中不可或缺的资源。

⑦ 关键活动

第一，关键活动的内容。

关键任务板块详细描述了新创企业为确保商业模式的可行性必须执行的关键业务活动。这些活动包括生产制造、产品研发和市场营销等，是企业成功运营的基础。关键业务活动是创造和提供价值主张、接触市场、维系客户关系及获取收入的必要行动。正如核心资源，关键业务活动也会因不同的商业模式而有所差异。如，对于亚马逊这样的电子商务平台，其关键业务活动是商品销售与物流配送；对于特斯拉这样的电动汽车制造商，其关键业务活动则涵盖了电动汽车的研发、制造与销售；而对于谷歌这样的互联网企业，其关键业务活动主要是搜索引擎的优化与广告业务的拓展。新创企业需要运用价值链模型来识别核心增值环节，并确定关键任务模式，这通常包括制造、销售、支持等环节。

第二，关键任务的类型。

生产制造。涵盖产品设计开发，像手机需综合考虑多方面设计因素。同时要做好原材料采购与管理，和供应商协作把控质量与库存。还要优化生产流程、严控质量，如汽车制造改进装配流程并全程检验。

市场营销。需开展市场调研来定位目标客户，如运动品牌调研后锁定年轻运动爱好者；通过多种方式进行品牌建设与推广，像可口可乐的多元营销；还要拓展并管理销售渠道，比如小米兼顾线上线下渠道。

客户服务。售前为客户提供咨询和推荐，帮助其了解产品。售中确保订单、支付和发货等交易环节顺畅。售后做好维修、退换货等服务，并重视客户反馈以改进产品。

技术研发与创新。进行基础技术研究，如制药企业研发新药、科技公司探索新兴技术。持续对产品升级创新，像手机提升性能、企业推出新模式。通过合作加速研发，同时做好知识产权管理。

⑧ 重要伙伴

第一，重要伙伴的内容。

在商业模式的有效运作中，重要伙伴板块扮演着至关重要的角色，它详细阐述了企业为了确保其商业模式能够有效运作而需要建立的供应商和合作伙伴网络。企业基于多种多样的战略考量建立合作关系，这些合作关系逐渐成为许多商业模式不可或缺的基础。为了优化自身的商业模式、降低潜在风险或获取必要的资源，许多公司采取了创建联盟的策略。

第二，重要合作关系的类型。

与非竞争者的战略合作联盟。这种合作关系通常涉及两个或多个在市场中不直接竞争的企业，它们通过共享资源、知识或市场渠道来实现共同的目标。

竞争者之间的合作（竞合关系）。这种合作通常发生在市场上的直接竞争对手之间，它们可能为了共同对抗更大的竞争者或为了共同开发新技术而选择合作。

上下游企业之间的合作（供应链合作）。企业与供应商和经销商的合作关系至关重要。供应商为企业提供原材料、零部件等，企业需要与优质供应商建立长期稳定的合作关系，确保原材料的质量可靠、供应的稳定性和价格的合理性。

商业生态系统合作。企业作为商业生态系统的一员，与系统内其他成员合作，可以扩大企业的业务范围和市场影响力。

⑨ 成本结构

第一，成本结构的内容。

成本结构板块详细描述了运营一种商业模式所引发的所有成本。创建价值、提供价值、维护客户关系及产生收入的过程中都会产生成本投入。在确定了关键资源、关键业务和重要合作伙伴之后，这些成本相对容易计算。然而，有些商业模式比其他模式更受成本驱动的影响。成本结构包括固定成本和变动成本。所谓固定成本，是指不受产品或服务产出业务量变动影响，保持不变的成本，如薪金、租金。在零售行业中，店铺租金和员工薪酬是典型的固定成本。所谓可变成本，是指随着产品或服务产出业务量而按比例变化的成本，如原材料采购费用、水电费等。

第二，成本结构的竞争类型。

成本领先型竞争。企业以低成本为主要竞争优势，通过优化生产流程、大规模采购降低原材料成本、提高生产效率等方式，使自己的总成本低于竞争对手。如，一些大型连锁超市凭借强大的采购议价能力，能够以较低的价格从供应商处获取商品，从而在销售价格上更具竞争力。在制造业中，采用先进的自动化生产技术，降低人工成本，也是成本领先型竞争的策略之一。这种类型的企业通常追求规模经济，以降低单位成本，进而在市场中占据有利地位。

成本差异化型竞争。企业的成本结构围绕着创造差异化价值展开。虽然成本可能不是最低的，但企业通过在产品或服务的某些特性上投入更多成本，来实现与竞争对手的差异。比如，高端电子产品制造商在研发和设计环节投入大量成本，以创造出具有更先进功能、更高质量和更独特设计的产品。这些额外的成本投入能够为产品带来更高的附加值，使得企业可以针对对价格不太敏感、更注重品质和独特体验的客户群体进行销售，从而通过差异化在市场竞争中脱颖而出。

成本聚焦型竞争。企业将成本控制集中在特定的目标市场或客户群体上。它们可能会针对某一细分市场的特殊需求，调整成本结构。如，一家专门为老年人提供智能手机的企业，会考虑到老年人的使用习惯和需求，简化手机功能，降低不必要的技术成本。同时，在客服和产品易用性方面加大投入，如提供更贴心的客户服务和更大字体、更简单操作界面的设计。通过聚焦于特定市场的成本管理，企业能够更好地满足目标客户的需求，在该细分市场中获得竞争优势。

（2）商业模式设计的原则与步骤

① 商业模式设计的原则

当今企业经营环境发生了剧烈的变化，商业模式受到严重挑战，这就要求企业商业模式要不断创新，以适应经营环境的深刻变化。在贺尊的《创业学》中提到，成功的商业模式须满足客户价值最大化、持续盈利、资源整合、创新、高效率组织管理和融资有效性六大原则，基于经营环境和企业的发展趋势，通过大量成功案例的分析，人们发现商业模式的开发应遵循以下原则。

客户价值导向原则。商业模式设计的核心是为客户创造价值，这是商业模式能否持续盈利的关键。一个无法满足客户价值最大化需求的商业模式，即使短期内盈利，也是短暂和偶然的，缺乏可持续性。相反，即使短期内未能盈利，最终也将实现盈利。因此，企业应将不断实现和满足客户价值作为其始终追求的核心目标。

盈利原则。商业模式必须能够实现盈利，这是企业生存和发展的基础。企业需要明确收入来源，并且确保收入能够覆盖成本并产生利润。企业要能够在市场变化、竞争加剧等情况下，持续地创造和获取价值，这是评判商业模式成功与否的唯一外在标准。迈克尔·波特曾指出："没有不赚钱的行业，只有不赚钱的模式。"

资源整合原则。着重于有效组合不同资源，通过组织协调，整合内外部要素形成高效运行系统，实现协同效应。创业涉及创造性地整合资源，不受限于现有条件，这是一种思考和行动的方法。新创企业通常缺乏满足顾客需求的全部资源和能力，自建资源成本高且风险大。因此，为了获得竞争优势、发掘商机、降低风险，新创企业需要与其他企业建立互利合作关系，遵循资源使用权优于拥有权的原则，实现低成本运营。

创新原则。旨在通过改进产品和服务，为客户提供更好的产品体验。许多创业者失败是因为没有为客户创造新价值，未能将客户需求转化为商业机会。创新可以是产品或服务的创新、运营方式的创新、盈利模式的创新等。如，电商直播模式就是一种创新的商业模式，它将电商购物与直播互动相结合，改变了传统的电商销售方式。企业需要不断探索新的商业模式元素，或者对现有的模式进行重新组合，以提供独特的价值，吸引客户和合作伙伴，并在竞争中脱颖而出。

融资有效性原则。企业的生存和发展离不开资金，资金是企业发展中不可避免的障碍和难以突破的瓶颈。谁能解决资金问题，谁就能赢得企业发展的先机，掌握市场的主动权。对于中小企业而言，有效的融资模式尤为重要，许多企业因未能建立有效的融资模式而失败。如，某科技初创公司因资金链断裂，无法继续研发新产品，最终导致公司倒闭；某社交网络平台，也因融资困难，无法维持运营，最终消失在市场中。

风险可控原则。在设计商业模式时，要充分考虑可能面临的风险，并确保这些风险是可控的。风险可能来自市场波动、竞争对手的攻击、政策法规的变化等多个方面。例如，对于依赖进口原材料的企业，要考虑原材料供应中断的风险，可以通过建立多个供应商渠道、库存管理等措施来降低风险。同时，企业要对商业模式进行风险评估，制定相应的风险应对策略，以保障商业模式的稳健运行。

② 商业模式设计的步骤

第一步，客户细分与理解。

市场调研。这是商业模式设计的起始步骤。企业需要通过多种方式收集市场信息，如问卷调查、访谈、焦点小组、观察法等。如，一家餐饮企业想要推出新的餐饮服务，可以通过问卷调查了解消费者的口味偏好、用餐频率、价格敏感度等信息。同时，可以通过访谈餐厅经理、厨师等业内人士，获取餐饮行业的最新趋势和竞争对手情况。

目标客户定位。在收集大量信息后，企业要对市场进行细分，并确定自己的目标客户群体。可以基于不同的标准进行细分，如年龄、性别、地理位置、消费习惯、收入水平等。

第二步，价值主张设计。

挖掘客户需求和痛点。企业要深入了解目标客户的需求和他们在使用现有产品或服务中遇到的问题。如，对于上班族而言，他们可能需要在忙碌的工作之余能够快速、方便地享用健康的餐食，而附近餐厅菜品选择少、外卖配送时间长等可能就是他们的痛点。

构建独特价值。根据客户需求和痛点，企业要设计出能够吸引客户的价值主张。比如，针对上班族的餐饮需求，企业可以推出"快速定制健康餐，30分钟内送达"的服务，这就为客户提供了独特的价值，使其有理由选择该企业的服务。

第三步，渠道通路规划。

选择合适的渠道类型。企业要确定如何将产品或服务传递给客户，可以分为线上和线下两种渠道类型。线上渠道包括企业官网、电商平台、社交媒体平台等；线下渠道包括实体店、经销商、代理商等。如，一家时尚品牌可以选择在繁华商业中心开设实体店，同时在电商平台开设官方旗舰店，利用社交媒体进行品牌推广和产品营销。

优化渠道组合和流程。企业需要考虑不同渠道之间的协同作用，以及如何优化渠道流程以提高客户体验。比如，线上线下同价策略、线上预约线下体验服务等。对于线上购物，要确保网站或App的界面友好、购物流程顺畅，并且提供多种支付方式和快速的物流配送服务。

第四步，客户关系管理设计。

确定客户关系类型。企业要考虑与客户建立何种关系，如自助服务型、社区型、专属服务型等。例如，对于一些简单的软件产品，企业可以提供自助服务，让用户通过在线帮助文档、常见问题解答等方式自行解决问题；而对于高端客户，可提供专属的客户经理，为其提供一对一的服务。

建立和维护客户关系机制。通过建立会员制度、客户反馈渠道、忠诚度计划等方式来维护客户关系。如，航空公司的常旅客计划，通过累计里程为客户提供免费机票、升舱等福利，增强客户与企业之间的黏性。

第五步，收入来源规划。

明确收入类型。企业要确定收入来源，如产品销售、服务收费、订阅收费、广告收入等。如，一家内容创作公司可以通过出售影视作品获得产品销售收入，也可以通过在作品中植入广告获得广告收入，还可以推出会员订阅服务，为会员提供无广告、独家内容等特权，获取订阅收入。

定价策略制定。根据收入来源类型和市场情况，企业要制定合理的定价策略。可以采用成本加成定价、竞争导向定价、需求导向定价等方法。如，一款新推出的电子产品，企业可以在核算成本的基础上，参考竞争对手的价格，结合市场对该产品的需求热度，制定一个既能保证盈利又具有竞争力的价格。

第六步，核心资源与关键业务确定。

识别核心资源。企业要明确开展业务所必需的资源，包括实体资产、人力资源、知识产权等。如，一家制药企业的核心资源可能是专业的研发团队（人力资源）、专利技术（知识产权）和先进的生产设备（实体资产）。

规划关键业务。确定为了实现商业模式运转而必须开展的关键活动。对于电商企业来说，关键业务包括网站维护与优化、供应链管理、营销推广等。这些关键业务活动需要围绕核心资源展开，以确保企业能够有效地提供产品或服务。

第七步，重要合作关系建立。

合作伙伴选择。企业要寻找能够帮助自己提升竞争力的合作伙伴，如供应商、经销商、战略联盟伙伴等。如，汽车制造商需要选择高质量的零部件供应商，以确保汽车的质量和性能。

合作方式和条款确定。与合作伙伴确定合作的方式、范围、利益分配、风险分担等条款。如，在与供应商的合作中，要明确采购价格、交货时间、质量标准等条款；在战略联盟合作中，要明确双方的权利和义务、合作目标和期限等。

第八步，执行反馈。

设计商业模式如同设计建筑群或舰队，设计完成后需要进行建造。一般而言，在构建全新商业模式时，建议先进行小规模试验，再将试验成功的模式大规模复制。商业模式包含设计和建造两个重要环节，虽有先后顺序，但在实际操作中，企业不必拘泥于此，可根据自身情况从任何一个环节先行开展工作。

8.1.3 商业模式创新

（1）商业模式创新的概念

商业模式创新涉及企业价值创造基本逻辑的变革，即引入一种全新的商业模式至社会生产体系中，旨在为客户及企业本身创造新的价值。简而言之，商业模式创新即企业以新颖且有效的方式实现盈利。新引入的商业模式可能在构成要素上与现有模式存在差异，或即便构成要素相似，其要素间的关系及动力机制亦可能与现有模式大相径庭。

（2）商业模式创新的策略与方法

奥斯特瓦德提出的商业模式创新循环模型为商业模式创新提供了科学的方法论。该模型由四个阶段组成：环境分析、商业模式创新、组织设计、商业模式执行。整个循环模型强调了创新的连续性与动态性，并体现了企业内外部因素的互动，为企业在动态变化的市场环境中维持竞争力提供了有力的理论支撑（图8-2）。

第一阶段，分析环境。在环境分析阶段，企业需深入探究市场趋势、竞争对手动态及潜在客户需求，为商业模式的创新奠定坚实基础。此环节的目标是确保规划团队在商业模式上达成一致意见，并构建商业模式的架构。商业模式创新的初步步骤是组建一个由不同知识背景成员组成的创新团队，成员应涵盖业务、流程、技术、客户关系、设计、研发、人力资源等部门。通过交流，团队成员需对商业模式形成共识，进而构建商业模式的架构。

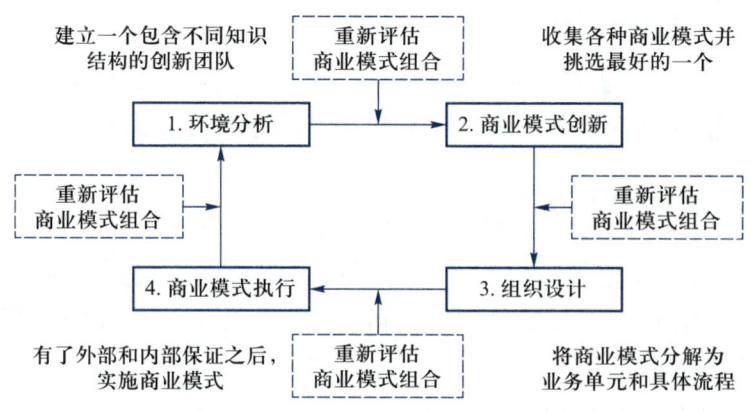

图 8-2 商业模式创新循环模型

第二阶段，创新商业模式。在该阶段，企业应发挥其创新潜能，设计出能够满足市场与客户需求的新型商业模式。企业将根据商业模式的关键要素来阐述新的商业模式。在既定的商业模式架构内，设计团队着手构建商业模式的原型。在这一过程中，可以参考其他行业的成功案例，或者将这些案例引入企业中。

第三阶段，设计组织结构。在此阶段，企业需调整内部结构与流程，以确保新商业模式的顺利实施。在确定恰当的商业模式组合后，企业需考虑如何将商业模式拆解为业务单元和具体流程，即完成组织结构的设计工作，规划用于支持商业模式实施的基础信息系统，并挑选合适的人员来执行。

第四阶段，执行商业模式。企业将创新的商业模式付诸实践，确保其能够有效运行并达到预期效果。此阶段是将设计好的商业模式付诸实践的环节。在确保了外部和内部条件后，商业模式便可以开始实施。实施阶段是最具挑战性的，也是常常被忽略的环节。要强调的是，商业模式创新是一个持续循环的过程，即便商业模式已经成功，在对其进行评估后，仍需重新开始对环境进行分析。

（3）商业模式创新案例分析

案例："兼职猫"App。

项目背景：王锐旭在大学期间发现身边同学找兼职工作存在信息不对称、渠道单一、安全无保障等问题，于是他决定创建一个专注于大学生兼职的平台，以解决这些痛点。

① 商业模式创新

整合资源。与各类企业、商家合作，收集大量的兼职岗位信息，包括家教、促销、实习等多种类型，同时整合学校、社会组织等资源，为大学生提供丰富的兼职选择。

线上平台。创建"兼职猫"App和网站，打破了传统线下中介的模式，利用互联网技术实现了兼职信息的快速发布、精准推送和在线申请，提高了找兼职的效率和便利性。

安全保障。为保障大学生兼职的安全和权益，"兼职猫"对企业进行严格审核，提供安全提示和兼职保险等服务，解决了大学生对兼职安全的担忧。

② 成功经验

精准的市场定位。王锐旭从自身和身边同学的需求出发，准确地将目标市场定位为大学生群体，专注于解决他们找兼职的痛点，使得产品能够迅速获得目标用户的认可和使用。

创新的商业模式。利用互联网平台整合资源，打破了传统兼职市场的信息壁垒，创造了一种全新的、高效的兼职服务模式，为用户提供了更好的体验，也为企业创造了更多的价值。

团队协作与执行力。王锐旭组建了一支志同道合、能力互补的创业团队，在产品研发、市场推广、客户服务等方面密切合作，确保了平台的快速发展和稳定运营。

适应市场变化。随着市场的发展和用户需求的变化，"兼职猫"不断优化和拓展业务，如增加实习招聘、线上兼职等功能，满足了不同用户在不同阶段的需求，保持了平台的竞争力。

③ 失败教训

初期资金困难。创业初期，团队面临着资金紧张的问题，在技术研发、市场推广等方面受到了一定的限制，导致平台的发展速度较慢，这也提醒大学生创业者要提前做好资金规划和筹集工作。

竞争压力。随着兼职市场的火热，越来越多的竞争对手进入，包括一些大型招聘平台也开始涉足兼职领域，给"兼职猫"带来了一定的竞争压力，这需要创业者在创新的同时，不断提升自身的核心竞争力，以应对竞争。

品牌建设难度大。在众多兼职平台中，如何树立独特的品牌形象和口碑？这是一个挑战，"兼职猫"在发展过程中也经历了品牌知名度不高、用户信任度低等问题，需要创业者重视品牌建设，通过优质的服务和有效的营销来提升品牌影响力。

根据案例，请小组探讨以下问题：

第一，客户细分角度。"兼职猫"精准定位大学生群体作为主要客户，在拓展业务过程中，若想吸引职场新人等其他群体，应如何重新进行客户细分，又会面临哪些新挑战？

第二，价值主张方面。"兼职猫"以解决大学生找兼职信息不对称、保障安全等痛点为价值主张。设想若市场上出现一款主打高端兼职岗位、收取较高会员费的竞品，"兼职猫"该如何调整自身价值主张以保持竞争力？

第三，渠道通路思考。"兼职猫"主要通过线上App和网站推广。如果要拓展线下渠道，比如与高校合作举办招聘会，应该如何规划线下渠道通路，使其与线上渠道相互配合，提升整体运营效率？

第四，收入来源探讨。"兼职猫"可能通过向企业收取推广费等方式盈利。若要增加新的收入来源，基于现有的用户群体和业务模式，除了常见的广告收入，还能考虑哪些创新的收入来源途径？

第五，关键业务分析。"兼职猫"的关键业务之一是对企业进行审核以保障兼职安全。随着业务规模扩大，如何在不降低审核质量的前提下，优化关键业务流程，提高审核效率，从而更好地满足快速增长的用户需求？

8.2 商业计划书

8.2.1 商业计划书概述

（1）商业计划书的概念与目的

商业计划，也称创业计划，是创业活动的核心部分，详述了特定商业活动的外部条件和内部要素。它包括商业前景、资源整合、经营战略等，为创业项目提供具体、深入的行动指南。创业者通过价值主张和商业模式探索，形成基本假设，并通过客户测试获得反馈。商业计划书是创业从调查到执行的路线图。

创业计划书是创业者在完成客户探索和检验后，转向运营新业务的书面摘要。它分析创办新企业的内外部环境和要素特点，为业务发展提供指示和标准。通常，创业计划结合市场营销、财务、生产、人力资源等综合计划。它主要用来解决想要干什么，怎么干，面向的目标客户是谁，市场竞争状况及对手如何，经营团队怎样，股权结构如何安排，营销安排，财务分析及退出机制等一系列问题。这些问题不仅是投资人或合作伙伴所关心的，也是创业者本人应该非常清楚的，商业计划书的编写实际上就是对这些问题的回答。尽管不同行业的商业计划书内容和形式可能不同，但其本质都是对这些投资人所关心的问题进行分析与论证。

（2）商业计划书的重要性与用途

① 重要性

商业计划书是详细阐述新企业创建相关内外部环境和要素的文档，它旨在解释商业机会的重要性、需求、风险及可能的盈利，还包括如何利用这一机会。对创业者来说，资源就如同艺术家的颜料和画笔，只有当他们拥有灵感时，才会在画布上尽情挥洒。在创业者心中，画布即商业计划。画布本身是空洞无物的，关键在于通过商业计划的勾勒，如何将创业理念、团队和资源转化为艺术家的杰作，清晰展现新企业的形象：企业定位、发展方向、预期目标。商业计划在创业旅程中，对内部创业者和外部投资者都具有重大意义。

② 用途

第一，吸引投资。

对于创业者和初创企业来说，商业计划书是吸引外部投资的关键工具。它向潜在投资者展示了创业项目的潜力和价值。当一个科技创业团队开发了一款具有创新性的软件应用时，他们需要通过商业计划书详细阐述软件的市场需求、目标客户群体、盈利模式等内容。投资者通过阅读商业计划书，能够评估投资该项目的风险和收益，从而决定是否进行投资。一份清晰、有说服力的商业计划书能够增加获得投资的机会，为企业的启动和发展提供资金支持。

风险投资机构和天使投资人每天收到大量的项目提案，商业计划书就像是企业的"名片"，帮助企业在众多竞争者中脱颖而出。它可以展示创业者对市场的理解深度、对商业模式的清晰规划及对未来发展的信心，使投资者相信他们的资金将得到合理利用并带来可观的回报。

第二，指导企业运营。

商业计划书是企业运营的蓝图。它涵盖了企业的各个方面，包括产品或服务的开发、市场定位、销售策略、人力资源规划等。在企业发展过程中，管理层可以依据商业计划书来制定具体的行动计划和决策。如，一家餐饮企业在商业计划书中确定了主打健康有机菜品的市场定位，那么在采购食材、招聘厨师、设计菜单等运营环节都要围绕这个定位展开。

商业计划书还能帮助企业合理分配资源。它明确了各项业务活动的优先级和资源需求，使企业能够避免资源的浪费和不合理使用。如，一个制造企业在商业计划书中规划了一定比例的资金用于研发新产品和拓展销售渠道，通过按照计划执行，企业可以在提高产品竞争力的同时，确保产品能够有效地推向市场。

第三，战略规划与目标设定。

商业计划书是企业战略规划的重要体现。它能够帮助企业明确自身的长期目标和短期目标，并制定相应的战略来实现这些目标。如，一家互联网电商企业的长期目标可能是成为行业内领先的综合性购物平台，商业计划书则会详细描述如何通过逐步拓展商品品类、优化用户体验、建立物流配送体系等战略措施来实现这一目标。

同时，商业计划书可以作为衡量企业发展程度的参考标准。企业可以定期对照商业计划书中设定的目标和指标，评估实际经营成果与计划的差异，及时调整战略和行动计划。如果一家企业在商业计划书中设定了在一年内市场份额达到10%的目标，但实际半年后只达到了3%，企业就需要分析原因，并调整相应的策略。

第四，沟通与合作的工具。

在企业内部，商业计划书能够促进团队成员之间的沟通和协作。不同部门的员工可以通过商业计划书了解企业的整体目标和战略，明确自己在企业中的角色和任务。例如，市场部门可以根据商业计划书中的目标客户群体和市场定位，制定更精准的营销方案；技术部门可以依据产品或服务的规划，安排研发计划。

在企业外部，商业计划书是与合作伙伴沟通的有效工具。当企业与供应商、经销商、战略联盟伙伴等进行合作洽谈时，商业计划书能够清晰地展示企业的实力、发展前景和合作机会。例如，一家汽车制造商在与零部件供应商谈判合作时，通过商业计划书展示汽车的生产计划、市场销售预期等信息，使供应商能够更好地了解合作的潜力和收益，从而达成更有利的合作条件。

（3）商业计划书的撰写原则与要求

商业计划书是企业发展的蓝图与沟通的桥梁，撰写时需遵循以下原则与要求。

① 内容完整性原则

全面涵盖核心要素。商业计划书应完整囊括企业概述、市场分析、产品或服务介绍、商业模式、营销策略、运营管理、财务规划等关键板块。比如在介绍产品或服务时，不仅要阐述其功能、特性，更要说明独特优势、卖点及满足客户需求的方式。市场分析则需涉及市场规模、增长趋势、目标客户群体及竞争对手等内容，让读者全方位了解企业商业逻辑。

详细展示关键细节。各部分都应提供详尽信息。以财务规划为例，不能仅罗列预计收入和利润，还需详细说明收入来源、成本结构、资金使用计划等。例如，一家餐饮企业，要具体说明食材采购成本、人力成本、营销费用占比等细节，便于投资者或合作伙伴深入评估企业财务状况。

② 逻辑清晰性原则

结构合理。商业计划书结构应条理清晰，各部分过渡自然。通常按从宏观到微观、从市场背景到企业具体运营的顺序展开。先介绍行业市场概况，引出企业产品或服务如何契合市场需求，接着阐述商业模式与运营策略，最后呈现财务计划与预期收益。

因果关联明确。内容之间要有明确因果关系。例如，营销策略应基于市场分析和目标客户群体特点制定。若目标客户为年轻上班族，营销策略可能侧重线上广告与便捷的促销活动。同时，财务预测要与运营计划相匹配，如预计销售收入增长应与市场拓展及销售渠道建设相对应。

③ 内容突出重点原则

聚焦关键内容。商业计划书应突出核心要点，避免冗长繁杂。着重阐述核心业务、市场机会、竞争优势及盈利模式等关键部分。例如，一家专注于虚拟现实教育解决方案的企业，应在计划书中详细阐述产品如何解决教育行业的特殊痛点，以及如何凭借技术优势在市场竞争中脱颖而出。对于盈利模式，要清晰说明来自学校采购、软件授权、增值服务等不同收入来源的预期占比和增长趋势，让投资者迅速把握企业商业模式的核心。

突出独特价值。重点突出企业独特价值主张，无论是产品或服务的独特功能、创新商业模式，还是卓越客户服务。例如，一家采用区块链技术确保农产品溯源的企业，应着重强调区块链技术在提升农产品质量信任度方面的独特优势，以及这一优势如何助力企业在市场中赢得客户和构建竞争壁垒。

④ 创新性原则

商业模式创新展示。若企业有创新商业模式，在商业计划书中要着重体现。如共享办公模式，需详细说明其如何打破传统办公空间租赁模式，为创业者和自由职业者提供灵活、低成本且具有社群属性的办公解决方案，为用户和企业创造新价值，吸引投资者关注，提升企业竞争力。

产品或服务创新亮点。对于创新产品或服务，要突出独特功能、技术突破或新颖设计。例如，一款具备自动调节光线和坐姿提醒功能的智能书桌，应详细阐述这些创新功能如何满足家长和学生对健康学习环境的需求，以及相较于传统书桌的显著优势。

⑤ 简洁性原则

语言简洁明了。商业计划书应避免使用复杂行业术语和冗长句子，用通俗易懂的语言表达专业内容，使非专业人士也能轻松理解。如介绍技术原理时，可用简单比喻或类比解释。同时，删除冗余信息和不必要修饰词，使计划书内容紧凑、重点突出。

篇幅合理控制。虽然商业计划书需包含足够信息，但要避免篇幅过长。一般而言，一份有效商业计划书篇幅为 20～50 页，可根据项目复杂程度和投资者要求适当调整。过长易让投资者失去耐心，过短则无法充分展示企业商业计划。

8.2.2 商业计划书的基本结构

（1）封面与目录

封面应涵盖企业名称、地址（若存在）及网址、电子邮箱、联系电话、日期、创业者的联络信息。这些信息应集中置于封面的上部。若企业拥有徽标或商标，应将其置于封面的中心位置。封面还必须明确标示创业者的联络信息。

目录紧随封面之后，详尽列出创业计划书的主要章节、附录及其对应页码，旨在便于读者检索计划书中的相关内容。在提交创业计划书前，必须仔细核对目录页码与正文页码的一致性。

（2）执行摘要：项目的核心亮点

摘要为投资者和评审团了解企业及项目的关键材料，需精练。摘要应概述企业目标、产品、优势及需求，突出核心优势，如技术、资金、研发和推广能力，内容限一页A4纸。概要介绍创业者和企业的基本信息，包括项目选择理由、企业愿景、业务范围、类型、创业者背景及项目优势等。

（3）公司介绍：企业概况、愿景与使命

商业计划书的核心部分起始于对公司概况的详尽阐述。在这一环节，必须对公司的发展历程、企业使命、宣传口号、产品特性、当前经营状况、法律地位及所有权结构进行精确的描述。在撰写商业计划书时，应特别关注两个核心要素：其一，必须重点突出产品的所有独特属性，并深入探讨这些属性如何能够创造新的价值或为现有市场增加价值；其二，必须提供充分的市场调研数据以支撑计划书中的各项论断和预测，确保商业计划的可信度，从而吸引潜在的投资者和合作伙伴。

（4）团队介绍：核心团队、组织架构、管理经验

在对创业团队的管理能力进行评估时，投资者首先需要对团队的状况进行深入了解。若团队的管理水平未能达到行业一流标准，即便其拥有极具创新性的商业构思，多数投资者亦可能选择放弃投资。相关评估材料应详尽涵盖团队核心职能的描述、关键管理人员及其职责、企业组织架构、董事会构成、其他投资者的股权分布、专业顾问及服务机构等关键信息。

创业团队的书面材料通常包含以下核心内容。

组织架构。详细列出企业关键管理职位的人员信息，并尽可能附上组织结构图。阐述当前及过往关键管理人员之间的协作情况，以展现其技能的互补性，从而构建一个高效能的管理团队。

关键管理人员。详尽描述每位关键管理人员的职责及其职业生涯中的亮点，包括从业或受雇经历、教育背景与主要成就等，特别强调其专业技能、技术专长与成就记录，以证明其完成任务的能力；同时，阐述他们在销售及盈利方面的成绩，以及在先前创业或管理领域的经验与成效。

管理层薪酬与股权。明确管理层的薪酬数额、股票所有权的规划，以及每位关键成员的股权投资情况（若存在的话）。若存在劳动协议，则应将其作为附录提供。

其他投资者。介绍企业中其他投资者的情况，以及持有较多股份的投资者的股权比例。

董事会。说明董事会的规模与构成，明确所有预定董事会成员的背景资料，以及他们能为公司带来的利益。

顾问及服务机构。列出选定的法律、会计、广告、咨询、银行顾问及创业天使导师的姓名、所属公司，以及他们将如何助力企业达成目标。

（5）市场分析：目标市场、行业趋势、竞争对手

在当前竞争加剧的市场环境中，市场分析成为评估市场前景的关键工具。该分析主要涉及对行业前景、市场规模和增长趋势的评估与预测，目标市场定位及需求分析，竞争对手的深入剖析，以及核心竞争优势的获取策略。在撰写市场分析报告时，必须确保引用的第三方数据得到恰当的标注，并将分析聚焦于具体的细分市场。

市场分析的内容涵盖以下方面。

目标市场及客户。主要是详细探讨产品所针对的目标客户群体，以及目标市场的选择标准。本部分还将分析客户对产品的需求，包括客户购买决策的依据，如价格、质量、时机等因素，以及可能促使他们改变现有购买决策的原因。

市场大小和趋势。重点是专注于细分市场，并以数量、金额和潜在盈利率来预测未来3~5年内所提供产品的市场总规模和份额，并深入讨论影响市场增长的主要因素，如行业趋势、社会经济趋势、政府政策和人口迁移等。

竞争和竞争优势。核心是对竞争者进行深入的比较分析，评估其优劣势，并合理评价产品的替代品及其公司状况。根据市场份额、质量、价格、表现、交货、时机、服务、保修和其他相关特征，与竞争品和替代品进行比较。

市场潜能预测。目的是预测新产品在行业竞争态势中的销售情况。识别所有愿意做出或已经做出购买承诺的主要客户,并预测未来几年的主要目标客群。基于对新产品的市场优势、规模及发展趋势、客户群,竞争对手及产品销售的评价,得出在一定假设条件下未来三年每年要获得的市场份额、销售量和销售额。

(6)产品与服务:产品特性、优势、服务内容

多维度展示技术产品和服务的创新性、先进性和独特性。围绕产品与服务,介绍其诞生的市场背景、技术发展契机、主要技术指标,与国内外同行业其他公司同类技术产品及服务的比较、相关资质能力说明,对企业拥有的专利技术、独家配方、知名品牌、广泛销售网络,以及各类许可证、专营权和特许权经营资质等进行详细说明,凭借上述资质能力,进一步彰显产品和服务的领先特质与竞争优势。撰写时应避免深入技术细节,尽量用通俗的言语阐述清楚。

产品特性。列举产品的主要功能和特点并描述这些功能如何满足用户需求。阐述产品使用的技术,特别是那些提供竞争优势的技术并解释这些技术如何是创新的或改进的。描述产品的设计理念,包括用户体验和界面设计,强调设计如何提升产品的可用性和吸引力。说明产品如何适应未来的发展和变化。说明产品与其他系统或产品的兼容性。描述产品是否提供定制化选项,以及这些选项如何满足特定客户的需求。

产品优势。产品差异化,明确阐述本企业的产品与市场上其他产品的区别,强调那些使产品独一无二且难以模仿的特性。产品的性价比,解释产品如何提供更高的价值或更低的成本。利用品牌的力量来凸显产品的优势。客户支持,描述所提供的客户服务和支持,以及这些如何提升产品的吸引力。

服务内容。服务范围,详细描述提供的服务种类,包括售前、售中和售后服务。定制服务:是否提供定制服务,阐述这些服务如何满足特定客户的需求。服务水平协议(SLA),概述服务水平协议,包括响应时间和问题解决时间。维护和更新,说明产品维护和更新的政策,包括频率和成本。客户反馈机制,介绍如何收集和利用客户反馈来优化服务。增值服务,如果提供额外的增值服务,如咨询、分析或其他专业服务,详细描述这些服务。

(7)营销策略:市场推广、销售渠道、定价策略

在新创企业的战略规划中,营销策略的制定占据着至关重要的地位。它不仅关系到企业能否成功地吸引目标顾客群体,还直接决定了产品或服务在市场上的竞争力和销售业绩。因此,企业在制定营销计划时,必须深入分析市场趋势、顾客需求及竞争对手的策略,从而确保营销活动的有效性和针对性。这里将详细探讨营销计划的各个关键维度,包括总体营销策略、定价策略、销售流程、促销组合,以及销售渠道等,旨在为企业提供一套科学、系统的营销策略框架。

营销计划通常涵盖如下内容。

总体营销策略。企业需详尽阐述其独特的营销理念与战略方针。这不仅包括对产品特性如质量、价格、交货期、保修服务或培训等方面的强调，还应探讨创新性营销概念，增强客户对产品的需求度。此外，企业还需明确产品初始投放市场时的目标市场定位，并阐释背后的市场战略考量。对于后续的销售拓展规划，企业也应尽可能地进行详细阐述，以展现其长远发展的愿景。

定价策略。企业需要深入研讨产品价格，将定价原则与主要竞争对手的定价策略进行细致比对。通过剖析产品成本与最终销售价格之间的毛利状况，企业可以评估其定价策略是否能够覆盖所有相关成本并实现盈利。同时，企业还需考虑如何确保所定价格能够被客户接受，并在激烈的市场竞争中持续拓展市场份额。

销售流程。企业需说明产品销售所采用的具体方式，例如组建销售团队、开展网上购物业务，或是借助分销商、现有销售组织等途径。此外，企业还需制定短期与长期的销售规划，探讨给予零售商、分销商、批发商和销售人员的利润分配情况，以及相关销售折扣、独家代理权等销售政策。通过与竞争对手的销售策略进行对比分析，企业可以更好地定位销售方法，并预期能够达成的销售量。

促销组合。企业需要描述为吸引潜在客户注意力所运用的手段，包括广告促销战略的制定和日常费用预算的编制。企业应探讨这些成本的产生缘由与效益转化机制，以确保营销活动的投入产出比达到最优。

销售渠道。企业需阐述计划采用的分销模式与渠道类型，明确产品运输成本在销售价格中所占的比例。对于国际销售业务，企业还需注明针对分销、运输、保险、信贷和托收等销售事务的处理方式与策略规划，以确保产品能够顺利进入不同市场。

（8）运营计划：生产流程、供应链管理、物流方案

一个详尽的运营计划应包含一系列关键要素，包括但不限于企业的地理位置选择、所需设施设备的配置、空间需求的评估，以及劳动力的获取和可用性。对于以制造为主导的企业，必须明确阐述库存管理策略、采购流程、生产过程的控制机制及对外部供应商的依赖程度。而对于服务型企业，运营计划则需要着重说明如何选择一个便于接近客户的地理位置，如何实现日常运营成本的最小化，以及如何维持和提升劳动生产率以保持市场竞争力。

一个全面的运营计划通常会包含以下四个核心内容。

运营周期的规划。企业需要详细说明其基本营运循环的交付时间及可能出现的延迟情况，并阐述如何应对季节性波动带来的生产任务变化。

地理选址的策略。企业应当明确选址计划，并撰写详尽的选址分析报告。选址时需要考虑多个因素，包括劳动力的可得性、客户或供应商的接近性、运输的便利性及公共设施的可用性。同时，要对选址的区位优势和劣势进行深入分析。

设施和设备的获取与改善。新创企业需要明确其获取生产所需设施设备的途径和时间。企业应讨论是选择租赁还是购买这些设施设备，并评估使用成本和时间。此外，还应制定使用融资资金购买设施设备的详细计划，并对未来三年内的设备需求与扩充计划进行预测。

战略与计划的制定。企业需要描述其生产过程及部分零配件的外包决策。基于库存资金压力、劳动力技能的可用性、生产成本等因素，企业应拟定相应的外包战略。同时，企业还需讨论潜在的分包商和供应商情况，并列出一份详细的生产计划，包括可用原料、劳动力、零部件、日常开支等各项内容。此外，企业还应说明其质量控制、生产控制、库存控制的具体方法。

（9）财务预测：收入预测、成本分析、盈利预测

财务规划旨在展现企业潜力，提供详尽的财务生存时间表，并作为管理的依据。规划涵盖未来3～5年资金需求及使用计划，包括资金来源与运用的详细说明，预计的资产负债表、利润表和现金流量分析。特别在企业初创或成长期，对流动资金的规划和控制至关重要。利润表反映企业盈利状况，资产负债表则反映企业状况，投资者可据此评估经营状况和投资回报。

一份详尽的财务规划通常包含以下内容。

资本需求量。详细规划未来3～5年的资金需求、来源及使用，确保企业资金链的稳定性和持续性。

预编利润表。基于销售预测和随之产生的生产或营运成本，准备至少三年的预编利润表。在准备过程中，需要充分讨论并记录所有关键假设，如坏账和销售折扣的波动额度、销售支出或总成本、营销成本占销售成本的百分比等，以便于后续分析和调整。

预编资产负债表。在企业运营的最初三年，每年年末准备一次预编资产负债表，并在第一年中每半年准备一次，以确保及时更新和监控财务状况。

预计现金流量分析。详细预计营业第一年中每月的现金流量和其后至少两年的每季现金流量，并明确指出预期现金流量的进出金额和时间。预测必需的额外融资和时间，并指出营运资金需求的高峰期。同时，明确指出如何通过股权融资或银行贷款等方式获得额外融资，以及获得融资的条件和偿还方法。讨论现金流量对各种企业因素假设的敏感度，以便于在面对市场波动时做出快速反应。

盈亏平衡图。通过计算盈亏平衡点，并准备一张图，清晰地显示出企业何时将达到盈亏平衡及可能发生的盈亏平衡点的变化。讨论达到盈亏平衡的难易度，包括讨论和预计总销售量有关的盈亏销售量规模、毛利的规模和价格敏感度。此外，还要考虑万一企业没能达到预期销售量，如何通过调整策略来降低盈亏平衡点。

成本控制。详细描述如何获得成本报告信息，以及在预算超支时的处理方法和策略，确保企业成本的有效控制和优化。

财务部分。明确指出企业运营中所需的最大现金量以及获取方式，需要的债务融资额和股权融资额，以及债务归还的时间表等关键财务信息，确保企业财务决策的透明度和准确性。

（10）风险分析：市场风险、运营风险、财务风险

企业运营中会遇到不确定风险，可能影响企业稳定发展。投资者审阅创业计划书时，若未提及风险后果，可能质疑企业可信度，影响融资。投资者评估创业项目时，关注团队构成和能力后，会审视关键风险。识别并讨论风险，展示专业素养和综合素质，增加投资者信任。主动指出并讨论风险，表明深入思考和控制能力，消除投资者的疑虑，增强其对企业的信心。

企业在识别和讨论潜在问题及风险时，需关注几个关键方面：资金周转问题可能导致现金耗尽；竞争对手压力可能引起产品价格下降；不利产业趋势可能影响长期发展；产品设计或制造成本可能超出预算；销售额可能未达预期；采购过程中可能遇到困难；革新和开发成本可能带来财务压力；可能现金不足。讨论时，应明确关键风险，并详细说明企业如何采取措施控制风险，确保稳健运营和持续发展。

（11）附件与附录：相关文件、证明材料

附录作为主体内容的补充，应包含所有不宜纳入创业计划正文中的材料，如团队成员的简历、产品照片、详细的财务信息和市场调研方案等。

制作一份高质量的创业计划，通常需要投入数周时间的努力。从创意构思到撰写文字内容，再到反复修改、精心编辑与细致校对，每一个环节都务必精益求精。待完整文本成型后，还需对各个板块开展全面、深入的检查与评估，确保计划的准确性、可行性和有效性。

纵观创业计划的编写要点，它不仅涉及战略层面的思考，还包括战术层面的布局；不仅需要团队构建，还要有生产流程的安排；不仅要开拓市场，还要管理资金；不仅要掌握产业发展趋势，还要明确目标市场的定位。可以说，一份周密的创业计划是创业者能力的体现，也是其经营智慧的"全面展示"。

8.2.3 商业计划书案例

(1) 商业计划书常见问题与改进建议

① 普遍存在的问题

缺乏数据支撑。 许多商业计划书在描述市场规模、增长趋势等关键信息时，没有引用可靠的数据来源，只是模糊地提及"市场规模巨大，且未来将持续增长"，却没有具体的数据和研究报告作为依据。

目标市场不明确。 对目标客户群体的定位过于宽泛，没有精准界定。如将目标市场表述为"我们的产品面向所有消费者"，没有考虑不同年龄、性别、地域、消费习惯等因素对消费者需求的影响，导致无法制定有针对性的营销策略。

竞争对手分析不足。 仅简单罗列竞争对手，未深入分析其优势、劣势、市场份额、竞争策略等。比如，只是列出了几家同行业公司，却没有分析这些竞争对手的产品特点、价格策略、渠道优势等，难以凸显自身的竞争优势。

商业模式不清晰。 对商业模式的认知模糊，未能系统阐述企业如何借助产品或服务进行价值创造，通过何种渠道和方式将价值传递给目标客户，以及基于怎样的盈利逻辑实现价值获取。例如，只是简单提及通过销售产品盈利，却没有说明产品的价值创造过程、与客户和合作伙伴的互动方式及成本结构等关键要素。

财务报表不规范。 财务报表格式不规范，内容不完整，缺乏专业的财务术语和分析。如，资产负债表、利润表和现金流量表的编制不符合会计准则要求，没有对重要财务数据进行解释和说明，影响投资者对企业财务状况的判断。

缺乏创新性。 商业模式过于传统，没有独特的竞争优势。如一家传统餐饮企业，商业模式与市场上大多数同行类似，没有在菜品特色、运营模式、客户体验等方面进行创新，难以吸引投资者关注。

② 改善措施

引用权威数据。 在做市场分析时，要广泛收集权威机构发布的数据，如市场调研公司报告、政府部门统计数据等，并明确标注数据来源。如，引用艾瑞咨询对某行业的市场规模预测数据，增强市场分析的可信度。

精准定位目标市场。 运用市场细分方法，从多个维度对市场细分，并确定其核心目标客户群体。

深入剖析竞争对手。 需系统、全面地采集竞争对手信息，从产品、价格、渠道、促销维度开展对标分析。如，分析竞争对手的产品和服务功能与自身产品的差异，找出竞争对手的价格优势和劣势，研究其主要销售渠道和促销活动，从而明确自身的竞争优势和差异化竞争策略。

清晰阐述商业模式。运用商业画布等工具，分析商业模式的九大构成要素，包括客户细分、价值主张、渠道通路、客户关系、收入来源、核心资源、关键业务、重要合作和成本结构。如，一家共享出行企业，要清晰说明如何通过整合闲置车辆资源（核心资源），为用户提供便捷的出行服务（价值主张），通过线上平台（渠道通路）连接用户，与车主和合作伙伴建立合作关系（重要合作），并通过收取骑行费用和广告收入（收入来源）实现盈利，同时明确运营过程中的主要成本（成本结构）。

规范编制财务报表。严格依据会计准则与财务工作规范，编制涵盖资产负债表、利润表、现金流量表在内的标准化财务报表。在完成报表编制后，对资产、负债、收入、成本等重要财务数据，运用专业的财务分析方法，结合公司实际经营活动，进行详细、深入的解释说明，如各项成本的构成、收入的确认原则等，便于投资者理解企业的财务状况和经营成果。建议聘请专业的财务人员或会计师事务所协助编制财务报表。

创新商业模式。结合市场趋势和客户需求，寻找商业模式的创新点。如一家传统书店可创新为"书店＋咖啡＋文化活动"的复合模式，通过提供舒适的阅读空间、举办文化讲座等活动吸引顾客，增加顾客的停留时间和消费频次，同时通过图书销售、咖啡饮品销售、活动门票收入等多种方式盈利。

（2）实战演练：模拟撰写商业计划书

模拟撰写一份商业计划书，虚构一个公司，只需要写一份商业计划书的基本框架和内容。

① 封面和目录封面

公司名称：××科技有限公司；

项目名称：环保智能家居解决方案；

地址：[公司地址]；

联系方式：[电话]/[邮箱]；

日期：[撰写日期]；

目录：后面8个板块的页码和名称。

② 执行摘要

公司概述：××科技有限公司是一家新兴的初创企业，专注于环保型智能家居产品的研发与市场推广，旨在提升用户的生活质量并减少环境影响。

产品/服务：我们的产品包括智能温控系统、节水灌溉系统和智能照明系统，这些产品均采用最新的环保技术，以减少能源消耗和浪费。

市场定位：目标市场为环保意识强的中高端家庭用户和商业客户。

财务概览：预计第一年收入为100万元，净利润率为15%。

③ 公司描述

公司历史：××科技有限公司成立于2024年，由一群对环保和智能家居技术充满热情的工程师和设计师创立。

公司愿景和使命：我们的愿景是成为智能家居领域的领导者，通过创新技术改善人们的生活质量，同时保护环境。

④ 市场分析

目标市场：对目标市场的需求特征、市场规模、发展态势及竞争格局进行全面剖析。

竞争分析：分析竞争对手的优势和劣势，探索本企业在市场中构建并强化竞争优势的有效策略。

⑤ 组织和管理结构

组织结构：描述公司的组织结构，涵盖各部门设置及关键岗位情况。

管理团队：介绍管理团队的背景和经验。

⑥ 产品

产品描述：详细介绍每个产品的功能、技术特点和市场优势。

研发：描述产品研发的进展和未来的开发计划。

⑦ 营销与销售策略

营销计划：说明如何通过广告、社交媒体、公关活动等推广产品。

销售策略：描述销售渠道、定价策略和客户服务计划。

⑧ 资金需求

启动资金：列出启动资金的金额和用途。

投资回报：说明投资者的回报预期和退出机制。

⑨ 财务预测

收入预测：提供未来三年的收入预测。

成本和支出：列出主要的成本和支出项目。

利润与损失：预测利润与损失情况。

⑩ 附录

附加文档：包括市场研究数据、产品技术文档、法律文件等。

思考题

1. 描述一种你熟悉的商业模式，并简要阐述各要素的含义。
2. 假设你要为一家初创公司编写商业计划书，请列出其市场分析部分的主要内容。
3. 为本地一家特色餐饮初创公司设计商业模式，明确其价值主张与盈利来源。
4. 共享经济商业模式如何在满足用户需求的同时，实现商业价值的最大化？

延伸阅读

[1]步少芳．如意小面商业计划书[D]．电子科技大学，2024．

[2]喻云飞．智能监测垫项目商业计划书[D]．电子科技大学，2023．

[3]郑卫平．广弘公司养老项目商业计划书[D]．华南理工大学，2021．

[4]孟繁玲．商业计划书里必备的"2H6W"[J]．成才与就业，2020（10）：36-37．

[5]莫静玲．高校学生商业计划书编写技能培训综述[J]．现代经济信息，2017（13）：383-384．

[6]郭斌，王真．商业模式创新：理论与实践[M]．北京：中信出版集团，2023．

[7]王大勇．互联网时代下的商业模式变革[M]．北京：电子工业出版社，2015．

[8]朱海雄．商业计划书编写指南[M]．北京：电子工业出版社，2016．

[9]李男，田康，解铭．大数据能力驱动商业模式创新的机理研究[J]．老字号品牌营销，2024（20）：104-106．

[10]何晓云．数字经济下企业商业模式创新变革与对策研究[J]．江苏商论，2024（10）：3-6+11．

[11]孟昭君．数字经济背景下企业商业模式创新发展研究[J]．商场现代化，2024（21）：4-6．

[12]邹才能，李士祥，刘辰光，等．新质生产力赋能新型储能技术及其商业模式[J]．石油学报，2024，45（10）：1443-1461．

[13]芮雯．数字经济背景下企业商业模式创新研究[J]．商场现代化，2024（19）：29-31．

本章思维导图

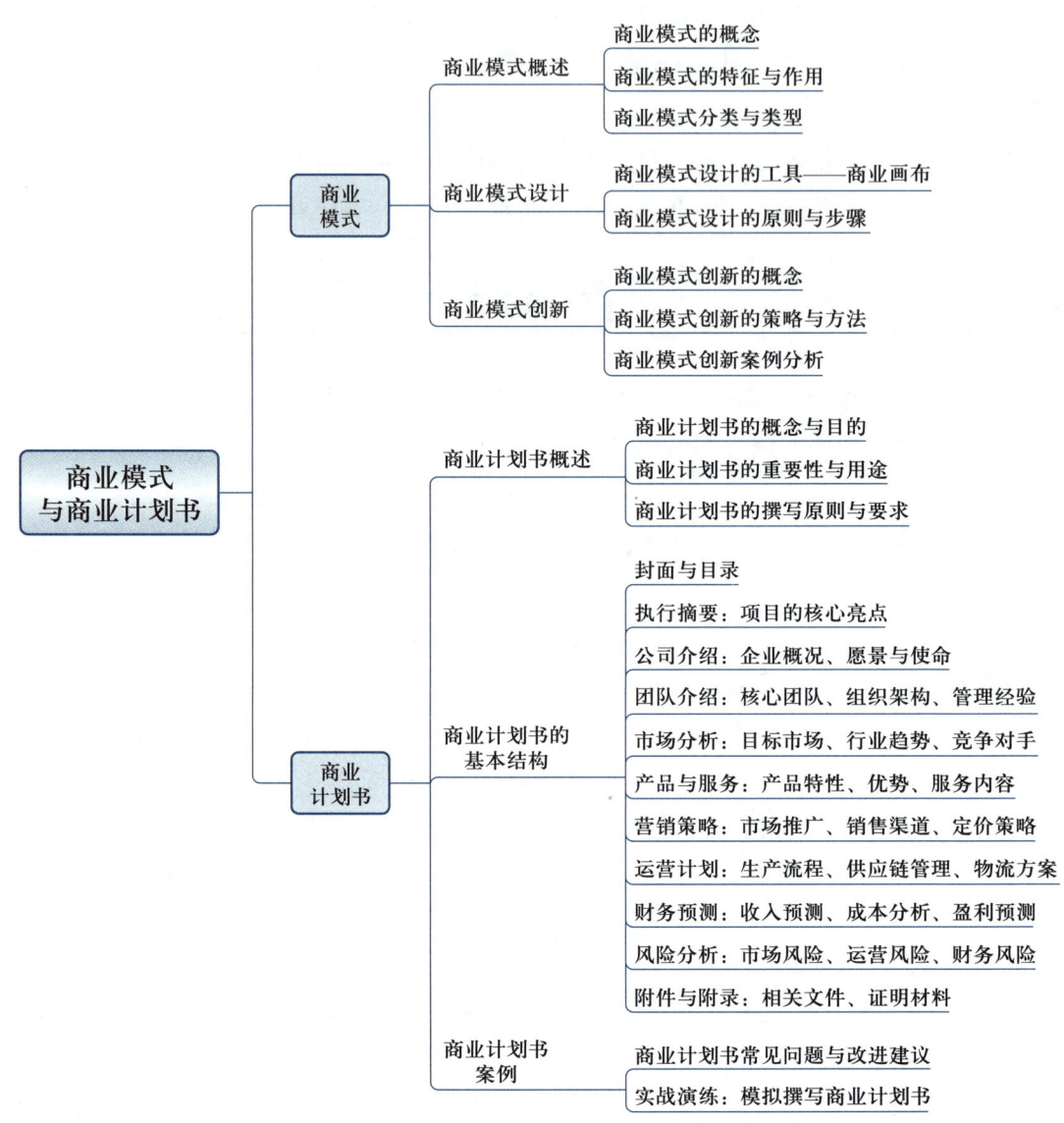

第三篇

创新创业实践篇

第 9 章 大学生创新创业实践中的相关问题

❶ 学习目标

知识目标：掌握创新创业课题来源路径、研究方法，以及路演的基本环节和注意事项。

能力目标：具备创新训练有效课题遴选技能、路演课件制作能力。

价值目标：培养学生将理论与实践紧密结合，主动深入生活实践开展创新探索和研究，以及积极将专业理论知识运用于社会实践。

❷ 课程思政融入点

在本单元学习中融入大学生应具备未来思维和前瞻意识，站在国家战略发展的高度和为人类谋幸福的广度思考问题，探索创新发展。

❸ 引导案例

（1）案例简介

本章引导案例包括国家级大学生创新创业训练计划项目和学科竞赛获奖项目申报书及介绍视频。

9-1引导案例：
国家级大学生创
新创业训练计划
项目申报书案例

9-2引导案例：
学科竞赛获奖项
目申报书案例

9-3引导案例：
学科竞赛获奖项
目介绍视频案例

（2）问题讨论

① "良耕巧匠——微型犁具革新者" "语言障碍儿童诊疗" 创新创业训练项目主要创意来自哪里？创新点是如何被发掘出来的？该项目是否能实现，为什么？

② "纵横苍穹——空天一体通讯网快速搭建行业引领者" 项目实施过程中，需要注意哪些问题？若将该项目转化为实体生产，其公司应该如何注册创建？

9.1 创新创业训练课题来源

创新教育，简而言之，是对学生创新意识、创新能力和创新品质的培育和引导。其精髓在于激励学生摆脱传统束缚，勇于提出疑问，勤于思考，敢于探索未知的创新精神；同时，它也着重于打造学生坚实的基础知识、熟练的基本技能、广泛的知识面和强大的实践能力。此外，创新教育还着重培养学生的责任感、进取心和自信心。那么，创新教育的实践载体又是什么呢？自2011年起，教育部在"高等学校本科教学质量与教学改革工程"中特别启动了"国家级大学生创新创业训练计划"。通过一系列的政策措施，该计划推动了国家级、省级和校级三个层面的大学生创新创业训练活动，旨在培养学生的创新精神、创新能力和基于创新的创业能力，从而为社会输送高素质的创新型人才。

大学生开展创新创业训练首要思考的问题是项目课题的来源，这是大学生开展创新创业实践的开篇。做什么项目更有意义和价值？项目从何而来？这些是大学生创新创业训练必须思考的问题。

9.1.1 创新训练课题的探索路径

创新训练课题为大学生个人或团队提供了一个宝贵的平台，在指导教师的悉心指导下，他们可以独立地开展创新性研究项目的设计工作。这不仅包括了准备研究所需的各项条件，还涵盖了执行项目、撰写研究报告及进行成果（学术）交流等一系列活动。

在政策的支持下，大学生应如何探索创新训练课题？主要存在以下七种途径。

(1) 在训练中寻找

大学生可以通过参与学校或学院组织的创新训练工作坊和讲座来获取灵感和知识。可以利用图书馆、在线数据库和学术期刊等资源，进行广泛的文献调研，以确定研究方向和课题。

(2) 在讨论或交际中寻找

大学生在学习、生活和工作过程中，经常会用讨论的方式进行交流。相对来说在主题比较集中的讨论中会提到许多问题，甚至是一些难以解决的问题。可以考虑从中选择有价值的问题作为研究的课题。在学习、生活和工作过程中，大学生们不断地进行交际活动。交际活动不是讨论，是一种非常灵活的活动方式，它不受时间、地点、环境的限制。所以，在交际活动中一般呈现很自由、很放松的一种状态，从而促使大脑放松，并能激发大脑思维的功能。因此，在交际中往往会出现一些异想天开的想法，这时就可以从中选择所要研究课题的素材，再通过加工后正式列入课题研究计划。

（3）在学习中探索

大学生能够在掌握各自专业知识的同时，选择课题，并将所学专业知识与社会实践相结合，以发现潜在问题。接下来，思考如何解决这些问题？学生可以带着在实践中遇到的诸多疑问，前往图书馆或利用网络资源，寻找相应的学习资料，通过不断学习来确定研究课题。

（4）在竞赛指南中寻找

竞赛指南通常会提供一系列的竞赛信息，包括竞赛的宗旨、目标、参赛要求及评审标准等，这些信息对于参赛者来说是宝贵的资源。在竞赛指南中寻找，不仅可以帮助参赛者了解竞赛的全貌，还可以激发参赛者的创新思维，引导他们思考如何将所学知识和技能应用到实际问题的解决中。此外，竞赛指南中往往还会介绍以往竞赛的优秀案例，这些案例可以作为参考，帮助他们更好地理解竞赛要求，从而在竞赛中取得更好的成绩。

（5）在社会生活中寻找

每个人都有自己的生活实践，在这个过程中会遇到许多困难，或发现许多与日常生活紧密相关的问题。这些经历和问题，实际上是人们学习和成长的宝贵资源。通过观察和反思，人们可以从日常生活的点点滴滴中汲取知识和智慧。无论是家庭生活中的小细节，还是工作中的挑战，抑或是社会交往中的种种互动，都蕴含着丰富的学习机会。如，在家庭生活中，人们可能会遇到如何处理家庭关系、如何平衡工作与生活等实际问题。这些问题不仅考验人们的智慧，也促使人们去寻找解决问题的方法，从而提升人们的生活技能。社会交往中，人们可能会遇到不同文化背景的人，这要求人们学会沟通和理解，培养跨文化的交际能力。通过与他人的交流，人们可以拓宽视野，增进对社会多样性的认识。

（6）在工作实践中寻找

在日常的职业生涯中，每个人都有机会结合自己的工作实践去发现并提出问题。

接下来，思考如何解决这些问题，并从中挑选符合上述选题原则的课题作为研究对象。这个过程不仅能够帮助个人提升专业技能，还能促进团队合作和创新思维的发展。通过在实际工作中寻找问题，人们能够更深入地理解工作流程和行业动态，从而提出具有实际应用价值的研究课题。同时，这样的实践也鼓励人们不断学习新知识，拓宽视野，为个人职业发展奠定坚实的基础。

（7）在科技文献中寻找

科技文献指的是那些在科学技术领域具有历史意义或参考价值的图书资料。人们可以通过访问图书馆或资料室，依据个人的兴趣、爱好及研究目标，有针对性地查阅相关的科技文献。通过这一过程，人们不仅能够学习到科技知识，还能了解某一学科在过去和现在的研究成果水平，以及借鉴他人的研究方法、手段、经验和教训。基于这些信息，人们可以进一步确定感兴趣的研究课题。

科技文献的种类繁多，包括但不限于学术论文、专利、技术报告、会议记录、专著等。这些文献资料为人们提供了丰富的信息资源，帮助人们站在巨人的肩膀上，避免重复前人的错误，同时也可以启发新的研究思路。在科技文献中寻找，意味着人们要学会使用各种检索工具，如数据库、搜索引擎、引文索引等，以便更高效地定位到需要的资料。

9.1.2 创新训练课题类型

大学生在校期间可选的创新训练课题类型主要有以下五种。

（1）创新性实验项目

学生针对参与开发性实验过程中所发现的问题或学习中所发现的问题而设计的实验项目。

这类项目旨在通过实践操作，培养学生的创新思维和问题解决能力。在创新性实验项目中，学生不仅需要掌握基本的实验技能和理论知识，还需要具备独立思考和创新能力。通过自主设计实验方案、选择实验材料、操作实验设备、分析实验结果等一系列过程，学生能够深入理解学科前沿知识，探索未知领域，从而提出新的见解和解决方案。这种实验项目不仅有助于提升学生的科研能力，还能激发他们的学习兴趣和动力。

（2）创新性竞赛项目

拟参加国家、省（自治区、直辖市）、行业组织的各类学科竞赛的创新特征明显的竞赛项目。

这类项目通常要求学生在限定时间内，围绕特定主题或问题，运用所学知识进行创意设计、方案制定和实施。在创新性竞赛项目中，学生需要展现出色的创新思维、团队协作能力和实践操作技巧。通过参与竞赛，学生不仅能够提高综合素质，还能拓宽视野，了解行业动态和技术发展趋势。

（3）创造性社会实践项目

学生个人或团队在寒暑假社会实践中，自主申请获得的企业管理改革、技术工艺改造或产品开发类训练项目。

这类项目旨在让学生深入企业实际，了解企业的运营模式和市场需求，通过参与企业的实际项目，提出创新性的改革方案或产品开发思路。在创造性社会实践项目中，学生需要综合运用所学知识，结合企业实际情况，进行深入的调研和分析，提出切实可行的解决方案。

（4）新颖性文化创意项目

学生个人或团队根据校园文化活动或者个性展示需要进行网络广告、艺术设计、宣传网页等设计制作。

这类项目着重培养学生的创新意识和艺术审美，使其能够将创意与文化相结合，创作出具有独特魅力和影响力的作品。在创意性文化创意项目中，学生需要深入挖掘校园文化的内涵，理解受众的需求和审美趋势，运用现代设计理念和工具，创作出既符合校园文化特色又具有时代感的广告、设计作品等。

（5）实用性科技开发项目

学生个人或团队根据师生学习、工作和生活需要进行网站、软件、实用教学工具（含课件、教具等）和专利产品等设计制作。

这类项目旨在解决实际问题，提高师生的学习和工作效率，通过设计和开发实用的科技产品，满足师生的实际需求。在实用性科技开发项目中，学生需要深入了解用户的使用习惯和需求，运用所学的计算机技术和专业知识，进行系统的设计和开发。无论是网站、软件还是实用教学工具，都需要具备用户友好、功能完善、操作简便等特点，以提高用户的使用体验和满意度。

9.2 创新训练课题选择

大学生经过挖掘,从学习、生活、工作、文献资料与讨论等各种渠道获取了很多可以研究的创新训练课题,但是哪个更加适合自身呢?

9.2.1 创新训练课题挑选考量因素

在挑选合适的创新训练课题时,确实需要权衡多个因素,以确保课题不仅具有研究价值,而且与团队的课题方向相契合。以下是一些建议的考量因素,旨在帮助学生从学习、生活、工作、文献资料和讨论中筛选出最适宜的课题。

(1) 明确目标与定位

在开展创新训练之前,首先需要明确其核心目的,这些目的可能包括但不限于提升专业技能、解决实际工作中遇到的问题,或是探索那些尚未被充分了解的未知领域。这一过程是课题选择的出发点,决定创新训练的方向与目标。团队成员需共同讨论,交流想法,达成共识,确保对创新训练核心目的有一致理解与追求。

在选择研究课题时,必须充分考虑团队成员的专业技能、个人兴趣点及可利用的资源情况。确保所选课题与这些关键要素相匹配和适应,是至关重要的,有助于团队成员在进行研究工作时,能够发挥出各自的专业优势和特长,从而在研究过程中提高效率,确保研究的质量和进度。同时,团队成员对课题的兴趣可以激发他们的积极性和创造力,进一步推动研究工作的深入进行。此外,合理利用团队可支配的资源,如资金、设备和信息等,可以最大化研究的效益,避免资源浪费,确保研究工作能够顺利进行。

(2) 评估课题的可行性与价值诉求

可行性分析。在开展课题研究之前,必须对课题的可行性进行深入分析。全面调查和评估课题所需的时间、资金、设备、人力资源等各类资源。此外,还需要对课题的技术难度进行评估,以判断其是否在团队现有的技术能力和知识水平范围内。这一步骤要求团队成员进行详尽的资源调查,包括但不限于市场调研、预算编制、设备采购计划及人力资源配置等。同时,团队还需要进行能力评估,这可能涉及对团队成员技能的盘点、技术培训需求的分析及潜在技术难题的预测和解决策略的制定。通过这样的可行性分析,团队能够确保课题研究的顺利进行,并为后续的研究工作打下坚实的基础。

价值诉求。在进行课题研究和开发的过程中，评估课题的实用价值是至关重要的一个环节。这包括考量该课题是否能够解决具体问题，是否能够对现有的技术领域产生推动作用，从而带来技术上的进步和创新。此外，课题的学术价值也不容忽视，需要评估其是否具备发表高质量学术论文的潜力，是否有可能在研究过程中产生具有创新性的专利成果。通过深入分析课题的实用价值和学术价值，团队可以更清晰地认识到课题的长远意义，以及其可能对社会、行业乃至学术界产生的潜在影响力。这样的评估有助于团队成员明确研究方向，集中资源和精力，确保课题研究能够取得实质性的成果，并在更广泛的领域内产生积极的影响。

（3）考虑课题的时效性与新颖性

时效性。确保课题与当前社会、科技发展趋势紧密相关，避免选择过时或已被广泛研究的主题。这有助于团队把握时代脉搏，进行前沿研究。课题的时效性是研究工作中的一个重要方面，它要求研究者必须密切关注社会发展的最新动态，以及科技领域的最新进展。通过选择与时代发展同步的课题，研究团队不仅能够避免重复他人的工作，而且能够站在学术研究的前沿，提出具有创新性和前瞻性的观点和解决方案。此外，时效性强的课题往往更能吸引公众和学术界的关注，从而为研究成果的推广和应用创造更有利的条件。

新颖性。在探索课题的过程中，人们致力于发掘新的视角、采用创新的方法或引入前沿的技术，以此来增强研究的独特性和创新性。这种对新颖性的追求对于团队而言至关重要，不仅有助于人们在研究领域中实现重大突破，还能塑造和巩固自己独特的研究特色，从而在学术界或相关领域中脱颖而出。

（4）结合个人与团队兴趣

在进行课题选择时，应当充分考虑团队成员的兴趣点，因为选择与团队成员兴趣紧密相关的课题，能够显著提升研究动力和合作效率。当团队成员对所研究的课题充满热情时，他们在研究过程中更容易保持积极的态度，这种积极性是提高研究质量的重要因素。此外，兴趣驱动的研究往往能够激发团队成员的创造力和创新思维，从而在研究中取得更加卓越的成果。

在评估课题时，团队成员应当深入思考其长远意义和潜在价值，判断它是否具备激发团队成员持续学习和深入探索的潜力。一个具有深远意义的课题能够为团队成员提供持续的动力，促使他们在研究和开发的过程中不断追求新知，从而实现个人能力的提升和专业技能的增长。

（5）分析文献资料与讨论

在进行课题研究之前，团队成员应当深入阅读和分析相关的文献资料，以便于全面了解该课题的研究背景、当前的研究现状及未来的发展趋势。通过深入阅读，团队成员不仅可以构建起扎实的理论基础，而且能够确保研究工作不会与已有的研究重复，从而提高研究的创新性和有效性。

在进行课题研究的过程中，积极参与或组织小组讨论是一个非常重要的环节。通过这种方式，可以收集来自不同团队成员的多方意见和观点，从多个角度审视课题的潜在价值和可能面临的挑战。这种多元化的思维碰撞不仅有助于团队成员拓宽思路，而且能够促进团队内部的交流与合作，进一步提高研究的深度和拓展研究的广度。

（6）制定初步计划与预算

在开始研究之前，为选定的课题制定一个初步的研究计划和时间表是至关重要的。通过这样的规划，可以确保整个研究过程能够有序地进行，从而提高研究的效率和质量。一个详尽的研究计划将帮助团队成员明确研究的目标和方向，同时，合理安排时间表能够确保每个阶段的任务都能按时完成，避免了时间的浪费和资源的不合理分配。此外，研究计划还能作为团队成员之间沟通的依据，确保每个人都能了解自己的责任和任务，以及与其他成员的分工协作。因此，制定一个周密的研究计划和时间表是任何研究项目成功的关键因素之一。

在进行研究项目之前，团队成员还需要对研究成本进行仔细的估算，这包括对人力、物力及财力等方面的投入进行详尽的计算和评估。通过这样的估算，可以确保整个团队在经济和资源上具备承担项目的能力。财务规划对于研究的顺利进行至关重要，有助于团队成员之间合理地分配和利用有限的资源。这样一来，团队就可以有效地避免因资源不足或分配不当而导致研究进度受阻，确保研究工作能够按照既定的时间表和质量标准顺利推进。

（7）寻求导师或专家的指导

在最终确定课题之前，建议团队成员向导师或相关领域的专家进行咨询，积极寻求他们的专业意见和建议。这一过程对于团队成员来说至关重要，因为它有助于避免在研究过程中陷入各种误区，从而提高研究的质量和效率。通过与经验丰富的导师或专家的交流，团队可以更好地理解课题的复杂性，明确研究方向，确保研究工作沿着正确的轨道进行。

在进行课题研究的过程中，团队成员应当认真听取并考虑来自导师或领域内专家的反馈意见。这些宝贵的意见可以帮助团队识别研究中的不足之处，从而对课题方向或研究计划进行必要的调整。通过这样的调整，团队成员能够及时修正研究策略，确保研究工作沿着正确的路径前进，最终达到预期的研究目标。

（8）考虑后续应用与推广

在研究过程中，团队应当深入思考和探讨研究成果可能的应用场景及推广途径。这种前瞻性的考虑不仅有助于增强课题的实用性和影响力，而且能够为团队成员提供一个明确的研究目标，从而提高研究工作的社会价值。通过这种方式，研究成果能够被广泛地应用于实际问题解决中，通过有效的推广策略，让更多的人了解和受益。

综上所述，选择创新训练课题时，应综合考虑目标定位、可行性、价值、时效性、新颖性、兴趣、文献资料、预算及后续应用等多个方面因素。通过系统的分析和讨论，找到最适合团队的研究方向，从而在创新训练中取得丰硕的成果。

9.2.2 创新训练课题的遴选步骤

创新训练课题的遴选应经过分类、筛选两个步骤来开展。

（1）创新训练课题分类

根据创新训练课题的内容难度，可以将其划分为两个主要类别：当前可行类课题和当前不可行类课题。当前可行类课题是指那些实施研究所需的条件和要求比较低、比较容易解决，或者通过一定的努力和研究可以被攻克的。这些课题不仅难度适中，且具备一定的应用价值和实际意义。为了更好地组织和管理这些课题，人们可以根据难易程度进行排序，将那些最容易解决的课题排在最前面，优先实施这些课题，从而更快地取得研究成果。

当前不可行类课题指实施研究所需的条件和要求相对较高、难度较大的课题。这类课题的研究可能需要更多的资源、时间和专业知识，项目负责人目前自身还无法保障训练课题研究的相关资源、条件、能力等。尽管如此，当前不可行类课题往往具有较高的应用价值，甚至在某些情况下，它们的应用价值可能非常高，对社会或特定领域有着深远的影响。因此，尽管这些课题在当前可能难以实施，但是仍然需要对它们进行评估，以便在未来条件成熟时，可以优先考虑这些课题的研究和开发。

（2）创新训练课题筛选

在进行研究课题的选择时，建议对当前可行类的选题内容进行全面的分析研究。

这一步骤要求团队成员深入理解每个选题的背景、目标及可能面临的挑战。借助国家专利网站、中国知网等权威学术资源，团队成员可以查询选题研究情况，筛选出相对易解决且可行性高的选题。同时，这些选题还应具备较高的应用价值，能够为社会带来实际效益或推动相关领域的发展。

在确定了一系列潜在的研究课题后，接下来的步骤是对这些课题进行价值判断和内容难易程度的排序。这一步骤需要团队评估每个课题的创新性、研究的深度和广度、预期成果的重要性及实施的难易程度。通过这样的评估，团队可以更准确地把握每个课题的潜力和挑战。此外，查重工作也是必不可少的，以确保选定的课题具有足够的新颖性，避免重复他人的研究工作。

最终，基于上述分析和评估，选择一个既符合个人研究兴趣和专业背景，又具有创新性和应用价值的课题作为正式的研究课题。这样的课题不仅能够激发研究者的工作热情，而且能够确保研究成果对学术界或实际应用领域产生积极的影响。

9.3 创新训练课题实施

创新训练课题的实施过程是一个系统而全面的步骤，它涵盖了从课题提出到最终成果展示的整个流程。这个过程主要包括四个关键环节：申报、研究、结题、成果展示。

在申报阶段，参与者需要准备详尽的计划书，明确课题的研究目标、研究内容、预期成果、实施计划等关键信息，以确保课题的可行性和创新性。研究阶段则是整个课题的核心，它要求研究者深入探索，运用科学的方法和严谨的态度，收集和分析数据，以期达到课题预定的目标。结题阶段是对整个研究过程的总结，研究者需要整理研究成果，撰写结题报告，对课题进行评估和反思。最后，在成果展示环节，研究者将通过各种形式，如学术报告、研讨会、论文发表等，向公众或专业人士展示研究成果，以促进知识的交流和传播。以下内容将重点介绍申报和研究这两个环节的具体方法和步骤。

9.3.1 创新训练课题的申报

（1）申报渠道

目前，高校大学生创新训练课题申报的渠道已经非常多样化，涵盖了国家级、省级、校级等多个层面。学生们可以通过参与大学生创新创业训练计划项目等官方项目来申报课题。除此之外，还有各种竞赛类活动，如"挑战杯"大学生课外学术科技作品竞赛、中国国际大学生创新大赛等，这些竞赛不仅为学生提供了展示创新成果的平台，同时也为他们申报课题提供了机会。通过这些渠道，大学生们可以将他们的创意和研究成果转化为实际的项目，从而获得资金支持和专业指导，进一步推动他们的创新思维和实践能力的发展。

（2）申报书的内容

大学生创新训练课题的申报书基本包含"申报课题基本情况、申报课题的前期选题研究与后期研究设想、研究技术路线及拟解决问题、预期成果、研究进度安排、经费预算"等内容。

申报书撰写过程中要求"内容完整、重点突出、格式规范、表达准确"。"内容完整"指所列出的项目必须全部填写，不可空项；"重点突出"指在课题来源及前期研究方面言之有据，课题特色项目成果可行；"格式规范"即指申报书撰写需要按照要求的格式编辑文字、图表，一般申报书内文字字体为"小四，宋体"，表格内文字字体为"五号，宋体"；"表达准确"即要求文字表述通顺、词意贴切。

9.3.2 创新训练课题的研究

创新训练课题在研究中主要做好研究技术路线设计，研究方法的选用及项目执行与监控。

（1）设计研究技术路线

技术路线是申请者为了达成研究目标而计划采取的一系列技术手段、具体实施步骤及解决研究过程中可能遇到的关键问题的方法和策略。一个合理且周密的技术路线对于确保研究目标的顺利实现至关重要。它不仅需要详细阐述研究的具体程序和操作步骤，还应该确保每一步骤的关键点都清晰明确，并且具备高度的可操作性。在条件允许的情况下，建议使用流程图或示意图来辅助说明技术路线，这样可以更加直观地展示研究过程，帮助读者理解研究的每个环节和细节。

（2）选择研究方法

在课题研究中常用的研究方法有以下几种。

① 文献法

根据一定的研究目的或课题，通过调查文献来获得资料，从而全面、正确地了解掌握所要研究问题的一种方法。文献法被广泛应用于各种学科研究中。

收集方法有以下三种：直接利用文献目录及索引方法、专家咨询法、抄录和复印法。

文献法的实施步骤包括：编制大纲、收集鉴别、阅读摘录、梳理组织、分析研究、书写报告。

② 问卷调查

问卷调查是以书面提出问题的方式收集资料的一种研究方法，即调查者将调查项目编制成表式，分发或邮寄给有关人员，请他们填写答案，然后回收整理，统计和研究。

③ 数量研究法

数量研究法也称"统计分析法""定量分析法"，指通过对研究对象的规模、速度、范围、程度等数量关系的分析研究，认识和揭示事物间的相互关系、变化规律和发展趋势的一种研究方法。具体方法有统计分析法、模式分析法、预测研究法、图表技术等。

④ 实验性研究

实验性研究又称实验法，是通过对某些影响实验结果的无关因素加以控制，有系统地利用某些实验条件，然后观测与这些实验条件相伴随现象的变化，从而确定条件与现象间因果关系的一种研究方法。实验性研究一般可分为实验的准备、实验的实施、实验的总结与评价三个步骤。

⑤ 模拟法

模拟法是先依照原型的主要特征，创设一个相似的模型，然后通过模型来间接研究原型的一种方法。根据模型和原型之间的相似关系，模拟法可分为物理模拟和数学模拟两类。如人脑模拟、战术模拟训练、工程模拟及模拟式经济管理等。

9.4　路演PPT制作与汇报注意事项

创新创业类项目以及部分专业学科竞赛需要现场答辩的项目，都需要制作路演和现场答辩PPT，由于路演和现场答辩的时间一般为5~10分钟，因此PPT的制作就显得尤为重要，声图并茂是取胜的关键。

9.4.1 PPT制作基本思路

（1）明确PPT内容与风格

在着手制作PPT之前，首先应明确其内容与风格：确定PPT的主题、目标受众及所要传达的核心信息，同时也要考虑采用何种色彩、字体、布局等设计元素。

（2）收集素材与资料

根据PPT的主题，搜集和准备相关的图片、文本、数据、视频、音频等素材与资料。素材来源可以是互联网搜索，也可以自行拍摄或绘制。

（3）组织PPT结构

PPT内容的组织结构至关重要：可以采用"目录式""故事线式""漫游式"等多种结构方式，并通过设置标题、分层等元素增强内容的逻辑性和可读性。

（4）编辑PPT页面

根据PPT的内容与结构，逐页编辑幻灯片。通过添加图片、文本框、表格、图表、动画效果等元素，丰富PPT的表现形式。

（5）调整PPT版式与格式

除了编辑幻灯片内容外，还需注意调整PPT的版式与格式。字体大小、颜色、排版、背景音乐、过渡效果等都会影响PPT的视觉效果。

（6）审校与完善PPT

最后，还需要对PPT进行审校与完善。检查幻灯片之间是否存在逻辑性错误、文字是否准确无误、图片是否清晰等。此外，可以添加标注、备注等辅助说明内容。

9.4.2 PPT制作的基本技巧

（1）PPT制作四大准则

多种形式组合。在制作路演和汇报PPT时，应遵循"图片+数据+关键词"的组合方式，尽量减少文字的使用，以图解的方式呈现信息，这样可以更加直观地展示项目结构原理、商业模式等内容。通过这种方式，可以避免文字占据过多篇幅，使得信息传达更为高效。

篇幅适宜。路演和汇报PPT的页数不宜过多，保持在20页左右为宜。这样既能确保信息的完整性，又不会让观众感到冗长乏味，有助于维持观众的注意力和兴趣。

模板简单大气。在选择PPT模板时，应倾向于简单大气的类型，避免使用过多的特效和动画。过于复杂的模板和特效可能会分散观众的注意力，影响信息的传达效果。

色彩搭配简约。在色彩搭配方面，应避免红配绿、红配紫等不协调的配色，整体风格应保持在三种颜色以内。过多的颜色使用会使PPT显得花哨，不利于突出讲解的重点内容。

（2）路演PPT制作五大问题及应对措施

在进行路演PPT的制作过程中，经常会遇到一些意外，这些问题如果处理不当，可能会严重影响到项目的展示效果。

① 字体大小如何确定

在制作PPT时，字体大小的选择至关重要。字体太小会让观众难以阅读，而字体太大则可能显得过于突兀。因此，确定合适的字体大小是制作高质量PPT的关键。

字号要尽量大一些，以便观众能够轻松阅读。同时，要注意标题字和正文字大小的区别，标题字通常需要更大一些，以便突出重点。

对于文字中的重点内容，可以进行加粗或者利用醒目的颜色进行标注，这样可以吸引观众的注意力，让他们迅速抓住你想要表达的重点。要确保通过演讲者的讲解和PPT的文字，让评委迅速了解项目的重点和亮点。

② 字数如何确定

在PPT中，内容的字数控制同样重要。过多的文字会让观众感到厌烦，而过少的文字又可能无法完整表达项目的观点。

找出关键词，并且提炼出来。在展示的时候，只展示这些关键词，通过讲解来补充其他内容。

利用数据、图表与文字结合，甚至利用图片也可以，这些视觉元素可以帮助观众更好地理解内容。

在一页PPT中，尽量不要出现两个句子在一起。多使用字词，这样可以让评委迅速抓住项目的重点和亮点。

③ 重点如何突出

在PPT中突出重点内容，可以帮助观众更快地理解内容，同时也能让评委对你的项目留下深刻印象。

PPT应该围绕项目计划（申请）书展开，它是项目计划书的精髓概括，是提炼出的精华部分。

在内容的呈现上，要有理有据，条理清晰，完整且逻辑通顺。这样可以确保观众能够顺畅地理解作者的观点。

在决定哪些内容应该写入PPT，哪些内容应该省略时，需要事先认真考虑清楚。

④ 如何确保内容完整

确保PPT内容的完整性是展示项目时的基本要求。如果内容不完整，可能会导致评委对项目的理解出现偏差。

根据项目计划（申报）书的结构内容，确保完整呈现，不能遗漏任何关键信息。

根据不同项目的特点，围绕评委的兴趣点、关注点，主动拓展，这样可以更好地吸引评委的注意力。

⑤ 页数如何把控

评委在一天内需要观看多个项目，因此他们的时间非常宝贵。PPT的页数需要控制得当，以确保在有限的时间内完成项目展示。所以PPT的页数一定要把握好。通常情况下，路演和汇报讲解的时间一般规定在5分钟左右，因此建议PPT的页数控制在10页至20页之间。

9.4.3 路演和现场汇报

（1）基本技巧

① 多观摩

为了提升演讲技巧，深入研究全国一等奖等获得者的汇报PPT和视频是至关重要的。在观摩过程中，团队成员（尤其是项目主讲者）应当关注每一个细节，这包括演讲者的眼神、动作、音调。通过细致入微的观察，可以发现获奖者的优势所在，同时也要找出他们的不足之处。团队不仅要借鉴他们成功的经验，还要深入剖析他们的不足，吸取教训。通过这种细致的观察，可以发现那些在台上看似轻松自如的演讲者背后所付出的辛勤努力和对细节的极致追求。

② 多演练

反复练习是提高演讲技巧的不二法门。建议对着镜子练习，每次练习都用手机录视频，录完后多看几遍，查找问题并记录下来。特别注意眼神、手势、声调等细节，讲稿该改则改，便于下次改进。当练习到自己较为满意时，可请有大赛经验的老师进行指导。通过不断的练习，逐步提高自己的演讲技巧。在练习过程中，要特别注意观察自己的非语言表达，如肢体语言和面部表情，因为这些往往能够传递出演讲者的真实情感，增强与听众的互动。此外，向经验丰富的老师寻求反馈，可以让我们更快地发现并改进自己的不足之处，从而在正式场合中表现得更加自信和专业。

③ 声情并茂

在进行演讲时，声音的运用至关重要，它能够直接影响到听众的情绪和理解。因此，项目主讲者需要学会如何根据演讲内容的不同部分调整自己的声音，使之与所传达的信息相匹配。声音应随着内容而有节奏地变化，高时则高，低时则低，快时则快，慢时则慢。在演讲中，不断精进自己的声音运用技巧，可以更好地吸引听众的注意力，增强信息的传递效果。一个富有变化和感情的声音，能够使演讲内容更加生动，更容易打动听众的心。

④ 讲故事

优秀的演讲稿是基础，而好的故事又是优秀演讲稿的基础。在演讲中，配合恰到好处的表达和精心制作的PPT，才能充分表达出演讲稿的内涵和情感。PPT是服务于讲故事的，在制作精美的基础上，一定不可喧宾夺主，影响讲故事的效果。一个引人入胜的故事往往能够打动人心，而一个制作精良的PPT则可以为故事增色不少。因此，在准备演讲时，团队需要精心设计PPT，使其既能够辅助故事的叙述，又不会分散听众的注意力，确保故事的主线清晰，情感表达到位。通过故事讲述，演讲者可以更有效地与听众建立情感联系，使信息传递更有深度。

（2）具体注意事项

① 预演答辩过程

多次进行模拟答辩，可以找同学、老师或专业人士作为评委，提出意见和建议。模拟答辩是提高答辩能力的有效方式，通过模拟可以发现并改进自己的不足之处。

注意时长，确保在规定时间内完成陈述。一般来说，挑战杯竞赛答辩时间比较紧张，所以要对内容进行合理安排，突出重点，避免冗长拖沓。时间管理是答辩成功的关键，合理分配时间，确保每个要点都能得到充分展示。

② 答辩现场

仪表仪态得体大方。穿着得体、整洁大方，展现出大学生的精神风貌；保持眼神交流，自信地面对评委和观众。良好的第一印象对于答辩的成功至关重要，因此，着装和仪态应体现出专业和尊重。

开场有吸引力。作为大型竞赛，"挑战杯"的评委历经2~3天的评审，已经精力有限。所以，建议引入生活小情境或者小故事，在短短1分钟内进入主题。一个吸引人的开场白能够迅速吸引评委的注意力，为后续的答辩打下良好的基础。

语速适中，吐字清晰。使用简洁明了的语言，避免使用过于专业的术语，确保评委和观众能够理解。强调重点内容，可以通过重复、强调语气等方式来突出项目的关键信息。清晰的表达是答辩成功的关键，要确保每个观点都能被评委和观众准确理解。

认真听取评委的问题，先思考片刻再回答。回答问题要切中要害，简洁明了。如果遇到不明白的问题，不要慌张，可以诚实地表示自己不太清楚，并表示会在后续的研究中进一步探讨。对于评委的质疑，要保持冷静，以积极的态度回应，说明自己的观点和理由。在答辩过程中，保持冷静和专业是至关重要的，即使面对质疑，也要展现出自信和专业素养。

（3）答辩常问问题

① 产品与服务方面

你们的产品或者服务是什么？请简要概述你们的项目。

你们的项目愿景、使命是什么？

你们在项目推进过程中遇到的困难是什么，你们的项目存在哪些问题？

你们项目的最大风险或者缺点是什么？怎么规避？

你们项目的核心竞争力是什么？

你们项目的定位是什么？核心客户群体是哪些？

你们的产品的核心技术、专利、论文等是核心成员持有吗？如果不是，是否有授权？授权了多长时间？授权后过期怎么处理？

你如何防止你的产品不会被别人快速模仿？你的核心技术壁垒是什么？

你们的产品是否有知识产权的保护？技术的核心原理和门槛在哪里？

你们的产品目前市场上有没有类似的，如果有，为什么你们能做？如果没有，你如何佐证该产品的市场价值？

② 市场方面

你们项目的竞争对手其市场策略是什么？

你们项目与竞争对手相比，有哪些优势？

你们做过市场调研吗？和多少目标客户深入交流过，目标客户有什么反馈？你们有什么发现或进展？

你们的项目市场有哪些痛点？

你们满足了客户哪些需求？这是否是刚需？

你们项目的市场容量有多大？怎么估算出来的？是否有数据支撑？

你们项目在市场中对应目标客户的画像是什么？客户群体是否聚焦？

你们的产品或者服务的应用场景有哪些？

你们的产品或者服务的营销手段有哪些？

③ 团队方面

你们团队的分工是什么？

你们团队的核心优势在哪里？

你们团队的股权结构是怎样的？请概述一下你们是如何分配股权的？

创业团队的核心成员取得过什么成绩？在团队中发挥哪些作用？

你们团队是否有指导顾问团队？他们是谁？起什么作用？

你们的团队创始人有何专业背景？团队成员是否能力互补？团队架构是否完整？为什么你们可以做这个项目，别人做不了？

你们团队获得了哪些资源支持，怎么获得的？有哪些重要合作？如何证明？

④ 投融资方面

你们项目如何引进风险投资？风险投资的退出机制是什么？

公司资金投入了多少？这部分原始股份怎么划分？

投资的回报率和回报周期怎么样？如何测算？

你们的项目需要拿多少融资？计划出让多少股份？

你们融资得到的钱将用于哪些部分？如何分配？

你们项目的估值怎么测算的？依据是什么？

是否考虑对赌条款？能否接受对赌？

如果你们拿到融资，这笔钱你们能够实现什么？是否以前拿到过融资？

⑤ 商业模式方面

你们的商业模式是什么？交易结构是怎样的？

你们的商业模式是如何赚到钱的？

你们如何获取客户？流量从哪里来？

产品如何定价？定价的逻辑是什么？

你们的商业模式中销售体系是怎样的？采用怎样的策略？

你们的商业模式是否得到过检验，目前你们的项目是停留在创意还是有实际依据？

⑥ 项目发展方面

你们的项目截至目前取得过哪些成绩？有什么实质性的进展？

你们的项目在融资、产品研发、销售、获客等方面发展得怎样？

你们的项目是否已经有了实际收入，毛利率多少？什么时候有的？如果你们的项目没有收入，为什么没能盈利？何时可以盈利？依据是什么？

你们的战略规划是什么？你们的三年计划、五年计划如何规划？你们预测的依据是什么？

你们的项目是否有可持续发展空间，依据是什么？

你如何保证未来发展目标的实现？

9.5 创业实施

在创业实施过程中，除了项目优势、团队协作、资金筹集等关键因素外，项目启动后，还需考虑创业的具体形式，企业注册的详细流程，以及签订合同的要点等。《中华人民共和国民法典》（以下简称《民法典》）《中华人民共和国公司法》（以下简称《公司法》）等法律法规构成了企业运营的"游戏规则"，若想创业成功，必须深入理解并妥善运用这些法律法规。成功创业者的共同点在于，他们对创业相关的法律法规有着透彻的理解和实际应用。此外，创业实施是一个充满挑战的历程，要想取得成功，必须进行系统规划，不断实践，克服各种困难，并持之以恒地坚持下去。只有这样，创业才能实现盈利。

9.5.1 常见的几种企业组织形式

创立一家企业，首要任务是考虑选择何种企业结构，即确定企业的类型。依据我国现行的《民法典》和《公司法》的相关规定，结合实际的经营需求，来挑选适合的企业组织形式。

（1）有限责任公司

根据我国《公司法》的明确规定，有限责任公司是一种具有独立法人资格的公司类型，也是现代社会中最主要的企业形式之一。有限责任公司由1至50名股东出资设立，股东以其认缴的出资额为限对公司承担责任。

在有限责任公司范畴内，存在一种特殊的公司形式——"一人有限责任公司"。一人有限责任公司指的是仅有一个自然人股东或一个法人股东的有限责任公司。该公司的两个核心法律特征是：股东人数的唯一性和股东责任的有限性。然而，重要的是要注意，若无法证明公司财产与股东个人财产是相互独立的，股东将对公司债务承担连带责任。

关于有限责任公司的注册资本，根据《公司法》的规定，全体股东认缴的出资额由股东按照公司章程的规定自公司成立之日起五年内缴足。

（2）股份有限公司

根据《公司法》，股份有限公司应当有1人以上200人以下为发起人，其中应当有半数以上的发起人在中华人民共和国境内有住所。股份有限公司的设立分为发起设立和募集设立，其中发起设立指的是发起人全额认购公司发行的全部股份；而募集设立则是指发起人认购部分股份，其余股份则通过向特定对象募集或向社会公开募集的方式筹集。公开募集股份必须在《公司法》认可的正规平台上进行。

除了股东人数和设立方式的差异，股份有限公司与有限责任公司在内部机构设置上也有所区别。股份有限公司必须设立股东（大）会、董事会和监事会，以确保公司治理结构的完善和有效运作。

（3）个体工商户

尽管个体工商户并非法律明文规定的企业组织形式，但鉴于资金和人力资源的限制，许多创业者（特别是大学生）倾向于选择成立个体工商户。个体工商户具有以下特点：注册流程简便，对于没有特殊要求的个体工商户，注册时仅需提交开业登记申请书、申请人身份证明以及经营场地证明；税收政策灵活，对于生产经营规模较小且确实缺乏建账能力的个体工商户，税务部门通常会实行定期定额的税收征收方式；营运管理更为灵活，个体工商户的经营可以不设立银行账户。

若个体工商户选择注册为企业形式，需注意以下几点：若出现债务问题，其承担的是无限责任；个体工商户在融资及贷款方面相对较为困难；个体工商户无法进行投资转让。

（4）大学生创办企业的组织形式选择参考

在决定创办公司的经营形式时，大学生应考虑以下因素。

① 创业团队规模。根据《公司法》规定的股东人数来选择企业类型。特别提醒，尽管有限责任公司允许最多50名股东，但并不推荐选择接近这一上限的股东人数。因为注册登记或变更时，所有股东均需亲自前往工商局，若有一人缺席，相关手续将无法完成。因此，建议根据业务需求和公司规模合理确定有限责任公司的股东人数。

② 创业者的资金状况。无论是有限责任公司还是股份有限公司，都需在5年内缴清认缴的注册资本。因此，应根据自身的经济实力来设定认缴出资额。在某些商业活动中，甲方可能对企业的注册资本有具体要求。此外，如果创业者面临较大的资金压

力，建议先注册为个体工商户。

③ 投资者的责任范围。必须明确不同企业组织形式下的责任类型，即有限责任或无限责任。

④ 税收负担。不同企业类型适用的税赋标准各异，个体工商户的纳税额相对较低，而小微企业的税负也较为宽松。

9.5.2 注册企业

明确需要注册的企业形式后，就需到工商部门进行注册登记。根据法律程序的规定，注册一个新企业必须到工商行政管理部门（工商局）核准登记。取得营业执照方可开展企业经营活动。

企业注册登记的流程如图9-1所示。

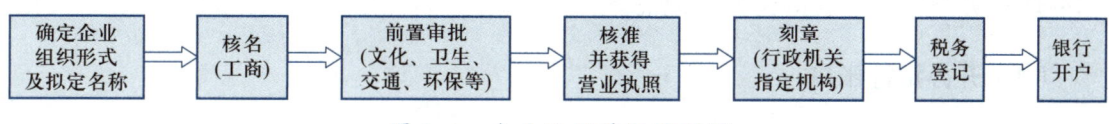

图9-1　企业注册登记流程图

（1）工商注册登记

在办理工商注册登记前，创业者需准备一系列必要的注册材料，包括但不限于个人身份证明、企业名称预先核准通知书、经营场所证明文件、公司章程等。随后，携带这些材料前往当地工商行政管理部门提交申请。

① 草拟3个与创业项目所在行业相关的公司名称。这些名称应反映企业是否为科技公司，以及公司的组织形式。确定3个公司名称并按优先顺序排列，以提交给工商行政部门核准。

② 进行企业名称预先核准。企业名称必须是唯一的，在提交初拟的3个名称供工商部门核准时，根据是否已被占用，选择一个独特的名称。办理流程通常包括：第一步，填写《企业名称预先核准申请书》及相关资料；第二步，提交材料并等待核准结果；第三步，一旦企业名称确定，即可进入企业登记注册的下一阶段。

③ 前置审批和后置审批。在企业登记注册时，必须明确企业的经营范围，包括一般经营项目和许可经营项目。对于特殊行业或特定经营范围，可能需要进行文化、卫生、交通、环保等方面的前置审批或后置审批。

④ 经营场所证明的办理。新企业必须拥有固定的生产经营场所，没有经营场所的项目是无法办理企业登记的。不同企业组织形式对经营场所的选择有不同的特点和

要求。如，生产制造企业必须位于工业园区或符合规定的区域。在创业过程中，大学生应坚持"现金为王"的原则，避免在经营场所和办公设备上进行大量投资。

⑤公司核准通过后，即可取得营业执照。

（2）企业印章刻制

企业完成登记并获得营业执照后，作为经济实体，开展业务往来和企业内部管理等经营活动时，需要用到作为企业权利及信用证明的印章。因此，企业登记后必须到指定机构刻制印章。

企业印章通常包括企业公章、财务章、税务章、合同章、法人代表章等。

（3）新企业税务登记

新办企业在取得营业执照后的30天内，必须前往登记地所在区域的税务登记部门办理税务登记，并取得税务登记证。

（4）开办银行账户

企业银行账户是企业在银行办理贷款、结算及现金收付等业务时所使用的账户，也称为对公账户。只有开设了银行账户，企业才能委托银行办理各种资金往来业务。根据《银行账户管理办法》，银行账户分为基本存款账户、一般存款账户、临时存款账户、专用存款账户。不同类型的账户有不同的业务要求。

▶ 思考题

1. 创新训练课题获得的路径有哪些？
2. 创新训练课题挑选需要考量的因素有哪些？
3. 如何开展创新创业训练项目研究与孵化？
4. 大学生创新创业项目路演课件制作的基本要求和原则是什么？请自拟一个创新项目制作一个8分钟的路演PPT模板。
5. 创业开公司如何选择经营场所，请举例说明。

▶ 延伸阅读

[1]李丽霞，王巧玲. 大学生创新创业训练计划项目可行性分析[J]. 人社天地·就业创业，2021（3）：55-56.

[2]叶刚,程祥,陈俊豪,等.大学生创新创业训练项目质量提升策略研究[J].学生工作,2023(17):143-145.

[3]李利荣.大学生创新创业项目实战化研究[J].创新创业理论研究与实践,2023(9):188-192.

[4]高超锋,刘峥,胡斌,等.大学生创新创业训练计划项目成果转化效率评价方法及转化效率提升路径[J].科技管理研究,2024(4):108-115.

[5]克莱顿·克里斯坦森,迈克尔·雷纳.创新者的解答[M].李瑜偲,林伟,郑欢,译.北京:中信出版社,2020.

[6]吴剑.新时代大学生就业创业指导案例教程[M].北京:清华大学出版社,2023.

本章思维导图

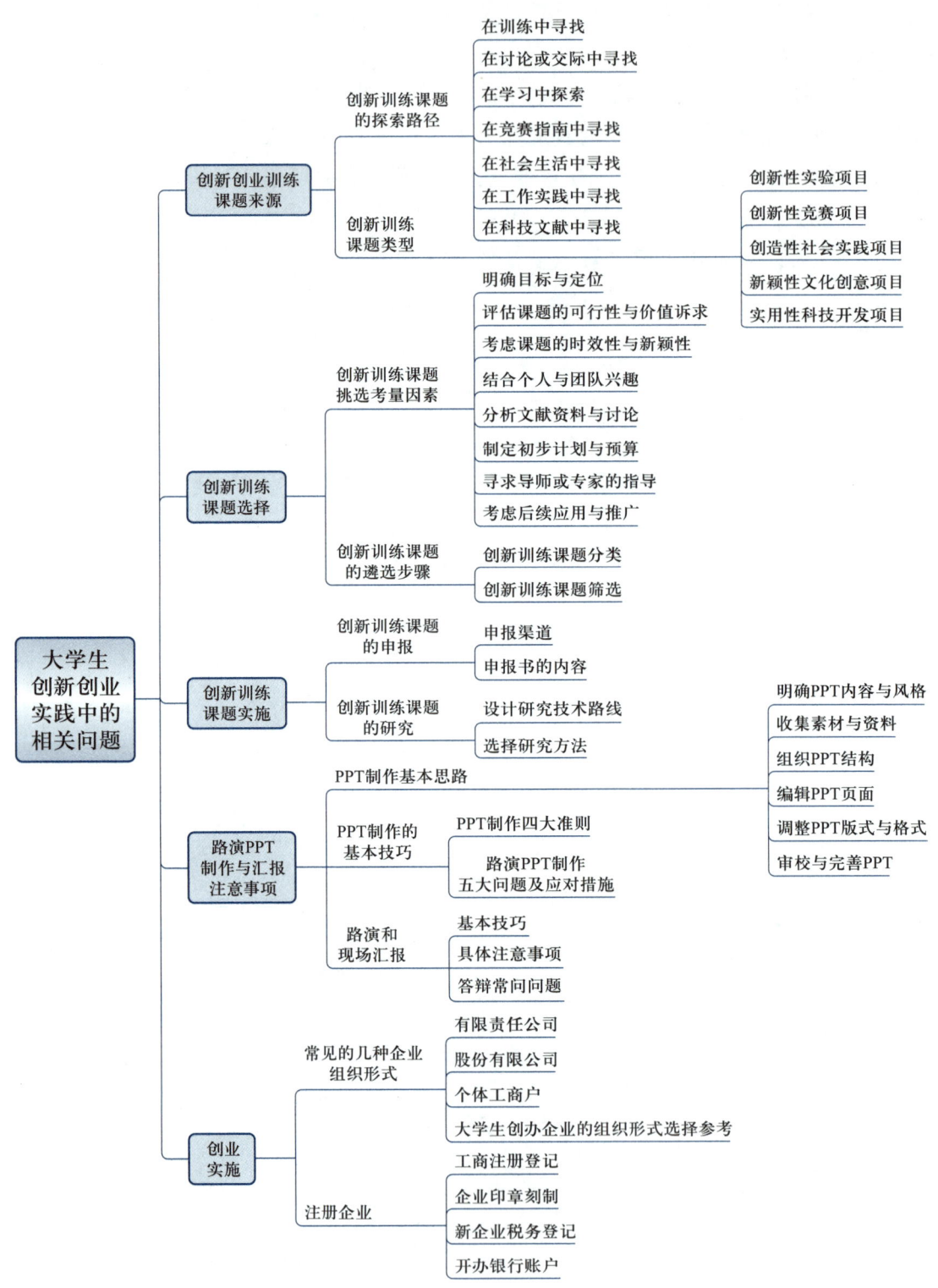

第10章
大学生学科竞赛实践训练

❶ 学习目标

知识目标：掌握各学科竞赛项目的选题、组织实施等的基本知识和技巧，了解优秀项目的共同特点。

能力目标：培养学生的学术思维、创新能力和组织实施能力。

价值目标：塑造学生的科学精神、创新精神、研究精神和团队协作素养。

❷ 课程思政融入点

在本章的教学中融入为人类文明富强甘于奉献的科学家精神、创业者精神，以及创新创业成功团队的奋斗精神。

❸ 引导案例

（1）案例简介

本章引导案例为学科竞赛国家级一等奖获奖案例。

（2）问题讨论

① "基于土壤特性探究沼泽红假单细胞SC06阻控灌浆期水稻镉积累机制"项目之所以获得全国大学生生命科学竞赛一等奖，其项目优势主要体现在哪些方面？

② 怎样才能在竞赛中获得优秀成绩？

③ 作为项目负责人和参与人员应该具有哪些素质？

10-1 引导案例：学科竞赛国家级一等奖获奖案例

10.1　中国国际大学生创新大赛项目（A类）

中国国际大学生创新大赛是深化创新创业教育改革的重要载体和平台，由教育部与相关政府部门、各高校共同主办。大赛旨在通过以赛促教，深化高等教育综合改革，探索人才培养新途径；以赛促学，激发大学生的创造力，培养造就创新创业的主力军；以赛促创，搭建产教融合新平台，推动赛事成果转化，促进"互联网+"新业态形成，服务经济提质增效升级。以创新引领创业、创业带动就业，推动高校毕业生更高质量就业创业。

10.1.1　历史沿革

大赛的前身可以追溯到2010年在北京理工大学举办的科技周和大学生创新创业成果展。2011年至2014年，以全国大学生创新创业年会的形式在不同高校举办，主要目的是展示和交流，希望推动一场全国所有大学生都能参与的创新创业活动的热潮。2015年，第一个中国"互联网+"大学生创新创业活动正式启动。2017年，增设"青年红色筑梦之旅"活动赛道和国际赛道，鼓励广大青年学生扎根中国大地了解国情民情，接受革命传统教育，用创新创业成果服务乡村振兴战略、助力精准扶贫脱贫，走好新时代青年的新长征路，以及展示全球高校创新创业教育成果，推动优秀大学生创新创业项目参与全球创新驱动发展，搭建全球大学生创新创业项目与社会投资、产业园区等资源的对接平台，使他们能够通过大赛进一步了解中国创新创业趋势，获得投融资对接、落地孵化等机会。2020年，全国"互联网+"大学生创新创业大赛更名中国国际"互联网+"大学生创新创业大赛。2023年底，中国国际大学生"互联网+"创新创业大赛更名为中国国际大学生创新大赛。该项比赛每年一届，截至2024年底，已经举办了十届。

该大赛根据赛事赛道和项目分组安排，分为高教主赛道（本科生组：创意组、创业组；研究生组：创意组、创业组）、青年红色筑梦之旅赛道（公益组、创意组、创业组）、职教赛道（创意组、创业组）及产业命题赛道；根据分组情况可知，高等院校博士、硕士、本专科生以及毕业5年以内的学生均可参加不同组别的比赛，所有参赛学生不含在职教育学生。相关赛道和组别参赛具体要求可查看全国大学生创业服务网中竞赛章程。其中，参加青年红色筑梦之旅赛道的项目必须参加"青年红色筑梦之旅"专项活动后方可参加比赛。

根据赛事组织时间来看，一般情况下，每年的3月发布全国比赛通知，4月—5月学校学院组织初赛，6月组织校级复赛和决赛，7月—8月组织省级复赛和决赛，10月—11月组织国赛。

该项竞赛，参赛学生以项目团队的形式在全国大学生创业服务网中注册并上传项目计划书即可报名成功。之后通过逐级参加院赛、校级复赛、校级决赛、省级复赛、省级决赛、国赛复赛（决赛）等各个环节竞赛。

10-2 中国国际大学生创新大赛宣传视频

10.1.2　高教主赛道项目

中国国际大学生创新大赛高教主赛道是中国国际大学生创新大赛的一个重要组成部分，旨在为高校大学生提供一个展示和交流创新创业项目的平台。高教主赛道分为本科生组和研究生组，每个组别又分为创意组、创业组。

（1）参赛组别

根据参赛申报人所处的学习阶段，项目分为本科生组和研究生组。这两个组别均细分为创意组、初创组、成长组，并依据新工科、新医科、新农科、新文科设置相应的参赛项目类型。

① 高教主赛道（本科生组）

创意组。参赛项目应具有较好的创意和较为成型的产品原型或服务模式，在大赛通知下发之日前尚未完成工商等各类登记注册；参赛申报人须为项目负责人，项目负责人及成员均须为普通高等学校全日制在校本专科生（不含在职教育）；学校科技成果转化项目不能参加本组比赛（科技成果的完成人、所有人中参赛申报人排名第一的除外）。

创业组。参赛项目须已完成工商等各类登记注册（在大赛通知下发之日前注册）；参赛申报人须为项目负责人且为参赛企业法定代表人，须为普通高等学校全日制在校本专科生（不含在职教育），或毕业5年以内的全日制本专科学生（不含在职教育）。企业法定代表人在大赛通知发布之日后进行变更的不予认可；项目的股权结构中，企业法定代表人的股权不得少于10%，参赛团队成员股权合计不得少于1/3。

② 高教主赛道（研究生组）

创意组。参赛项目具有较好的创意和较为成型的产品原型或服务模式，在大赛通知下发之日前尚未完成工商等各类登记注册；参赛申报人须为项目负责人，须为普通高等学校全日制在校研究生；项目成员须为普通高等学校全日制在校研究生或本专科生（不含在职教育）；学校科技成果转化项目不能参加本组比赛（科技成果的完成人、所有人中参赛申报人排名第一的除外）。

创业组。参赛项目须已完成工商等各类登记注册（在大赛通知下发之日前注册）；参赛申报人须为项目负责人且为参赛企业法定代表人，须为普通高等学校全日制在校研究生，或毕业5年以内的全日制研究生学历学生；企业法定代表人在大赛通知发布之日后进行变更的不予认可；项目的股权结构中，企业法定代表人的股权不得少于10%，参赛团队成员股权合计不得少于1/3。

高教主赛道项目如图10-1所示。

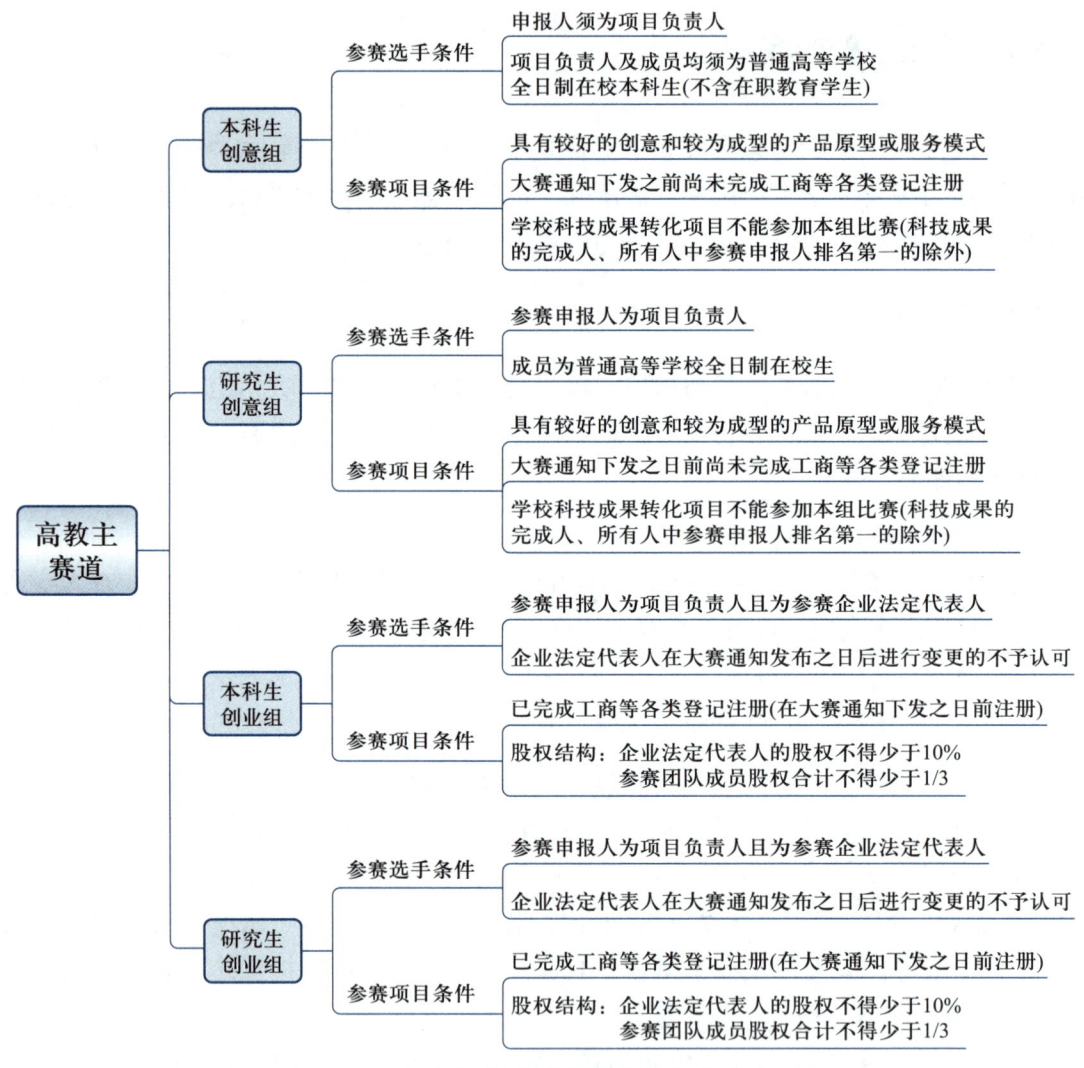

图10-1　高教主赛道各组参赛条件要求

（2）备赛重点

不同组别的项目在评分时重点各异。参赛者应根据自己的团队项目定位，找到相应的备赛重点，以针对性地提升项目竞争力。

① 创意组

鼓励项目在原始创新或技术突破方面有所作为，也可在商业模式、产品服务等方面展现创新突破。

考察团队成员的教育背景、工作经验、分工协作及能力互补情况，以及他们是否愿意参与项目运营。

评估项目的商业模式、市场容量及前景，强调实地调研的重要性，关注项目与产业升级、转型的结合情况。

项目直接提供的就业岗位数量和质量，以及间接带动就业的能力与规模等情况。

项目是否充分体现了多学科交叉、专创融合；学校对项目的培育情况；团队创新精神的正向示范作用。

② 创业组

评估项目的商业模式、经营绩效、成长性、经营管理、现金流及融资情况，关注项目与产业升级、转型的结合情况。

考察团队成员的教育背景、工作经验、对项目的投入情况、稳定性，以及团队组织架构、股权架构、外部资源情况等。

鼓励项目在原始创新或技术突破方面有所作为，也可在商业模式、产品服务等方面展现创新突破。

项目直接提供的就业岗位数量和质量，以及间接带动就业的能力与规模；项目是否充分体现了多学科交叉、专创融合。

强调大赛的育人本质，院校对项目的支持情况，团队创新精神的正向示范作用。

（3）不同组别易丢分点

由于不同组别的考核要点不同，项目丢分的情况也有所区别。以下分类列出的易丢分点，可作为项目打磨和自检的参考。

① 创意组常见丢分点

第一，创新性不足。创意组项目评审重视创新性，与同赛道同组别的其他项目或市面上的项目相比，如果项目模式或技术缺乏创新，项目脱颖而出的可能性较小。创意组项目创新性的表现分为两类。

一是技术创新。专利的级别和数量反映了技术创新与突破的能力。专利类型与状态的不同，对成绩的影响也有所不同。

二是商业模式创新。商业模式是项目的核心，但许多参赛项目的商业模式相似，放眼全省乃至全国，雷同现象严重，缺乏创新。

第二，调研不扎实。市场调研包括市场容量、竞品分布状况、消费者消费心理、同类产品的市场占有率等，调研不扎实会导致在描述痛点或前景时，"××亿的市场""亟待解决"等表述缺乏说服力。

第三，产品不成型。产品是否成型的关键在于是否能进入市场开始销售。以医疗类项目为例，有些项目仅局限于实验室阶段，实验数据有限，不确定因素较多，容易失分。

② 创业组常见丢分点

第一，经营数据差。项目若缺乏收入、利润和客户，表明项目商业模式尚未得到验证，能否大规模复制尚不确定，评委对项目前景持怀疑态度，这在创业组竞赛中尤为不利。

第二，增长不明显。项目虽有初步成果，但与竞品相比优势不明显，通常表现为团队不够强大、资源不够充足、技术不够先进等，能否在优胜劣汰的市场中存活，存在许多不确定性因素。

第三，增长难保证。项目虽有一定成果，但若要继续发展，许多制约条件尚未解决，如团队如何优化、资源如何拓展等，这会降低评委的信服度，影响得分。

（4）项目汇报PPT制作注意事项

高教主赛道项目材料一般情况下包括竞赛商业计划书、项目路演PPT、一分钟介绍视频3个部分，重点介绍汇报PPT的制作要求。该竞赛项目汇报PPT也就是商业计划书，包含标题、项目概述、背景分析、项目内容和优势、商业模式、项目成果、核心团队、财务和股权融资、社会效益、发展规划、结束语及致谢11个部分。

① 标题

一般情况下，项目标题包含主标题和副标题。其中主标题是凝练项目本质和特色的词。如，在原"互联网+"大学生创新创业大赛中获奖项目"明眸灵犀"这一项目主标题用简短的4字词概括了项目做眼镜的本质和特色。副标题使用多个定语组成的短句来介绍项目的实质，如明眸灵犀的副标题：国内首款精准寻径智能盲人眼镜。

② 项目概述

一般情况下是用简短的一段话概括项目的核心内容。有何技术、产品、商业模式，解决哪个行业的什么问题及需求。目前达到了什么样的效果，取得了什么样的成效。如，本项目是以某某为使命，凭借某技术、模式与核心优势，实现某某为目标成为什么样的企业（商业技术书中的项目概述浓缩）。

③ 背景分析

项目背景中着重介绍项目属于哪个细分行业,这个细分行业的背景和发展趋势,市场空间和规模。在描述中尽量用数据来展示。同时,注意行业市场分析要具体且有针对性,要与所做项目密切关联,避免空泛论述。

④ 项目内容和优势

着重介绍项目有何独有的技术,技术壁垒是什么?知识产权的种类、明细及归属情况。做了什么产品或服务,能够针对性解决哪些痛点和需求?在此部分要注意以下内容。

第一,项目不要盲目追求大而全,尽量聚焦,解决某一关键问题。

第二,不要盲目跟风,追求投资热点。

第三,产品核心技术或功能要分点讲清楚;知识产权需介绍清楚发明人和专利权人,如果专利权人是学校或者其他公司,该项目是否获得了授权。

第四,项目优势中要将竞争对手的产品的性能、价格等关键核心指标进行对比,借此直接凸显自身项目的优势。

⑤ 商业模式

在此部分着重将项目产品或者技术背后的市场潜在规模表述清楚,体现出项目或公司的运营模式。如与上下游产业链、政府、高校等的关系;产品生产是如何实现的?是自己建厂生产还是合作生产?采取何种营销模式来获得预期的收入?

⑥ 项目成果

该部分着重就产品生产、应用案例、合作成果等内容进行展示。相关内容尽量翔实,如具体的测试时间、地点、测试效果、取得成效等情况。在产品生产环节,介绍清楚项目的客服量、销售量、总营收、利润率等。在项目成果环节,介绍项目所获荣誉及相关媒体报道等。

⑦ 核心团队

该部分着重介绍项目顾问、指导教师、项目核心成员的相关情况。项目顾问主要介绍姓名、身份、背景、行业成就及对该项目的看法与指导情况。项目指导教师介绍姓名、身份、技术贡献、科研成果、知识产权、行业职务及相关贡献。项目核心成员主要介绍项目成员姓名、背景、高价值活动经历、与项目关联的技术、科研成果、论文及相关行业参与活动情况。

⑧ 财务和股权融资

该部分是基于对市场的判断,做出未来 1~3 年的收入预测。股权分配(未来成立公司的股权比例)与公司估值多少、项目的融资需求和融资用途这些内容需在此部分阐述清楚。其中,融资用途一般情况下用于产品研发、市场营销、人才招募等内容。特别注意，一个公司在融资过程中出让公司股权，建议控制在20%以内。

⑨ 社会效应

在此部分着重介绍两个内容，一是带动就业情况，如直接带动就业人数、间接带动就业人数，与上下游形成哪类市场模式及成果；二是引领教育情况，该内容根据目前大赛情况来看应重点描述清楚如下内容：针对专业教育对本项目的促进作用，形成了哪些科研成果、人才供应；本项目对团队成员有哪些促其成才的作用；项目对学校专业教育、创新创业教育有哪些反哺效应（科研、学习、实训、实习、就业等）。

10-3 中国国际大学生创新大赛获奖项目案例（高教主赛道）

⑩ 发展规划

该部分可以从项目产品研发、迭代升级、客户数量、销售额、上市进程等进行3年左右的规划。

⑪ 结束语及致谢

建议用一句愿景及感谢来结束，避免用谢谢等简单的二字结束。

10-4 中国国际大学生创新大赛高教主赛道〔2024〕评审要点

10.1.3 "青年红色筑梦之旅"专项赛道项目（A类）

"青年红色筑梦之旅"（以下简称"红旅"）专项赛道作为中国国际大学生创新大赛的赛事项目之一，是2017年开始进入大赛的赛项，"红旅"鼓励广大青年扎根祖国大地，走进革命老区，了解国情民情，用创新创业成果，服务乡村振兴战略，在艰苦奋斗中，锤炼意志品质，把激昂的青春梦融入伟大的中国梦。因此，除了考虑项目的商业价值外，要紧紧立足新时代背景下乡村振兴基本点及红色励志教育，项目要产生实际的社会效益和经济效益。

（1）"红旅"赛道参赛要求

前置条件。参加"红旅"赛道的项目须为参加"青年红色筑梦之旅"活动的项目。

特别要求。"红旅"赛道参赛项目在符合大赛参赛项目要求的前提下，项目还要在推进革命老区、欠发达地区、城乡社区经济社会发展等方面有创新性、实效性和可持续性。

只能选择一个赛道。参加"青年红色筑梦之旅"活动的项目，符合大赛参赛要求的，可自主选择参加"青年红色筑梦之旅"赛道或其他赛道比赛，但只能选择参加一个赛道。

以团队为单位报名参赛。允许跨校组建团队，参赛成员不少于3人，不多于15人（含团队负责人），且为项目实际核心成员。所报参赛创业项目，须为本团队策划或经营的项目，不得借用他人项目参赛。

参赛申报人须为项目负责人。项目申报人须为普通高等学校全日制在校生（包括本专科生、研究生，不含在职教育），或毕业5年以内的全日制学生（不含在职教育）；国家开放大学学生（仅限学历教育）。企业法定代表人在大赛通知发布之日后进行变更的不予认可。

（2）"红旅"赛道参赛组别及对象

"青年红色筑梦之旅"赛道设立专属奖项，并采用独立的评审标准，旨在强调项目的社会贡献和公益价值。根据项目性质和特点，赛道细分为公益组、创意组和创业组三个类别。

① 公益组

参赛项目不以营利为目标，积极弘扬公益精神，在公益服务领域具有较好的创意、产品或服务模式的创业计划和实践。

参赛申报主体可以是独立的公益项目或社会组织，无论是否已注册成立公益机构（或社会组织），均可参与竞赛。

② 创意组

参赛项目基于专业和学科背景或相关资源，运用商业策略，解决农业农村和城乡社区发展面临的主要问题，助力乡村振兴和社区治理，实现经济价值和社会价值的统一。

参赛项目在大赛通知下发之日前尚未完成工商等各类登记注册。

③ 创业组

参赛项目以商业手段解决农业农村和城乡社区发展面临的主要问题、助力乡村振兴和社区治理，实现经济价值和社会价值的统一，推动共同富裕。

参赛项目在大赛通知下发之日前已完成工商等各类登记注册，项目负责人须为法定代表人。项目的股权结构中，企业法定代表人的股权不得少于10%，参赛成员股权合计不得少于1/3。

（3）"红旅"参赛项目的法则

① "红旅"项目须关注农村六个产业方向

在"红旅"项目中，要专注农村的六个主要产业方向，旨在通过这些方向推动农村经济的发展和乡村振兴。这六个方向包括：

教育是农村发展的基石。通过改善农村教育条件，提高教育质量，能够培养出更多有知识、有能力的农村青年，为农村的可持续发展注入新的活力。

科技是推动农村进步的重要力量。通过引入现代农业科技，可以提高农作物的产量和质量，同时也能促进农村产业的多元化发展，增强农村经济的竞争力。

医疗保障是农村居民的基本需求。通过改善农村医疗设施，提供更好的医疗服务，能够保障农村居民的健康，减少因病致贫、因病返贫的现象；扶贫工作是实现农村共同富裕的关键。

通过乡村振兴，可以带动村民提高生活水平，实现社会公平与正义。

农业是农村经济的基础。通过发展现代农业，可以提高农业的生产效率和产品质量，增强农产品的市场竞争力，从而增加农民的收入。

文化旅游是农村经济新的增长点。通过挖掘和保护农村的文化遗产，发展特色文化旅游项目，能够吸引更多的游客，带动相关产业的发展，为农村带来新的经济收入。

② "红旅"项目须突出五个兴农途径

"红旅"项目通过五个主要的兴农途径，即质量兴农、科技兴农、教育兴农、电商兴农及绿色兴农，致力于推动农业的全面发展和农村经济的振兴。

质量兴农强调提升农产品的质量标准，通过改进种植和养殖技术，确保农产品的品质和安全，满足市场对高质量农产品的需求。

科技兴农着重将现代农业科技应用于农业生产中，通过引入先进的农业设备和智能化管理系统，提高农业生产的效率和精准度。

教育兴农则关注提升农民的教育水平和专业技能，通过开展农业知识和技能培训，培养新型职业农民，为农业发展注入新的活力。

电商兴农利用互联网平台，推动农产品的线上销售，拓宽农产品的市场渠道，提高农产品的市场竞争力。

绿色兴农倡导可持续的农业发展模式，注重生态保护和资源节约，通过推广绿色生产技术和循环农业，实现农业与环境的和谐共生。

这五个兴农途径相互补充，共同构成了"红旅"项目推动农业全面进步和农村经济振兴的综合策略。

③ "红旅"项目须聚焦四个区域优势

该项目要聚焦边疆地区、民族地区、欠发达地区及革命老区的独特区域优势。

边疆地区具有丰富的自然资源和独特的地理环境，为"红旅"项目提供了得天独厚的旅游资源。这些地区往往有壮丽的自然风光和独特的生态系统，能够吸引众多热爱探险的游客。

民族地区以其多元文化和传统习俗为"红旅"项目增添了浓厚的文化底蕴。这些地区通常居住着多个民族，他们各自拥有独特的语言、艺术、节庆和手工艺品，为游客提供了深入了解和体验不同民族文化的机会。

欠发达地区通过"红旅"项目得到了经济发展的新机遇。这些地区往往基础设施较为落后，通过发展旅游业，不仅可以改善当地居民的生活水平，还能促进就业，带动相关产业链的发展。

革命老区作为革命历史的重要见证地，拥有丰富的红色旅游资源。通过"红旅"项目的开发，可以更好地传承和弘扬革命精神，同时为游客提供学习和体验革命历史的平台。

④"红旅"项目评价的三个要点

在对"红旅"项目进行评价时，评委关注创新性、实效性和可持续性三个核心要点，以确保全面而深入地理解项目的质量和价值。

创新性是衡量"红旅"项目是否具有独特价值和新颖性的关键指标。一个项目是否能够提出新的理念、采用独特的方法或技术，以及是否能够为相关领域带来新的视角和思考，都是评价其创新性的重要方面。

实效性关注的是"红旅"项目在实际操作中是否能够达到预期的效果和目标。这包括项目实施的效率、成果的实际应用价值及对目标群体产生的积极影响等方面。

可持续性是评估"红旅"项目长远发展能力的重要因素。一个项目的可持续性体现在其能否在资源有限的情况下持续运作，以及是否具备适应环境变化和长期发展的能力。

⑤"红旅"项目强调的两个重要指标

在"红旅"项目中，有两个关键的指标被特别强调——经济效益和社会效益。

经济效益是指通过实施"红旅"项目所带来的直接经济收益，包括但不限于旅游收入的增加、相关产业链的发展及就业机会的创造等。

社会效益则涵盖了更广泛的社会影响，比如文化传承、教育意义、社区发展及对当地居民生活质量的提升等方面。

总之，"红旅"赛道项目要充分体现商业性和时代性，要清晰地阐明商业模式和能够解决的乡村振兴问题，即描述产品或服务是什么，以及独特价值和技术、对接乡村当地的痛点、市场规模与解决办法、清晰的盈利模式、竞争对手及其推广方式、核心团队、社会效益和经济效益，突出项目开展前后的对比和乡村反馈财务数据和融资计划、发展规划与愿景。

参赛项目含有商标专利，有经营数据，学生自主研发，有原型产物，优秀团队，有特别创始人等将会是评价的加分内容。

（4）"红旅"项目孵化与实践建议

"红旅"项目在开展孵化活动，进行社会实践等的过程中，需要注意以下几点关键内容。

第一，要积极发动群众，激发他们的参与热情和创造力，因为群众是社会实践的主体和基础；

第二，要争取政府的支持，因为政府的政策导向和资源支持对于项目的顺利进行至关重要；

第三，要善于利用各种政策，包括国家和地方的扶持政策，以获得更多的发展机会和资源；

第四，要支持和保护民俗文化，因为民俗文化是地方特色的重要组成部分，也是吸引游客和提升项目文化内涵的关键；

第五，要遵循社会发展的规律，确保项目的可持续性和长远发展；

第六，要广泛结盟，与当地企业、社会组织和其他相关机构建立合作关系，形成合力，共同推动项目的成功实施。

（5）"红旅"项目备赛关注点

① 公益组

立意新。项目的立意，力求新颖独特，能够引起社会的广泛关注和共鸣。

效果好。人们追求的是项目实施后的效果，希望它能够产生积极的社会影响，真正为社会带来正面的改变。

资金足。资金充足也是备赛的一个重要方面，确保项目能够顺利进行，不受资金短缺的困扰。

② 创意组

创意新。创意组的备赛中，强调的是创意的新颖性，希望项目能够展现出与众不同的创新思维。

工作实。要注重工作的实际操作性，确保每一个创意都能够落到实处，转化为具体可行的行动计划。

前景好。还要关注项目的前景，希望它不仅在当下有吸引力，而且在未来也具有持续发展的潜力。

③ 创业组

产品优。对于创业组来说，产品的质量是首要关注点，只有优质

10-5 中国国际大学生创新大赛获奖项目案例（"红旅"赛道）

的产品才能在市场上站稳脚跟。

模式新。要重视商业模式的创新，寻求新的运营方式，以适应市场的变化和需求。

效益好。创业竞赛项目追求的是经济效益的最大化，希望通过团队的努力，项目能够带来良好的经济回报。

10-6 中国国际大学生创新大赛"红旅"赛道〔2024〕评审要点

▶10.2 "挑战杯"全国大学生系列科技学术竞赛项目实践训练

"挑战杯"全国大学生系列科技学术竞赛（简称"挑战杯"），是由共青团中央、中国科学技术协会、教育部和全国学联共同主办的全国性的大学生课外学术实践竞赛。"挑战杯"竞赛在中国共有两个并列项目，一个是"挑战杯"中国大学生创业计划竞赛，另一个则是"挑战杯"全国大学生课外学术科技作品竞赛。这两个项目的全国竞赛交叉轮流开展，每个项目每两年举办一届。

10.2.1 "挑战杯"全国大学生课外学术科技作品竞赛（A类）

"挑战杯"全国大学生课外学术科技作品竞赛（简称"大挑"）旨在激发大学生的科技创新精神，提升他们的科研能力和实践能力，被誉为中国大学生科技创新创业的"奥林匹克"盛会。"挑战杯"不仅是一个展示大学生科研成果的平台，也是衡量高校人才培养质量的重要指标。学生以论文、调研报告、科技发明制作的作品填写参赛申报表并参加该项赛事。赛事分学院初赛、校级复赛、校级决赛、省级复赛、省级决赛、国赛等环节，根据项目在每个阶段的晋级情况参加上一阶段的竞赛。

根据赛道不同，"大挑"竞赛作品分为三大类：哲学社会科学类社会调研报告与学术论文、自然科学类学术论文、科技发明制作三大类参赛作品。其中，哲学社会科学类社会调研报告和学术论文限定在哲学、经济、社会、法律、教育、管理六个学科内；自然科学类学术论文的作者仅限本专科生；科技发明制作分为A类（投入大）和B类（投入较少）。因此，硕士研究生、本科生可根据赛事作品分类参加相关类别的竞赛（博士生不能参加"大挑"）。相关要求可在"挑战杯"官网查看。

10-7 "挑战杯"全国大学生课外学术科技作品竞赛宣传视频（第十七届）

根据赛事组织时间来看，一般情况下，单数年的2月发布全国比赛通知，3月—4月学校学院组织初赛，4月底组织校级复赛和决赛，

6月组织省级复赛和决赛，9月—10月组织国赛。

(1)"大挑"项目选题

① 选题建议

第一，具有时代性。关注的热点包括乡村振兴、绿色发展与环境生态治理、特殊群体的社会关怀、"互联网+治理""大数据+治理"、人工智能（AI）赋能等，必须紧跟时代脉搏。这些领域不仅反映了当前社会发展的主要趋势，而且与国家政策紧密相连，能够为项目带来更多的关注和支持。

第二，具有代表性。选题应以小见大，具有借鉴和推广价值，能够将问题提升到更高层次。这意味着项目选题应具有普遍性和代表性，能够反映出更广泛的社会问题，并提供具有普遍适用性的解决方案。

第三，具有专业性。选题应具有专业性，突出学科特色。项目选题应深入挖掘特定学科领域的专业知识，展示团队在该领域的专业能力和深入理解。

第四，具有概括性。题目应明确且具有概括性，适当吸引注意力，可参考历届优秀选题。一个好的题目不仅能够概括项目的核心内容，还能够激发潜在支持者和参与者的兴趣。

第五，具有可行性。选题中涉及的产品应能够实现制度化、产品化。例如，在"'乡音'何处寻：方言保护传承的困境与出路"中，涉及方言保护传承的制度应能够得到落实。这要求项目不仅要有理论上的创新，还要有实际操作的可行性。

第六，具有外援性。充分利用外部资源，寻找熟悉的老师作为指导老师，并向有相关竞赛经验的学长学姐咨询，或从官网获取灵感。外部资源的利用能够为项目提供更多的视角和经验，有助于提升项目的成功率。

② 选题参考平台

第一，参考网站。

挑战杯官网（提供挑战杯动态等信息）；

挑战杯作品库（提供挑战杯作品信息）。

第二，选题途径。

选题宝（微信公众号）。定期推送人文社科类热点，适合文科类学生。这个平台能够为文科类学生提供最新的社会热点和研究方向，帮助他们找到合适的选题。

国家社会科学基金官网。提供丰富的哲学社科类信息。这个官方网站是获取哲学社科类研究信息的重要渠道，对于寻找选题具有极大的帮助。

挑战杯官网。借鉴作品库中往期作品的题目和文章架构。通过研究往期优秀作品，可以为自己的项目提供灵感和参考。

(2)"大挑"项目组队

① 目标一致

确保任务分配后,团队成员能够有序完成,保障项目正常发展和运作。团队成员需要有共同的目标和愿景,这样才能确保每个人都能在自己的岗位上发挥作用,推动项目向前发展。

在选择队友时,应挑选对项目有强烈参与意愿的成员。这样的成员更有可能全力以赴,为项目的成功贡献自己的力量。

② 成员能力较强

招募队友时,应优先考虑那些能力较强的成员,并确保每位有意加入的成员提供"作品集"。通过作品集,团队可以直观地了解成员的能力和经验,从而做出更合理的团队构成决策。

③ 成员结构完整

团队中应有具备出色路演答辩能力的成员,他们应能言善辩,具备良好的临场反应素质。这样的成员能够在项目展示和答辩中发挥关键作用,帮助团队赢得评委和观众的认可。

团队中应有具备专业能力强的成员,他们应了解项目的创新点,能够提升团队的专业性。专业能力强的成员能够确保项目的理论和实践基础扎实,提升项目的整体质量。

团队中应有具备设计能力的成员,他们能够独立制作PPT或视频。良好的视觉呈现能够使项目更加生动和吸引人,有助于提升项目的影响力。

(3)"大挑"项目具体实施

① 找到合适的人选

合适的团队成员是项目成功的关键,他们需要具备相应的技能和热情,能够共同推动项目向前发展。

② 外部力量选择

校友资源。利用学校现有的校友资源寻找与研究方向相近的人,他们可能与你合作或为你引荐平时难以接触的资源。校友资源是宝贵的财富,他们不仅能够提供实际帮助,还能够为项目带来更多的机会。

国家政策。利用政策性利好对项目达成具有显著优势。国家政策往往伴随着资金支持和政策优惠,合理利用这些政策能够为项目提供强有力的支持。

行业知名企业、村集体、当地政府等。借助他们的支持寻找合作公司,更容易获得信任并达成合作。与这些组织合作不仅能够提升项目的可信度，还能够带来更多的资源和帮助。

（4）申报材料与注意事项

哲学社会科学类社会调查报告和学术论文、自然科学类学术论文、科技发明制作三类，申报类别不同，材料递交的内容与要求也不同。因此，团队在准备申报材料时，需要根据项目类别准备相应的材料。

① 哲学社会科学类

第一，参赛组别。

哲学社会科学类参赛团队应围绕当前经济社会发展为主要目标，可从发展成就、文明文化、美丽中国、民生福祉、中国之治等方面，形成有深度、有思考的社会调查报告。团队也可围绕哲学、经济、社会、法律、教育、语言、管理等学科形成社会调查报告和学术论文。

第二，选题来源。

哲学社会科学类项目选题应结合具体主题、组别出发，了解社会最新动态，以点带面，展示研究价值。团队应多关注时事新闻，了解社会发展当前面临的问题、挑战和机遇等，选题需注重以下三个方面：

用宏观思维观察和认识微观世界的发展变革；

具备独立思考能力，避免盲目跟风；

选择自己能够掌控的选题，没有足够的实力时，不要盲目追求宏大。

第三，论文撰写攻略。

撰写论文/调查报告前，需先确定参赛项目名称，名称是项目的门面，必须简明扼要且能反映论文主题。具体作品因参赛组别、研究对象不同，其撰写的结构也不尽相同，但通用撰写结构包括七个方面。

研究背景和意义：可适当引用国家政策文件提升项目层次。

研究理论构建、研究假设及具体设计的调查方案，需具备强逻辑性。

调研结果及成果：应多使用数据、图表、实拍图等。

调研结论和对策建议：结论需与主题紧密契合。

调研结果的启示及推广：可涉及理论、思想、对策等层面。

参考文献：一般不少于15篇。

附件材料：根据需要提交。

需要注意的是，哲学社会科学类参赛作品类型不同，对应的字数要求也不同，社会调查报告一般要求15 000字以内，学术论文要求8 000字以内。团队在准备材料时，需要严格遵守字数要求，确保材料的完整性和专业性。

② 自然科学类

第一，参赛组别。

自然科学类按照学科专业划分不同的参赛组别，包括机械与控制、信息技术、数理、生命科学和能源化工等。参赛同学需要根据自己专业，撰写一篇切合主题、层次分明、逻辑严密、条理清楚的自然科学类学术论文。在准备过程中，同学们应深入理解所选领域的核心知识，同时，论文的撰写应体现出对相关学科前沿问题的深刻洞察和独到见解。

第二，选题来源。

自然科学类侧重考查论文在基础学科学术探索中是否具有前沿性和学术性，所以在确定选题前，一定要大量阅读数据库中的文献，并积极询问校内的专业老师，这些资源都是撰写论文的基础，选题需注重三个方面的内容。

立足专业。作为学术性论文，参赛作品更多应以专业性、学科性基础作为支撑。这意味着，选题应与参赛者的专业知识紧密相关，能够体现出其在特定领域的深入研究和理解。

工作实践。可以通过学校课题工作或者学习课程实践，找到选题切入点。实践是检验真理的唯一标准，通过实践活动，可以将理论知识与实际问题相结合，从而发现有价值的研究方向。

导师指导。可以和专业老师进行沟通，在思维碰撞中激发出新的思想。导师的指导往往能够帮助学生打开思路，提供新的研究视角，这对于选题和论文的深入研究具有重要意义。

一个好的选题应该具有多个维度的价值，如满足生产实践需要、学科交叉渗透、前沿热点追踪等。选题的优劣直接关系到论文的深度和广度，因此，同学们在选题时应充分考虑这些因素。

第三，论文撰写攻略。

对于学术性较强的自然科学类论文，通用的撰写结构主要包括六个方面的内容。

摘要：精练缩写，包括与论文等量的主要信息。摘要应简洁明了，让读者在短时间内了解论文的核心内容和研究成果。

关键词：用以表示全文主要内容信息的单词或术语。关键词的选择应准确反映论文的主题和研究方向，便于检索和引用。

引言（前言）/研究目的：尽可能按照本研究的目的意义、前人研究基础与本项研究有关的重点展开。引言应开门见山，言简意赅，为读者提供研究背景和研究动机。

材料与方法（实验部分）：为研究所用的主要材料、方法、实验及验证的体系构建。这部分应详细描述实验设计、材料选择和实验过程，确保研究的可重复性。

结果：内容要切题，结构要层次分明、逻辑严密，达到重点突出、遵循主线的目的。结果部分应清晰展示实验数据和分析，避免模糊不清的描述。

参考文献：一般不少于15篇。参考文献的引用应规范，确保引用的文献与研究内容紧密相关，反映研究的学术背景和理论基础。

③科技发明制作类

第一，参赛组别。

科技发明制作类项目按照学科专业划分了五个不同的参赛组别，包括机械与控制、信息技术、数理、生命科学和能源化工。在此基础上，挑战杯还将科技发明制作具体细分为了A、B两类。

A类：指科技含量较高、制作投入较大的作品。这类作品往往需要较高的技术支持和较大的资金投入，因此在选题和制作过程中，参赛者需要充分考虑技术的可行性和资金的筹措。

B类：指投入较少，且为生产技术或社会生活带来便利的小发明、小制作等。这类作品更注重创新性和实用性，鼓励参赛者从日常生活中寻找灵感，设计出既简单又实用的发明。

第二，选题来源。

科技发明制作类侧重考核作品的应用价值和转化前景，在选题上不仅要注意作品的科学意义及技术方案的合理性，更要结合市场预测发明的经济效益和推广价值，选题需注重三个方面的内容。

10-8 "大挑"赛道参赛获奖项目案例（申报书）

实用性。学会观察生活，体验生活，了解日常及生产活动中急需解决的问题后，再从实际出发设计产品。实用性是科技发明制作类作品的核心，只有真正解决实际问题的发明才能得到市场的认可。

先进性。作品要能反映科学技术的发展水平，运用多种新技术，让大家耳目一新。先进性体现了作品的技术创新和时代感，是作品竞争力的重要体现。

可行性。发明作品不光在理论上先进，在实际中也要行得通，作品设计要考虑到各种情况的变化与限制，减少在现实中遇到的障碍。可行性是作品能否成功转化为实际应用的关键。

10-9 "大挑"赛道参赛获奖项目案例（作品1）

总之，在选择科技发明制作课题时要综合考虑各方面的因素，既保证作品在理论上可靠，又使其在设计制作方面可行，并且能够转化落地可实用。只有这样，才能确保作品在比赛中脱颖而出，获得评委和观众的认可。

第三，参赛作品撰写攻略。

挑战杯科技发明制作类的参赛材料是申报书和研究报告。研究报告没有严格的固定格式，但要注意以下事项。

整体架构必有五点：研究背景、技术原理、实验数据、研究创新、竞争分析。这五点是构成研究报告的核心，缺一不可，每一部分都应详细阐述。

10-10 "大挑"赛道参赛获奖项目案例（作品2）

研究报告应条理清楚、明快流畅，且需附有相关分析曲线、试验数据、原理结构图、实物外观图等。这些辅助材料能够帮助评委更好地理解发明的原理和效果。

申报材料中已发表论文、待发表论文的第一作者必须是作品团队中的学生；专利也一样，无论是已授权专利或申请受理的专利，第一完成人也必须是学生。这体现了学生在发明制作过程中的主导作用和创新贡献。

10-11 "大挑"赛道参赛评审要点

申报书B表必填的内容，作品中应该有所体现。申报书B表是评审的重要依据，必须确保所有必填内容准确无误地反映在作品中。

10.2.2 "挑战杯"中国大学生创业计划竞赛项目（A类）

"挑战杯"中国大学生创业计划竞赛（简称"小挑"）旨在通过创业计划为载体，引导和激励学生弘扬时代精神，把握时代脉搏，增强对国情、社情、民情的了解，将所学知识与经济社会发展紧密结合，提高创新、创意、创造、创业的意识和能力。大赛分校级初赛、省级复赛、全国决赛。校级初赛由各校组织，广泛发动学生参与，遴选参加省级复赛项目。省级复赛由各省（自治区、直辖市）组织，遴选参加全国决赛项目。全国决赛由全国组委会聘请专家根据项目社会价值、实践过程、创新意义、发展前景和团队协作等综合评定金奖、银奖、铜奖等项目。大赛期间组织参赛项目参与交流展示活动。

根据赛道不同，"小挑"竞赛作品分为五大类：A组，科技创新和未来产业；B组，乡村振兴和农业农村现代化；C组，城市治理和社会服务；D组，生态环保和可持续发展；E组，文化创意和区域合作赛道。硕士研究生、本科生可根据赛事作品分类参加相关类别的竞赛（博士研究生仅可作为项目团队成员参赛，不作为项目负责人）。

根据赛事组织时间来看，一般情况下，双数年的2月—3月发布全国比赛通知，3月—4月学校学院组织初赛，4月底组织校级复赛和决赛，6月组织省级复赛和决赛，

9月—10月组织国赛。

(1) "小挑"项目组队

"挑战杯"中国大学生创业计划大赛是一项团队竞赛,对于参赛者而言,组建一个合适的创业团队至关重要。在组建团队时,应关注以下五点关键内容。

① 寻找志同道合的伙伴

团队负责人可以向有创业意向的同学或朋友宣传比赛,或者利用线上社交媒体和招募平台寻找志趣相投的伙伴。

② 考虑专业技能与经验

为了打造一个多元化的团队,负责人应挑选具有不同专业背景、技能和经验的队员。这样,每个成员都能贡献自己的专业知识和技能,共同推进项目向前发展。

③ 明确团队角色

在团队组建过程中,必须清晰界定每个人的工作职责和角色定位,以便充分挖掘团队成员的潜力,并确保项目的顺利进行。

④ 确定团队规模

依据比赛规定,团队成员通常不超过5人。因此,必须考虑限制人数,以保证团队运作的高效性。

⑤ 增进相互了解

团队组建后,成员之间应增进了解,建立有效的沟通机制,以加强团队间的协调与合作。

(2) "小挑"项目选题技巧

在"挑战杯"中国大学生创业计划大赛中,选题是至关重要的一步,因为它不仅为项目的推进指明了方向,而且为项目的实施提供了必要的支持。在进行选题时,参赛者需要关注并掌握以下五个方面的内容。

① 掌握市场需求

在选定项目主题之初,参赛者需要开展深度且全面的市场调研,精准洞悉市场需求。所选主题应与市场需求相契合,以此确保项目具备切实的商业潜力且能够满足用户的具体需求。

② 考虑个人兴趣

将个人兴趣浓厚的领域选为项目主题,能够极大程度激发参赛者投身项目开发的热情与内在动力。当参赛者对项目满怀热忱,在项目推进过程中更易收获成就感。

③ 关注行业动向

需要审视当前的行业趋势及未来的发展方向。遴选契合时代发展脉络的项目主题，不仅可确保项目在当下具备高度的市场相关性，切实满足现实需求，更能为项目赢得未来发展的广阔空间，助力其在不断变化的市场环境中抢占先机。

④ 结合个人专长

如果参赛者拥有特定的技能和经验，那么选择一个与这些专长相关的主题将是一个明智的决定。利用自己的专业知识和技能来推动项目的发展，不仅可以提高项目的成功率，而且可以更好地展示个人优势。

⑤ 评估项目可行性

在选择项目主题时，必须对项目的可行性进行评估。这包括考虑自己的能力和资源，避免选择难以实现的项目。根据实际情况来确定项目的规模和范围，确保项目既具有挑战性，又在可实现的范围内，这样可以有效地避免资源浪费和项目失败的风险。

综上所述，在选择"挑战杯"中国大学生创业计划大赛的项目主题时，必须全面考虑市场需求、个人兴趣、行业趋势、个人经验和技能及项目规模等因素。恰当的选题将有助于推进项目，并在比赛中取得优异成绩。

"挑战杯"中国大学生创业计划大赛是一个备受瞩目的赛事，它为广大学子提供了一个展示自己创业才华和创新思维的平台。大赛的选题范围非常广泛，覆盖了众多行业，从高科技到传统行业，从社会服务到文化艺术，几乎无所不包。以下是一些推荐的参考选题，供参赛者参考。

智能硬件。研发具有创新性和实用性的智能硬件产品，如智能家居、可穿戴设备等。这些产品能够极大提升人们的生活质量，让生活变得更加便捷和智能化。

人工智能。基于人工智能技术，开发具有商业潜力的应用场景，如智能客服、自动驾驶等。这些技术正在改变人们的工作和生活方式，具有巨大的市场潜力。

医疗健康。开发针对健康管理、诊断和治疗的创新产品或服务，如医疗器械、远程医疗等。随着人口老龄化和健康意识的增强，医疗健康领域的需求日益增长。

文化创意。结合文化和艺术元素，开发创新产品或服务，如数字化博物馆、文化旅游等。文化创意产业能够丰富人们的精神生活，提升文化软实力。

教育科技。开发适合在线学习或远程授课的教育科技产品或服务，如在线课堂、远程教育等。教育科技的发展有助于打破时间和空间的限制，让优质教育资源更加普及。

生态环境。开发环保和节能产品或服务，如新能源、智能城市等。随着环境问题的日益严峻，生态环境保护已经成为全球关注的焦点。

农村发展。开发服务农村地区的创新产品或服务，例如农业科技、农村电商等。农村地区的发展潜力巨大，是推动社会进步和经济发展的新引擎。

（3）创业计划书制作

"挑战杯"中国大学生创业计划大赛的创业计划书是一份至关重要的文件，它能够全面、系统地阐述你的项目构想和商业计划。一份优秀的创业计划书不仅能够帮助评审委员会更好地理解参赛者的项目，还能够展示参赛团队实力和项目潜力。

① 确定结构

由于创业计划书包含众多内容，因此必须确定其结构和布局。通常，它应该包括封面、摘要、团队介绍、市场分析、产品说明、财务预测等关键部分。一个清晰合理的结构能够帮助评委快速把握项目的要点。

② 编写详细的商业计划

在创业计划书中，必须明确阐述商业计划，涵盖目标市场、竞争对手、产品或服务的优势、营销策略等关键内容的详细信息。这有助于评审委员会评估项目的可行性和市场前景。

③ 突出创新点

在创业计划书中，要强调项目的独特特色和创新点，以吸引评审委员会的注意，并激发他们对项目的兴趣。创新是创业的灵魂，能够让项目在众多竞争者中脱颖而出。

10-12 "小挑"国赛铜奖获奖项目案例

④ 注重细节

创业计划书的制作要注重细节，包括排版、内容、图表等各个方面都需要追求完美。细节往往决定成败，一个专业的计划书能够给评审留下良好的第一印象。

⑤ 多次修改和完善

初稿完成后，需要不断地审查和修改计划书，直至内容准确无误、逻辑清晰、完整且具有说服力。只有经过反复打磨，才能确保计划书的质量，提高项目成功的概率。

10-13 "小挑"竞赛评审要点

⑥ 寻求专业意见

在制作创业计划书的过程中，团队负责人可以向专业人士寻求意见和建议，以进一步完善项目计划书。专业人士的经验和视角能够帮助团队发现计划书中的不足之处，从而进行针对性的改进。

10.3 部分专业类竞赛项目的实践训练

10.3.1 全国大学生电子设计竞赛（A类）

（1）竞赛概述

全国大学生电子设计竞赛是教育部最早倡导的四大学科竞赛之一。由教育部和工信部联合主办，该竞赛面向大学生群众性科技活动，目的在于推动高校促进电子信息类学科专业基础课教学内容的更新、整合与改革，培育大学生创新意识、综合设计和工程实践能力。

电子设计竞赛分为国赛和省赛，偶数年为省赛，题目为各个省独立出题并比赛，能获得的最高奖项为省赛一等奖；奇数年为国赛，全国统一命题，由省赛推优进入国赛，最高奖项为国赛一等奖，竞赛形式采用集中封闭的竞赛形式。各高校同时竞赛，参赛队在学生所在学校相对集中的场地进行4天3夜的封闭式竞赛，在规定时间内完成作品的设计、制作、调试及设计报告。电子设计竞赛参赛范围主要包括高校中具有正式学籍的全日制在校本、专科生。学生自愿组合，3人一队，配指导教师1名，由所在学校统一向赛区竞赛组委会报名。参赛队分本科生组和高职高专组，参赛队中只要有本科生，就只能参加本科生组。

全国大学生电子设计竞赛主要分为七个方向：电源类、信号源类、高频无线电类、放大器类、仪器仪表类、数据采集与处理类、控制类。每个方向都有其独特的魅力和挑战，要求参赛者具备相应的专业知识和技能。

电源类。电源的设计与制作，如简易数控直流电源、直流稳压电源等，要求参赛者掌握电源的基本原理及设计方法。

信号源类。信号的产生与处理，如实用信号源的设计和制作、波形发生器等，考验参赛者的信号处理技术。

高频无线电类。无线电技术的应用，如简易无线电遥控系统、调幅广播收音机等，要求参赛者具备无线电通信的基础知识。

放大器类。放大器的设计与优化，如实用低频功率放大器、宽带放大器等，考查参赛者的电子电路设计能力。

仪器仪表类。测量仪器的设计与制作，如简易电阻、电容和电感测试仪等，要求参赛者具备精密测量的技术。

数据采集与处理类。数据的获取、处理与传输，如多路数据采集系统、数字化语音存储与回放系统等，考验参赛者的数据处理能力。

控制类。自动控制系统的设计与实现，如水温控制系统、自动往返电动小汽车等，要求参赛者具备控制理论及其实践应用的能力。

（2）竞赛准备

① 知识储备

需要的知识储备包括放大器、滤波器、信号源、混频与变频、电源、信号变换、无线收发、声音信号处理、人工智能算法等。

第一，放大器。

宽带放大器。带宽 0 ~ 100 MHz，增益 40 dB，输出正弦信号 Vpp= 2 V。

可变增益放大器。模拟可变增益放大器，数字可编程增益放大器。

运算放大器使用。轨对轨放大器、差分放大器与单端放大器、单电源与双电源供电。

选频放大器。涉及陶瓷滤波器、声表面滤波器、LC 滤波器，已有类似题目出现过。

锁相放大器。检测极弱信号，目前已出现的试题是测量蓄电池内阻。

隔离式放大器。常见题目是用于检测电流在并流、分流等场景的应用，包括电流互感器使用，霍尔电流传感器应用。

第二，滤波器。

RC 滤波器。滤波器设计软件应用。

LC 滤波器。可使用安捷伦 ADS 集中参数滤波器设计，ADS 匹配电路设计也很常见，给定阻抗设计集中参数匹配电路，参数优化。

开关电容滤波器。可编程滤波器应用。

数字滤波器。基于单片机或 DSP（数字信号处理器）的 FIR 滤波器，基于 FPGA（现场可编程门阵列）的 FIR 滤波器、MATLAB 加窗获取系数再与实际系统结合应用。

第三，信号源。

锁相环。整数型锁相环，分数阶锁相环，锁相环软件应用为主，如 ADIsimPLL 指导设计流程。观察 VCO（压控振荡器）控制电压，解调 FM 信号。

DDS（直接数字频率合成器）。历届出题主要指定了这几个类型：AD9851、AD9852、AD9854，需要注意的是给定正交输出类型的 DDS，常暗示有类似矢网功能的题目，如幅频特性测试、相频特性测试的题目。

锁相环和 DDS 混合。目前尚未有类似试题。

第四，混频与变频。

模拟乘法器。W=XY+Z的应用，几乎每年都出现并指定。

开关式混频。环形二极管，MOS（金属氧化物半导体）管阵列。

分列元件调制电路。双栅极MOS管调幅，三极管幅度调制。

FPGA数字下变频。目前有这个方向的趋势，可能用软件无线电方法解决信号处理问题。

第五，电源。

这里指非电源类题目，在节能低功耗题目中或者需要移动的系统，有时对自制电源有特殊要求，比如使用2节干电池作为供电，此类型题目出现过多次。

第六，信号变换。

V-F变换，电压频率变换。基于LC振荡器的VCO，已在试题中出现过，考查点是变容二极管应用，宽频覆盖。

V-I变换，电压电流变换。压控电流源测量电阻，已在试题中出现过，考查点是精密电流源应用。

第七，无线收发。

红外通信，可见光通信。

AM/FM调制与解调。

常见题目是传输数字信号和模拟信号，同时传输，并分离。

第八，声音信号处理。

声音消噪。数字消噪技术，类似汽车主动降噪系统。

声音定位。多路采集，信号处理。

需要注意的问题是，声音是机械波，在介质内或者介质边界上可能出现谐振、折射、反射等不确定因素，传感器通常也有方向性且比较明显，声音频率虽然低但是频率范围可以认为是超宽带信号，高频时波长很短，貌似简单，几乎所有参赛队都能入门，但实际比较复杂，做出结果难度较大。在省级参赛队中达到一等奖水平的寥寥无几。

第九，人工智能算法在竞赛中的应用。

从最近几年趋势来看，已逐步出现在电赛中，如信号识别、信号分类题目。控制类题目最明显，目标识别成为控制的基础应用。因此有必要在培训中引入基础人工智能算法相关内容，题目有待拟定。但信号的识别和分类可能是重点需要准备的方向。

算法通常不能解决全部问题，电赛尤其突出软件和硬件的协同，没有合适的硬件，再好的算法也无用之地。而硬件需要专门设计，市场上通常买不到，不然就不是电赛，而是算法竞赛。简单题目中通常隐藏了一个特殊硬件的设计。

② 技能训练

为了在全国大学生电子设计竞赛中取得好成绩，学生需要掌握以下技能。

第一，基础知识与理论。

模数电路基础。掌握模拟电路和数字电路的基础知识，包括电路原理、模拟电子技术、数字电子技术等。

电子器件知识。熟悉电子器件如二极管、三极管、电阻、电容等的性能、使用方法和相关计算公式。

编程语言。熟练掌握C语言或汇编语言，能够编写嵌入式软件和算法。

第二，硬件设计与制作。

电路设计软件使用。能够使用电路设计软件（如Altium Designer、Protel、Eagle等）进行电路图的绘制和PCB（印制电路板）的设计。

PCB制作。熟悉PCB的设计和制作流程，包括原理图设计、PCB布局布线、制板等。

焊接与装配。掌握焊接电路板的基本技巧，能够熟练地进行电子元件的焊接和装配。

第三，嵌入式系统与单片机。

单片机原理与应用。了解单片机的原理和系统设计，能够使用单片机（如51、AVR、PIC、ARM等）进行系统设计和编程。

嵌入式系统设计。熟悉嵌入式系统的工作原理，能够设计并实现嵌入式系统的功能。

第四，调试与测试。

电路调试。能够使用示波器、万用表、逻辑分析仪等工具进行电路调试和故障排查。

系统测试。熟悉系统测试的方法和流程，能够对设计完成的电子系统进行全面的测试。

第五，软件与编程。

编程能力。除了C语言外，还可以学习Python、MATLAB等编程语言，以拓宽编程能力和应用范围。

EDA开发与应用。掌握EDA（电子设计自动化）工具的使用，如FPGA、CPLD、PAC、SOPC等。

第六，文档撰写。

能够撰写详细的项目报告和技术文档，清晰表达设计思路和成果。

③ 团队组建

全国大学生电子设计竞赛团队组建原则为学生自愿组合，3人一队，配备指导教师1名，在团队中，学生需具备如下能力。

表达能力。团队成员都应能够准确、清晰地表达自己的观点和想法。

倾听与反馈能力。团队成员能倾听他人的意见和建议，展现出尊重和理解的态度，并能及时给予正面或建设性的反馈，帮助团队成员改进和提高。

④ 参赛方式

全国大学生电子设计竞赛分校内选拔、省赛选拔和国赛选拔，校内报名时间通常为3月初，具体时间以主管部门通知为准。校内选拔通常为线上考核，涉及知识点包括模电、数电、电路分析、单片机编程、EDA工具使用等，校内选拔时间为4月初。正式报名时间通常为5月中旬，学生自愿组合，三人一队，组队完成后填写报名表并发送给校内联系人，由所在学校校内联系人统一向赛区竞赛组委会报名。

（3）竞赛实施

① 项目选题与方案设计

竞赛题目分为本科生组题目和高职高专学生组题目，包括"理论设计""实际制作"，以电子电路和集成电路应用设计为基础，可以涉及模数混合电路、嵌入式系统、DSP、可编程器件、射频及光电器件及其他现代电子技术应用。除题目特殊要求以外，参赛队的个人计算机、移动式存储介质、开发装置或仿真器等不得带入测试现场（实际制作实物中凡需软件编程的芯片必须事先下载脱机工作）。

竞赛题目应具有实际意义和应用背景，还要考虑目前教学的基本内容和新技术的应用趋势，力求对高校相关专业教学内容和课程体系改革，以及学生今后工作起到一定的引导作用。竞赛题目着重考核参赛学生综合运用基础知识进行理论设计的能力、实践创新和独立工作的基本能力、实验综合技能（制作与调试），同时鼓励参赛学生发扬团队协作精神。

省级赛区竞赛可采用自主命题或全国统一命题方式。全国竞赛专家组根据命题原则为本科生组和高职高专学生组统一编制若干个竞赛题目，供参赛队选用。根据团队成员的能力和掌握的技术，选择一个既有挑战性又能够完成的题目。仔细阅读题目要求，明确目标，制定详细的计划。充分调研，了解类似项目的经验和教训，避免走弯路。

② 策略建议

组建优秀团队。选择对电子开发有浓厚兴趣、在软件、硬件、论文写作中各有所长的同学组队。团队成员间应互相尊重、坦诚沟通、各司其职。

选择合适的指导老师。要选择一位擅长指导和具备项目方面的知识和素养的专家作为指导教师，并按指导老师意见完成团队磨合，通过共同学习和项目实践提升团队协作效率。

熟悉竞赛规则。仔细阅读竞赛规则，了解报名、竞赛、评审和评奖等各个环节的要求。关注竞赛官方网站和社交媒体平台，及时获取竞赛最新动态和往届资料。

技能准备。学习模电、数电基础知识，提升焊接水平，熟悉常用电路和器件；掌握C语言等编程语言，熟悉单片机应用和开发环境；提升文档撰写和答辩能力，清晰表达设计理念。

合理分工。竞赛时，需根据团队成员的特长进行分工，确保高效完成任务。遇到技术难题时，积极寻求帮助，向指导老师、同学或网络上的专家请教。调试程序时要耐心细致，发现并解决问题。

时间管理。合理规划时间，确保每个阶段都能得到足够的时间来完成。注意休息和调整心态，保持高效的工作状态。

撰写报告。报告应逻辑清晰、结构完整、语言简洁明了、配图清晰、数据准确。熟悉设计方案，准备可能遇到的问题和答案。

③ 路演答辩

电子设计竞赛圆满结束后，所有参赛作品均遵循学校的统一安排，进行妥善封存，并在既定的时间节点内运送至主办方特别指定的测评地点（如四川赛区的测评地点通常为电子科技大学）。与此同时，参赛团队还需提交详尽的设计报告及其他必要的文档资料。

在测评环节，全体小组成员均需亲临现场，对其作品进行演示。演示前，各队员有15~30分钟的宝贵准备时段，在此期间，需迅速而高效地组装作品，确保其各项功能均处于最佳状态。随后，评委会将对作品进行全面而细致的检查，以验证其是否能够顺利运行，并严格考核作品是否完全实现了比赛所规定的各项功能要求。这涵盖了作品的响应速度、精确度、稳定性等多个关键方面的综合测试。

（4）经验启示

全国大学生电子设计竞赛是一项极具挑战性的赛事，它不仅考验学生的专业技能，还锻炼其团队协作、创新能力和解决问题能力。

① 成功关键因素

扎实的理论基础。参赛者需要具备深厚的电子信息类专业知识，包括电路原理、模拟电子技术、数字电子技术等。这些理论知识是设计和实现电子系统的基础，为参赛者在竞赛中提供坚实的支撑。

实践经验积累。通过不断的实践，参赛者可以积累丰富的经验，提高动手能力和解决问题能力，包括电路设计、软件编程、系统调试等方面的实践，这些实践经验在竞赛中至关重要。

团队协作。电子设计竞赛通常要求参赛者以团队形式进行,因此团队协作能力显得尤为重要。团队成员之间需要明确分工、相互支持、及时沟通,以确保项目的顺利进行。

创新思维。在竞赛中,参赛者需要面对各种实际问题,这就要求他们具备创新思维,能够提出新颖的解决方案。创新思维不仅有助于提升作品的技术含量,还能增加作品的竞争力。

时间管理。竞赛通常有紧凑的时间安排,因此参赛者需要具备良好的时间管理能力。他们需要在有限的时间内完成方案设计、硬件制作、软件编程、系统调试等各个环节,确保作品的按时完成。

② 主要问题和挑战

技术难度高。电子设计竞赛涉及的领域广泛,包括通信、控制、计算机、集成电路等多个方面。这要求参赛者具备全面的技术能力,而技术难度的提高也增加了竞赛的挑战性。

时间紧迫。竞赛时间通常非常紧凑,参赛者需要在短时间内完成大量工作。这要求他们具备高效的工作效率和良好的心理素质,以应对时间压力。

10-14 全国大学生电子设计竞赛获奖案例

团队协作问题。团队协作虽然重要,但在实际竞赛中也可能出现问题。如团队成员之间可能存在沟通不畅、分工不明确等问题,这会影响项目的顺利进行。

资源限制。在竞赛中,参赛者可能面临资源限制的问题,如硬件材料、软件工具等。这要求他们在有限的资源下发挥最大的创造力,以达到最佳的效果。

10-15 全国大学生电子设计竞赛评审要点

创新性不足。部分参赛者在设计作品时可能过于保守,缺乏创新性。这会导致作品缺乏技术含量和竞争力,难以在竞赛中脱颖而出。

10.3.2　全国大学生先进成图技术与产品信息建模创新大赛(A类)

(1)竞赛概述

"高教杯"全国大学生先进成图技术与产品信息建模创新大赛(简称"成图大赛")是国家级图学类课程最高级别赛事,由教育部、中国图学学会主办。大赛旨在培养学生的工匠精神和创新意识,探索图学发展方向,创新成图方法。涵盖机械、建筑、道桥、水利、电子五个专业类别,设有技术与设计两个赛道。赛事每年一届,校内选拔赛在3月进行，省赛在5月进行，国赛在7月进行。主要通过校内选拔推荐参加省赛，再由省赛推荐参加国赛。

校内选拔赛由学校竞赛主管部门组织，面向全校学生，通过理论考核、计算机绘图等选拔优秀学生组成团队参加省赛。省赛由各省组织，内容与国赛接轨，包括二维绘图、三维建模、创新设计等项目，评选出省赛奖项，并推荐优秀团队或个人参加国赛。国赛赛制严格，包括二维工程图绘制、三维数字化建模及创新设计等项目，评选出国家级奖项，表彰优秀团队和个人。竞赛形式包括团队和个人赛，作品通过线上提交或现场展示评审。

（2）竞赛准备

① 知识储备

建筑类别。需要掌握投影知识；建筑工程形体的表达方法；房屋建筑设计国家标准的相关知识。

道桥类别。需要掌握投影理论和制图基本知识；形体的各种表达方法；道路、桥梁、隧道、涵洞等专业制图的相关规定。

水利类别。需要掌握投影理论和制图基本知识；水利工程基础知识和常见水工建筑物的知识；熟悉制图标准和规范。

电子类别。需要掌握电子技术基础；电子元件及其封装的关系；单片机设计；高频电路的相关知识；至少熟练掌握一种PCB设计软件。

② 技能储备

建筑类别。需要掌握建筑工程图样的识读、表达及绘制；计算机辅助设计相关知识与技能；建筑信息模型（BIM）相关应用技能；熟练掌握各种建模命令、工具和绘图技巧。

道桥类别。需要掌握道路、桥梁、隧道、涵洞等结构施工图的识读与绘制方法；熟练掌握一两种常用计算机绘图软件。

水利类别。需要掌握水利工程图的阅读和表达能力；掌握计算机图形软件成图技术、方法及要求；掌握计算机软件三维建模、场景制作和后期渲染等技术。

电子类别。需要掌握PCB设计的常用规则；PCB设计的快捷操作；电子元器件的原理图库和PCB库的设计；多层PCB设计的方法、高频电路的相关设计训练等。

③ 团队组建

在全国范围内举办的大学生先进成图技术与产品信息建模创新大赛中，参赛团队需要具备一系列重要的技能和素质。

必须拥有扎实的工程制图基础，这是进行任何相关工作的基石。

熟练掌握三维建模技能对于在比赛中脱颖而出至关重要，因为这能够帮助团队将抽象的设计概念转化为直观的三维模型。

应具备出色的二维工程图生成与编辑能力，能够将复杂的三维模型转换为详细的技术图纸，便于生产和交流。具备一定的渲染与后期处理能力也是必不可少的，这能够为模型和图纸增添真实感，提高其表现力。

熟练的软件应用能力是实现上述所有技能的基础，只有精通各种专业软件，团队才能高效地完成任务。

优秀的团队协作能力、沟通交流能力及解决问题能力也是团队成功的关键因素。一个能够紧密合作、有效沟通并且能够迅速应对挑战的团队，在比赛中将更具竞争力，更有可能取得优异的成绩。

（3）竞赛实施

① 项目选题与方案设计

"成图大赛"的选题与方案设计因赛道不同而各有侧重，主要有以下赛道。

建筑类先进成图技术赛道。以组委会统一命题的方式，根据建筑工程图，按要求完成建筑物的三维信息模型、施工图和效果图。

建筑类BIM创新应用赛道。采用开放式竞赛形式，根据赛题要求并参考相关规范，完成项目初步设计和局部施工图；完成建筑信息模型建立；并分别完成项目的节能计算、采光分析、碳排放量计算、日照分析及声环境分析。

建筑类智能建筑结构设计赛道。采用开放式竞赛形式，依据给定的工程资料及建筑施工图纸，完成结构方案的设计工作。

道桥类先进成图技术赛道。以组委会统一命题的方式，分为二维绘图和三维建模两部分，二维绘图部分一般是使用绘图软件绘制道桥类专业结构图（包括平面、立面、剖面、断面视图等）；三维建模部分一般是根据给出的图纸内容，利用相关建模软件，完成道桥类专业结构物三维模型的创建；完成三维模型的材质添加、渲染等后期处理，输出指定效果图。

道桥类桥梁数字化创新设计赛道采用开放式竞赛形式，可参考主题如下。

主题方向一：新型桥梁结构设计与建模。学生关注当下桥梁建设中的新需求、新技术，比如设计适用于山地复杂地形的轻型桥梁结构，或是针对城市景观需求的特色人行桥等。研究问题可聚焦结构力学合理性、材料选用创新性及如何通过建模精准呈现独特造型等，方案设计需运用专业软件进行三维建模，绘制详细二维施工图纸，展现从构思到实际建造的完整流程。

主题方向二：既有道桥的加固改造方案。针对现存一些老旧道桥存在的安全隐患、承载能力不足等问题，研究如何通过检测数据评估现状，确定合理加固方式，如增加桥墩、采用新型加固材料等。在方案设计中，要先准确绘制既有道桥现状图，再规划加固改造后的模型与图纸，体现加固前后对比及对交通影响的考量。

主题方向三：智慧道桥系统集成应用。着眼于现代交通智能化发展，探索如何将传感器、物联网等技术融入道桥设计中。如研究在桥梁上设置健康监测系统的最佳布局及数据传输方案等。设计时要将智慧元素融入模型，展示智能道桥在提升运维效率、保障安全方面的优势，通过成图清晰呈现各系统位置与连接关系。

水利类先进成图技术赛道。以组委会统一命题的方式，分为二维绘图和三维建模两部分，二维绘图部分一般是根据给定的水工建筑物轴测图，使用绘图软件按要求完成工程图；三维建模部分一般是根据给定的水利工程图，按要求完成水工建筑物的三维建模及指定分部模型的信息查询、图纸创建出图、场景的制作及图片渲染。

水利类数字化创新设计赛道。采用开放式竞赛形式，一般是完成指定水工建筑物的创建，并完成对模型优化、轻量化输出图纸输出与整理等操作。

电子类先进成图技术赛道。采用组委会统一命题的方式，一般以高速CPU（如嵌入式单片机、EDA芯片等）及其外围电路（如A/D、D/A、通信接口电路等）为设计对象，要求用4层板进行设计，可能涉及层次电路图的设计方法等。

② 策略建议

第一，知识储备方面。

扎实掌握建筑、道桥、水利、电子等专业基础知识，同时精通工程制图标准和相关软件操作，为建模与成图打牢根基。

第二，技能训练方面。

日常多进行软件绘图练习，提升绘图的精准度与速度。利用软件反复模拟各类项目建模，注重细节处理，掌握复杂结构的建模技巧。

第三，团队协作方面。

依据成员特长合理分工，比如擅长建模的成员负责模型创建、细心的成员负责图纸审核等。保持密切沟通，遇到问题及时共同商讨解决，定期开展模拟竞赛，磨合团队协作默契。

第四，赛前准备方面。

熟悉竞赛规则与流程，提前调试好设备，准备好可能用到的素材资源。多研究过往优秀案例，学习思路与技巧，调整心态，以自信且沉稳的状态应对竞赛，争取发挥出最佳水平。

③ 路演答辩

本大赛目前只有开放式赛道有答辩环节，答辩需要注意以下四个方面。

第一，内容呈现。

参赛团队需通过 PPT、视频等形式，清晰展示项目选题背景，如针对当下道桥建设痛点或行业发展趋势等。重点讲解方案设计思路，比如包括道桥结构选型、建模过程亮点、采用的新技术应用等，同时展示二维图纸、三维模型成果，凸显作品的规范性、创新性与可行性。一般限时在 10～15 分钟左右，要合理把控节奏。

第二，表达要求。

讲解时语言流畅、逻辑严谨，主讲人对项目要十分熟悉，能深入浅出地向评委和观众阐述清楚，配合适当的肢体语言，增强感染力。

第三，评委提问。

成果展示结束后，评委们会围绕项目的专业技术、设计合理性、创新之处以及实际应用等方面进行提问，问题可能涉及结构力学计算、材料选用依据、模型优化细节等，旨在考查团队对项目的深入理解与掌握程度。

第四，团队作答。

队员需冷静思考、分工协作来回答问题，条理清晰地回应质疑，展现扎实的专业知识与应变能力。回答时间通常有限制，要简洁明了又切中要点。

答辩环节考验着团队的综合素养，充分准备、良好配合才能在这一环节脱颖而出，为竞赛成绩添彩。

（4）经验启示

① 取得成功的关键因素

专业知识扎实。掌握建筑、道桥、水利、电子专业核心知识，能为项目设计与建模提供坚实理论支撑，确保方案合理可行。

技能训练到位。通过大量绘图、建模练习，提升绘图速度与精准度，熟练运用 CAD、BIM 等相关软件完成复杂模型创建与规范成图。

10-16 全国大学生先进成图技术与产品信息建模创新大赛获奖案例

团队协作良好。成员依据专长分工明确，沟通顺畅、配合默契，共同攻克难题，保障项目顺利推进。

选题贴合实际。关注行业热点与现实需求，选择兼具创新性与可操作性的题目，易获得评委认可。

10-17 全国大学生先进成图技术与产品信息建模创新大赛评审要点

② 存在的主要问题和挑战

知识融合不足。专业知识与成图、建模技术结合不够紧密，导致部分设计在实际成图、建模时出现细节问题，影响整体质量。

时间把控难题。竞赛时间有限，在复杂项目中易出现前期建模耗时过长，后期完善图纸和模型仓促的情况。

应变能力考验。面对赛题变化等突发情况，部分同学应变能力稍显欠缺，不能快速给出建模思路。

10.3.3　中国高校智能机器人创意大赛（A类）

（1）竞赛概述

中国高校智能机器人创意大赛创办于2017年，首届大赛由中国高等教育学会、教育部工程图学课程教学指导委员会、中国高校智能机器人创意大赛组委会共同主办，浙江大学机器人研究院、中国高等教育学会工程教育专业委员会承办，决赛由浙江省余姚市人民政府承办。之后每年举办一次，大赛于2020年列入中国高等教育学会发布的全国普通高校大学生竞赛排行榜，旨在培养学生的创新能力和实践能力，助力机器人相关人才培养。

参赛方式：每年3月开始报名。大赛分区域赛和全国赛。区域赛为选拔赛，以省为单位组织。设有组委会的赛区，组织三个主题的选拔；未设组委会的赛区，由大赛组委会统一组织。专项赛视同区域赛，由组委会统一组织。区域赛中前24%队伍晋级全国赛，通过现场展示、答辩等方式评选奖项。竞赛为团队形式，1~4名学生一队，1~2名指导教师。需提交项目报告、演示视频等，部分环节需现场展示和答辩。

（2）竞赛准备

① 知识储备

掌握机械设计原理，以设计出合理的机器人结构；掌握编程语言，如Python、C等，实现机器人的运动控制和功能实现；了解机器人的传感器技术、人工智能算法等相关知识。

② 技能训练

学会使用3D建模软件，如SolidWorks、Blender等进行机器人模型设计；具备编程调试能力，以实现机器人的各种动作和任务。

③ 团队组建

团队成员要优势互补、分工明确，具备扎实的技术基础，丰富的实践经验，较强的专业能力和文稿撰写能力。在沟通方面，各成员要能及时汇报项目进展和遇到的问题，明确分工与职责，做到人尽其才，提高团队协作效率。

（3）竞赛实施

① 项目选题与方案设计

该竞赛分三个主题，需针对不同主题设计不同的方案。

主题一，创意设计：家用智能机器人——让生活更美好。

内容。聚焦未来生活的家用智能机器人，围绕家务、娱乐、情感交流、陪伴、个人卫生、家庭管家、安全与防护等功能展开创意设计。

参赛形式。以作品方式参赛，参赛队可以自行选择用文字图片（视频）或实物模型来展示创意设计。评审时按以下三个类别，分组评审。

无实物组。以文字、图片、动画等形式展示作品的创意设计。

自制实物模型组。采用自行创意、设计并制作模型（或原理样机）的形式展示作品的创意设计。

模块化产品搭建组。采用慧鱼模块、启创远景模块、越疆模块、博创尚和模块、节卡模块等产品模块搭建作品，表达设计创意。

主题二，创意竞技——挑战更快。

内容。参照人类魔方竞速规则，设计制作魔方机器人，进行机械与算法设计，综合运用机械、电子、信息和自然科学知识，实现比人"计算"更快、"翻动"更加灵活迅速的目标。

参赛形式。用小组设计符合要求的魔方机器人，现场复原随机打乱的魔方，按照魔方复原程度和所用时间计算成绩，魔方复原程度最高、用时最短者获胜。

主题三，智能机器人对抗赛——挑战更强。

内容。在智能机器人对抗赛中，根据统一部件组或开放部件组的规则，制定对抗策略与机器人设计方案。

参赛形式。智能机器人对抗赛因其组别不同，参赛形式有所区别。

统一部件组。参赛队伍选用统一标准的控制器、传感器、动力模块、供电模块、结构组件等部件，设计、制作符合规则要求的智能机器人参赛，通过策略的制定及程序的设计，参赛双方的机器人进行比赛，采取小组循环赛、淘汰赛相结合的赛制。根据比赛形式的不同，设置轮式格斗、仿人格斗、视觉对抗、无人机对抗、服务机器人竞技、机器人仿真等类别的比赛项目。

开放部件组。在对参赛机器人重量、尺寸等限制的条件下,参赛队自行设计、制作符合规则要求的智能机器人参赛,通过策略的制定及程序的设计,参赛双方的机器人在擂台上自主对抗,采取小组循环赛、淘汰赛相结合的赛制。

在上述三个主题赛以外,还设有专项赛。依据各专项赛的特定要求,如俄罗斯方块机器人基于 ROS 框架设计,四足智能机器人基于指定平台二次开发等。

② 策略建议

尽早规划项目进度,制定详细的时间表,明确各阶段任务与时间节点;注重团队成员的优势互补,发挥各自专业特长;在设计过程中,多进行市场调研,查阅文献,了解当前技术前沿和行业需求,确保设计的创新性与实用性;对机器人的设计进行多次迭代优化,反复测试,提升性能。

③ 路演答辩

路演答辩环节,针对主题创意设计,一般要求团队成员在规定时间内展示项目成果。展示的内容包括清晰、简洁的项目海报和PPT,结合实物演示、视频展示,突出项目的创新性、实用性和技术亮点。展示形式可以多样化,如结合PPT、实物演示、视频等。答辩过程中,评委可能会针对项目的创新性、可行性、技术难度等方面提问,团队成员要清晰、准确地回答问题,展现出扎实的专业知识。主题二、主题三、专项赛的比赛环节依照每年比赛官网规则而定。

(4) 经验启示

① 取得成功的关键因素

家用机器人的需求创新设计。突破过去被认为家用机器人不可使用的领域,在需求创新设计上要创造、引导、创新家用机器人产品的需求。

家用机器人的功能创新设计。要扩大、延伸、融合机器人的产品功能,在不同场合,让家用机器人发挥不同的功能。

家用机器人的结构创新设计。要实现功能最好、最易实现的最简结构。

智能交互设计,家用机器人能主动发现家庭问题、主动解决问题,实现良好的智能交互。

10-18 中国高校智能机器人创意大赛获奖案例

机器人视觉感知与自主学习,通过智能学习算法实现机器人的自主操作,独立自主完成抓取、装配、搬运等活动;通过深度学习、强化学习、迁移学习等手段,构建机器人视觉理解数学模型,对视觉感知系统获取的图像内容进行理解,实现家用机器人作业过程中目标提取、类别识别等任务。

② 存在的主要问题和挑战

智能机器人一定是机器人载体加人工智能。智能机器人创意设计的核心问题和挑战在于智能思维和智能功能。智能思维的核心是运算能力，即把运算能力植入原来没有运算能力的地方。未来的机器人一定不仅仅有智能，还应该具有智慧，即有感知、有情感依托云计算和大数据；未来的机器人将变得更加聪明，甚至可能具备"人"的感知、思维和智慧能力。

10-19 中国高校智能机器人创意大赛评审要点

10.3.4　全国大学生广告艺术大赛（A类）

（1）竞赛概述

全国大学生广告艺术大赛（简称大广赛）是由中国高等教育学会指导，全国大学生广告艺术大赛组委会、中国传媒大学和大广赛文化传播（北京）有限公司等机构共同举办的全国性高校学科竞赛。自2005年开赛以来，已有上百万学生提交作品。参赛作品涵盖平面、视频、动画等十一个类别，每个类别都有具体要求和评判标准。全国在校全日制大学生、研究生均可参赛，无专业限制。大广赛为大学生提供能力提升平台，融合专业技能深化、个人成长和职业准备，将理论知识应用于实际问题解决。

竞赛时间通常为每年1月—6月，包括命题征集、学生创作、教师指导、海选作品提交、评选及实战；7月—8月进行学校初评、赛区评选、全国总评审。具体时间以官网发布为准。

竞赛选拔方式为三级评选：院校初评后，报赛区评选，优秀作品报送全国总评审。全国总评审不接受个人报送作品。

竞赛方式为线上提交作品，个人赛、团队赛均可，作者人数有严格要求。指导教师人数也有规定。

（2）竞赛准备

① 知识储备

学生需掌握一系列专业知识，以直接或间接提升其参赛作品的质量与竞争力。必须深入理解广告学的核心原理与理论框架，涵盖广告策划、创意生成、品牌管理及消费者行为学等领域。市场营销知识亦不可或缺，包括市场调研方法、目标市场分析和营销策略制定等，确保作品精准定位目标受众。此外，学生需具备设计美学与视觉传达原则的知识，以及熟悉数字媒体和技术趋势，能为作品注入更多创新元素。

② 技能训练

技能训练是竞赛准备的核心部分之一。学生们应该熟练掌握与参赛类别相关的专业工具和技术，如图像动画设计类的参赛学生需要掌握图形设计软件（如 Adobe Illustrator、Photoshop）、视频编辑软件（如 Premiere Pro、After Effects）、动画制作软件（如 Blender、Maya），以及网页设计和用户体验设计（UI/UX）等创作工具。对于文案创作类别的学生来说，则需加强写作技巧，包括但不限于标题撰写、故事写作等。同时，学习如何进行有效的市场调研和数据分析，以便提出基于数据的营销策略。

③ 团队组建

根据项目需求，学生可跨学院招募成员，组建一个多学科交叉的团队。如美术学院的学生擅长视觉设计与动画创作；商学院的学生具备市场营销与管理的专业知识；文学院的学生则在文案创作与文化传播方面提供支持。此组合充分利用各成员的专业优势，形成一个互补性强、分工明确的工作小组。团队内部应建立良好的沟通机制，尊重并整合不同意见以快速达成共识。领导者需善于协调资源，合理分配任务，确保项目进度；成员则应积极主动，发挥专长，共同应对挑战。有效的团队建设不仅能提升工作效率，亦能促进成员间的信任与合作，对长期协作和个人发展均具重要意义。

(3) 竞赛实施

① 项目选题与方案设计

学生根据自己的专业背景和兴趣选择合适的选题，并深入理解企业的真实营销命题，找到既能激发自身创造力又符合市场需求的独特切入点。基于这些信息，制定出具有针对性的创意概念，并围绕这个核心概念展开详细的方案设计。以平面类作品为例，这意味着要通过视觉效果传达品牌信息。这个过程中，学生不仅要考虑目标市场的特点、消费者的行为模式及竞争对手的策略，还需要思考如何利用平面设计的形式增强信息传递的效果。

② 策略建议

在参赛策略和技巧的准备上，学生应着眼于如何将上述精心设计的方案转化为赛场上的优势。不仅要聚焦于作品本身独特的卖点，更要通过创新思维来突出表现形式和技术手段的新颖性。始终坚持以用户体验为中心的设计理念，确保所有决策都能提升用户的满意度。此外，多次迭代优化至关重要，在老师指导下不断改进作品质量。

③ 路演答辩

这个环节中，学生通过精心准备的演示材料和逻辑严密的陈述，直观地呈现创意和技术实现的过程，强调作品的独特性、创新性和市场应用价值。对于平面设计、动画等艺术类作品，学生需在有限的时间内清晰传达设计理念、创作背景及如何通过视觉元素解决实际问题。通过高分辨率图像展示、动画片段或互动元素，增强信息传递的效果，并使用图表和案例分析来辅助说明复杂的信息，确保评委能够快速了解作品的核心价值。

（4）经验启示

① 取得成功的关键因素

在大广赛中取得成功的关键在于团队综合实力与协作，以及指导老师的引领。成功的参赛队伍不仅需要成员间的默契配合，还要依赖指导老师的经验和视野，他们能够提供宝贵的行业见解，帮助学生精准把握品牌核心价值，结合社会热点和消费者心理，创造出既具创新性又贴近生活的广告作品。

10-20 全国大学生广告艺术大赛获奖案例

② 存在的主要问题和挑战

该项比赛也存在挑战，如时间紧迫限制了创意深化，资源有限影响制作质量。此外，如何平衡商业诉求与艺术表达，以及应对规则变化带来的不确定性，都是参赛学生必须面对的问题。参赛团队只有通过不断学习与实践积累经验，克服这些障碍，才能在大赛中脱颖而出。

10-21 全国大学生广告艺术大赛评审要点

10.3.5 全国三维数字化创新设计大赛（A类）

（1）竞赛概述

全国三维数字化创新设计大赛（以下简称3D大赛）自2008年起，每年一届，截至2025年7月，已成功举办17届，得到地方、高校和企业的广泛关注。参赛高校和企业数量持续增长，参赛人数和获奖人数均显著增加。大赛促进了优秀设计项目的涌现，并加强了教育、产业、行业和政府之间的联系，推动了产教融合。大赛已成为具有广泛影响力的全国性公益品牌赛事和数字化创新盛会。

3D大赛包含四个赛道。数字工业设计赛道，涵盖工业设计、产品设计、机电工程设计、工程分析计算、工业仿真、数字工厂、数字制造、模具设计、数控编程等多个领域；数字人居设计赛道，主要关注数字城市、美丽乡村、特色小镇、规划设计、BIM（建筑信息模型）设计、室内外设计、环境景观艺术设计、智能家居等方面的内容；数字文化设计赛道，包括文化创意、数字艺术、新媒体艺术、微电影与动漫、游戏设计、数字旅游等文化相关领域的创新设计；元宇宙赛道，围绕元宇宙主题，探索虚拟现实、增强现实等前沿技术在创新设计中的应用。

3D大赛对参赛者的年级没有严格限制，全日制在校大学生（包括本科生、专科生、研究生等）均可参加。有些比赛还允许历届3D大赛的精英选手（已毕业）以个人名义报名参赛。

3D大赛参赛，所有参赛团队和个人均需在大赛官网进行报名和提交作品。参赛团队可以由院校/院系组织，也可以由个人自由组建。对于院校/院系组织的团队，有条件的院校可申请在大赛官网平台上自行组织校内选拔；未组织校内选拔赛的院校，或未参加校内选拔的团队，可参与网络海选。个人赛参赛选手则直接参与网络海选。

3D大赛赛程较长，两个季节赛赛程可覆盖全年，分为全国三维数字化创新设计大赛和全国三维数字化创新设计大赛精英联赛两个季节赛。

（2）竞赛准备

① 知识准备

在筹备参赛作品的过程中，必须先了解大赛的主题和要求，确保设计作品紧密围绕主题，传达出独到的设计理念；作品应具备艺术审美价值，并对材料、工艺、施工等方面有充分的了解。务必仔细阅读并理解竞赛规则和要求，确保作品符合所有相关规定；同时，也要留意竞赛的日程安排和比赛流程，以便合理规划时间并准备必要的资料。

② 能力训练

精通3D建模、纹理制作及渲染软件是参赛者不可或缺的技能。这些技术构成了模型构建的基础，是提高作品品质的核心。参赛者必须通过持续的练习和实际操作提升自己的技术能力。

③ 团队组建

团队合作同样是获奖的关键因素。在团队内部，成员之间必须明确各自的职责，各展所长。有的成员擅长建模，有的则擅长绘图，同时，也需有人持续监督项目进度。每位成员都应发挥其专业技能，共同为项目的成功贡献智慧与力量。通过高效的沟通与协作，可以确保设计作品在各个层面均能实现最佳表现。

（3）竞赛实施

① 项目选题与方案设计

在筹备3D大赛的过程中，首要任务是明确作品的主题和定位。确保作品具有创新性，能够解决特定的实际问题或满足某种需求。同时，了解大赛的评审标准和评委的专业背景，以便更精准地调整作品，使其更贴合大赛的要求。深入研究与设计。深入探索相关领域的前沿技术和设计趋势，为作品注入更多的创新元素。在设计过程中，注重细节，确保作品的每一个部分都经过精心打磨。同时，保持与导师或团队成员的沟通，共同解决遇到的问题。

② 策略建议

模型的构建是3D大赛的核心步骤。借助专业的3D建模软件，确保模型的精确度和细节处理。在材质和贴图的选择上，强调真实性和质感的呈现。同时，优化模型的渲染效果，提升作品的视觉冲击力。

③ 路演答辩

一份简洁且引人入胜的演示文稿至关重要，它能帮助参赛者更有效地展示其作品的独特性和创作过程。

出色的现场表现同样不可或缺。在比赛现场，参赛者必须自信地展示作品，并应对评委的提问。提前准备可能的问题和答案，确保在回答时能够逻辑清晰、条理分明。同时，注意自己的仪态和表达方式，给评委留下良好的第一印象。不断学习与反思也是提升作品质量的关键。在参赛过程中，要关注其他参赛者的作品，吸取他们的优点和长处。同时，认真听取评委的点评和建议，找出自己作品的不足之处，并努力进行改进。

（4）经验启示

① 成功的关键要素

创意新颖。参赛作品必须展现独特的设计理念和创新的思维方法，这体现了参赛者对3D技术的深刻理解和灵活应用。设计的创新性是评委在评审过程中极为重视的要素。

厚积薄发。参与学科竞赛是一个长期积累与关键时刻爆发相结合的过程。大学生应从入学之初就积极融入高年级的竞赛团队，通过学习和实践来积累经验。通过亲身参与"竞赛流程"，同学们可以逐步构建和完善自己的设计思维框架。

10-22 全国三维数字化创新设计大赛获奖案例

勇于参赛。许多同学可能因担心自己的作品不够优秀而犹豫不决，但实际上，只有通过参赛，才有机会赢得奖项。

② 存在的问题与挑战

在比赛过程中，参赛者不可避免地会遇到各种挑战，如攻克技术难题、应对创意灵感的枯竭、面对来自其他参赛者的激烈竞争，以及在有限的时间内完成高质量作品的压力等。

10-23 全国三维数字化创新设计大赛评审要点

10.3.6　全国高校商业精英挑战赛（A类）

（1）项目概述

该项赛事由中国国际贸易促进委员会商业行业委员会牵头，联合相关专业协会（学会）、事业单位共同主办，即全国高校商业精英挑战赛，简称CUBEC（China University Business Elite Challenge）。CUBEC涵盖品牌策划、国际贸易、会计与商业管理案例分析、物流与供应链管理、创新创业、流通业经营模拟、营销模拟决策、跨境电商、会展创新创业实践、商务谈判、商务会展旅游、酒店管理、国际经贸与商务专题13项专业竞赛，这些竞赛被归类为5大类，并且是高教协会榜单上的重要赛事。详细信息请参见表10-1。迄今为止，参赛的高校数量已超过2 000所。

全国高校商业精英挑战赛是一项团队竞赛，包括知识赛（个人部分）、校选拔赛、省（区域）赛、国赛及最终的精英赛。由于赛事众多，具体赛事的时间安排请参见相应的赛事表格。赛事分为策划类和决策类两个方向。策划类要求参赛者撰写策划书，并在省赛和国赛阶段进行方案讲解和答辩。而决策类则通过软件模拟场景来进行决策。

表10-1　全国高校商业精英挑战赛赛道信息简表

大类	赛道	竞赛内容概述	竞赛时间
品牌策划	品牌策划	本赛事致力于通过竞赛激发教学活力、实现产业与教育的深度融合，以培养具备品牌建设能力的高素质人才。同时，它为企业品牌建设提供创新视角，助力中小企业品牌成长。该竞赛已成为中国国际贸易促进委员会中小企业促进工作重点项目——"百所高校服务中小企业品牌建设"专项活动的一部分。每年，它为成千上万家中小企业量身定制品牌培育方案，推动产学研一体化发展。在过去12年间，该赛事已为中小企业提供服务超过万次	每年12月报名，校赛1个月左右完成。3月—4月进行省赛，5月左右全国预选赛
创新创业	创业计划	创新创业竞赛创业赛道，旨在培养当代大学生创新意识及创业能力，搭建产学研互动交流平台，助力大学生创业团队项目及初创企业落地和完善，是提升大学生整体创新能力和商业嗅觉，发现并培养未来创新人才，整合各类创新创业资源及高校大学生优秀创业项目交流切磋的平台	每年3月左右报名，上半年省赛，四个赛道分别在7月—9月省赛，最迟11月国赛
	营销模拟决策		
	流通业经营模拟		
	创业模拟		

续表

大类	赛道	竞赛内容概述	竞赛时间
国际贸易	国贸业务模拟 跨境电商 RECP国际市场开拓 国际贸易与商务专题 涉外商事法律服务赛道	国际贸易理论与政策应用，学生在竞赛过程中，将课堂上学到的国际贸易理论知识与实际协定相结合，为企业制定出符合策略。为制定有效的市场开拓策划方案，运用各种调研方法和工具，收集并分析市场规模、消费需求、竞争态势、文化差异等方面的数据信息，准确识别市场机会和潜在风险。通过不断地实践和总结，学生能够熟练掌握市场调研与分析的技巧，培养敏锐的市场洞察力和数据解读能力。了解并尊重各国的文化差异，学会在跨文化环境中有效地表达自己的观点和想法，提升跨文化沟通能力、人际关系处理能力和文化适应能力	每年6月—9月报名，国赛时间因赛道不同而有差异，一般由5个赛道另行确定
会计与商业案例	会计与商业案例	竞赛每年选取不同案例企业，通过使参赛选手接触企业鲜活案例，亲历企业实践、模拟管理和管理会计决策，与企业管理者面对面碰撞，提升发现、分析、解决企业实际问题的能力，增强就业竞争力。通过以赛促练，以赛促学，积极为学生搭建学习与实践平台，激发学生的探索能力与求知欲	6月左右报名，9月省赛，10月国赛
文旅与会展	文旅（策划、调研、营销和新媒体短视频创作） 会展（策划、调研、设计、新媒体短视频创作、应急沙盘） 酒店（策划、调研和收益管理赛）	学生参与本竞赛可以获得的能力主要包含以下三个方面： 商业策划能力。竞赛中的文旅、会展和酒店项目策划环节，要求学生根据不同的主题和要求，制定全面、创新且具有可行性的策划方案 市场调研能力。无论是对已建成的景区、酒店进行调研，还是对市场上的会展项目进行调研，学生都需要运用各种调研方法，如问卷调查、访谈、实地考察、数据分析等，收集相关信息，并撰写调研报告 创新创业能力。竞赛鼓励学生在项目策划和设计中展现创新思维，结合行业发展趋势和市场需求，提出新颖的创意和解决方案。这有助于激发学生的创新意识和创造力，培养他们在文旅、会展和酒店领域的创新能力，为未来的职业发展和创业打下基础	6月左右报名，9月省赛，10月国赛

（2）竞赛准备

① 知识储备

全国商业精英挑战赛由于赛道多样，各赛道需重点储备的知识也各有侧重。详细内容如表10-2所示。

表10-2　全国高校商业精英挑战赛各赛道需重点储备的知识简表

大类	赛道	主要知识储备
品牌策划	品牌策划	《市场营销学》《品牌管理》《广告学》《促销管理》《新媒体营销》《市场调查》等专业知识。能够熟练运用STP理论、4P理论、PEST分析、SWOT分析、五力分析模型等工具分析企业实际问题；熟练掌握品牌定位、品牌个性、品牌要素、整合品牌传播、品牌形象、品牌文化、品牌杠杆、品牌构架、品牌资产及保护等专业知识
创新创业	创业计划	《创业学》《创业管理》相关知识。能对目标市场、竞争对手进行分析，对市场营销、产品规划与设计、财务管理、企业筹融资有认知并能灵活运用
创新创业	营销模拟决策	《市场营销》《财务管理》等专业知识，掌握博弈建模并应用
创新创业	流通业经营模拟	《流通经济学》《商品流通概论》《财务管理》等专业知识，掌握博弈建模并应用
创新创业	创业模拟	《管理学》《财务管理》《企业运营管理》专业知识，掌握博弈建模并应用
国际贸易	国贸业务模拟	《贸易理论与政策》《国际结算与金融》《国际市场营销相关知识储备》《数据分析》《电子商务》及RCEP协定相关知识
国际贸易	跨境电商	
国际贸易	RECP国际市场开拓	
国际贸易	国际贸易与商务专题	
国际贸易	涉外商事法律服务赛道	
文旅与会展	文旅（策划、调研、营销和新媒体短视频创作）	《市场调查》《旅游管理》《市场营销》相关知识储备，还需要策划等创新能力
文旅与会展	会展（策划、调研、设计、新媒体短视频创作、应急沙盘）	《市场调查》《会展管理》《财务管理》相关知识储备
文旅与会展	酒店（策划、调研和收益管理赛）	《市场调查》《酒店管理》《财务管理》相关知识储备
会计与商业案例	会计与商业案例	《管理会计》《财务管理》《财务分析》《战略管理》《市场营销》相关知识

② 技能训练

策划类比赛要求参赛学生具备较强的市场调查分析能力、文案写作能力、团队协作能力、团队沟通能力、组织协调能力、实际问题分析能力、动手操作能力、语言表达沟通能力、工具应用能力（视频剪辑、数据爬取、分析工具等）。

决策类比赛要求参赛学生具有数据建模，财务及市场数据解读能力，博弈能力。

③ 团队组建

精英赛所有竞赛采取团体赛形式，本科及研究生均可参与。每个团队由3～5名选手和1～2名辅导教师组成，参赛选手不可交叉组队。参赛学生需要具备良好的团队协作和沟通能力，团队成员应有明确分工合作，有效沟通。策划类比赛需共同完成商业计划书的撰写和路演答辩，决策类比赛需要有效建模计算并讨论决策方案实施。

（3）竞赛实施

① 项目选题与方案设计

赛项中策划类项目涉及选题与策划方案设计。部分赛项指定主题，此类选题强调从文献资料和调研入手进行方案设计。未指定主题的往往需要企业授权后进行相关方案设计。除专门论文赛道，所有项目基本强调企业实战应用，强调真实企业，真实问题，真解决企业问题的方案。

② 策略建议

第一，选好细分赛道，合理搭建团队。

精英赛5大板块14个比赛，部分比赛内又存在细分赛道。比赛时间周期较长且交叉，校赛竞争激烈。建议参赛者首先结合自己的兴趣或特长选择细分赛道。不同细分赛道的知识与技能要求差异较大，建议参赛者仔细选择，且不建议参加过多赛道。团队组建建议根据技能要求合理组队。同时，策略类选题非常重要，需要与指导老师保持密切沟通，避免出现方向性的失误。

第二，决策类建议。

决策类赛道需要掌握企业管理基本框架，包括财务数据分析、建模等内容，套路化，简单化的套用方案无助于学习相关知识，变成为了比赛而比赛，需要勤于思考，多加联系，才能在博弈环境内有效胜出。

③ 路演答辩

策划类比赛路演答辩环节是竞赛的关键环节，需要做好充分准备。在国赛（部分赛事有省赛现场赛）阶段需要参赛学生在10分钟内完成商业计划书的陈述，并进行5分钟的答辩。评委将根据商业计划书的质量、团队陈述和答辩的表现评分，主要考察内容的完整性、逻辑性、创新性、可行性，以及团队的表达能力、应变能力等。相关评分细则会在比赛实施细则公布。

（4）经验启示

① 取得成功的关键因素

10-24 全国高校商业精英挑战赛获奖案例

扎实的基本功、翔实的走访调研，策划方案的可落地、可推广性，流畅的行文及汇报讲解是高等级获奖的重要条件。决策类比赛，模型的搭建完善，参与模拟赛训练积累是获奖的必要条件。

② 存在的主要问题和挑战

10-25 全国高校商业精英挑战赛评审细则

项目选题与创新性不足。选题可能过于宽泛、缺乏实际意义，或创新性不足，难以在比赛中脱颖而出。

市场调研与数据分析能力薄弱。学生对市场调研方法不熟悉，数据分析能力有限，可能导致项目缺乏真实的市场依据。

项目落地与可持续发展。比赛结束后，许多项目因缺乏后续支持而难以落地或持续发展。

10.3.7　全国大学生数学建模竞赛（A类）

（1）竞赛概述

全国大学生数学建模竞赛，由中国工业与应用数学学会主办，是一项面向全国大学生的群众性科技活动。自1992年创办以来，每年一届，已成为首批列入"高校学科竞赛排行榜"的19项竞赛之一。该竞赛的核心宗旨在于激发学生对数学学习的热情，提升他们构建数学模型及运用计算机技术解决实际问题的综合能力。同时，它鼓励学生积极参与课外科技活动，拓宽知识视野，培养创新精神和团队合作意识，进而推动大学数学教学体系、教学内容和教学方法的革新。

参赛方式：该竞赛每年举行一次，全国统一竞赛题目，采用远程通信竞赛形式。在竞赛期间，参赛队伍可以利用各种图书资料（包括互联网上的公开资料）、计算机和软件，但必须独立完成赛题解答。竞赛开始后，竞赛题目将发布在指定网站供参赛队伍下载，团队需在规定时间内完成答卷，并按要求准时提交。

（2）竞赛准备

① 知识储备

数学知识。包括微积分、线性代数、概率论与数理统计、离散数学等基础数学知识，以及优化理论、图论、组合数学、数值分析等高级数学知识。

模型建构知识。数学建模竞赛中常见的模型类型包括优化模型、统计模型、动力系统模型、网络流模型等。在准备数学建模竞赛时，需要参考历年的竞赛题目和优秀论文，了解各种模型的建立和求解方法。

② 技能训练

计算机编程能力。熟悉至少一种编程语言，如Python、MATLAB、R等，能够编写程序进行数据分析和模型计算。

模型建立与求解能力。能够根据实际问题建立数学模型，并运用数学方法和计算机技术进行求解。

论文撰写。参赛者需要具备一定的论文撰写能力，能够将解题过程和结果清晰、简洁地表达出来。

数据分析能力。掌握数据分析的基本方法，能够使用统计软件进行数据处理和分析，如SPSS、R、Excel等。

逻辑思维和创新能力。具备良好的逻辑思维能力，能够从复杂的问题中提炼关键信息，提出创新性的解决方案。

团队合作能力。数学建模通常需要团队合作完成，成员之间需要分工协作，共同解决问题。

③ 团队组建

团队的构建。一个优秀的数学建模团队通常由不超过3人组成（须属于同一所学校），即建模手、编程手和论文手（队长）。队长一般是论文手，负责整个团队的组织、协调和管理工作，确保大家的工作顺利进行，同时还要负责收集、整理和分析数据，为模型构建提供支持；建模手负责建立数学模型，对问题进行抽象和量化，需要选择合适的算法来求解模型，并优化模型的性能；编程手负责收集、整理和分析数据，同时需要将模型和算法转化为计算机程序，求解结果，并对结果进行可视化展示。

突出互补性。在组建团队时，要注意成员之间的互补和协作。建模手和编程手之间的界限并不是那么清晰，需要互相配合，共同完成任务。

（3）竞赛实施

① 项目选题

第一，了解题目类型和难度。

A题：涉及物理/数学/工程类问题，专业性较强，需要熟练掌握物理学、微积分、线性代数等知识。适合有较强几何与物理背景的队伍，如物理、数学、工程等相关专业的学生。

B题：综合性较强，涵盖优化类问题，常见的模型包括整数规划、线性规划、非线性规划等。适合有运筹学、经济学及统计学背景的队伍。

C题：偏向经济/管理/统计/数据分析类问题，贴近生活，开放性强。适合有较强数学分析能力和计算机模拟经验的团队，如数学与应用数学、计算机科学、工程等专业的学生。

第二，选择适合自己的题目。

A题：适合数理基础扎实的队伍，需要较强的几何与物理背景。

B题：经典的生产过程决策类题目，采用动态规划和优化求解，思路较为确定。

C题：数据分析+优化类题目，需要进行单目标和多目标优化，难度较高。

第三，避免频繁更换题目。

一旦选定题目，尽量避免更换，因为更换题目会消耗宝贵的时间，并可能遇到更多不确定性。每个题目都有其难度和挑战性，选定后应全力以赴。

第四，熟悉评分要点。

摘要和论文的主体部分对于评审非常重要。清晰的摘要和引人入胜的论文可以提高奖项评定的机会。结果部分需要清晰地展示成果和有效性。

② 策略建议

第一，赛前充分了解赛事规则。

该赛事最后提交的是论文；竞赛的问题都是应用性很强的问题，一般都是以解决实际问题为主，而且是重大学术课题；比赛时间74小时，为比赛开始日下午6点至比赛结束日晚上8点；比赛只有基本的评阅标准，没有标准答案，个别题目可能会有最佳答案，而且比赛更看重参赛同学的思路，不要求一个完美的结果；必须严格按照赛方的格式写论文，否则组委会可能会认为你们在格式上作弊。

第二，赛中高度重视各部分内容。

数学建模竞赛是在三道题中选一个作答，最好先查查三道题的资料再说。团队有分歧很正常，多沟通，协调解决；数学建模需要注重算法思想及排版，算法要简单直观，排版也要清晰美观；数学建模写作需要强有力的材料支撑及数据论证，所有的答案和结论并非毫无缘由，逻辑解释要十分合理，一定要让评委看得懂；数学建模的论文非常重要，所以一定要多花精力在论文上，写出来一篇完整有思想有方法的论文。

第三，赛后注意信息保密。

比赛结果揭晓前，请不要公开自己的参赛论文，更不要在网络上传播，以免影响参赛结果；如果数学建模论文推荐国奖，是需要答辩的，所以要提前与团队准备答辩事宜。

（4）经验启示

① 成功的关键因素

坚实的基础数学知识是成功的关键。这涵盖了高等数学、线性代数、概率论与数理统计等核心课程的深入理解和灵活应用，以解决实际问题。

熟练掌握常用的数学建模软件，如MATLAB、Python等，能显著提高建模效率和准确性。建议提前学习这些软件的编程技巧，并通过大量练习熟悉各种函数和工具箱的使用方法。

通过阅读经典数学建模案例和论文，学习优秀团队的建模思路和方法，有助于深入理解竞赛要求并提升建模能力。此外，组建一支技能互补的优秀团队，如编程、写作、数学基础等，并进行充分的磨合，建立高效的沟通机制，也是准备工作的重要部分，能显著提升在国赛数学建模中的竞争力。

在比赛过程中，要仔细阅读题目，明确问题的背景、目标和约束条件。基于此，深入分析问题，确定关键因素，并建立合理的假设条件。随后，进行模型构建，选择适当的数学模型，如微分方程模型、统计模型、优化模型等。

论文的质量直接影响评审结果。论文应具有清晰的逻辑结构，包括问题重述与分析、模型建立与求解、结果分析等部分。论文的语言应简洁明了，用数学符号准确表达模型的结果。图表质量同样重要，需使用规范的图表格式，并对图表进行详细说明。在撰写过程中，应注重细节，避免语法错误和拼写错误。

② 可能遇到的问题和挑战

赛前准备不足。随着全国大学生数学建模竞赛竞争的加剧，参赛学生往往因赛前准备不充分和对备赛培训认识不足，导致参赛热情虽高，但实际能力不足。

10-26 全国大学生数学建模竞赛获奖案例

题目理解不准确。参赛团队对问题背景和目标条件的深入分析不足，导致假设条件设立和模型构建出现偏差，影响结果的准确性。

时间管理不科学。比赛时长达74小时，科学分配时间和精力至关重要。

10-27 全国大学生数学建模竞赛评审要点

学生阅历不足。比赛越来越注重解决现实社会应用性问题，丰富的社会阅历有助于学生更好地理解题目，认清和剖析问题，构建模型。

10.3.8　外研社英语竞赛（A类）

（1）竞赛概述

"外研社·国才杯""理解当代中国"全国大学生外语能力大赛（英语）的前身为2002年创办的"CCTV杯"，2010年更名为"外研社杯"，并于2018年扩展为"外研社·国才杯"，2023年升级为"理解当代中国"大赛。大赛以习近平新时代中国特色社会主义思想为指导，深入贯彻党的二十大精神，落实立德树人根本任务，推动"三进"工作向纵深发展，致力于培养更多具有家国情怀、全球视野和专业能力的高水平国际化人才，提升我国新时代国际传播人才的自主培养能力，为国家参与全球治理和推动构建人类命运共同体提供人才支持。

大赛设置英语组、多语种组和国际中文组三大组别，覆盖英语、俄语、德语、法语、西班牙语、阿拉伯语、日语、意大利语、葡萄牙语、韩国语和国际中文共11个语种。其中，英语国际传播综合能力比赛为A类比赛，采用校级初赛（校赛）、省级复赛（省赛）和全国决赛（国赛）三级赛制。

该比赛选拔流程：该比赛为个人赛，选手需根据当年比赛发布的定题演讲的主题，完成3分钟的定题演讲和1分钟的回答问题；同时，完成2分钟的即兴演讲和1分钟的回答问题。

同时，该比赛设有外卡赛道，如选手参加中国外语测评中心的国际人才英语考试，并在该考试中获得高级良好及以上、高端合格及以上证书的考生，可申请进入国赛外卡通道。该比赛组委会根据申请考生的分数，由高到低取前50名晋级国赛（分数相同时，按申请先后排序）。

（2）竞赛准备

① 知识储备

学生应掌握英语语言知识，其内容包括词汇、语法、语篇及语用等多个重要维度。

② 技能训练

学生需掌握英语语言技能，涵盖英语阅读、写作及语言表达三个关键方面；同时要具备思维能力，包括逻辑思维能力和辩证思维能力。

（3）备赛策略

备赛策略分为常规训练和赛前集训两个阶段。

① 常规训练

第一，演讲稿撰写训练。

选题与破题能力培养。引导学生运用多种破题方法，深入剖析社会现象、学术议题等，培养其对演讲选题的敏锐感知，精准捕捉有价值的主题。

主体架构训练。指导学生依据演讲主题特性，灵活采用并列式、递进式、对比式等逻辑结构，合理组织内容，确保层次清晰、论证严谨。

开头与结尾设计强化。传授多样化的开头技巧，如设置悬念、讲述震撼故事等，助力学生迅速抓住听众的注意力；训练结尾感染力塑造，通过有力呼吁、情感升华等方式，给听众留下深刻印象。

第二，即兴演讲与问答训练。

关键信息抓取训练。通过专项训练，帮助选手提升对题目或问题关键信息的敏感度，迅速厘清核心要点。

即兴思维与表达训练。创设多元模拟场景，如模拟答辩、即兴评论等，锻炼选手在短时间内厘清思路、组织语言，流畅且有深度地答辩。

快速反应能力提升。利用限时训练、即兴问答竞赛等方式，着重提升选手的快速反应能力，确保其在各类即兴场景中应对自如。

第三，演讲现场表现训练。

语音语调塑造。对选手的语音、语调展开精细化训练，涵盖音调高低、语速快慢、节奏停顿等方面，赋予语言丰富的表现力与感染力。

非语言表达训练。强化肢体语言、表情管理与手势运用的系统训练，促使选手的肢体动作自然协调，手势精准辅助观点表达，增强舞台上的视觉感染力。

② 赛前集训

第一，定题演讲排演。

选手在指导老师的精心指导下，全身心投入演讲稿的雕琢之中。不仅对语音的清晰标准、语调的抑扬顿挫严格把控，还细致打磨眼神交流的技巧、表情呈现的感染力、手势运用的协调性及演讲节奏的把控能力。确保选手在舞台上能够自信满满、极具感染力地完成演讲，充分展现实力。

第二，即兴演讲备赛。

按照环保、教育、经济、新能源、人工智能等多元主题模块有条不紊地展开练习。全力协助选手广泛收集相关资料，构建专属的即兴演讲备赛资料库。在训练过程中，着重培养选手快速抓取即兴题目关键信息的敏锐洞察力，悉心指导选手高效运用有限的准备时间，按照紧凑且合理的备赛节奏，稳步提升选手的即兴演讲能力，使其在面对各种即兴题目时都能游刃有余。

第三，问题回答策略。

深度总结行之有效的应对策略，对选手进行针对性训练，强化其快速抓住问题核心要点的能力。要求选手在短短1分钟内，能够条理清晰、内容充分地表达观点，做到精确无误地回答问题，力求在评委心中留下深刻而良好的印象，为比赛增添胜算。

（4）经验启示

① 成功关键性因素

将常规训练与赛前集训有机结合。常规训练着重于筑牢选手基础，全方位提升其竞赛素养；赛前集训则聚焦于技能强化，助力选手提升比赛能力。

10-28 "外研社·国才杯" "理解当代中国" 全国大学生外语能力大赛获奖案例

深度钻研比赛规则与评分标准，并及时总结比赛经验。根据不同比赛环节的特性，精准提炼出具有针对性的备赛策略，为选手备赛提供科学指导。

② 存在的问题和挑战

竞赛难度增加。自2024年起，英语演讲赛道晋级国赛的选手，在国赛第一轮需参加综合国力传播力赛道的笔试。这一变革意味着选手的备赛任务从单纯的演讲比赛准备，拓展为对英语演讲与英语综合能力的全方位考查，比赛难度显著提升。对于此前未系统训练过的选手来说，这无疑是一次严峻的挑战。

10-29 "外研社·国才杯" "理解当代中国" 全国大学生外语能力大赛评审细则

备赛工作带来诸多新挑战。在选手选拔环节，有效衡量选手舞台表现力、感染力及英语综合运用能力是核心难题。进入备赛培训阶段，合理调配演讲备赛与综合赛道备赛时间，依据选手在两个赛道不同能力水平定制个性化备赛方案，以及整合不同赛道辅导老师团队优势，为选手提供全方位备赛训练等，均是亟待破解的新课题。这些新课题需要深入思考、潜心钻研，以探寻有效应对之策。

思考题

1. 一个具有竞争力的学科竞赛项目选题应该从哪些方面实施？
2. 团队性的学科竞赛项目如何组建竞赛团队？
3. 一个优秀的中国国际创新大赛项目应具备哪些要素？
4. 请凝练一个"大挑赛"项目题目并撰写一份项目书提纲。
5. 结合自己的学科专业情况选择一项拟参加的专业学科竞赛项目制定一个参赛实施规划方案。

延伸阅读

[1] 教育部高等学校创新创业教育指导委员会. 中国国际"互联网+"大学生创新创业大赛创新创业教学案例集[M]. 北京：高等教育出版社，2022.

[2] 彭青和. 走近挑战杯——全国"挑战杯"大学生课外学术科技作品竞赛哲学社会科学类参赛指南[M]. 北京：北京航空航天大学出版社，2021.

本章思维导图

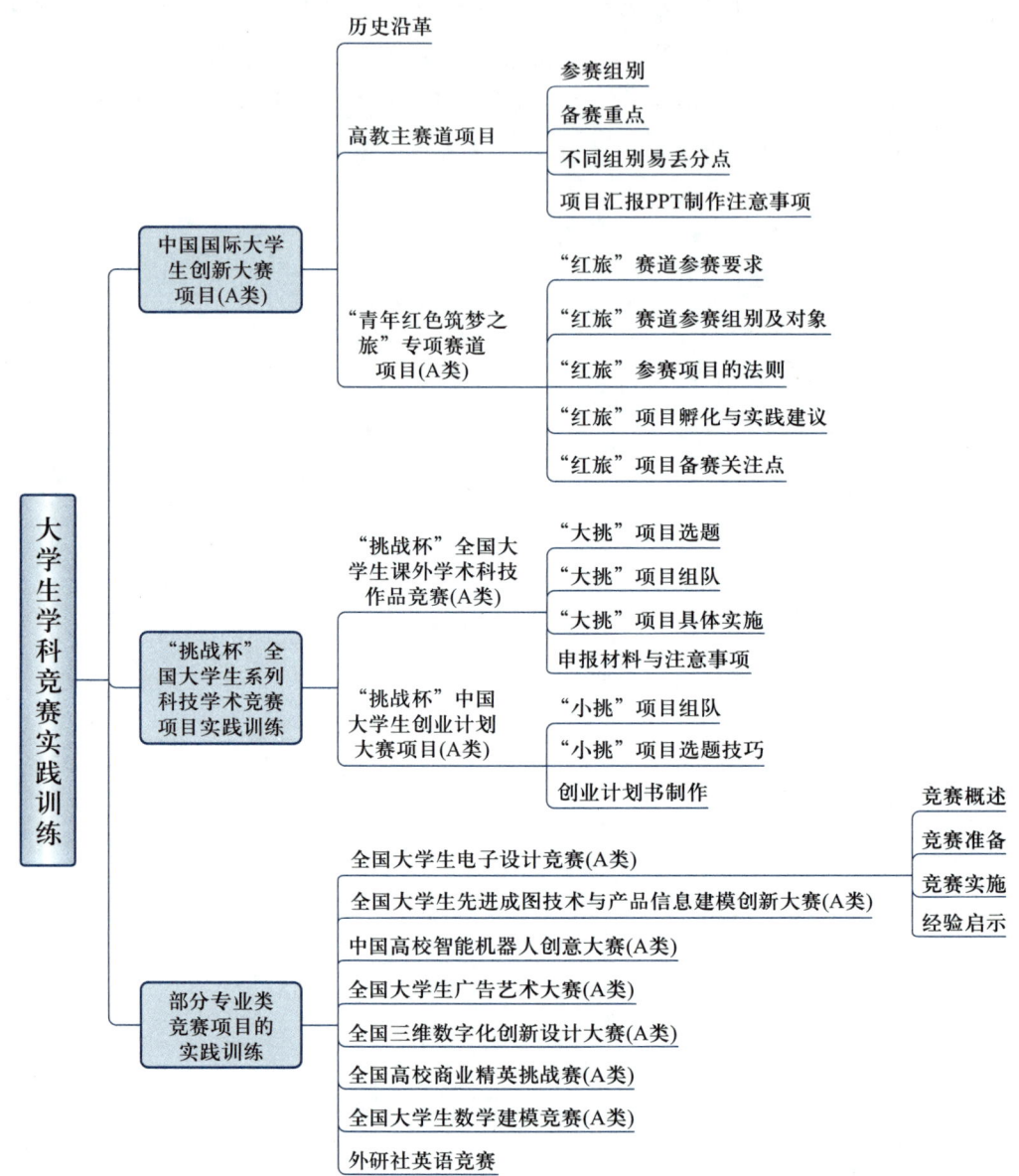

附录

大学生创新创业政策

我国各省、直辖市（自治区）关于大学生创新创业的政策文件通常由多个行政部门联合发布，主要包括教育部门、人力资源和社会保障部门、科技部门、财政部门、发展和改革部门及共青团组织。其中，教育部及各省、市、自治区教育厅（局）负责制定全国性和地方性政策；人力资源和社会保障部及地方人力资源和社会保障厅（局）负责就业创业政策的落实；科技部及地方科技厅（局）推动创新创业发展；财政部及地方财政厅（局）提供资金支持；国家发展和改革委员会及地方发展和改革委员会制定宏观政策并推动地方实施；共青团中央及地方共青团组织则重点支持青年创新创业。此外，省、市、县级政府也会发布综合性政策文件，从帮扶政策的类型划分，一般包含资金支持、税收减免、场地支持、培训指导、行政事务便利等类型。形成多部门协同支持大学生创新创业的政策体系。

一、创新创业国家政策查询平台

大学生可以通过以下官方网站查询与创新创业相关的政策、资源和信息：

教育部官网

查询全国性的大学生创新创业政策、项目申报信息及教育资源。

中国高等教育学生信息网（学信网）

提供学籍查询、学历认证以及创新创业相关赛事和项目信息。

全国大学生创业服务网

专门为大学生提供创业政策、创业项目、创业大赛、创业培训等信息。

人力资源和社会保障部官网

查询就业创业政策、补贴申请、职业培训等信息。

中国公共招聘网

提供就业创业岗位信息、政策解读及招聘会信息。

科技部官网

查询科技创新政策、科研项目申报及创新创业支持计划。

共青团中央官网

查询青年创新创业大赛、创业扶持计划及青年创业导师资源。

中国青年创业就业基金会官网

提供青年创业基金申请、创业培训及创业资源对接服务。

二、部分地方大学生创新创业政策文件

（一）四川省

《四川省人民政府办公厅关于进一步支持大学生创新创业的实施意见》（川办发〔2022〕75号）

《四川省大学生就业创业促进政策清单》（2023版）

四川省人民政府办公厅印发《关于进一步稳定和扩大就业若干政策措施》的通知（川办发〔2024〕34号）

（二）北京市

《北京市人力资源和社会保障局 北京市财政局关于开展一次性创业补贴工作的通知》（京人社服发〔2020〕35号）

《关于进一步加大创业担保贷款支持力度推动创业带动就业的补充通知》（京财金融〔2020〕2682号）

北京市人民政府办公厅关于印发《北京市支持高校毕业生就业创业若干措施》的通知（京政办发〔2022〕20号）

（三）上海市

关于印发《上海市创业担保贷款实施办法》的通知

《上海市人力资源和社会保障局 上海市财政局 上海市教育委员会关于进一步完善本市创业扶持政策举措的通知》（沪人社规〔2023〕1号）

上海市大学生科技创业基金会"雏鹰计划"

《中共上海市委组织部等关于做好2024年上海市高校毕业生就业创业工作的通知》

（四）重庆市

《重庆市人民政府办公厅关于进一步支持大学生创新创业的实施意见》（渝府办发

〔2022〕90号）

《关于实施2024年重庆市"渝创渝新"大学生创业启航计划的通知》（渝人社办〔2024〕73号）

（五）广东省

《广东省人民政府关于印发广东省进一步稳定和扩大就业若干政策措施的通知》（粤府〔2021〕13号）

广东省高校毕业生就业创业扶持政策清单（2024年）

（六）江苏省

《江苏省高校毕业生就业创业政策宣传手册》（2024年）

（七）浙江省

《浙江省人力资源和社会保障厅 浙江省教育厅 浙江省财政厅关于做好高校毕业生等青年就业创业工作的通知》

《浙江高校毕业生就业创业政策》

（八）湖南省

《湖南省大力支持大学生创业若干政策措施》（湘政办发〔2024〕42号）

《关于进一步支持大学生创业就业的若干措施》（湘人社规〔2024〕2号）

（九）湖北省

《湖北省人力资源和社会保障厅 省教育厅 省财政厅关于更好促进高校毕业生等青年就业创业工作的通知》（鄂人社发〔2024〕20号）

《湖北省人民政府关于进一步支持大学生创新创业若干措施的通知（鄂政办发〔2022〕27号）》

（十）陕西省

《陕西省人民政府办公厅关于进一步巩固加强稳就业工作的通知》（陕政办发〔2024〕14号）

《陕西省高校毕业生就业创业政策服务指南》（2023版）

《陕西省进一步支持大学生创新创业若干措施》（陕政办函〔2022〕80号）

后 记

致创新者、创业者与同行者

在《创新创业基础》即将付梓之际，我们心中涌动着双重期待——既期待这部凝聚团队心血的教材能如星火般点亮更多学子的创新创业之路，也期待它能成为新时代创新创业教育浪潮中的一朵浪花。在此，我们怀着感恩与诚挚，向所有为本书诞生提供支持的机构与个人致以最深的谢意。

感恩同行，致谢匠心守护者

本书得以顺利出版，首先要感谢高等教育出版社的鼎力支持与编辑团队的匠心打磨。从框架设计到内容润色，从案例更新到版式优化，编辑团队以其专业视角为书稿注入生命力，用严谨态度守护学术底线。尤其是责任编辑赵湘慧老师，其精益求精的精神与对创新教育的热忱，让全书在理论高度与实践温度之间达成了平衡。

致敬沃土，感恩学校的托举

作为四川师范大学创新创业教育教学改革的阶段性成果，本教材的编写始终扎根于这片创新教育的沃土。感谢学校为编写团队提供申报省级创新创业教育示范课程、省级一流课程、校级规划教材、校级创新创业教育改革项目的机会，感谢川师学子们奉献的案例资源库，更感谢校领导和教务处对课程体系创新的包容与支持。书中关于"大学生创新项目与项目计划书""大学生学科竞赛实践训练"等章节，正是基于学校"校企合作"与"双创孵化园"的真实案例提炼而成。学校"重德、博学、务实、尚美"的校训，早已化作书中对创新者品格塑造的殷切期许。

分工协同，致敬智慧的交融

本书编写团队横跨管理学、经济学、教育学等多学科领域，凝聚了高校学者与一线教师的集体智慧。各章分工如下：

创新理论篇，由熊昕若、丁明鲜、庄开明担纲，系统构建创新与创新精神、创新思维与能力、创新方法与技巧、大学生创新项目与项目计划书等内容；

创业理论篇，由钟晨、赵华、薛丹丹执笔，从创业者与创业团队、创业机会与风险、商业模式与商业计划书等维度入手，系统搭建创业的基本理

论,并深度融合蒂蒙斯模型与本土创业实践;

创新创业实务篇,由庄开明、李强、周芮同负责,系统分析大学生创新创业实践中的相关问题,为有效指导大学生创新创业实践训练提供可复制的教学模块。

全书由庄开明、丁明鲜统筹,经反复讨论与修订,终成此稿。这种"理论—实践—反思"的迭代式编写过程,恰似一次创新创业思维的实景演练。

寄望未来,与读者共赴山海

本书虽已成形,但创新创业教育永无止境。我们期待读者在"大学生创新项目书撰写""商业模式"等章节中找到行动指南,更希望读者在"创新精神的培养""创业团队的管理"等章节里获得心灵共鸣。书中嵌入的二维码资源(含案例简介、政策解读等),是编写团队为读者预留的"数字钥匙",期待读者以此打开更多创新可能。

最后,谨以一句话与所有追梦者共勉:"创新创业不是孤勇者的游戏,而是团队协作的征程;不是天马行空的幻想,而是扎根大地的突围。"愿每位翻开此书的朋友,都能在时代浪潮中书写属于自己的创新篇章!

编 者

2025年3月

郑重声明

高等教育出版社依法对本书享有专有出版权。任何未经许可的复制、销售行为均违反《中华人民共和国著作权法》，其行为人将承担相应的民事责任和行政责任；构成犯罪的，将被依法追究刑事责任。为了维护市场秩序，保护读者的合法权益，避免读者误用盗版书造成不良后果，我社将配合行政执法部门和司法机关对违法犯罪的单位和个人进行严厉打击。社会各界人士如发现上述侵权行为，希望及时举报，我社将奖励举报有功人员。

反盗版举报电话　（010）58581999　58582371

反盗版举报邮箱　dd@hep.com.cn

通信地址　北京市西城区德外大街4号　高等教育出版社知识产权与法律事务部

邮政编码　100120

防伪查询说明

用户购书后刮开封底防伪涂层，使用手机微信等软件扫描二维码，会跳转至防伪查询网页，获得所购图书详细信息。

防伪客服电话　（010）58582300